大学生心理健康教程

DAXUESHENG XINLI JIANKANG JIAOCHENG

主　编◎徐　隽　徐　水　张　潇
副主编◎龚子君　葛国宏　王丽红

上海交通大学出版社
SHANGHAI JIAO TONG UNIVERSITY PRESS

内容提要

本书根据大学生常见的心理问题，将内容设为十二个项目：走近心灵——大学生心理健康概述；成长从心开始——大学生常见的心理异常与调适；探索美好自我——大学生的自我意识与培养；人格决定命运——大学生人格发展；做情绪的主人——大学生的情绪管理；笑对逆境——大学生压力管理与挫折应对；缔结和谐人际关系——大学生的人际交往与沟通；快乐的学习——大学生学习心理调适；浪漫国度——大学生的恋爱心理；神秘地域——大学生性心理辅导；打造绿色的网——大学生网络心理健康；体会生命价值——大学生心理咨询和危机干预。

为了适合学生阅读，本书在体例上采用板块的形式，设有心灵箴言、心的灯塔、心理故事汇、心有千千结、心理百科、心理训练营、心理电影院等板块，将心理学理论与生活相融合，让学生将学习和生活实际进行对照参考，帮助大学生挖掘内心的幸福、快乐，学会用积极的心态面对竞争和压力，学会运用心理技巧主动维护心理健康，从而拥有健康快乐的人生信念。

图书在版编目(CIP)数据

大学生心理健康教程/徐隽，徐水，张潇主编．—上海：上海交通大学出版社，2017

ISBN 978-7-313-17681-3

Ⅰ．①大…　Ⅱ．①徐…　②徐…　③张…　Ⅲ．①大学生—心理健康—健康教育—高等学校—教材　Ⅳ．①G444

中国版本图书馆 CIP 数据核字(2017)第 168594 号

大学生心理健康教程

主　　编：徐　隽　徐　水　张　潇

出版发行：上海交通大学出版社　　地　　址：上海市番禺路 951 号

邮政编码：200030　　电　　话：021-64071208

出 版 人：郑益慧

印　　制：安徽新华印刷股份有限公司　　经　　销：全国新华书店

开　　本：787mm×1092mm　1/16　　印　　张：20

字　　数：467 千字

版　　次：2017 年 7 月第 1 版　　印　　次：2017 年 7 月第 1 次印刷

书　　号：ISBN 978-7-313-17681-3/G

定　　价：38.00 元

前　言

当今的21世纪是一个充满机遇、挑战和竞争的时代。人们的思想观念都发生了翻天覆地的变化。知识经济的挑战，市场经济的竞争，全球信息高速公路的建立等，都从根本上改变着人类社会的生产、生活方式。面对新形势，迫使人们必须以全新的思维模式、行为方法来获取知识，适应社会。说到底，竞争的本质是关于人才的竞争。而在这竞争空前激烈的大潮中，主力军就是在校和即将毕业的大学生。这些未来的弄潮儿能否担当起如此的重任，是否具备健全、健康的人格就显得十分重要。他们不仅要有良好的思想道德素质、文化素质、专业素质和身体素质，而且还要具备良好的心理素质、良好的个性心理品质和较强的心理适应能力。

现在，绝大多数大学生的心理是健康的。他们具备较高的智力水平，有强烈的求知欲望；有比较稳定的情绪，乐观自信，有年轻人的朝气与活力；有比较成熟的思想，有自制力；他们的人格完整统一，敢于竞争，能够较好地认识和接纳自己。但是，还应该看到，也有相当数量的大学生在心理健康方面存在着程度不同的问题，这些问题不仅影响他们在校期间的学习和生活，这些问题如果得不到妥善的处理和完满的解决，还会影响他们将来的工作、学习和对社会的适应。大力加强大学生心理健康教育，努力提高他们的心理健康水平和综合素质，是广大在校大学生和教育工作者共同面临的课题。基于此目的，我们邀请了长期工作在高校心理教育一线的资深教师编写了本书。

本书编者根据大学生常见的心理问题，将内容设为十二个项目，希望给学生这样一个逻辑体系：走近心灵——大学生心理健康导论；探索美好自我——大学生的自我意识；人格决定命运——大学生人格发展；穿越精神 黑洞——大学生常见的异常心理与应对；做情绪的主人——大学生的情绪及其管理；直面生活的挑战——大学生的压力管理与挫折应对；缔结和谐人际关系——大学生的人际交往与调适；快乐的学习——大学生学习心理与调适；浪漫国度——大学生的恋爱心理辅导；神秘地域——大学生性心理辅导；打造绿色的网——大学生的网络心理健康；体会生命价值——大学生心理咨询和心理危机干预。

为了适合学生阅读,本书在内容结构上采用板块的形式,设有心灵箴言、心的灯塔、心理故事汇、心有千千结、心理百科、心理训练营、心理测试、心理电影院等板块,将心理学理论与生活相融合,让学生将学习和生活实际进行对照参考,在活动和游戏中学习,既通俗易懂便于学生理解,又增加了学生的学习兴趣。从而帮助大学生挖掘内心的幸福、快乐,学会用积极的心态面对竞争和压力,迎接飞速发展的社会带来的挑战,学会运用心理技巧主动维护心理健康,从而拥有健康快乐的人生信念。

本书适用于专科(高职高专)院校、本科,也适用于心理健康教育工作者。在本书编写过程中,我们引用和借鉴了许多国内外专家和学者的研究成果、观点及网络资源,在此,谨向为本书提供帮助的专家、学者和有关网站深表谢意!由于编者水平和实践经验有限,书中存在的不足之处,恳请各位专家、同行、读者批评指正。

目　录

项目一 ▸▸▸

走近心灵
——大学生心理健康导论

心灵箴言

健康的心理犹如航行人生之海的船帆，只有正确把握好航向，才能顺利抵达理想的彼岸。

——契诃夫

健康不是身体状况的问题，而是精神状况的问题。

——艾迪夫人

项目一 走近心灵——大学生心理健康导论

【心的灯塔】

事件一:前段时间大连一知名网站的论坛上出现了一个“出租自己”的帖子,引起了许多网友的注意。帖子称,“本人欲将自己出租,只要不违背法律的要求都在考虑范畴!陪聊,陪逛,陪吃……价格再议。”发帖人自称是一名大一学生,“出租自己”只因为“太无聊”。

事件二:梁鹏是艺术专业的研究生,个子高高的,长得也很帅,但几年下来他有一个很悲观的想法:搞艺术需要出名,而真正出名的又有几个呢。而且自己家是外地的,一路走来实在太累了,这种压力压得他喘不过气来。最终,他办理了退学手续。学校的老师、同学无不为他惋惜。

事件三:小林以较好成绩考入北京某高校,第一学期期末,本来踌躇满志准备获取奖学金的她未能如愿。她的情绪从此一落千丈,变得郁郁寡欢,无心学习,也无法处理好与同学的人际关系,还整夜失眠。最后不得不去医院精神科检查,结果诊断她是患了抑郁症。

这些事件告诉我们什么?

大学生的心理健康状况,刻不容缓地需要关注!

作为一个正在接受高等教育的青年群体,大学生不仅仅代表着先进青年的精神风貌,更预示着国家和民族的未来,他们的心理健康状况如何有着特别重要的意义。现代社会的竞争已不单纯是智力和体力的竞争,更重要的是心理素质,是心理与人格的较量。但究竟如何衡量心理健康,如何看待心理问题呢?

任务一 心理健康教育概述

心理学是一门很年轻的学科,其成为一门独立科学的标志事件是:1879 年,德国学者冯特(W. Wundt)在莱比锡大学建立了世界上第一个心理学实验室。随后心理学发展非常迅速,分支多而细。随着人们生活水平的提高、生活节奏的加速、人际关系的复杂化、工作压力的剧增……人们出现了各种各样的心理问题,大学生群体更是如此,他们的心理问题层出不穷,从国家教育部到各省市教育行政部门,乃至各高校越发对大学生心理健康状况表现出高度关注,于是心理健康教育走进了校园、走进了课堂、走到了大学生的身边。

一、国外心理健康教育的发展概况

心理健康的观念源于西方。现代心理卫生工作始于 1789 年法国大革命之后,由当地医生比奈尔(P. Pinel)为解除住院精神病人锁链所做的改革。1908 年美国人毕尔斯(C. W. Beers)以自己因精神障碍住院的痛苦经历向世人发出了改善精神病人待遇的强烈呼声。他的自传《一颗找回自我的心》一书引起了关于争取精神病人合法权益的运动。当时,在著名的心理学大师詹姆斯(W. James)和精神病学梅耶(A. Meyer)的支持下,心理卫生迅速发展起来：1908 年在美国康涅狄格州成立了世界上第一个心理卫生协会，1909 年又在纽约成立了全美心理卫生委员会，1930 年，在毕尔斯等人的筹备下，第一届国际心理卫生大会在华盛顿召开，当时共有五十多个国家和地区的专家、学者出席了会议。在这次大会上，通过了关于成立“国际卫生委员会”的决议，并确立了该委员会的宗旨，即在完全从事慈善的、科学的、文化的、教育的活动。尤其是关心和关注全世界各国人民的心理健康的促进和发展，从事心理疾病、心理缺陷等的研究、治疗和预防，以促进全人类的幸福。

【心理故事汇】

一个大学生的故事：开创了心理卫生的时代

1894 年美国青年毕尔斯考入了耶鲁大学，同年，他一向健康的哥哥突然因脑底肿瘤引发癫痫发作，得病 6 年后去世。

毕尔斯心想：“如果一向健康的哥哥也会得癫痫，那么能有什么办法防止我得同样的疾病呢？”这种想法很快占据了他的心，无数不安的想法和念头折磨着他，大学期间他过度紧张，极度恐惧，不愿说话。

他常常想象癫痫发作的念头频繁出现，自以为自己肯定患了癫痫，宁愿自杀也不愿意过恐惧的日子。希望自己快点死亡，担心以免一旦被亲人发现将失去自杀的机会。

1900 年 6 月 23 日下午，毕尔斯从自己四层高的楼上跳下企图自杀，但只是足跟部骨折。后来，被送往精神病医院，在装有铁条的窗户里，引发了他持续 798 天的一连串可怕的妄想。以为被别人迫害而拘禁。

在住院期间，他多次写信给州长，揭发精神病医院虐待病人的情况。

1903 年 9 月出院后，毕尔斯先从事商业，后从事旨在改善医院管理和精神病人待遇的人道主义工作。

1906 年毕尔斯将他患病的过程和在医院的经历写成《一颗找回自我的心》一书出版，得到了当时大心理学家威廉·詹姆斯等人的高度称赞。此举推动了世界上第一个康涅狄格州心理卫生协会的成立，20 世纪 30 年代国际心理卫生大会在美国召开。毕尔斯也成为精神卫生运动的创立者。

资料来源：http://www.docin.com/p－253365903.html

1930 年以后，精神卫生运动逐渐从精神障碍防治和改善精神病人待遇等问题发展到优生优育、儿童和青少年精神卫生的指导、增进普通人群及个体的心理健康，以及有关社会问题（如自杀、酗酒、犯罪、性病等）的预防等“大医学”的范围。康涅狄格州心理卫生协会的成立对美国乃至全世界各国各地区产生了积极的影响，之后，在法国、瑞士、日本、加拿大等多个国家先后成立了国家一级的心理卫生学会。1960 年被宣布为“世界心理健康年”。现在，世界卫生组织规定每年的 10 月 10 日为“世界卫生日”。

在日本，心理健康运动的发展历程轨迹清晰可见：1900 年日本政府颁布了《精神病人监护法》，明确规定了精神病人的家属必须要将患有精神疾病的家庭成员锁在特定的房屋加以监护。1919 年，日本政府又颁布了《精神卫生医院法》，要求每个县建立一所精神卫生医院。1950 年，日本颁布了《精神卫生法》成为日本精神卫生历史上具有重要意义的法律。

学校是青少年儿童社会化过程的主要场所，这一时期的心理发育和教育对他们以后的成才尤为重要。因此，学校自然成了精神卫生工作的重点。在世界范围内，美国是最早在高校开展心理咨询的国家，1896 年威特默（Lighter Witmer）在宾州大学开设了第一家为学生服务的心理诊所,他是公认的学校心理卫生最早的实践者。大约在20世纪40年代,美国各个大学先后成立了学生心理咨询机构,该类机构成为学校行政管理工作的重要组成部分,它的主要职能包括:心理咨询、心理教育、学习咨询、鉴别与评估、心理干预和心理治疗、职业咨询和随访病例等。其目的是如何帮助学生适应新的环境,有效地利用学校的条件与环境,加强自助能力,促进个体在思想上、智力上和心理上的成熟,以求最大限度地实现自我。

日本大学的心理卫生活动开始于20世纪50年代,现在80%的国立大学和70%的私立大学已设有咨询机构,并成立了日本大学心理咨询学会(TASC),学会下设七个委员会,每年均会举办心理咨询研修会,不断提高由心理工作者、教育工作者、医务人员、学生管理人员等组成的高校心理卫生服务队伍的业务水平。现在,世界上许多发达国家的高等学校都建立了相应的学生心理辅导机构,以指导学生处理好在生活、学习、择业、交友等方面遇到的各类矛盾与各种困难,咨询机构配备了先进的办公设备、专业的师资队伍并有固定的经费支持。

二、国内心理健康教育的发展概况

我国心理卫生研究和高校的心理卫生工作起步较晚,虽然我国有关大学生的心理特点、精神卫生状况的调查与研究也有几十年的历史,但在高校等非医疗机构内开展普遍的心理咨询、心理治疗和卫生教育活动则是在20世纪80年代后期才兴起的。

1933年,沈履出版了《青年期心理》,该书是一本研究青年心理问题的专著,对青年了解自己的心理特点和心理发展规律有很大的帮助。1936年,在著名的教育学家吴面轩和心理学家丁瓒的倡导下,在江苏省南京市成立了"中国心理协会"。1937年由丁祖荫、丁瓒翻译的《青年心理学》(美国勃洛斯著),介绍到外国学者的研究成果,促进了中国大学生心理健康教育的开展。1985年中国心理卫生协会成立,并于同年9月在山东省泰安召开了首届代表大会,心理健康教育进入了新的发展时期。1988年在上海召开了全国首届心理咨询教育理论与实践研讨会,尔后,在部分省市的高校先后成立了有关大学生心理卫生教育、研究与服务的机构。1990年,在青岛成立了中国高校心理咨询研究会,标志着心理卫生正成为我国当代高校学生工作关注的一个热点和发展趋势。综合我国心理咨询工作的开展情况,大致可以分为四个阶段:

1. 起步阶段(1988年以前)

1985年6月,北京师范大学在全国率先成立了全国第一家心理测量与服务中心,开创了高校开展心理咨询的先河,该中心还为各高校培训了一批从事心理测量与咨询的工作队伍。在此阶段,其他一些省市也纷纷成立了心理咨询机构,但大部分是松散的、无组织的,处于探索阶段。

2. 发展阶段(1988年6—1990年11月)

1988年6月,"首届高校咨询教育理论与实践研讨会"在上海交通大学举办,会上成立了"中国高校心理咨询研究筹委会",并创办了《高校心理咨询通讯》刊物。这一阶段,各高校的心理咨询工作由松散的、无组织的向有组织发展,同时加深了校际间的联系、沟通和交流,大大地促进了心理健康与咨询工作的开展。

3. 成熟阶段(1990年11月—1999年)

1990年初,中国心理卫生协会常务理事会讨论并通过成立了"高校心理咨询研究会"(后更名为"大学生心理咨询专业委员会"),同年11月在北京师范大学召开了全国大学生心理咨询专业委员会成立大会暨首届学术年会。1994年5月,国家教育部思政司在江西师范大学举办了首届心理咨询教师培训班,这是首次由政府教育部门出面办班,说明了教育部对大学生心理咨询工作的高度重视,中国高校心理咨询进入到一个全新的发展阶段,心理咨询工作也步入了成熟和深化时期，心理咨询成为思想政治教育工作的重要组成部分。

4. 规范化、普及化阶段（2000 年后）

2001 年，国家教育部颁布了《关于加强普通高等学校大学生心理健康教育工作的意见》（教社政［2001］1 号），2002 年 4 月，教育部办公厅又印发《普通高等学校大学生心理健康教育工作实施纲要（试行）》、2011 年，教育部办公厅印发了《普通高等学校学生心理健康教育工作基本建设标准（试行）》（教思政厅［2011］1 号）及《普通高等学校学生心理健康教育课程教学基本要求》，这些文件从高校心理健康教育工作指导思想、任务、内容、目的和意义、保障措施等方面作了具体的规定，表明了党和国家对大学生心理健康教育的重视程度，标志着我国高校大学生心理健康教育工作走向规范化、普及化的道路。

任务二　大学生心理健康的标准

一、心理健康的概念

早在 1948 年，世界卫生组织（WHO）成立时公布的章程就已经指出："健康不只是没有身体上的疾病和虚弱状态，而是指躯体、心理和社会适应都应处于完整状态。"1988 年，世界心理卫生协会又进一步深化了健康的概念，提出健康应包括身体健康、心理健康、社会适应良好和道德健康四个方面。

心理健康的标准

对于什么是心理健康，长期以来，人们试图去定义心理健康，由于国内外学者所处的社会文化背景差异很大，大家研究问题的立场、观点和方法也不同，有关心理健康的含义至今仍未有统一的意见。正如 Kaplan L 所说："许多人都试图定义心理健康，但这是一个混合的领域，它不仅包含知识体系，也包含生活方式、价值观念以及人际关系"。

心理健康包括两层含义：第一，没有心理疾病，这是心理健康最基本的含义；第二，具有一种积极发展的心理状态，这是心理健康最本质的含义。它意味着要消除一切不健康的心理倾向，使一个人的心理处于最佳状态（符晓航、符晓峰，2010）。

综合心理健康的各种定义，我们可以认为，心理健康是一种持续且积极发展的心理状态，在这种状态下，主体能做出良好的适应，并能充分发挥其身心潜能。

【心理故事汇】

阳光心态，向着光明，继续前进

传说从前有一座庙，庙里有师兄弟俩常年一起外出采药。有一天，突遇大雨，师兄弟俩就躲进了山洞，虽然躲开了大雨，但他们也因此迷了路。在洞里，师兄弟一直往前走，看不清前方的路，也记不清走了多远，此时又累又饿，筋疲力尽。

这时候，师弟发话了："师兄，我们还是别走了，你看前面还是漆黑一片，我们已经体力不支，不管我们如何努力也是走不出这个山洞的，不如留点体力在这里等死吧。"师兄答："师弟，我们一定能活着走出去的，往前走，一定可以找到出口，一定可以见到光明"。

一番争论之后，师弟选择了放弃，选择了往后面看一片黑黑漆的景象；师兄却选择了继续往前，找到了出口，见到了阳光。最后，师弟死在洞中，师兄活了下来。

资料来源：作者根据相关资料整理

这个故事告诉我们:心态、信念至关重要,我们要塑造一种积极发展的心理状态。良好的心态、阳光的心态、坚定的信念可以帮助我们走向成功,走向光明。

二、心理健康的标准

从广义上讲,心理健康是一种持续高效而满意的心理状态;从狭义上讲,心理健康是知、情、意、行的统一,是人格完善协调,社会适应良好。迄今为止,关于心理健康还没有一个统一的概念,国内外学者一般认同心理健康标准的复杂性,既有文化差异,也有个体差异。一般而言,判断个体心理健康与否,主要参照四个方面:

第一,经验标准。即当事人按照自己的主观感受来判断自己的健康,研究者凭借自己的经验对当事人的心理健康进行判定。重在关注当事人的主观心理感受,由于个体先天的遗传及后天的环境不同,经验标准更强调其个别差异。同样的生活事件,当事双方由于自我认知不同,自我体验不同,自我评价也不尽相同。

第二,社会适应标准。以社会中大多数人的常态为参照标准,观察当事人是否适应常态而进行其心理是否健康的判断。例如:大学生根据生理、心理与社会发展应当具有独立生活与处理生活中面临的事务的能力,而如果有的大学生生活能力低下不能打理自己的日常生活,这便需要引起重视。

第三,统计学标准。依据对大量正常心理特征的测量取得一个常模,把当事人的心理与常模进行比较。这个标准更多的应用于心理学研究之中,一般而言,我们都要将个体的心理测验结果与常模对照,来判断其心理健康状况。

第四,自身行为标准。每个人在以往生活中形成的稳定的行为模式,即正常标准。事实上,心理健康与否其界限是相对的,企图找到绝对标准是不现实的,大学生心理健康标准的掌握也同样存在这样的问题。如何把握标准?我们认为应掌握三个标准,即相对性、整体协调性和发展性。我们在研究大学生整体心理健康时,应将目光投向发展的健康观,即更多的大学生在发展中面临的许多人生课题,心理危机与心理困惑也都是在发展的大背景下产生的。有的心理困惑属于某一群体所特有的,如多重压力之下的大学生,他们的人生期望、职业抱负、学业期待引发的学业压力、就业压力、情感压力等都需要应付。有些心理问题具有阶段性,当个体心理成熟后会自愈。

人的心理健康是指一种持续的、积极的心理状态。个体在这种状态下,能够与环境有良好的适应,其生命具有活力,能充分发挥其身心潜能,就可被视为心理健康。据此,人的心理健康水平大体可分为三个等级:一是一般常态心理,表现为心情经常愉快,适应能力强,善于与别人相处,能较好地完成与同龄人发展水平相适应的活动,具有调节情绪的能力;二是轻度失调心理,表现出不具有同龄人所应有的愉快,与他人相处略感困难,生活自理能力较差,经主动调节或通过专业人员帮助后可恢复常态;三是严重病态心理,表现为严重的适应失调,不能维持正常的生活和工作,如不及时治疗可能恶化成为精神病患者。

(一)健康的标准

世界卫生组织提出的十大健康标准:

(1)精力充沛,能从容不迫地应付日常生活和工作的压力而不感到过分紧张和疲劳。

(2)处事乐观,态度积极,乐于承担责任,事无巨细,不挑剔,工作有效率。

(3)善于休息,睡眠良好。

(4)应变能力强,能适应环境的各种变化。

(5)具有抗病能力,能够抵抗一般性感冒和传染病。

(6)体重得当,身材均匀,站立时头、肩、臂位置协调。

(7)眼睛明亮,反应敏锐,眼睑不发炎。

(8)牙齿清洁,无空洞,无龋齿,无痛感;齿龈颜色正常,不出血。

(9)头发有光泽,无头屑。

(10)肌肉、皮肤富有弹性,走路轻松有力。

针对现代人群中的种种亚健康状态,世界卫生组织把这一标准区分为肌体和精神健康两部分,并用"五快"和"三良好"来衡量我们的肌体健康与精神健康状态。

(1)"五快"是指:①吃得快:进餐时,有良好的食欲,不挑剔食物,并能很快吃完一顿饭。②便得快:一旦有便意,能很快排泄完大小便,而且感觉良好。③睡得快:有睡意,上床后能很快入睡,且睡得好,醒后头脑清醒,精神饱满。④说得快:思维敏捷,口齿伶俐。⑤走得快:行走自如,步履轻盈。

(2)"三良好"是指:①良好的个性人格。情绪稳定,性格温和;意志坚强,感情丰富;胸怀坦荡,豁达乐观。②良好的处世能力。观察问题客观、现实,具有较好的自控能力,能适应复杂的社会环境。③良好的人际关系。助人为乐,与人为善,对人际关系充满热情。

【心理故事汇】

真的需要"坚强"吗?

李姝在"5·12"大地震中失去了双亲和丈夫。当她看着墙倒的那一刹那,天塌地陷,被吓呆了,清醒过来后,她下意识地跑到了屋外的空地上,被后来的救援人员发现后救了出去。当一切平息之后,李姝一直都是那样的安静,没有哭过一声,没有悲哀过一次,像什么都不曾发生过一样。别人都以为是她心理承受能力强,没有被这样的打击打倒。但没过多久,她就精神失常了,记不起任何人,失去了生活自理能力,最后又被送进了医院。心理医生诊断说,是她当时未及时发泄出内心的悲伤,致使神经系统发生紊乱。

心理学上有一种心理病症叫"糖果症候群"。患有这类症状的人,无论是孤独的时候还是悲伤的时候,都不会哭出声来,而这只会使人的身心更加痛苦。当我们遭遇不良的情绪时,宣泄是最好的方法。"宣"为疏导,"泄"为放出,"宣泄"就是通过疏导把情感释放出去。不管是大的打击还是小的郁闷,情感如若不能及时得到宣泄,心中就总感到堵闷,长久下去,就可能引起心理大崩溃。为什么我们要经常把小情感也通过合适的途径宣泄出去呢?心理学家研究发现,情感如果不及时宣泄,会引起心理问题。即使你再压抑、克制阶段意识不到它的存在,也只说明它从"显意识层"转移到了"潜意识层",对你的影响仍然存在,而且一直在找机会真正发泄出去。

这就好像我们长年累月地坚持锻炼一样,如果一点点地、很轻松地把情绪宣泄掉,就不至于影响身体健康和工作生活。而如果习惯性地把小情感压抑下来,那么它就会逐渐积累,当有一天潜意识的容量达到临界点时,平时一点点小事就可能触发一场"情感风暴"。

生活中不如意之事也常有之,这时候我们就要学会排解内心的不满,及时疏导内心,不要等崩溃那一天才后悔。那么,如何来排解不良情绪呢?首先,要拒绝成为"闷葫芦"。大部分人看到陷入悲伤的人,往往因为不想刺激对方受伤的心,而不愿意提及他的伤心事,而任由他独处。但是心理学家告诉我们,越是伤心、痛苦的经验,越要经常讲述给身边的人,这对治愈心痛非常有效。临床研究表明,在同等药物治疗条件下,善于表达和宣泄的人治疗效果明显优于悲观的人。当遇到不快时,生闷气只会越来越闷,而应当学会倾诉。有关研究证明:"一个人如果有朋友圈子,就能长寿20年。"当心情烦闷时,和朋友聚一聚,一壶清茶,一杯咖啡,把烦闷说出来,就会逐渐冷静下来找到解决问题的方法。

你最好是找到自己喜欢又不波及他人的宣泄方式，比如可以大声唱出来，放声高歌对治疗心理疾病具有特殊作用，这种音乐疗法主要是通过唱不同的乐曲排除紧张、激动的情绪。

放声痛哭也是一种宣泄。哭是一种本能，是不愉快情绪的直接外露。大多数情况下，哭总是由不愉快引起的，因此从医学角度讲，激动时流出的泪会产生高浓度的蛋白质，可以减轻乃至消除人的压抑情绪。所以说，短时间内的痛哭是释放不良情绪的最好方法。

资料来源：田秋. 生活中的趣味心理学[M]. 北京：金城出版社，2010.

（二）国外的心理健康标准

1. 美国学者坎布斯提出的4种特质

（1）积极的自我观念。能悦纳自己，接受自己，也能为他人所悦纳，能体验到自己存在的价值，能面对和处理好日常生活中遇到的各种挑战。尽管有时也可能会觉得不顺心，也并非总为他人所喜爱。但是肯定的积极的自我观念总是占优势的。

（2）恰当地认同他人。能认可别人的存在和重要性，即能认同别人而不依赖或强求别人，能体验自己在许多方面和大家都是相同的、相通的。能和别人分享爱和恨、乐与忧以及对未来美好的憧憬，并且不会因此而失去自我，仍保持着自我的独立性。

（3）面对和接受现实。能面对和接受现实，而不论其是好是坏或对自己有利或不利，即使现实不符合自己的希望与信念，也能设身处地、实事求是地去面对和接受现实的考验。能够多方面寻求信息，善于倾听不同的意见，正确把握事实的真相，相信自己的力量，随时接受挑战。

（4）主观经验丰富，可供利用。能对自己周围的事物、人物及环境有较清楚的知觉，不会迷惑和彷徨，在自己的主观经验世界里，储存着各种可资利用的信息、知识和技能，并能随时提取使用。善于发现和利用自己的长处和优点，同时也能借鉴和学习别人的长处、优点，以此来解决自身所遇到的问题，从而增进自己行为的有效性，并且不断丰富自己的经验、知识库。

2. 美国心理学家马斯洛和密特尔曼提出的10条标准

（1）是否有充分的自我安全感。

（2）是否对自己具有较有充分的了解，并能恰当地评价自己的能力。

（3）自己的生活理想和目标是否切合实际。

（4）能否与周围环境保持良好的接触。

（5）能否保持自己人格的完整与和谐。

（6）是否具备并善于从经验中学习的能力。

（7）能否保持适当和良好的人际关系。

（8）能否适度地表达和控制自己的情绪。

（9）能否在符合集体允许的前提下，能有限度地发挥自己的个性。

（10）能否在社会规范的范围内，能适度地满足个人的基本需要。

3. 美国人格心理学家奥尔波特认为的7个方面

（1）自我意识广延。

（2）良好的人际关系。

（3）情绪上的安全性。

（4）知觉客观。

（5）具有各种技能，并专注于工作。

（6）现实的自我形象。

(7)内在统一的人生观。

(三)国内的心理健康标准

1. 严和锓提出6条心理健康的标准

(1)有积极向上、面对现实和环境的能力。

(2)能避免由于过度紧张或焦虑而产生病态症状。

(3)与人相处时,能保持发展融洽互助的能力。

(4)能将其精力转化为创造性和建设性活动的能力。

(5)有能力进行工作。

(6)能正常进行恋爱。

2. 王效道提出,正常心理应具备下列8项标准

(1)智力水平在正常范围以内,并能正确反映事物。

(2)心理行为特点与生理年龄基本相符。

(3)情绪稳定,积极与情境适应。

(4)心理与行为协调一致。

(5)社会适应,主要是人际关系的心理适应协调。

(6)行为反应适度,不过敏,不迟钝,与刺激情景相应。

(7)不背离社会规范,在一定程度上能实现个人动机,并结合生理要求得到满足。

(8)自我要求与自我实际基本相符。

他还认为心理水平可从适应能力、耐受力、控制力、意识水平、社会交往能力、康复力、道德愉快甚至于道德痛苦等七个方面加以评量。

3. 王极盛等认为,人的心理健康标准应包括5个方面

(1)智力正常。

(2)情绪健康:情绪稳定与心情愉快是情绪健康的重要标志。

(3)意志健康:行动的自觉性和果断性是意志健康的重要标志。

(4)统一协调的行为:一个心理健康的人,他的行为是一致的、统一的,思想与行动是统一的、协调的,他的行为有条不紊,做起事来按部就班。

(5)人际关系的适应 。

4. 王希永等认为,心理健康的标准可以概括为6个方面

(1)智力正常,思维方式正确,能唯物辩证地看待社会,看待自己,看待一切事物。

(2)具有高尚的情感体验,能控制自己的情绪。

(3)正确对待困难和挫折,不苛求环境,不推卸责任,有战胜困难的信心、勇气、毅力,有创新意识和开拓精神,顺利时不骄傲自满。

(4)需要是合理的,动机是可行的,有理想、有追求、有社会责任感,精神生活充实。

(5)具有自觉的社会公德,具有社会所赞许的道德品质,能恰当地处理好人际关系。

(6)经常处于内心平衡的满足状态,出现心理不平衡时,自己可以及时地、成功地进行调整。

5. 李百珍提出7条标准

(1)心理健康者了解自我、接纳自我,能体验自我存在的价值。

(2)心理健康者正视现实、接纳他人。

(3)心理健康者能协调、控制情绪,心境良好。

(4)心理健康者有积极向上的、现实的人生目标。

(5)心理健康者对社会有责任心。

(6)心理健康者心地善良,对他人有爱心。

(7)心理健康者有独立、自主的意识。

6. 黄珉珉认为,心理健康的标准有

(1)能进行正常的学习、生活和工作。

(2)能与他人和睦相处,保持良好的人际关系。

(3)具有健全的人格。

(4)具有良好的情绪体验。

(5)具有正常的行为。

(6)有正常的心理意向。

(7)有良好的适应能力及对紧急事件的适应能力。

(8)有一定的安全感,有信心和自立性。

7. 郑日昌认为,心理健康的6种表现

(1)正视现实。

(2)了解自己。

(3)善与人处。

(4)情绪乐观。

(5)自尊自制。

(6)乐于工作。

8. 国内的著名心理学家王登峰等提出的心理健康的指标

(1)了解自我,悦纳自我。一个心理健康的人能体验到自己的存在价值,既能了解自己,又能接受自己,具有自知之明,即对自己的能力、性格、情绪和优缺点都能做到恰当、客观的评价,对自己不会提出苛刻的非分期望与要求,对自己的生活目标和理想也能定得切合实际,因而对自己总是满意的;同时,努力发展自身的潜能,即使对自己无法补救的缺陷,也能安然处之。一个心理不健康的人则缺乏自知之明,并且总是对自己不满意,由于所定的目标和理想不切实际,主观和客观的距离相差太远而总是自责、自怨、自卑,总是要求自己十全十美,而自己却又总是无法做到完美无缺,于是,就总是与自己过不去,结果是使自己的心理状态永远无法平衡,也无法摆脱自己感到将会面临的心理危机。

(2)接受他人,善与人处。心理健康的人乐于与人交往,不仅能接受自我,也能接受他人,悦纳他人,能认可别人存在的重要性和作用。能为他人所理解,为他人和集体所接受,能与他人相互沟通和交往,人际关系协调和谐,在生活的集体中能融为一体,乐群性强,既能在与挚友团聚之时共享欢乐,也能在独处沉思之时而无孤独之感。在与人相处时,积极的态度(如同情、友善、信任、尊敬等)总是多于消极的态度(如猜疑、嫉妒、畏惧、敌视等),因而在社会生活中具有较强的适应能力和较充足的安全感。一个心理不健康的人,总是自绝于集体,与周围的环境和人们格格不入。

(3)热爱生活,乐于工作。心理健康的人珍惜和热爱生活,积极投身于生活,在生活中尽情享受人生的乐趣。他们在工作中尽可能地发挥自己的个性和聪明才智,并从工作的成果中获得满足和激励,把工作看作是乐趣而不是负担。他能把工作的过程中积累的各种有用的信息、知识和技能存储起来,便于随时提取使用,以解决可能遇到的新问题,能够克服各种困难,使自己的行为更有效率,工作更有成效。

(4)面对现实,接受现实,适应现实,改变现实。心理健康的人能够面对现实,接受现实,并能够主动地去适应现实,进一步地改造现实,而不是逃避现实,对周围事物和环境能做出客观的认识和评价,并能与现实环境保持良好的接触,既有高于现实的理想,又不会沉湎于不切实际的幻想与奢望,他对自己的能力有充分的信心,对生活、学习、工作中的各种困难和挑战都能妥善处理。心理不健康的人往往以幻想代替现实,不敢面对现实,没有足够的勇气去接受现实的挑战,总是抱怨自己生不逢时或责备社会环境对自己不公而怨天尤人,因而无法适应现实环境。

(5)能协调与控制情绪,心境良好。心理健康的人愉快、乐观、开朗、满意等积极情绪状态总是占据优势的,虽然也会有悲、忧、愁、怒等消极的情绪体验,但一般不会长久。他能适当地表达和控制自己的情绪,喜不狂、忧不绝、胜不骄、败不馁、谦虚不卑、自尊自重,在社会交往中既不妄自尊大也不畏缩恐惧,对于无法得到的东西不过于贪求,争取在社会规范允许范围内满足自己的各种要求,对于自己能得到的一切感到满意,心情总是开朗、乐观的。

(6)人格和谐完整。心理健康的人,其人格结构包括气质、能力、性格和理想、信念、动机、兴趣、人生观等各方面能平衡发展,人格即人的整体的精神面貌能够完整、协调、和谐地表现出来。思考问题的方式是适中和合理的,待人接物能采取恰当灵活的态度,对外界刺激不会有偏颇的情绪和行为反应,能够与步调合拍,也能与集体融为一体。

(7)智力正常。智力正常是人正常生活的最基本的心理条件,是心理健康的主要标准,智力是人的观察力、记忆力、想象力、思考力的操作能力的综合。

(8)心理行为符合年龄特征。所有人的生命发展的不同年龄阶段,都有相对应的不同的心理行为表现,从而形成不同年龄阶段独特的心理行为模式。心理健康的人应具有与同年龄段大多数人相符合的心理行为特征。

以上列举了一些学者提出的心理健康的评判标准和尺度,一般说来,心理健康的人都能够适应环境,善待自己,善待他人,情绪稳定,人格完善。心理健康的人并非没有痛苦和困惑,而是他们能适时地从痛苦和困惑中解脱出来,积极地寻求改变不利现状的新途径。他们能够深切领悟人生冲突的严峻性和不可回避性,也能深刻体察人性的阴阳善恶。他们是那些能够自适度地表达、展现自己个性的人,并且与环境和谐地相处。他们善于不断地学习,利用各种资源,不断地充实自己。他们也会享受美好人生,同时也明白知足常乐的道理。他们不会去钻牛角尖,善于从不同角度看待问题。

【心理百科】

心理健康的相关概念

(1)正常心理。正常心理指的是具备正常功能的心理活动,或者说是不包含精神病症状的心理活动。心理健康和心理不健康都属于正常心理范畴。

(2)心理健康。《简明不列颠百科全书》将心理健康解释为:"心理健康是指个体心理在本身及环境条件许可范围内所能达到的最佳功能状态,但不是十全十美的绝对状态。"1946年第三届国际心理卫生大会也曾为心理健康下过定义:"所谓心理健康是指在身体、智能、情感上与他人的心理健康不相矛盾的范围内,将个人心境发展成最佳状态。"

(3)心理不健康。心理不健康,又称偏态、不平衡状态,指个体处于焦虑、恐惧、压抑、担忧、矛盾等应激状态。一般可认为有心理问题,可以通过自我调节或他人疏导来解决。如若任其发展下去,可能会对身心造成严重损害,由心理问题转化为心理疾病。

(四)大学生心理健康的标准

大学生的年龄一般在18~25岁之间,从心理学的观点来看,他们正处于青年中期。大学生的心理具有青年中期的许多特点。作为一个特殊群体，从高中升入大学，环境与要求都发生了重大变化，面临更多的心理矛盾，而大学生又不能完全等同于社会上的青年。要根据我国大学生的实际情况，处于青年中期的大学生具有的心理特征、大学生特定的社会角色的要求和心理健康的基本理论，来评判大学生的心理健康水平。

对于大学生心理健康的内涵和大学生心理健康的标准问题，我国不少心理学工作者都进行过研究。由于不同研究者心理观的不同，以及经验的差异，所提出的心理健康标准也不尽相同。综合不同学者的观点，大学生心理健康的标准应包括以下几个方面：

1. 能保持对学习的浓厚兴趣和强烈的求知欲望

智力正常是人一切活动的最基本的心理条件。学习是大学生的主要任务，心理健康的大学生珍惜学习机会，求知欲望强烈，能克服学习中的困难，学习成绩稳定，能保持一定的学习效率，从学习中体验满足与快乐。

2. 情绪稳定，心境良好

情绪在心理异常中起着核心的作用。心理健康者能经常保持愉快、开朗、自信、满足的情绪，善于从生活中寻求乐趣，对生活充满希望。更重要的是情绪稳定性好，具有调节控制自己的情绪以保持与周围环境动态平衡的能力。

3. 意志坚强，热爱生活，乐于工作

意志是人类能动性的集中体现，是个体重要的精神支柱。健康的意志品质往往具有如下的特点：目的明确合理，自觉性高；善于分析情况，意志果断，意志坚韧、有毅力，心理承受能力强；自制力强，既有实现目标的坚定性，又能克服影响目标实现的干扰，不放纵任性。心理健康的大学生的意志活动指向现实的工作和生活，珍惜和热爱生活，积极投身于生活，能享受生活而不认为是重负，能从工作中获得满足和激励，并能从工作中积累知识经验，以使自己的工作更有成效。

4. 人格完整，悦纳自我

人格完整是指人格构成要素平衡发展，所思、所言、所行协调一致。大学生的人格完整具体表现为：既有积极进取的人生观，又能与社会的发展步调合拍，也能与集体融为一体。心理健康者能体验到自己的存在价值，既能了解自己，又能接纳自己。他们对自己的能力、性格都能做出恰当的、客观的评价，对自己不会提出苛刻的、不切实际的期望和要求。

5. 人际关系和谐，适应力强

良好的人际交往是维护心理健康的重要条件。心理健康的大学生往往能主动地与老师、同学交往，保持相对稳定的人际关系。在与他人相处时，积极的态度（如同情、友善、信任、尊敬、理解）总是多于消极的态度（如猜疑、嫉妒、畏惧、敌视）。游离于集体，与周围的人格格不入，则是心理不健康的表现。较强的适应能力是心理健康的重要特征。心理健康的大学生能与社会保持良好的接触，一旦发现自己的需要和愿望与社会需要相矛盾时，能面对现实，迅速自我调节。

6. 心理与行为符合大学生的年龄特征

与人生各阶段生理发展相对应的是心理与行为表现，从而形成不同年龄阶段独特的心理与行为模式。心理健康的大学生具有与大多数同龄人一样的心理与行为特征。如果一个大学生的心理与行为经常严重偏离自己的年龄特征，就意味着心理有问题。心理健康的大学生应该精力充沛、勤学好问、反应敏捷、喜欢探索，而过于老成、过于幼稚、过于依赖都是心理不健康的表现。从上面对心理健康的标准论述中不难看出，心理健康的标准不是固定不变的，也不好统一定论，我们在实际工作中确定心理健康的标准时，可以借鉴以上论述，同时应注意以下几个问题:一是建立标准一定要有充足的依据,应该从社会发展方面、科学理论以及个人的身心发展加以考虑。二是心理健康的标准应向具体化、可操作化方向发展,要注意不同性别、不同年龄段的群体都应有具体的健康标准,否则显得太笼统,缺乏具体指标。三是心理健康的标准受社会文化背景的制约,应在借鉴西方标准的基础上,尽可能使心理健康的标准本土化。即使在同一文化背景下,中国传统文化与现代文化对于健康的标准也是不同的,文化的差别必然带来心理健康标准在一定程度上的偏离。四是心理健康的标准具有相对性。一方面健康与疾病不是完全对立的,它们之间没有明确的界限;另一方面心理健康并不是某种固定、永恒不变的状态,它会因为社会、生物等方面的影响而发生变化。五是应构建一个统一的关于心理健康的结构模式,明确心理健康的构成要素,然后在此基础上界定具体的心理健康标准。

【心理故事汇】

我愿为梦想代言

韦福瑞,男,1990 年 5 月 1 日出生于广西省南宁市,祖籍广西省南宁市宾阳县宾州镇,中共党员,青年自由作家,荔枝 FM 电台励志男主播,瑞斯卡品牌形象策划中心创始人,毕业于桂林理工大学旅游学院旅游管理专业,原就读桂林旅游学院 2013 届旅游管理专业,学业优秀被直推保送桂林理工大学进一步深造并以十分优异的成绩完成学业,精通旅游管理、市场营销、战略规划、品牌策划、艺术设计和街舞等专业领域,曾为大学校园学霸级创业风云人物,先后斩获“挑战杯”、“互联网 +”“创青春”“溢达”等多项国内知名创新创业赛事奖项,并荣获 10 余项国家级、省级奖项和荣誉,现任职桂林瑞斯卡文化传播有限公司 CEO、鸬鹚项目创始人、瑞斯卡学院项目总负责人。

韦福瑞是一个阳光、有梦想的青年,在校期间,他不仅爱写文章,精通舞蹈,熟通各类计算机设计软件,如 AI、PS 等,还能在学习之余开展调研工作,曾获得 2014 年“挑战杯”大学生学术科技作品竞赛国赛大奖。学习上是同学的榜样,不断求思进取,刻苦钻研,注重积累高效学习方法,并直接运用到日常学习中,年末各科成绩优秀,综测成绩名列前茅,而且作为一名共产党员,他时刻保持良好的思想与行为作风,以一名优秀共产党员的严格要求督促自己,并积极响应组织号召,竞聘院支部党委委员职务,工作认真负责,全心全意为广大师生服务,广受师生欢迎。

与此同时,韦福瑞还是大学的创业先锋,积极参加各类创新创业训练,并成功创办了瑞斯卡品牌形象策划中心,首任 CEO。2013 年,瑞斯卡公司在桂林旅游学院大学生创新创业中心诞生,2014 年进军品牌策划市场并屡创佳绩,2015 年进驻桂林理工大学创新创业学院,2016 年与桂林理工大学旅游学院达成校企合作,并不断发展至今,成为瑞斯卡学院项目。瑞斯卡(RUISIKA)是一家致力于品牌策划管理、营销推广、活动策划为一体的专业品牌形象策划机构,中心秉承“内修形象,外树品牌”的品牌管理理念,以“客户第一”为首要原则,坚持信息时代互联网品牌化建设为重点,坚持不懈地为企业提供专业的形象策划与品牌管理服务。

截止 2016 年 12 月,公司成员 21 名,业务服务合作企业 42 家,战略合作伙伴线下实体 3 家,互联网 1 家,自有品牌 2 枚,知识产权专利 1 项,荣获国际奖项 1 枚,全国奖项 10 余枚。

资料来源:作者根据相关资料整理

任务三　大学生心理健康的维护

大学生受客观因素包括家庭因素、学校因素、社会环境因素等影响，心理状态各不相同。进入大学后开始面对社会生活、学习、人际关系等压力，大学生在心理健康方面总会有一些问题出现。维护大学生心理健康有以下三个方面的阐述。

为何曾经努力的你，
进入大学就放纵了？

一、学校如何维护大学生心理健康

构建科学合理的心理健康教育框架。大学生心理健康教育是一个系统的工作，因此，在工作的过程中必须充分地调动高校各部门的力量，开辟各种渠道，运用各种方法，全方位、多角度地进行建设。

1. 发挥主渠道作用，有的放矢地开设心理健康教育课程

应当把心理健康教育列入学校的教学计划，这样可以使大学生心理健康教育具有实效性，能够真正地解决当今大学生面临的种种心理问题，使大学生心理健康教育具有系统性和针对性，充分发挥大学生心理健康教育的作用。而且，在课程讲授中还要注意以下几点：

(1)大学生心理健康教育要以心理学理论为基础，引进教学经验和技术设备。

(2)课程的重点要放在培养学生健康的心理状态上。

(3)心理健康教育内容要切合实际。

在校大学生的心理活动具有明显的阶段性特征，要依据学生的心理特点和学生的个性特点有针对性地进行教学，并且可以定期组织一些心理辅导的团体性训练。

2. 发挥主阵地作用，全面深入地做好大学生心理健康教育工作

各个高校的心理健康教育工作要与大学生心理健康教育咨询中心相结合，并且要肩负着全校学生心理健康教育的使命，这也是大学生心理健康教育的主要阵地。各大高校的心理健康教育咨询中心要具有以下几方面的能力：

(1)范围要广，面向全体同学。

(2)在工作过程中要具有针对性，具体问题具体分析。

(3)定期对学生做心理测试等，发现问题及时解决。

(4)对于一些特殊的群体，如有精神障碍或者心理障碍等，老师要根据自己的能力适当的疏导，对于心理问题相对较严重的对象可以转介给医疗部门进行治疗。

3. 发挥主体作用，生动活泼地开展学生心理健康社团工作

我们知道，心理健康教育与其他的教育有很大的差别。心理健康教育更加强调的是平等原则和尊重的原则，更加具有人性化特点。因此，在教育过程中，教师必须尊重学生，认真分析学生的性格特点，发挥学生的主体作用。所以，说大学生心理健康教育工作的成败取决于是否发挥了学生的主体性作用。

在大学里，学生可以成立大学生心理健康社团。大学生心理健康社团可以起到辅助学校心理健康教育的作用，在必要的时候能够弥补教师人员不足的问题。在专业教师的指导下，心理健康社团可以在学生中定期开展心理健康宣传性质的工作，增加学生们对心理健康学习的热情。在活动期间，学生之间能够互相交流有关心理健康的经验和同学们对心理健康的种种看法，这对心理健康教育工作具有重要的意义，通过这些活动能够不断地扩大心理健康教育在学校和社会上的影响力度，使之具有辐射作用。

4.发挥传统文化作用，开展大学生心理健康教育工作

中华民族具有五千年的悠久历史，传统文化博大精深，在中国的传统文化中也蕴含着丰富的心理健康意识，在一定程度上塑造了中华民族的特殊心理品质，并且对心理健康也有相应的影响。在进行心理健康教育的过程中，结合着传统文化对大学生心理健康教育工作具有重要的指导意义。

二、家庭如何维护大学生心理健康

家庭是培植大学生心理素质的重要场所，同时也是大学生经受挫折和出现心理危机后的疗养所。目前，高校中，家——校——学生彼此之间沟通不畅，学生从其原生家庭中带来的各种心理问题或人格缺陷，学校并不能完全知晓，而家长更少意识到自己的教养方式与家庭关系对孩子健康人格的影响。学生上大学后力图摆脱家庭的约束，结果出现了学生不汇报，学校不通气，家长不了解的教育真空状态，许多家长因为时空限制，鞭长莫及，于是要么就是把孩子交给了学校，一切不管，要么就是每天打电话问孩子的情况使孩子或者更加反感或者更加依赖。

家庭教育以品德教育为主，培养孩子良好的道德品质，教会孩子如何“做人”，家长应认清家庭教育在大学生成长过程中的价值，树立整体教育的新观念。从对孩子身体健康、学习成绩的关注转化为生活适应状况和个人综合能力的关注；帮助孩子养成良好的行为习惯和独立的心理品质是家庭教育的重要任务。这些都会在大学生的学习和生活中，甚至人格形成中产生良好的影响。特别是成熟型家庭中的大学生，他们有自我管理和自我教育的能力，有恰当的大学发展规划，能够很快地适应大学生活，能够愉快、顺利地度过大学生涯。家长应该变过去忽视、低估大学生家庭教育的作用，在继续加强高等教育对大学生的全方位引导、教育和培养的前提下，加强家庭教育的功效，避免过去一贯的只有在学生出了问题才与家长沟通的被动局面，学校应该通过各种渠道将家庭教育纳入到大学生的成长成才培养计划中来。

【心理百科】

走出心理健康的认识误区

误区一：心理不变态就算心理健康

心理不健康有多种形式，心理变态只是其极端形式而已。根据状态，人的心理可用三区来表示：白色区、灰色区和黑色区。人处于心理白色区就是心理健康，处于黑色区则心理变态，而处于灰色区则介于上述两者之间。它们之间是可以相互转换的，灰色心理调节得当就会回复为白色心理，不当则会发展为黑色心理。所以，心理不变态的人不一定心理健康。

误区二：心理健康与心理问题是静态的、不可变化的

许多人认为心理健康就永远不会有问题，心理有问题就永远心理健康不了。这是一个误区。其实心理健康与心理问题是相对而言的，两者是动态的、可逆的、有变化的。

误区三：心理问题只发生在少数人身上

在人一生中的不同时期都可能产生心理问题。其实，几乎人人都有心理问题，只是程度有轻有重，或是自己没有意识到。

误区四：纪律、道德、思想问题与心理健康问题毫无关系

实际上，两者之间是有密切联系的。例如，某位学生一到上课时就咳嗽不止或喜欢东张西望，老师往往以为是纪律或品德问题。事实上，这也可能是过重的学业负担产生的心理压力引起的躯体反应或心理逆反。

误区五：心理问题只能出现后再进行治疗

心理问题是能被早期发现、早期调适的,对心理问题同样应贯彻预防为主的原则。

误区六:去看心理医生是丢人的事情

很多人觉得去看心理医生是很难为情的事情,认为看心理医生的人都心理变态。这是很大的误区。心理咨询在中国是个新生事物,人们对它的了解还不够,这可能是造成这种误区的原因之一。另外,许多人对心理咨询不信任,认为是骗人的东西,这也是误解。其实,正如哈佛大学博士岳晓东所说的,"心理咨询是一种享受而不是痛苦,是明智的选择而不是愚蠢的做法。"

误区七:心理上有"病"不用去看

长期以来只重视身体健康而忽视心理健康的宣传,致使人们身体有病大大方方地去看医生,但心理有问题却不好意思去看心理医生,小问题也逐渐成了大问题。

误区八:一次心理咨询就可以解决问题

对心理咨询的不了解也导致了人们过高的期望值,认为通过一次半次的心理咨询就可以解决所有心理问题。其实心理问题和身体疾病一样,"冰冻三尺,非一日之寒",不可期望很快就能痊愈。而且不同于身体疾病,心理问题的治疗需要患者和心理医生双方互动交流。这自然也不是一次可以完成的。当然,也不是所有心理问题都需要多次咨询和治疗,简单的问题一次足矣。

三、大学生自身如何维护心理健康

发挥大学生主观能动作用,让大学生自己掌握解决心理困扰的金钥匙,即开展心理健康自我教育,是为了弥补现阶段大学生心理卫生教育资源不足、专业或业余工作者素质尚待提高的局面。

1. 正确认识和评价自己

自我认识是自我意识的一种表现形式。大学阶段的学生自我意识正处在发展、稳定、完善的关键时期,大学生自我意识的健康发展、完善和稳定,有助于他们减少或防止各种心理问题的发生。

2. 自我情绪的调节和控制

情绪的困扰在大学生群体中是比较突出的心理问题,如紧张、焦虑、抑郁等表现,在大学生心理异常中占有很高的比例。这些情绪困扰一方面受大学生所处特定时期的情绪活动特点的影响,另一方面也受到许多与大学生活相关的环境因素的影响。归纳起来主要有对环境的适应、理想和现实的冲突、学习和恋爱的挫折、人际关系的紧张及生活事件的增多等。

3. 培养良好的个性品质,矫正行为失误

现代社会竞争激烈,大学生更应具备迎接各种挑战的心理承受能力,为此,就必须有目的地培养良好的个性。个性既受遗传影响,更受后天环境的影响,还与个人的自我教育、自我修养有关。大学生可塑性大,矫正不良性格,并使之逐步走向成熟,也是大学生自我调适心理障碍的重要方式。

4. 提高适应环境的能力 社会适应状态良好

社会适应状态良好意味着个体与环境处于协调、平衡的状态,协调平衡下的个体,便会情绪乐观、稳定,学习和工作游刃有余。在竞争激烈、节奏变化呈加速度的社会中,只有迅速地调整自己,改变自己的生活方式、行为方式、思维方式,方可凸显自己的价值。

5. 转变观念

观念的陈旧、保守,认识上的无知是心理问题不能得到很好解决的首要原因。当人们身体不适时,会去求医;同样,当人们心理有问题时,同样应该去求助。让全面的、真正的健康观念深入人心，并指导人们的行动。只有在全社会形成人人重视心理健康、个个讲究心理卫生的局面，有心理问题的人才会积极、大胆、坦然地去求助。

6. 学习与人交往的艺术与方法

和谐的人际关系会使人获得更多的心理支持。大学生通过心理学的学习与广泛阅读，懂得与人交往的艺术与方法。在社会生活中，尊重别人、真诚地赞美别人，相信自己能处理好各种人际关系，欣赏与接纳别人与自己的不同观点和行为，懂得批评与建议的艺术。在与人相处过程中，保持感恩之心。

7. 学会自我合理化

成长的道路不可能一帆风顺，面对前进道路上的各种挫折，大学生应学会自我合理化。简单地说，就是要多一点阿 Q 精神，善于运用各种理由把环境进行合理化。有的时候外界环境是很难一下子改变的，能改变的只有自己对环境的认知和态度。当人们以宽容的态度、弹性的心态对待生活中大大小小的各种挫折时，便能使心理问题“软着陆”，减少挫折感，缓解外部环境带来的压力。

【心理故事汇】

幸福和快乐就在心中

幸福快乐的秘密在每个人的心中，每个人都具备使自己幸福快乐的资源，只是许多人没有把这些“幸福快乐的资源”运用得好而已。

传说在天堂上的某一天，上帝和天使们召开了一个头脑风暴会议。上帝说：“我要人类在付出一番努力之后才能找到幸福快乐，我们把人生幸福快乐的秘密藏在什么地方比较好呢？”

有一位天使说：“把它藏在高山上，这样人类肯定很难发现，非得付出很多努力不可。”

上帝听了摇摇头。

另一位天使说：“把它藏在大海深处，人们一定发现不了。”

上帝听了还是摇摇头。

又有一位天使说：“我看哪，还是把幸福快乐的秘密藏在人类的心中比较好，因为人们总是向外去寻找自己的幸福快乐，而从来没有人会想到在自己身上去挖掘这幸福快乐的秘密。”

上帝对这个答案非常满意。

从此，这幸福快乐的秘密就藏在了每个人的心中。

心理学家指出，每个人都具备使自己幸福快乐的资源，像谦虚、合作精神、积极的态度，还有爱心。这些特质几乎在每个人的身上都可以找到，只是许多人没有把这些“幸福快乐的资源”运用得好而已。

每一个人都可以通过改变思想去改变自己的情绪和行为，从而改变自己的人生。我们每天遇到的事物，都包含成功快乐的因素，取舍全由个人决定。因为所有事情和经验里面，正面和负面的意义同时存在，把事情和经验转为绊脚石或者是踏脚石，由你自己决定。

幸福快乐的人所拥有的思想和行为能力，都是经过一个过程培养出来的。在开始的时候，他们与其他人所具备的条件是一样的。

情绪、压力或困扰都不是源自外界的人、事、物，而是自己内心的信念和价值观产生出来的。有能力给自己制造出困扰的人，当然也有能力替自己消除困扰。

相信自己有能力或凡事都有可能，是对自己幸福快乐最有效的保证。

资料来源：http://www.docin.com/p-252811657.html

任务四　大学生心理健康教育的促进和意义

根据《中共中央国务院关于进一步加强和改进大学生思想政治教育的意见》(中发〔2004〕16号)精神,促进大学生思想政治教育要有科学的方法和与时俱进的方法,而高校也呈现出各种各样促进大学生心理健康的形式和内容。

一、大学生心理健康教育的促进

(一)通过课程的方式,普及心理健康教育知识

根据《教育部办公厅关于印发〈普通高等学校学生心理健康教育课程教学基本要求〉的通知》的有关规定,要求各高校将心理健康教育列入教学计划。开设心理健康教育课程的方式,将心理健康教育的知识放到课堂,是一种最优的心理健康教育宣传手段,其具有普及率高、传授知识快、学生接受信息量大等特点。目前,各大高校几乎将心理健康教育开设为大学新生的公共必修课,使学生对接受心理健康教育的普及率达到百分之百,从而达到宣传心理健康教育知识、帮助学生提高自身心理素质、预防心理疾病产生的良好效果。

(二)开展心理辅导与咨询,促进个体健康成长

通过配备专兼职的心理老师,建立"学校—学院—系部—班级"等多级的心理预警机制,通过团体心理辅导与个体心理辅导相结合的方式,开展现场心理咨询、门诊咨询、书信咨询、网络在线咨询等形式,促进个体身心健康发展,使学生学会自我调适的方法,提高学生的心理承受和应对压力挫折的能力。

(三)开展第二课堂活动,陶冶情操、体验乐趣

"5·25"谐音"我爱我",5月25日为中国大学生心理健康日,每年的5月份,各大高校通过"心理健康教育月""心理健康教育节"等活动,结合院校的专业特色开展如心理沙龙、心理DV剧、心理影片、心理讲座、心理游戏等各类活动,旨在通过活动,陶冶学生的情操,寓乐于教,让学生在活动中放松身心,体验乐趣。

(四)关注特殊群体,全程监控并提高学生心理素质水平

1. 新生

建立新生心理档案,采用大学生心理健康量表,对新生的心理健康状况进行普查,对有心理问题及时筛查,对有心理疾病的做到早发现、早治疗,预防校园恶性事件的发生;建立新生心理档案,一方面能很好地监控学生的心理健康状况;另一方面,可为学校相关部门提供第一手科研材料。

2. 毕业生

如前所述,大学毕业生的心理问题主要集中在:焦虑心理、患得患失心理、攀比心理、"等、靠"心理等,教育部明确规定了开设《大学生心理健康教育》课程的必要性,教高厅(2007)7号文《教育部办公厅关于印发〈大学生职业发展与就业指导课程教学要求〉》也明确规定了《大学生职业生涯规划与就业指导》课程开设的具体要求,这两门课程的开设,对解决毕业生的心理困惑无疑是有帮助的。

3. 其他特殊群体

如家庭经济困难学生、留守经历学生、流动儿童经历学生、家庭关系不利学生、失恋群体、轻生者、生活中偶遇突发事件等群体的心理问题也不容忽视。

(五)充分发挥学生群体和心理协会的力量

自2000年首届全国大学生心理健康节拉开帷幕以后,各高校相继成立学生心理社团,

并充分发挥社团的作用,引导学生加强自我教育,高校借助学生心理社团的力量开展各种各样促进学生心理健康发展的活动。据了解,相当部分高校,已将"大学生心理健康健康日"发展为"大学生心理健康健康周"或在五月份拉开"大学生心理健康健康节"活动,开展为期一个月的第二课堂活动。

【心理百科】

大学生心理健康日

为引导大学生关注自身的心理健康,2000 年,"5·25"全国"大学生心理健康节"在北京师范大学拉开帷幕,健康截取"5·25"的谐音"我爱我",意为关爱自我的心理成长和健康,活动的主题是大学生人际交往和互助问题,口号为"我爱我——走出心灵的孤岛"。此后(2004 年),教育部,团中央,全国学联办公室向全国大学生发出倡议,把每年的 5 月 25 日确定为全国大学生心理健康日。

"5·25"是"我爱我"的谐音,对此,发起人的解释是:爱自己才能更好地爱他人。心理健康的第一条标准就是认识自我,接纳自我,能体验到自己存在的价值,乐观自信,这样的人才能用信任、友爱、宽容、尊重的态度与人相处,能分享、接受、给予爱和友谊,能与他人同心协力。选择"5·25"是为了让大学生便于记忆,关注自己的心理健康。随后,"5·25"——"大学生心理健康日"在全国各高校得到认同,全国高校都利用这一天开展多种形式的心理健康教育活动,甚至认为这一天就是"大学生的心理健康节"。北京师范大学心理学院院长车宏生教授说:"大学生心理健康活动周的举行,说明心理学受到老百姓的重视。社会的发展需要心理学,希望这个活动能推广到全国各地。"如今,"5·25""大学生心理健康活动周"已遍及全国各地,成为全国大学生活动的一个著名的品牌,其影响力将会越来越大。

二、高校开展心理健康教育的意义

1. 普及心理健康教育知识,增强自我心理保健意识

大学生是个备受关注的群体,凡是大学生出现的各类问题,媒体都会给予足够的关注;大学生也是个特殊的群体,他们不再像中小学生的身份那样,大学生在为人处事方面有自己独特的见解,但由于缺乏社会经历,考虑问题往往有时候较为片面,因此他们在遇到事情时也极容易想不开或走极端。高校通过开展形式多样、内容丰富的心理健康教育活动,可以全面普及心理健康教育知识,增加学生的自我心理保健意识,提高学生的心理应对能力,促进学生的自身身心健康发展。

2. 提高自我心理调适能力,塑造健康积极的心态

高校开展的心理健康教育活动,不管是课内还是课外的,出发点均是为了提高学生自我心理调适能力,从开设的课程来看,每一章节针对不同的心理健康问题提出相关的应对措施;从第二课堂活动来看,每一专题的活动,目的明确,主题突出,让学生在活动中愉悦心情,提高自我心理调适能力,以塑造健康积极的心态。

3. 提高识别心理疾病的能力,预防校园恶性事件的发生

在早期,人们缺乏对心理健康知识的了解,他们容易把心理疾病的临床表现等同于迷信、等同于"中邪""撞鬼",于是采用传统的法事去"驱邪",结果出现无可挽回损失,包括财产损失和生命损失。下述案例中,该女同学出现了妄想、"幻听、幻视",如果身边的同学略为懂得心理疾病的知识,就不会酿成这样的悲剧。因此,通过心理健康教育课程,专门有一章节介绍大学生常见心理疾病的表现、预防和干预,让学生接受科学的教育,预防校园恶性事件的发生。

【心有千千结】

有一位女同学，在宿舍向其他同学述说："进校半年来，她总是可以听到五百米外的人说她坏话。每天晚上出去，她在空荡的篮球场，她见到一位身穿红裤子、黑衬衣、披头散发的女人，一到睡觉前，这个怪女人就会站在宿舍门口吓唬人。"宿舍其他同学听到这件事后毛骨悚然，都认为这位同学"中邪、撞鬼"了，商议晚上集体出动到篮球场烧点"纸钱"驱邪，可是很不幸，就在她们准备为这位女同学"驱邪"时，却收到了女同学自杀身亡的消息，而且发现遗书称："怪女人"在招她魂，所以她去去就回……

点评：从心理学的角度进行分析，这位女同学有幻听、幻视等症状，是精神分裂症的临床表现，很可惜，她身边的同学均缺乏心理学的相关知识，他们用迷信替代了科学。

资料来源：作者根据相关资料整理

4. 提高大学生对心理咨询的认可度和接受度，促进身心健康发展

心理健康教育在高校正式发展起来大概是20世纪80年代，在此前，大学生对心理健康教育的知晓度很低，学生出现了心理问题既不愿意承认，更不会主动寻找帮助，直到这个倍受大众高度关注的大学生群体引出了各种各样的心理闹剧之后，心理咨询与心理辅导才真正走进了校园，走到了学生当中。学生由对心理咨询持怀疑的态度到相信心理咨询这一历程，经历了将近半个世纪。

【心理训练营】

活动一　青蛙跳水

一、目的：倾听与反应

二、内容

(1)组员围圈坐，组长开始说："一只青蛙"，第二人说："一张嘴"，第三人说："两只眼睛"，第四人说"四条腿"，第五人说："扑通！"，第六人说："跳下水"。

(2)继续下一位组员便要说："两只青蛙""两张嘴""四只眼睛""八条腿""扑通！扑通！""跳下水"。

(3)接不下去的组员便退出，剩下最后一位是获胜者。

活动二　体验优缺点

两位同学一组，面对面坐好。

在口中默念自己的十个优点，连续三遍，然后伸出双手，请对方来压一压；接着再默念自己的十个缺点，连续三遍，伸出双手，再请对方来压一压。

思考：

(1)这两次压力的感觉有什么不同？

(2)在这个小实验的过程中有什么体会？

【心理测试】

大学生心理健康测试量表(UPI)

指导语：以下问题是为了解你的健康状况并为了增进您的身心健康而设计的调查。请你按题号的顺序阅读，在最近一年中你常常感觉到或体验到的项目上做"√"选择。为了使你顺利完成大学学业，身心健康地去迎接新生活，请你真实选择。

(1)食欲不振。

(2)恶心、胃口难受、肚子痛。

(3)容易拉肚子或便秘。
(4)关注心悸和脉搏。
(5)身体健康状况良好。
(6)牢骚和不满多。
(7)父母期望过高。
(8)自己的过去和家庭是不幸的。
(9)过于担心将来的事情。
(10)不想见人。
(11)觉得自己不是自己。
(12)缺乏热情和积极性。
(13)悲观。
(14)思想不集中。
(15)情绪起伏过大。
(16)常常失眠。
(17)头痛。
(18)脖子、肩膀酸痛。
(19)胸痛憋闷。
(20)总是朝气蓬勃。
(21)气量小。
(22)爱操心。
(23)焦躁不安。
(24)容易动怒。
(25)想轻生。
(26)对任何事都没兴趣。
(27)记忆力减退。
(28)缺乏耐性。
(29)缺乏决断能力。
(30)过于依赖别人。
(31)为脸红而苦恼。
(32)口吃、声音发颤。
(33)身体忽冷忽热。
(34)常常注意排尿和性器官。
(35)心情开朗。
(36)莫明其妙地不安。
(37)一个人独处时感到不安。
(38)缺乏自信心。
(39)办事畏首畏尾。
(40)容易被人误解。
(41)不相信别人。
(42)过于猜疑。
(43)厌恶交往。
(44)感到自卑。
(45)杞人忧天。
(46)身体倦乏。
(47)一着急就出冷汗。
(48)站起来就头晕。
(49)有过昏迷或抽风。
(50)人缘好受欢迎。
(51)过于拘泥。
(52)对任何事情不反复确认就不放心。
(53)对脏很在乎。
(54)摆脱不了毫无意义的想法。
(55)觉得自己有怪气味。
(56)别人在自己背后说坏话。
(57)总注意周围的人。
(58)在乎别人的视线。
(59)觉得别人轻视自己。
(60)情绪易被破坏。
(61)至今,你感到自身健康方面有问题吗?
(62)至今,你曾觉得心理卫生方面有问题吗?
(63)至今,你曾接受过心理咨询与治疗吗?
(64)你有健康或心理方面想咨询的问题吗?

UPI 的筛选规则与计分标准:

打“√”的得 1 分。

第一类(各类神经症、有神经分裂症倾向、悲观厌世、心理矛盾冲突强烈,明显影响正常生活、学习。)筛选标准:

满足下列条件之一者应归为第一类:

(1)UPI 总分在 25 分(包括 25 分)以上者。

(2)第 25 题做肯定选择者。

(3)辅助题中同时至少有两题做肯定选择者。

(4)明确提出咨询要求者(由于此条选择人数较多,有时不用)。

第二类(存在一定心理问题,这类学生有种种烦恼,但仍能够维持正常学习和生活。)筛选标准:

满足下列条件之一者应归为第二类:

(1)UPI 总分在 20 分至 25 分(包括 20 分,不包括 25 分)之间者。

(2)第 8,16,26 题中有一题做肯定选择者。

(3)辅助题中只有一题作肯定选择者。

第三类(心理健康,他们的症状暂时不明显或已经解决。)筛选标准:不属于第一类和第二类者应归为第三类。

【叩响心门】

(1)大学生心理健康的定义和标准是什么?

(2)怎样维护大学生的心理健康?

(3)高校开展心理健康教育的形式和内容有哪些?

(4)高校开展心理健康教育有什么重要意义?

【心理电影院】

片名:《肖申克的救赎》

简介:20 世纪 40 年代末,小有成就的青年银行家安迪(蒂姆·罗宾斯 Tim Robbins 饰)因涉嫌杀害妻子及她的情人而锒铛入狱。在这座名为肖申克的监狱内,希望似乎虚无缥缈,终身监禁的惩罚无疑注定了安迪接下来灰暗绝望的人生。未过多久,安迪尝试接近囚犯中颇有声望的瑞德(摩根·弗里曼 Morgan Freeman 饰),请求对方帮自己搞来小锤子。以此为契机,二人逐渐熟稔,安迪也仿佛在鱼龙混杂、罪恶横生、黑白混淆的牢狱中找到属于自己的求生之道。他利用自身的专业知识,帮助监狱管理层逃税、洗黑钱,同时凭借与瑞德的交往在犯人中间也渐渐受到礼遇。表面看来,他已如瑞德那样对那堵高墙从憎恨转变为处之泰然,但是对自由的渴望仍促使他朝着心中的希望和目标前进。而关于其罪行的真相,似乎更使这一切朝前推进了一步…… 本片根据著名作家斯蒂芬·金(Stephen Edwin King)的原著改编。

简评:《肖申克的救赎》其实是对自我的一种救赎。斯蒂芬·金这位悬疑大师也只是想通过这样的方式告诉人们,追求自我的人生并非只是一个梦想,只是在于自己怎么去做。不管结果怎么样,这个过程很重要。影片触及的是人类永恒的主题和当下的不可回避困境。电影的结构比原小说更精当,台词比原小说更有节奏感,更加有所推敲锤炼、也更有深意,人物形象比原小说更鲜活有力。导演以丰富、机巧的艺术文本,将自由精神高扬在天地之间。

资料来源:作者根据相关资料整理

项目二 ▶▶▶

探索美好自我
——大学生的自我意识

心灵箴言

人的一生中有两个生日，一个是自己诞生的日子，一个是真正理解自己的日子。

——松浦弥太郎

高贵的灵魂就是对自身的根本肯定，这种灵魂是不能被追求、不能被发现、或许也不能被抛弃的。高贵的灵魂，就是自己尊敬自己。

——尼采

项目二 探索美好自我——大学生的自我意识

【心的灯塔】

意识是人区别于动物的特殊标志。意识发展到高级阶段就是“自我意识”的诞生。确切地说,正是因为“自我意识”的存在,才使得人真正“与众不同”。自我意识特有的认知、体验和控制的功能几乎主宰人的思维和各类实践活动。一个人拥有健康的自我意识,便可以及时而准确地认识自我、体察自我,从而不断地改进和完善自我,这样的人就会在人生的发展中不断进步,将拥有更多更大的成功和幸福,也必然会相应的显现更多更大的个人价值和社会价值。然而,自我意识不健康的人,便不能及时准确地对自己的思想和行为进行反思,自觉程度相对较低,因而,思维方式和方向的准确性以及行为活动的科学性将受到影响,人生的道路可能因为自我意识的不健全而变得坎坷崎岖,充满艰辛、荆棘和痛苦。

人最好的朋友是自己,最大的敌人也是自己。你喜欢自己的形象吗？你满意自己现在的生活状态吗？你知道自己在别人眼中是个什么形象的人吗？你对自己的评价是怎么样的？这些问题都是涉及自我意识。研究发现,如果一个人对自己的认识不清晰,自我控制能力不强,不能正确的处理自我与外部世界的关系,就很容易导致对自己有错误估计,如自卑或自负,从而导致很多心理问题。所以,大学生了解有关自我意识的知识,对分析自己、了解自己和认识自己、更好地完善和发展自己有非常大的好处。

任务一 自我意识概述

自我意识是人类特有的大脑机能,是意识发展到高级阶段的产物,是一个人心理成熟的重要标志,它所代表和象征的是一个人自觉性、主动性和能动性的觉醒和升腾,是人类区别于动物的特殊标志。自我意识的形成和成熟使得人由自觉走向自主,由被动走向主动,由感性走向理性,它是人类得以不断自我超越和开拓创新的根本力量之源。

新生综合症:选择困难症

首先,让我们认识一下什么是自我意识。

一、自我意识的概念

希腊古城特耳菲的阿波罗神殿上刻有七句名言,其中流传最广、影响最深,以至被认为点燃了希腊文明火花的是这样的一句话:“人,认识你自己”。一个人如果不知道自己是什么样的人,没有构建起自己完整的信念和价值体系,那他就时时感觉生活在一种不确定的状态中,时时感到彷徨和不安。因此在认识世界之前先认识自己,在了解别人之前先了解自己,这样才能更好地把握自己人生的方向。

【心理故事汇】

斯芬克斯之谜

传说古希腊有一个"人面狮身"的怪物，名为斯芬克斯，它蹲在城门给来往的路人出了一道题："什么动物在早上用四条腿走路，到了中午用两条腿走，到了晚上用三条腿走路的？"过往的人们百思不得其解，到底是什么东西会在一天的不同时间段露出不同条腿走路呢？因为大家都不能猜出谜底，均被斯芬克斯撕成碎片吃掉了，最后，谜底被一个名叫俄狄浦斯的人猜出，斯芬克斯才自绝了性命。

我们今天知道，其谜底就是——人。斯芬克斯把人的一生比喻成一天，婴儿期爬行比喻成早上，青壮年期比喻成中午，老人年期拄着拐杖比喻成晚上。

后人为了纪念此事，在当地的奥林匹斯山的特耳菲神殿上刻着——"人，认识你自己"。心理学正在居于研究人的基础上发展起来的。

资料来源：作者根据相关资料整理

在心理学，自我也称为"自我概念"或"自我意识"，是指一个人对自己所持的观点和看法。当一个人把自己当作认识对象时，就会对自己的外表、能力、特长等产生知觉，并逐渐形成相对稳定的自我概念。

法国哲学家笛卡尔最先使用了"自我意识"这一概念，提出了"用心灵的眼睛去注意自身"的精辟论断，揭示了对自我意识的发现的途径。

精神分析学派创始人弗洛伊德提出了"自我的三结构说"即本我（id）、自我（ego）和超我（superego），从人格的三个维度上研究自我的发展。意识是人脑对客观事物的主观反映，意识既是心理学研究的重点，也是难点。与意识相对应的是"潜意识"，弗洛伊德曾用冰山比喻。意识只是冰山浮出水面的尖峰，而潜意识则是潜藏于海底巨大的冰体，蕴藏深厚，但不被看到，在他的理论中强调了潜意识对人发展的重要性。

社会心理学家库利（C. H. Cooley）指出：自我是一面镜子，它从别人那里反映自己的行为，自我是经历无数次他人评价而形成的社会产物。美国心理学家詹姆斯（W. Jame）提出凡属于我或与我有关的事物都是自我的内容如身体、品质、能力、愿望、家庭等，自我从物质自我、精神自我和社会自我三个层次起作用。

米德（G. H. Mead）则认为：自我分为主体我（I）和客体我（Me），主体我代表每个人的自然特性而客体我代表自我社会的一面；主体我先于客体我形成，客体我形成需要很长时间，自我意识的发展包含主体我与客体我不断对话。

【心理百科】

宾我的构成

詹姆斯认为宾我就是我们的经验自我，指的是人们对于他们自己的各种各样的看法。具体包括三个不同的组成部分：物质自我、社会自我和精神自我。

（1）物质自我。指真实的物体、人或地点。可以分为躯体自我和躯体外自我。躯体自我，如一个人的手臂、腿、头发等身体的组成部分。躯体外自我如我的孩子（其他人）、我的狗（宠物）、我的汽车（财产）、我的家乡（地点）、我的绘画作品（劳动成果）等凡属于我或与我有关的实体内容。詹姆斯认为可以通过考察我们对某一实体的情感投入来判断其是否为自我的一部分。如果我们非常关注它，花大力气去提高和得到它，当它被表扬或贬低时我们表现出情绪反应,那么可以确定该实体为自我的一部分。

当要求人们描述他们自己时,他们往往自然而然的提及自己的所有物。如年幼的孩子喜欢收集瓶盖、石头、贝壳等,这些收藏的东西往往没有什么太大的物质价值,但因为代表了自我的重要方面,而受到孩子们的珍惜。实际上,这种把所有物当作自我的一部分的趋势会贯穿我们一生,有很多人会在生活中不舍得丢弃旧衣服,或者早已没有用的东西,大概就是因为这些东西一直在代表着他们自我的某个部分。

(2)社会自我。生活在社会中的我们无疑会扮演着各种社会角色,如私人关系(丈夫、妻子等),种族/宗教、政治倾向、职业/爱好,等等。我们的社会自我是由各种社会角色构成的吗?还是会存在一个独立于各种社会角色之外的真实的自我?对此心理学家们也存在争议。

一些理论家非常坚定地认为人们的社会自我是由各种社会角色构成的,不存在一个超越于这些社会角色的稳定的、核心的自我。而另外一些理论家则认为社会角色只是我们的社会自我的一个重要方面,但它们并不是社会自我的唯一方面,更不是最重要的方面。除了我们所扮演的各种社会角色之外,我们如何看待自己,如何看待别人对我们的评价显得更为重要。

(3)精神自我。是我们的内部自我或心理自我。它由除真实物体、人或地方,或社会角色外的、被我们称为“我的”的任何东西构成。我们所感知到的能力、态度、情绪、兴趣、动机、意见、特质,以及愿望等都是精神自我的组成部分。有的研究者也将精神自我称为个人特性。总之,精神自我指的是我们所感知到的内部的心理品质,它代表了我们对于我们自己的主观体验。

想想你现在正在阅读这部书,阅读过程中你需要记忆、思维等心理过程的参与,你对这些过程的意识,或是你意识到自己在通过这些心理过程来阅读,这就是主我;而你对正在看书的“自己”的评价,是指宾我。宾我是人们对自己的感受和看法,以看书为例子,可能我们会因自己喜欢看书而暗暗高兴,也有可能因为自己看书不够耐心而不舒服。如果把自我的这两个方面进行细分,主我倾向于描述自我同一性的问题,而宾我则指自我概念和自尊。简单地说,自我是由同一性、自我概念和自尊所构成。自我不仅涵盖了此时此刻对“我”的意识,整合了过去的和现在的有关自我的知识经验,同时还包括了对自己是谁,自己是怎样的人的评价。

二、自我意识的结构

自我意识在个体发展中有十分重要的作用。首先,自我意识是认识外界客观事物的条件。个体如果意识不到自己,也无法把自己与周围相区别时,他就不可能认识外界客观事物。其次,自我意识是人的自觉性、自控力的前提,对自我教育有推动作用。人只有意识到自己是谁,应该做什么、为什么去做,才会自觉自律地去行动。一个人意识到自己的长处和不足,就有助于他发扬优点,克服缺点,扬长避短,取得自我教育积极的效果。再次,自我意识是改造自身主观因素的途径,它使人能不断地自我监督、自我修养、自我完善。可见,自我意识影响着人的道德判断和个性的形成,尤其对个性倾向性的形成更为重要。一个人的自我意识是多维度多层次的复杂系统,它的形式、内容和组成也具有多样性。

1. 从形式上分,自我意识包括自我认识、自我体验和自我调控(见图 2.1)

(1)自我认识属于自我意识的认知成分,它是自我意识的首要成分,也是自我调节控制的心理基础,它又包括自我感觉、自我概念、自我观察、自我分析和自我评价。自我分析是在自我观察的基础上对自身状况的反思。自我评价是对自己能力、品德、行为等方面社会价值的评估，它最能代表一个人自我认识的水平。它是对自己及自己与周围环境关系的认识，包括对自己存在的认识，对个体身体，心理，社会特征等方面的认识。这种认识是个体通过观察、分析外部活动及情景、社会比较等途径获得的，是一个多维度、多层次的心理系统。

- 自我意识
  - 自我认识（认知成分）
    - 自我认识、自我观察
    - 自我分析、自我评价
  - 自我体验（情感成分）
    - 自尊自信、自爱自豪
    - 自卑自怜、内疚自责
    - 成就感、自我效能感
  - 自我调节（意志成分）
    - 自立自制、自律自强
    - 自我监督、自我控制

图 2.1　自我意识结构图

美国心理学家 Jone 和 Hary 提出关于人自我认识的窗口理论，被称为乔韩窗口理论（见表 3.1）。他们认为人对自己的认识是一个不断探索的过程。因为每个人的自我都有四部分：公开的自我，盲目的自我，秘密的自我和未知的自我。通过与他人分享秘密的自我，通过他人的反馈减少盲目的自我，人对自己的了解就会更多更客观。

表 3.1　乔韩窗口

	自己知道	自己不知道
别人知道	A 公开的我	B 盲目的我
别人不知道	C 秘密的我	D 未知的我

（2）自我体验是主体对自身的认识而引发的内心情感体验，是主观的我对客观的我所持有的一种态度，如自尊、自信、自卑、自满、内疚、羞耻等都是自我体验。自我体验往往与自我认知、自我评价有关，也和自己对社会的规范、价值标准的认识有关，良好的自我体验有助于自我监控的发展。对一个人从小进行自我体验训练，就是让其有自尊感、自信感和自豪感，不自卑，不自傲，不自满，随着年龄增长让其懂得做对事、做好事感到光荣和自豪，而做错事感到内疚，做坏事感到羞耻。

【心有千千结】

小梅是一位 19 岁的高职大一学生，父母都是农民，家境贫寒。一段时间以来，小梅常常做母亲去世的噩梦，从梦中哭醒后，小梅连续几天都会很伤心，情绪低落，无法学习。后来，小梅在心理咨询中心告诉心理咨询老师：一直以来，由于家庭贫困，她常担心因缴不起学费而辍学，而且为了她读书，家里已经负债累累，自己学习成绩也不太好，就考了一个高职学校，自己又没什么能力，根本不敢想以后找工作的事情。觉得长相普通，没什么优点，也不讨人喜欢。总不相信别人，觉得别人都比自己优秀，都瞧不起自己，所以也不愿理会别人，对人冷漠、缺乏热情。总之，感到大学生活非常灰暗，没有意思，没有任何快乐，好多次想要退学。经过认真的沟通，心理咨询老师分析发现，小梅是典型的自我意识混乱，不能形成正确的自我概念和适宜的自我评价，从而导致心理失衡，出现心理问题。

资料来源：作者根据相关资料整理

（3）自我调控是自己对自身行为与思想言语的控制，具体表现为两个方面：一是发动作用，二是制止作用，也就是支配某一行为，抑制与该行为无关或有碍于该行为进行的行为。进行自我认知、自我体验的训练目的是进行自我调控，调节自己的行为，使行为符合群体规范，符合社会道德要求，通过调节自己的认识活动，提高学习效率。为提高我们自我调控能力，重点应放在促使一个转变上，即由外控制向内控制转变。如果一个人自我约束能力较低，常常在外界压力和要求下被动地从事实践活动，比如只有教师要求做完作业后检查，你才会被动地把作业做完，那么就应学会如何借助于外部压力，发展自我监控能力。

2. 从内容上分，自我意识包括生理自我、社会自我和心理自我（见表2.2）

（1）所谓生理自我，是指对自己的生理状况，如身高、体重、五官、衣着、风度等所有物的认识和体验。一个人对自己的外貌长相、服饰装扮的定位和评价是每个人对于“自我”的最直接的感受和理解。

（2）社会自我，是指对自己在社会中的地位，在人际关系中的角色、义务、权利等的认识和体验。

（3）心理自我，是指对自己的性格、气质、理想、能力、情感等心理特征的认识和体验，是自我意识中最核心、最持久的部分。

人的自我意识是以上三方面的融合，如果其中某一方面出了状况，其他部分将会受到影响。如一个外表平、其貌不扬的人（较低的物质自我），可能工作、读书非常用心（高精神自我），而且与他人相处融洽并乐于助人（高社会自我），通过这样的途径，使其对物质之我评价的部分缺失在其他方面上得到平衡，获得了正面补偿。相反，如果一个从小在家里被忽视、缺少父母关心和关爱的孩子（低社会自我），可能通过穿着奇装异服、怪异打扮（高物质自我），以及在学校频频打架闹事（高精神自我）来寻求父母关注，获得补偿这种补偿则为负面补偿。

表2.2 自我意识的内涵

结构 内容	自我认识	自我体验	自我控制
生理自我	对自己身体、外貌、仪表、年龄、家属、所有物等的认识	是否英俊、漂亮、有吸引力、迷人、自我悦纳	追求身体的外表、物质欲望的满足，维持家庭利益等
心理自我	对自己的智力、性格、气质、兴趣、能力、记忆、思维等特点的认识	是否有能力、聪明、优雅、敏感、迟钝、感情丰富、细腻	追求信仰和理想，注意行为符合社会规范，要求智慧与能力的发展
社会自我	对自己在集体中的名望、地位、角色、责任、经济条件等方面的认识	是否自尊、自爱、自信、自豪、自卑、自恋、自怜	追求名誉地位，与他人竞争，争取得到他人的好感等

3. 从观念上分，自我意识可分为现实自我、投射自我和理想自我

（1）现实自我是个体从自己的立场出发，对自身目前的真实状况的认知，即“真实的我是什么样的”。

（2）投射自我是个人想象中他人对自己的看法，即“别人认为我是什么样”；理想自我是个人从自己的现实立场出发对将来的我的认识，即“我希望自己是什么样”。

（3）理想自我指向未来，虽非现实，但它对个人的心理和行为的影响很大，是个人行为的原动力和参照系。一个人理想自我是否能够实现与现实自我和投射自我的客观准确性密切相关，能正确地认识自我的现实基础和社会条件并以此为基石设计一个理想自我，这样的理想自我实现的可能性将大大提高。

【心理百科】

自我的防御机制

弗洛伊德认为，当自我阻碍了本我对快乐的追寻时，一个人会感到焦虑，这时候自我就会通过防御机制来消除这种焦虑。防御机制正是通过无意识地扭曲现实来缓解焦虑的，它可以用来维持人格的稳定。下面是几种常见的防御机制。

压抑：在弗洛伊德看来，压抑是一种积极的努力，自我可以通过这种努力，把那些威胁着他的内容排除在意识之外。例如，一天夜里，一个大学生目睹了一起车祸。事后别人问起这个经历时，他却说他没有看到，他也许并没有撒谎，相反，可能是恐怖的那一幕让他难以接受，因此努力把这个经历压抑于意识之外。根据弗洛伊德的理论，我们每个人都要使用压抑，因为我们所有人的无意识中都有不愿意进入意识的想法。但是，压抑需要消耗自我的能量，如果一个人没有足够强大的自我，人格的稳定性必定受到威胁。

升华：压抑的过度使用会消耗自我的功能，而升华与压抑不同，升华使用得越多，我们自身的创造性越强，因此，升华是一种成功的防御机制。在升华作用下，自我会把危险的无意识冲动转化为社会认可的行为。例如，攻击性的本我冲动可以被升华为踢足球、打篮球之类的运动。升华充满创造性，因为在升华活动中，本我可以表达其攻击性，自我无须耗尽能量抑制这些冲动。

替代：与升华一样，替代将冲动导入一个没有威胁性的目标物。不同的是，替代性冲动不会带来社会的奖赏。例如，一个大学生遭到老师的严厉批评，他的无意识就会非常愤怒，但是他心里清楚，如果在老师面前发泄愤怒会不被接受或者遭到更加严厉的批评，因此，他可能会把这些怒气指向自己的同学或者家人。虽然这样做会带来其他的问题，但是向威胁较小的人发怒，可以避免不被接受的思想被意识表达出来。

否认：否认与压抑不同，否认更多是在坚持某些事情并非真实，事实上，所有的证据都表明这件事是真实的。例如，小刚在得知自己高考失利后很久，仍表现得好像他考上大学一样，总是告诉家人他正在准备去大学上学。对于小刚来说，与承认自己没考上大学相比，这样假装更容易让自己接受。显然，否认是一种比较极端的自我保护形式，否认的越多，心理机能的运作就越困难。

反向作用：在个体运用反向作用时，往往是与自己的无意识愿望恰恰相反，以避开自己可怕的念头。例如，一个大学生总是告诉别人自己与班长关系有多么的好，实际上，由于前段时间自己在竞选班长时失败，他无意识中对班长有着强烈的憎恨。由于这样的想法实在难以让人接受，所以他自己必须证明这种想法是不正确的。试想，一个声称自己与班长关系很好的人，有谁会相信自己内心深处恨班长呢？

投射：有时，我们会把一种无意识的冲动归为别人的，而不是我们自己的，这种防御机制即为投射。把冲动投射到另一个人身上，可以摆脱“自己是这样想的”的嫌疑。例如，一个小孩与妈妈在公园里玩了一天，下午的时候，妈妈带他又去了动物园，在动物园里，孩子看到熊猫趴在树上，然后就告诉妈妈说这只熊猫累了。事实上，是小孩子自己累了，投射到了熊猫身上。

有关防御机制，我们需要注意两点：第一，防御机制是无意识的，我们压根儿不会意识到自己什么时候在用它；第二，适当使用防御机制并不一定就对身心有害。如“否认”这一防御机制就能帮助一个人应对即将来临的死亡。然而，倘若防御机制控制了我们的行为，它们就会阻碍我们面对生活的需求。

三、自我意识对个人发展的积极作用

有没有自我意识是个体心理正常与否最显著的区别。当一个人失去了自我意识,那么他也就无法觉察自己的思想和行为,这时他可能已经罹患精神病,即心理咨询中的“无自知力”。一个正常人应该具备最起码的自我意识,一个成功的人则是需要具备一定水准的自我意识,一个既成功又幸福的人则是需要最高境界的自我意识水平。因此,我们可以看出,自我意识对个人的发展起着巨大的阻碍或推动作用,因此我们需要努力发扬自我意识对个人发展的积极作用。自我意识在促进个人发展方面的积极作用主要表现在:

第一,使人不断完善人格。自我意识是人格的核心,一个具有健全人格的人通常是具有健康自我意识的人。一个人的人格完善是一个渐进的过程,而支撑这个渐进过程顺利进行的是个体的自我意识。可以说,人生的幸福和成功本质上就是通过自我意识不断实现人格完善的过程。人类心理过程是由人的认识、情感和意志三个方面共同维系的。自我意识正是通过不断提高认识、丰富情感、锻造意志来调节和控制整个心理活动过程,从而使得个体在个性倾向性以及个性心理特征上呈现出各种不同的带有明显“自我”色彩的人格烙印。

第二,引导人成长成才。健康的自我意识是心理健康的重要标志,其在推进人成长成才过程中起着导向、控制和监督教育的作用。个体通过正确的自我认识,确立较为合理的“理想自我”,这个“理想自我”就会对一个人的发展起着导向作用,是其活动的动力和参照系。使其对自己的注意力、情感、行为等加以控制,以实现自我的目标。另一方面,由于各种条件的制约,“理想自我”的实现过程会出现很多阻碍,致使一个人产生不同程度的挫折感。由于人有自我意识,在这种情况下就会对自己进行反省,找到目标受挫的主客观原因,并重新调整认识,形成新的“理想自我”的内容,使“现实自我”和理想自我获得统一,从而继续发挥理想自我的导向、监督功能。

第三,改善主体的生活状态。不同自我意识水平的人可能有不同的生活状态。拥有健康自我意识的人能够正确认识自我并接纳自我。而对于很多自我意识并不健康的人来说,他们对自己的生活状态都不是很满意,很多人出现了“迷失自我”的困惑和烦恼。这样的人群痛苦的根源大多是不能认同自我或者不能适应环境造成的。如有的同学不能正确认识自己的能力,过高或过低估价了自己的水平,从而确立了一个不适合自己能力水平的目标,从而使得在目标实现的过程中,困难重重,甚至半途而废,让个体产生失望感和自卑感,而这样的情绪体验又带入下一次确立目标的过程,会让其更加对自己的能力水平不信任,从而产生畏首畏尾、不敢前进的懈怠心理,甚至使个体的心理陷入一种自卑的恶性循环中。

正确地认识自我,获得积极的情感体验,从而使得自我调控机制成为改善自身不足、重塑目标信心的中介,不断推动个体脱离不良生活状态,走向健康快乐的生活。

四、自我意识的发生发展

个体的自我意识是在社会交往中,随着语言和思维的发展而发展的,从发生、发展到相对稳定,要经过较长的时间。它起始于婴幼儿时期,萌芽于少年儿童时期,形成于青春期,发展于青年期,完善与成年期,而青少年阶段是自我意识发展最重要的时期。

(一)自我意识发展三阶段模式

1. 生理自我(出生后7、8个月~3岁左右)

人对生理自我的认识是自我意识发展的第一阶段。这一阶段的自我意识被认为是生理自我时期或自我中心期,婴幼儿的行为表现以自我和自我的行为为中心,以自己的想法和情绪情感来认识、理解外界的人、事、物。它是自我意识最原始的形态。

人出生时,并不能把自己与其他事物区分开来,生活在主客体未分化的状态。七八个月

的婴幼儿开始关注镜中的自我像;10个月时出现与镜中的自我像玩耍的倾向,1岁零8个月开始能区分同伴,包括从照片上区分。2岁左右的幼儿能准确认识镜中或照片上的自我形象,并开始掌握第一人称“我”的使用,标志自我意识的正式形成,在自我意识的形成中有了质的发展;三岁左右的儿童,开始出现羞耻感、占有心,有了自主性表现,其自我意识有新的发展。

2. 社会自我(3岁~13、14岁)

从三岁到青春期开始,自我意识的发展进入到第二阶段。这一阶段的自我意识服从于社会和他人,是个体接受社会教化影响最敏感、最深刻的时期,也是学习和扮演社会角色的重要时期。因此,这一时期个体自我意识的发展被称之为“社会自我”发展阶段,也称之为“客观化”时期。

少年儿童经过幼儿园、小学、中学的正规教育,通过游戏、学习、各种课内课外活动,逐渐习得社会认同的认知方式、行为习惯和社会规范,形成各种社会角色观念,如性别角色、同伴角色等,并逐渐学会有意识地调控自己的言行举止,使之符合家庭、学校和社会的期望。

虽然青春期少年产生了成人感,性别意识和性冲动开始明显表现出来,也开始积极关注自己的形象和内心世界,但他们主要是根据别人的观点和看法去评价事物、认识他人,对自己的认识也服从于权威或同伴的评价。

3. 心理自我(13、14岁~27、28岁)

从青春期开始到青年后期是自我意识发展的第三阶段。这是心理自我发展时期,即自我意识“主观化”时期,是自我意识发展的关键期。青年期的个体开始清晰地意识到自己的内心世界和内在体验,独立自主意识明显增强,喜欢用自己的眼光和观点去认识和评价外部世界,开始了明确的自我价值探究,产生了追求成就和自我实现的动机。

大学生正处在心理自我阶段,渴望认识自我、肯定自我、发展自我、超越自我、完善自我。青年人稳定的世界观、人生观、价值观的形成是心理自我成熟的标志。

自我意识的发生发展受诸多因素的影响,其中主要有:社会经济地位、社会文化环境、自我态度、成长经历、家庭生活环境、参照群体、他人的评价和态度等。

(二)性别认同

性别认同是自我意识中的一个很重要的部分,也就是个体可以很清楚地认识到自己的性别,并且采取与性别相符的行为。一个孩子大概要到2岁的时候才会知道自己与幼儿园或邻居家的男孩(女孩)是有不同的;到了4~7岁的年龄段,孩子会开始理解性别是每一个人的基本属性。在这之后,男孩女孩会在某种文化、教育背景下自然而然地学习怎样做一个男(女)孩、男(女)生和男(女)人。

对于性别的认识过程,心理学家做出了不用的解释。精神分析学派的创始人弗洛伊德认为儿童对于自己性别的认同主要是通过对自己同性父母的自居作用来完成的。即儿童通过想象或模仿,将自己置身在其同性父母的地位上,以他们自居,模仿他们的行为,包括衣着、举止等。在弗洛伊德看来,这种自居作用在儿童社会化发展过程中是十分重要的,而且它也很好地解释了“恋母情结”或“恋父情结”。社会学习理论的代表班杜拉认为儿童性别认同的获得主要是通过社会、家庭和学校的影响而实现的,它强调的是当儿童做出性别相符行为时,父母的鼓励、支持和称赞是起决定性作用的,它促动、维持了行为的继续产生,也就是行为强化在儿童自我认同获得中是至关重要的。以皮亚杰为代表的认知学派则认为性别的认同主要来自儿童认知的发展。其中最有代表性的当属心理学家劳伦斯·柯尔伯格(Lawrence Kohlberg)的研究,他应用认知发展理论深入探讨了性别差异形成的问题。

(三)性别边缘:关注同性恋

同性恋(homosexuality)一词是由德国医生 Benkert 于 1859 年创造的。这个词描述的是对异性人士不能做出性反应,却被自己同性别的人所吸引。今天,同性恋、异性恋和双性恋,被认为是不同类型的"性倾向"。其定义是"持久的对某一特定性别成员在性爱、感情或幻觉上吸引。"

同性恋问题一直广受争议。随着日益月累的经验研究、跨文化研究以及来自数个精神卫生组织的压力,世界卫生组织在修改后的 ICD-10 精神与行为障碍分类中已将同性恋从成人人格与行为障碍的分类中删除。这表明,同性恋的性活动不是心理异常的表现,只有由于同性的行为导致了心理矛盾、焦虑,严重影响了正常的生活和学习的,才被认为是有性心理障碍。

美国纽约城市大学心理学系 Douglas C. Kimmel 博士认为将同性恋从精神障碍分类中删除主要出于以下三个原因:首先,那些公开性倾向的同性恋者出现在生活的所有方面和所有的社会中,而且他们和异性恋一样融入社会,过着建设性的有意义的生活。其次,科学性研究证据说明同性恋不是一个病理学整体。再次,西方心理学界已经开始认为,性倾向是正常人类多样性的一个方面,除去一些宗教偏见,大多数社会文化提示这种行为可以被认为是正常或至少是可以接受的。

【心理百科】

同性恋究竟为何发生?

不仅同性恋者本人百思不解,就是国内外学术界也存在争鸣,莫衷一是。大抵有如下几种解释:

(1)器官双性学说:认为男人和女人的生物学界限并不是绝对的。在人胚 2 个月以前,男女性别尚无分化,睾丸和卵巢源出共同的原始生殖细胞,男女外生殖器在胚胎 7~8 周以后,在共同的生殖原基上才朝不同的方向上分化发育。性分化不仅受遗传,还受内分泌(特别是雄激素)的控制。当遗传性别为男性,而因某些原因致使雄激素不足,或遗传性别为女性,而雄激素过多时,都会引起胚胎生殖管道和外生殖器原基的分化紊乱。即使在发育正常的成年男女,体内各自都分泌着雄性激素和雌性激素两套性激素,只不过是其比例、数量不同而已。正如中医所说的那样:"阴中有阳,阳中有阴"。从这种理论来看,同性恋是以生物上的先天双性为基础的另一种性行为倾向,与异性恋一起构成人类性爱模式的两极,处于这两极之间的状况是"双性恋"。

(2)遗传学说:认为单卵双胞胎发生专意于同性恋者的比率高于双卵双胞胎者,提示同性恋可能有遗传因素存在。事实上,染色体异常可导致性分化紊乱,出现两性畸形(俗称阴阳人),但大多数染色体异常的病人却并不是同性恋者。可见遗传学说解释并不完善。

(3)内分泌学说:认为同性恋男子在 24 小时内的尿内睾酮常偏低。也有研究认为,同性恋和异性恋者在睾丸激素尿内降解物,如雄甾酮(A)和还原尿睾酮(E)的比值是有差别的,即 A 值相对较高的新陈代谢状态往往伴随对女性伴侣的选择,而 A 值较低则偏向选择男性伴侣。但内分泌改变究竟是原因,还是同性恋的症状呢?现在尚不能肯定。

(4)"双亲命运之星"学说:认为导致同性恋的主要原因来自下列家庭双亲模式,即一个疏远和具有敌意的父亲和贬低丈夫的母亲;或一个冷淡和具敌意的母亲和过分亲密而有失身份的父亲;或一个漫不进经心的父亲和灰心丧气的母亲;或一个强悍的母亲和软弱的父亲。由于上述这些不和谐的家庭背景使成长中的孩子造成了性别认同社会化过程的障碍或惧怕女性或男性，或与同龄群体交往发生困难，最终导致成年后的性倒错。

(5)情景性和社会关系学说：认为同性恋者常常是在其他有经验的同性者的引诱下才变为同性恋者的。这些人或因社交能力差，对异性恐惧；或周围为清一色性别的人，缺乏与异性的交往；或存在着想逃避男性或女性社会责任与义务的潜意识。

(6)心理双性说：认为以人类先天的生物双性为基础，每个人都存在着心理双性，即没有任何一种心理品质只专属于男性或女性，只有优势与否。就性爱而言，每个人在童年时都会经历一个同性恋性欲的阶段。如果由于家庭背景等原因使正常的性角色社会化过程和心理发育受挫折，便可能导致潜在的或童年的同性恋残余复苏或显性。

(7)精神病学说：认为同性恋偏离了生物性发展的正常轨道，而且大多数同性恋者内心矛盾重重，生活困难无幸福而言，所以，同性恋当属与主流社会文化相悖的精神疾病。

然而，不论学者们如何来解释与看待同性恋，但可以肯定地说，同性恋并非当事人自己有明确意识的主观选择，而是从幼年到当下生理、心理和社会诸多因素共同作用的结果，他(她)们需要人们的理解和帮助。

任务二　大学生的自我意识

自我意识不是生而就有的，而是伴随着生理成长和社会化进程而不断发展的过程。大学阶段是个体自我意识急剧增长、迅速发展和趋于完善的重要时期，这个阶段大学生的自我意识发展表现出与其他阶段不同的特征，是自我意识发展较为特殊的一个阶段。黄希庭等人对大学生自我意识的实证研究，发现其发展的总趋势是：“大学生自我意识发展水平高；大学三年级可能是自我意识发展的‘转折期’”。

图解心理防御机制

一、大学生自我意识的类型

由于每个大学生在个人的社会背景、家庭教养方式、社会经济地位、生活经验、能力水平、人生志向、目标追求等方面存在差异，大学生自我意识分化、矛盾、统一的途径不同，所以自我意识整合的结果与类型也不同。从自我意识的性质看，大学生自我意识的统一的结果主要表现在以下几个方面：

1. 自我肯定型

自我肯定，即对自我的认识比较清晰、理性、客观、全面、深刻。这种积极自我的特点是在经过痛苦的选择与调整之后，大学生逐渐成长成熟，使自己的理想自我与现实自我趋于统一，而且正确的理想自我占优势；主观自我与客观自我趋于一致。达成同一性的积极自我，不仅了解自己的长处与优势，而且也了解自己的不足与劣势，既适应社会发展的需要又有助于自身成长。自我肯定型大学生在大学生中占绝大多数。

2. 自我否定与自我夸大型

消极的自我意识同一有两种情形，即自我否定和自我夸大，都是不健康的同一。其特点是对自我评价不正确、理想自我不健全、缺乏实现理想自我的手段。

(1)自我否定型。由于失败与挫折经历的累积效应，自我否定型的大学生对现实自我的评价较低，缺乏自信，被理想自我和现实自我的差距所困扰，时常出现无价值感、无助感、自我排斥、自我否定。他们不但不接纳自己，而且自我拒绝、自我放弃、自我摧残，表现为没有活力、没有激情、没有生活目标，理想自我与现实自我无法对接，其结果则更加自卑，从而失去进取的动力。

(2)自我夸大型。自我夸大型的大学生正好相反，他们对自我评价非常高，往往脱离客观实际，虚假的理想自我占优势，常常以理想自我代替现实自我，自尊心盲目，虚荣心强，心理防御意识强。在行为表现上缺乏理智、情绪冲动、自吹自擂、自我陶醉，却不去为实现自我做出努力，因此在学业、友谊和爱情上易于导致失败。虽然大学生中这种类型的人较少，但是个别严重的大学生可能用违反社会道德规范或违法犯罪的手段来谋求自我意识的同一。

3. 自我萎缩和自我矛盾型

自我意识难以同一，主要表现为自我认知或高或低、自我评价动摇不定、自我体验或好或坏，自我调控时强时弱；各类自我难以协调整合；心理发展非常不稳定、不平衡，有时自信而成熟，有时又自卑而幼稚，令人难以把握。其主要表现为自我萎缩和自我矛盾。

(1)自我萎缩型。自我萎缩型的大学生缺乏理想自我，对现实自我深感不满，可又觉得无能为力；消极放任、得过且过；麻木冷漠、自卑自弃；意志消沉、丧失信心；退缩归隐，闭门隔世；孤独寂寞，沮丧失志；严重的还可能导致精神分裂症或绝望轻生。

(2)自我矛盾型。自我矛盾型的大学生，内心自我冲突激烈，持续时间长；理想自我和现实自我难以同一；自我认知、自我体验、自我控制不稳定；缺乏"我是我"的统合感觉，而易于产生"我不是我""我不知我"的分离倾向。因此，新的自我无法同一。例如，有的大学生可能是既自信又自卑的人，有的可能是既诚实又虚伪的人。

【心理百科】

自我同一性的四种状态

马西亚(J. E. Marcia)的研究拓展了埃里克森关于自我同一性的定义，提出青少年同一性发展的四种情形。它们是同一性达成(identity achievement)、同一性拒斥(identity foreclosure)、同一性分散(identity diffusion)、延期偿付(moratorium)。

(1)同一性达成。同一性达成表明个体考虑了各种实际选项，做出了选择，并实践选择。在结束高中学习生活之前，似乎没有学生能够达到这种情形。跨入大学校门的学生也需要花一定的时间做出决定。对一些成人来说，在他们生命中的某一阶段，也许会达成稳固的自我同一性。之后，还可能放弃前一种同一性，而形成新的同一性。对某一个个体而言，自我同一性一旦达成，也不意味着一成不变。

(2)同一性拒斥。同一性拒斥描述的是个体过早地将自我意象固定化，没有考虑各种选择的可能，而停止了同一性的探求。他们自我投入的目标、价值、信仰反映了父母或其他权威人物的希望，所以又被称为"权威接纳状态"。同一性拒斥的青少年往往具有以下特点：他们极力寻求他人的认可，可能十分尊重权威；他们的自我评价还建立在他人所承认的基础上；与其他青少年相比，他们较易附和他人，缺少自主；他们对传统的价值观感兴趣，很少会自己思考，不会沉思；他们较少焦虑，但比较刻板和肤浅；在同性和异性中都缺少亲密的关系；他们的智商与其他人差不多。但在遇到紧张的认知任务时，就难以做出灵活和合适的反应；他们喜欢有组织的有秩序的生活；他们倾向于与父母保持密切的关系(尤其是在父子之间)，并采纳父母的价值观(如在高考志愿的选择、职业的选择、异性朋友的选择时)。

(3)同一性分散。同一性分散指经历了颇长一段时期仍没有形成一种强烈的、清晰的同一感。同一性分散的青少年常常无法发现自我，一直使自己处于一种散漫的无所依附的状态之中，不知道想做什么，没有明确的发展方向。经历着同一性分散的青少年无法成功地做出选择，或者他们会逃避思考问题。缺乏兴趣，孤独，对未来不抱希望，或者可能很叛逆。他们宁可塞着耳塞听音乐或睡觉，也不愿意接触父母和老师。他们可能选择与他的家庭、社会完全分离的态度，并表现出一种长久的病态的同一性。他们无法做到一贯忠诚，无法兑现他们的承诺、承担他们的义务；对自我的评价较低，自尊心较弱；难以承担自己的社会责任；他们是冲动的，思维缺乏条理，他们与他人的关系常常是表面的、零乱的；他们虽然对自己父母的生活方式不满，但他们没能力按自己的方式有序地生活，等等。

(4)延期偿付。关于青少年在各种选择中的思想斗争过程，埃里克森用了一个“延期偿付”的词语来描述，表示青少年延迟做出个人生活或职业的选择和承诺。埃里克森认为，在一个复杂社会，在这个“延期偿付”的阶段，青少年势必会经历自我同一性危机。而今，这一阶段不再称为危机了，因为对大多数人来说，自我同一性的达成是一个逐渐缓慢的探索过程，而不是外在的急剧变化。延期选择很正常，而且是健康有益的。

延期偿付和自我同一性达成都被认为是健康的。青少年亲自去做一些试验，摒弃不适合的东西，发现适合自己的生活方式，寻找根源。这些是建立牢固自我同一性的重要部分。那些无法跨越同一性拒斥和同一性分散的青少年往往不能很好地适应社会。同一性分散的青少年经常放弃，把自己的生活归结为命运。同一性拒斥的青少年则很刻板，不宽容，独断，自我防御。

二、大学生自我意识发展规律

大学阶段是自我意识稳步发展的阶段，自我认识、自我体验、自我控制逐渐协调一致，大学生自我意识发展的基本规律表现为：分化——矛盾——统一。

(一)大学生自我意识的分化

大学生自我意识的发展是从明显的自我分化开始的。表现为以往那种笼统的、完整的“我”被打破，出现了两个“我”：主观的“我”和客观的“我”，“理想中的我”和“现实中的我”，其中主观的我处于观察者的角度，而客观的我则处于被观察者的角度。自我意识的分化是自我意识走向成熟的标志。随着自我明显的分化，大学生们开始主动、迅速地关注自己的内心世界和行为，对生理自我、心理自我、社会自我每一细微变化产生新的认识和体验，自我反省能力增强，自我形象的再认识更加丰富、完整和深刻，由此而来的种种激动、焦虑、喜悦增加，自我体验更加丰富多彩，自我思考增多，自己应该怎样做，能怎么做，不应该怎么做，不能怎么做等等成为经常思考的问题，开始要求有属于自己的一片天空和世界，渴望得到理解和关注。

(二)大学生自我意识的矛盾

自我意识的分化，使大学生开始注意到自己以往不曾留意的许多方面，同时也意味着自我矛盾冲突的加剧，即主观自我与客观自我的矛盾冲突、理想自我与现实自我的矛盾冲突的加剧。由自我意识的分化带来的矛盾是大学生自我意识发展过程中的必然现象，当然，它会给大学生带来不安、疑惑与困扰，可能还会影响到他们的心理健康与心理发展，但它更会促使大学生努力解决矛盾，实现自我意识的统一，从而推动自我意识向着成熟发展。自我意识中常见的矛盾主要有以下几种：

1. 主观自我与客观自我的矛盾

作为同龄人中能够接受高等教育的人，大学生对自我有较高的积极评价，但由于他们远离社会，缺乏社会经验，在校园浓郁的学术与文化氛围中成长，对社会的了解缺乏客观的眼光与切肤的体验。另一方面，随着高等教育大众化进程的推进，适龄青年接受高等教育机会的增加，社会对大学生的评价更趋客观。大学生回归本位，身上光环的消失使他们产生失落感。

2. 理想自我与现实自我的冲突

在现实生活中，理想自我与现实自我总是存在着一定的差距。合理的差距能够使人不断进步、奋发有为，但是，如果差距过大，则有可能引起自我的分裂，导致一系列心理问题。

3. 独立与依附的冲突

大学生心理与生理的成熟使他们渴望独立，他们希望以独立的个体面对生活、学习与工作中遇到的问题，但由于长期的校园生活使他们应有的社会阅历与经验相对匮乏，一方面，当应急事件出现时，却又盼望亲人、老师和同学能够替自己分忧。另一方面，大学生心理上的独立与经济上的不独立也形成了明显的反差。在他们迫切希望摆脱约束、追求独立的同时，却又不可能真正摆脱家长和老师的支持和帮助。特别是对于部分独生子女来说，由于长期受到父母的溺爱，独立与依赖的矛盾就表现得尤为突出。

4. 理智与情感的冲突

大学生情绪的一个显著特点是容易两极分化，波动性大、易冲动、不易控制。但随着身心的发展和认知水平的提高，大学生逐渐成熟，在遇到客观问题时，既满足自己情绪与情感的要求，又想服从于社会及他人的需求。特别是当遇到失恋等人生打击时，尽管理智上能够理解，却在感情上难以接受。

5. 渴望交往与心灵闭锁的冲突

没有哪个时期比青少年时期更加渴望友情与爱情，更加渴望同辈群体的认同与归属感。在这个时期，每个人都渴望着爱与友谊，渴望着交往与分享，渴望着自我价值得到实现，渴望着探讨人生的真谛，寻找人生的知己，希望成为群体中受尊敬与欢迎的人；然而另一方面，大学生的自我表露又受到心灵闭锁的影响，总是不经意地将自己的心灵深藏起来，与同学有意无意保持着一定的距离，存在着戒备心理，不能完全敞开心扉交流与沟通思想。这也是大学生常常感到的“交往不如中学那么自如真诚”的原因所在。

（三）大学生自我意识的统一

自我意识的矛盾冲突，常常会给大学生带来不安或心理痛苦，他们总是力图通过自我探究来摆脱这种不安与痛苦。在自我意识的矛盾冲突中，大学生的自我意识也在不断调整和发展。在自我意识的不断调整和发展过程中，他们极易寻求新的支点，寻找自我意识的统一点，统合自我意识。自我意识的统一有多种形式，既有积极的、和谐的、有利于心理健康发展的统一，也有消极的、不协调的、不利于心理健康发展的统一。自我意识统一的过程也是自我同一性的过程，即主观自我与客观自我的统一、理想自我与现实自我的统一，自我认知、自我体验和自我监控的统一。这种统一是在自我评价、他人评价（包括群体评价和评价他人）的过程中逐步实现的。

1. 积极自我的建立：自我肯定

自我肯定，即对自我的认识比较清晰、全面、客观、深刻。这种积极自我的特点是在经过痛苦的选择与调整之后，大学生逐渐成长，使理想自我与现实自我趋于统一，主观自我与客观自我趋于一致，对自我的认识更加深刻、客观和理性。积极的自我不仅了解自己的长处与优势，也了解自己的不足与劣势，能够分析哪些是通过努力可以达到的，哪些是属于无法企及的，从而进行积极的自我肯定，向着理想自我迈进。

2. 消极自我的建立：自我否定

消极的自我意识分为两个方面：自我贬损型与自我夸大型。自我贬损型的人由于总在积累失败与挫折的经历，对现实自我的评价较低，并时常伴有没有价值感、自我排斥、自我否定。他们不但不接纳自己，甚至自我拒绝、自我放弃，表现为没有朝气、随波逐流、缺少激情，生活没有目标，其结果则更加自卑，从而失去进取的动力。自我夸大型的人正好相反，他们对自我评价非常高，往往脱离客观实际，常常以理想自我代替现实自我，盲目自尊，虚荣心强，心理防御意识强。其行为结果要么表现为缺乏理智，情绪冲动，忘记现实自我而沉浸于虚无缥缈的自我设计中；要么自吹自擂、自我陶醉，却不去为实现自我做出努力。自我贬损型与自我夸大型的共同特点是对自我评估不正确、理想自我不健全，缺乏实现理想自我的手段，形成后的自我虚弱而不完整，是一种不健康的自我统合。虽然大学生中这种类型的人较少，但严重者可能会用违反社会规范或以违法犯罪的手段来谋求自我意识的统合。

3. 矛盾自我的建立：自我冲突

自我冲突是难以达到整合的自我意识，表现为自我评价始终在真实自我上下徘徊，自我认知或高或低，自我体验或好或坏，自我控制时强时弱，心理发展极不平衡，有时显得自信而成熟，有时又表现出自卑而不成熟，让人无法评估。

【心理百科】

增强自信的10个方法

英国心理学家克列尔拉依涅尔提出了10条帮助你增强自信心的规则：

1. 每天照三遍镜子

清晨走出宿舍之前，对着镜子修饰仪表，整理着装，务必使自己的外表处于最佳状态。午饭后，再照一遍镜子，修饰一下自己，保持整洁。晚上就寝前洗脸时再照照镜子。消除对自己的仪表的不必要的担心，更有利于你将注意力集中到工作、学习上。

2. 不要总想着自己的身体缺陷

每个人都有各自的身体缺陷，完美无缺的人是不存在的，对自身的缺陷不要念念不忘，其实，人们往往并没有那么在意你的缺陷。只要少想，自我感觉就会更好 。

3. 你感觉明显的事情，其他人不一定注意得到

当你在众人面前讲话感到面红耳赤时，你的听众可能只是看到你两腮红润，令人愉快而已。事实上你的窘态并没有那么容易被其他人发现。

4. 不要过多地指责别人

如果你常在心里指责别人，这种毛病就可能成为习惯。应逐渐地克服这种缺点，总爱批评别人是缺乏自信的表现。

5. 多数人喜欢的是听众

因此，当别人讲话时，你不要急于用机智幽默的插话来博得别人对你的好感。你只要认真地倾听别人的讲话，他们就一定会喜欢你。

6. 为人坦诚，不要不懂装懂

对不懂的东西坦白地承认，这不仅不会损害你的形象，还会给人以诚实可信的感觉；对别人的魅力和取得的成就要勇于承认，并致以钦佩和赞赏。

7. 在自己的身边找一个患难相助、荣辱与共的朋友

这样在任何情况下你都不会感到孤独。

8. 不要试图用酒来壮胆提神

如果你害羞腼腆，那么就是喝干了酒瓶也无济于事。只要你潇洒大方，滴酒不沾也会受到大家的欢迎。

9. 拘谨可能使某些人对你含有敌意

如果某人不爱理你，则不要总觉得自己有错。对于有敌意的人，不讲话虽不是最好的方法，但却是唯一的方法。

10. 一定要避免使自己处于一种不利的环境中

当你处于一种不利情况时，虽然人们会对你表示同情，但他们同时也会感到比你地位优越而在心里轻视你。

三、大学生自我意识的发展特点

大学生正处于自我意识发展的关键时期，其自我意识的发展出现了许多新的特点。确定大学生自我意识发展的水平，应以其自我意识结构之间是否协调发展为重要指标。如果要素协调发展一致，自我意识的发展水平就高；反之，如果要素协调发展不一致、不统一，自我意识的发展水平就低，就会出现障碍。下面，将从自我认识、自我体验和自我调节三个方面来看大学生自我意识发展的特点。

（一）大学生自我认识的特点

1. 大学生更加注重对自己内在素质的认识

有调查显示，在中学尤其是高年级，学生对自我的认识比较看重一些外在的东西，如身体、容貌、仪表等。到了大学阶段，学生对自己的认识发生了很大的变化，这种变化不是说学生不看重外在的东西了，而是与外在的东西相比，他们更加注重内在的素质。在一所大学的问卷调查中，在回答“你认为你是一个什么样的人”时，多数学生回答的是自己的一些心理品质，如善良、热情、诚实、乐观、自信、自尊等。

2. 大学生更加注重自己在社会中的地位和作用

随着年级的升高，大学生对自我的社会属性（社会地位、社会角色、社会责任、社会义务等）越来越关注。经常在校园里听到大学生们说：“宇宙是无限的，人生只是昙花一现，但也要在这一瞬间把斑斓的色彩留给人类”“社会的进步不是靠哪个救世主，而是靠社会成员的努力，靠我们自己掌握自己的命运”。也经常有许多高年级的学生以未报答父母的辛苦劳动而感到内疚。

3. 大学生的自我认识以肯定性评价为主

从总体上看，现代的大学生看到更多的是自己的优势、优点。从一定意义上说，这一状况显示了当代大学生的自信、积极向上的心理姿态。但同时，过分看重自己的优势，而看不到自己的缺陷，这也可能走向另一个极端，即盲目自大、目中无人的心理状态，而这是对学生的发展是极为不利的。

4. 大学生的自我评价存在高估或低估的倾向

以往西方心理学家的研究认为，青年学生对自己的评价有过高评估的倾向。从我国大学生的实际来看，重点大学低年级的学生会是如此。还有，中职上来的高职生他们也会存在自我评估偏高倾向，这是因为在这个群体中能升入大学的毕竟是少数人。但对普高上来的高职生而言，他们会相对比较自卑。不管怎样，经过大学生活的学习、观察和体验，他们自我的评价会趋于平衡，对自己的评价更为客观、现实。

（二）大学生自我体验的特点

1. 大学生自我体验的发展水平渐趋稳定

上述的调查结果显示，大学生各年级学生由于自我认识与评价能力的增高，自我体验仍在发展变化，但大学二年级和三年级自我体验的测验得分有所下降。情感体验受到社会需要和主体意识与客体的相互关系的影响，尤其是在大学期间，学生的理想和现实往往发生矛盾冲突，这种矛盾一直持续到毕业前期才得到解决。

2. 大学生的自我体验较为强烈

大学生在自我评价和提高的基础上，认识到自我的价值、地位和作用，责任和义务感增强，自尊心有突出的表现，在学习和各项活动中争强、好胜，一旦受挫和失败就会产生内疚和压抑的情绪。成功与失败都会引起大学生强烈的情绪反应。

3. 大学生的自我体验敏感性大

青年期的学生对涉及我的一切事物都非常敏感，特别是在与异性的接触中更常常引起情绪的波动，在行为与自我形象的塑造上往往触景生情，通过想象抒发自己的灵感和生活的体验，因而在思维中经常流露出一些感触和遐想等。从性别差异来看，在自我体验强度方面，男生大于女生；在体验的持续性上，女生比男生持久。

（三）大学生自我控制的特点

1. 大学生自我控制能力与自我监督能力提高

大学生的自我控制已经发展到由自觉提出的动机、目的来调节与支持，防止活动的任意改变，坚持实行预定的行动计划，因而能应用逻辑分析提高执行过程的知觉水平。大学生自我监督的自觉性来源于社会责任感、成就目标、生活价值定向、意志的努力和锻炼，而外部直接诱因的作用则相对地减少了。

2. 大学生自我控制的社会性增加，多用社会标准要求自我

根据一项对 11 所院校、15 个系、395 名大学生的调查发现，大多数学生希望做一个为社会做贡献、适应时代发展特点、德才兼备、富有开拓精神、肩负重任的人，而认为自己只能做一个普普通通、没有远大理想的大学生，只占少数。

3. 由高估或低估自我的倾向走向平衡

大学生由于自我评价与自我体验发展不平衡，有时表现出高估自己的倾向，所谓高估就是自我评价高于他人评价。有些学生的自信心和优越感强，他们用自己之长比他人之短；有的学生出现了盲目的抗拒心理，认为别的同学都有不如自己，甚至采用各种方式表现自己的能力，思想偏激、武断，因而出现错误的行为。这种自我扩张型的人行为上缺乏理智，情绪容易冲动，妄自夸大自我形象，幻想高于现实，当现实条件不如意时，就埋怨客观环境不佳，学业与品德向不良方向发展。另一种类型是低估自己，在大学生活和学习中积累了更多的挫折和困难，自卑感严重，出现了焦虑和紧张，倾向于自我否定。这两种表现都说明大学生在自我控制方面更需要注意三种自我结构因素由不平衡向平衡发展。

【心理故事汇】

“肥胖”的折磨

多年前，曾有一个女孩在北京的一所大学求学。大学的大部分时光，她都在疑心、自卑中度过。她疑心同学们会在暗地里嘲笑她，嫌弃她肥胖的身材。平时她穿衣服显得很挑剔，只穿蓝、灰、黑三种比较显瘦的颜色，她不敢穿裙子，不敢上体育课。大学毕业的时候差

点毕业不了,不是因为功课差而是因为她不敢参加体育跑步测试。老师说:“只要你跑了,不管多慢,都算你及格。”可她就是不敢跑,因为她惧怕自己肥胖的身体跑起步来愚笨的样子会遭到同学们的嘲笑。她对此茫然不知所措,只能傻乎乎地跟着老师走,老师回家做饭去了她也跟着,最后老师烦了,勉强算她及格。那时,走在街上,谁看她一眼,她就停下来,直盯着他,直到把人家盯走为止,因为她觉着别人在嫌她胖。因此,她无时无刻不在跟别人的眼神,跟自己的情绪进行无声的“厮杀”,活得紧张极了。

后来,她终于冲出了心理阴影,一下子觉得跟生活,跟众人,跟自己没“仇”了。当满街的人都看她“胖”的时候,她不减肥。她说:“我感觉胖并不是缺陷。胖与瘦好比说你是双眼皮,我是单眼皮;你爱吃鱼香肉丝,我爱吃豆腐白菜。不少人都有盲目的从众心理,仅仅因为现在瘦人比胖人多,就觉得凡是胖子必得减肥才合乎情理。”“人是靠一股子气活着,没有这股气我就无法活了,想想那一阵,觉得好险,我差点就毁在那上面,就因为对自己没信心。我现在挺好,干吗要减肥!”

这位从自卑中彻底摆脱出来的人,就是中央电视台著名节目主持人张越。

张越的成功,可以说首先得益于她自我意识的改善。她的经历告诉我们,只有对自我有个正确的认识和评价,扬长避短,取长补短,不断完善自己,才能有所作为。

资料来源:http://www.gszjzx.com/html/2429/2429.html

四、影响大学生自我意识发展的因素

大学生经过三至四年的学习和锻炼,自我意识基本上都能达到一个成熟的水平,在自我观念上一般都趋于统一,但具体情况亦有各种不平衡的状态存在。主要原因在于影响大学生自我意识发展的因素不同使然。有哪些因素制约着大学生自我意识的发展和变化呢?自我意识的发展变化离不开整个社会环境与教育的影响,例如家庭影响、榜样示范、他人评价、个人实践经验、网络信息交流等。

(一)家庭教育的影响

家庭尤其是父母的教养方式是影响一个人终身的因素。好的家庭教育会使自我意识伴随着生理的成长而不断获得新的养料。家庭的经济状况、父母的文化水平、家庭的整体氛围等等都会对一个人自我意识成长产生巨大的影响。一个在溺爱中成长的孩子在其心理成长的过程中感受到的多是来自亲人无微不至的关怀,父母为了减少孩子成长过程中的崎岖坎坷,极力扫除几乎所有孩子要走的路上的障碍。殊不知,这样的清扫和安排剥夺了孩子自我意识成长的空间和机会,必然导致孩子“自我中心”或“迷失自我”的不良倾向。现在的大学生大多生长在改革开放以后的日子里,特殊的社会发展机遇下,造就了大量因家庭教育不当而引起的众多大学生问题自然也不难理解了。

(二)社会楷模的影响

从某种角度来说,人们都是在模仿他人的活动中获得了自我,没有一个完全独立自我成长而不受他人影响的人。在这样的影响中,社会楷模的影响可谓最大。社会一旦出现楷模,他必然是一个时代良好精神和优秀品质的代言人和化身,这样的社会楷模可以用自己的事迹熏陶和感染一批成长中的年轻人,尤其是大学生。因此,一个社会有大量各行各业的楷模,也就意味着年轻人有了众多无言的老师,他们可以通过一个个楷模的实际生活来规划自己的生活乃至人生。我们欣喜地看到我们伟大的祖国,自古以来,一直都不缺少时代的楷模。任何一个或动乱或和平的年代,都会出现一批民族的英雄和时代的骄子。今日的牛玉

儒、任长霞、丁晓兵等人，用他们崇高的精神和优秀的品格给当代人竖起了一座座人格的丰碑，给年轻的大学生们树立了光辉的榜样。

（三）他人评价的影响

他人评价是客观认识自己的一面镜子可以帮助自己了解"现实的我"的形象，认识自己的长处和短处，知道自己在别人心目中是一个什么样的人，这既是作为建构"理想的我"的依据，也是提高"现实的我"的重要参考。大学生既可以通过某些会议、竞赛评比、表扬与批评、学习成绩报告等各种途径获得他人正式的评价，也可以通过相互交谈或别人的背后议论等获得别人非正式的评价，这些评价都可能对大学生的自我意识产生影响。然而，别人的评价与大学生的自我评价总是会有一定的矛盾和差距，如何使别人的评价与大学生的自我评价趋于一致，而为大学生所采纳，决定于许多因素。

1. 评价要从肯定优点入手，对大学生的优点和缺点进行全面的评价

即使是指出缺点，也应从肯定成绩和优点入手。在一般情况下，教育工作应多从正面对大学生进行肯定和鼓励，以激发信心和斗志，不要一提优点就轻轻带过，一讲缺点和错误就大做文章，这种消极的批评难以收到积极的效果。

2. 评价要从关心和爱护出发

出于爱护和关心的善意批评，即使是指出缺点和错误，也可能使人心悦诚服；而恶意的职责、指桑骂槐、冷嘲热讽就难以为人所接受。从关心和爱护出发的正面评价，常常能对大学生的自我实现产生强有力的激励作用。有个大学生牢记一位长者对他的评价："你心地善良，待人宽厚，将来一定有远大的前途。"他认为这个评价不仅使他对自我的个性品质产生了积极的体验，而且使他增加了对未来生活的信心。因此，亲人、爱人、受敬重的人所做的评价往往具有强大的激励作用。有时，一个有威望的教师或长者的肯定评价甚至可以成为大学生刻骨铭心的座右铭，鼓舞他终身不懈地奋斗。

3. 评价要尊重大学生的心理特点和人格

大学生是趋于成熟的青年，有强烈的自尊心和独立自主的精神。因此，对大学生的评价必须尊重他们的自尊心和人格。通过谈心或民主探讨的方式互相沟通，使他人的评价与大学生自我的评价形成共识，较有利于大学生自我意识的发展；而采用专制性的批评指责，并强加于人，则容易伤害大学生的自尊心，不仅会造成学生心情压抑和不满，甚至会激起逆反心理或行为。在对大学生进行评价前，还应该了解大学生自我评价的特点，才能进行有效的沟通，使别人的评价与他的自我评价趋于一致，达到提高自我认识的目的。

（四）个人实践的体验

大学生的自我意识是随着学习活动、课外活动和各种社会交往活动而不断发展的。他们通过实践活动增进对自我的认识，获得自我体验，并进一步修正自我观念，调整对自我的要求和自我实现的行动。当他们在学习中获得显著的进步时，他们就体验到成功的愉快，提高了对自己学习能力的评价，增强了信心；而当学习成绩下降时，他们不但体验到失望和痛苦，而且还会对自己的学习能力产生怀疑，降低对自我的信心。当他们参加某些竞赛活动而获奖时，他们会为自己过去未曾发现的才能而感到欣喜，并相应的提高对自己的评价；如果比赛受挫，有些人不但会感到失望和难过，可能还会认为自己"本来就不是那块料"而灰心丧气。可见，实践的结果不断影响着大学生的自我认识和自我评价。实践中角色地位的变化也会影响到自我评价。一个学生当选为班长，会提高他对自我的积极评价，由此增强对自我的满意感和自信心；如果落选，则会降低对自我的评价和信心。

大学生对自我的认识和评价，通常不是一次实践活动的直接结果，而是经过实践——认识——再实践——再认识反复实现的。大学一年级的时候，许多学生对自我尚缺乏全面、统一、稳定的认识，对自我的评估一般不够科学。经过几年学习生活实践的反复认识后，他们才形成了比较统一的、稳定的认识，形成了比较确定的自我观念。

（五）网络世界的影响

目前，我国加入计算机互联网的大学生日益增多，几乎100%的大学生都会使用网络。网络世界的隐匿性、交互性、便捷性等为大学生进行信息搜集和信息交流提供最为自由和最为广阔的平台，他们不再一味受制于“父母之言、老师之训”。他们可以根据自己的喜好在网络世界中满足自己在现实生活中不能实现的愿望和要求。网络世界形成了一个近乎“完全自我掌控”的世界，对大学生自我意识的发展将形成巨大的挑战。

任务三　大学生自我意识的调适

意识是人区别于动物的根本标志。意识发展到高级阶段就是“自我意识”的诞生。确切地说，正是因为“自我意识”的存在，才使得人真正“与众不同”。自我意识特有的认知、体验和控制的功能几乎主宰人的思维和各类实践活动。一个人拥有健康的自我意识，他便可以及时而准确地认识自我、体察自我，从而不断地改进和完善自我，这样的人就会在人生的发展中不断进步，将拥有更多更大的成功和幸福，也必然会相应的显现更多更大的个人价值和社会价值。然而，自我意识不健康的人，他便不能及时准确地对自己的思想和行为进行反思，自觉程度相对较低，因而，思维方式和方向的准确性以及行为活动的科学性将受到影响，人生的道路可能因为自我意识的不健全而变得坎坷崎岖，充满艰辛和痛苦。因此，我们的目标是：培养健康的自我意识。

自我意识的调适

一、自我意识与心理健康的关系

自我意识是人区别于动物的根本所在，也是人的心理、思想具有多样性的原因之一。自我意识不但是人认识客观世界、改造客观世界的前提，同时也是一个人能否获得主观幸福感、能否保证心理健康的关键所在。

（一）自我意识是心理健康的重要标志

无论是东方还是西方的心理学家，在界定心理健康的标准时，都不约而同地将良好的自我认知作为心理健康重要的指标。例如，心理学家马斯洛和密特尔就把有充分的自我安全感，能充分了解自己和恰当估计自己的能力作为两条重要的心理健康标准；奥尔波特认为健全人格应具备的特点包括扩展的自我、自我接纳与安全感；我国学者王登峰博士也把“了解自我、悦纳自我”作为心理健康的首要指标。完好的自我意识是心理健康的重要标志。只有客观准确地认识和了解自我，并对自己的经验持一种接受和开放的态度，才有可能充分发掘自己的潜能，以助其成才；反之，则会影响身心健康和个人发展。

（二）良好的自我形象是成功的基础

自我形象不仅影响人的心理健康，而且影响人的成就水平。正如马斯洛所指出的那样，一个有稳固基础的自我形象是迈向自我实现的先决条件。具有良好的自我形象的人才能够有勇气和信心去面对一切，不畏困难，实现自己的奋斗目标。反之，对自己信心不足的人即使本身具有极高的素质也会畏缩不前，瞻前顾后，错失大好的机会，最后与成功擦肩而过。

（三）不良的自我意识会导致心理疾病

在实际生活中我们看到，有些人因为错误的自我概念而产生各种各样的心理问题，如自卑、自责等，严重的还会发展成为恐惧症、抑郁症等心理疾病。

（四）影响心理健康的客观因素是通过个体的自我意识而起作用的

影响心理健康的因素可以说是多种多样，非常复杂。既有生物因素、家庭环境及教养方式、人际关系以及社会区域文化等客观因素的影响，也有气质、性格、情绪等主观因素的影响；既有压力和挫折事件等直接因素的影响，也有对直接因素的不同认知风格和体验的间接因素的影响。身处相同的环境，面对同样的压力和挫折，不同的人有着不同的心理感受。这主要是因为影响人的心理健康的客观因素是通过个体的自我意识这一人格调控系统的核心而起作用的。

自我意识越成熟、越完善的人，其自我认知、自我体验和自我控制越能够协调一致的工作。他们对生活中的负性事件的认知比较客观，情绪体验较适度并能积极地进行调解和控制。他们表现出较强的心理承受能力和自我调节能力，因此他们能够经常维持心理健康。而自我意识不成熟或自我意识本身就有障碍的人，由于对自身都无法正确地认识，也就无法客观地分析、评价生活中的负性事件，要么产生歪曲的认知，要么情绪反应过激，要么缺乏行动的动机，因而他们的心理素质较差，心理健康水平也较低。

二、大学生常见自我意识偏差

大学生自我意识发展过程中比较容易出现问题或缺陷，而且这些问题的表现是多种多样的。这些问题的出现很可能导致人际交往困难、社会适应不良、学习动力不足等不良后果，并进而影响到大学生们人生的发展道路。总之，大学生们自我意识发展过程中出现的问题应该受到高校教育工作者们的重视，大学生们在渡过大学阶段时也应力求避免这些问题的出现。

（一）过度的自我接受

自我接受是指自己认可自己，肯定自己的价值，对自己的才能和局限、长处和短处都能客观评价、坦然接受，不会过多地抱怨和谴责自己。对自我的接受是心理健康的表现。过度的自我接受是有些自我扩张的人，他们高估自我，对自己的肯定评价往往不切实际。过度自我接受的人容易产生盲目乐观情绪，自以为是，不易处理好人际关系；而且过高的自我评价滋生骄傲心理，对自己易提出过高要求，会因为承担无法完成的任务和义务而导致失败。

【心有千千结】

某女大学生，因用卑鄙的手段盗取同学卡上的钱而进了监狱。可这位女生声称她并不难过，因为她是有意这样做的，目的是让自己对未来彻底绝望。她一直都认为自己是一个非常不错的人，无论外表还是能力，她都认为自己是同学中的佼佼者，心存宏伟的抱负。可进大学后，面对众多的竞争对手，她的不切实际的梦想一次次被击碎，干部竞选中受挫，各类比赛失利，人际关系紧张，她不想“大材小用”，小事不想做，大事做不了，抱怨自己运气不好，怀疑身边那些“远不如她”的人是用了卑劣的手段取得了暂时的成功。她不是努力缩小理想我与现实我的距离，而是自我放弃，经常逃课。最后，他成了全系最差的学生，无法正常毕业。盗窃是因为痛恨那个各方面都不如她但却比她“混”得好的同学，同时，自我毁灭，结束痛苦的挣扎。

点评：这个看来荒谬可笑的犯罪动机，发人深省，由于盲目的自我悦纳，造成自负的心理状态，无法找准自己的努力方向，更无法切合实际地制定自己的人生目标，对实现目标过程中的困难与挫折估计不足，缺乏充分的心理准备。正如中国心理卫生协会王建中教授指出，现今大学生普遍存在的心理问题："自我定位不准，挫折承受力较差，一旦遇到较大的压力，容易产生过激行为。"

资料来源：http://www.360doc.com/content/14/0618/01/18213523_387632090.shtml

（二）过强的自卑心理与从众心理

自卑感是对自己不满，一种自我否定的情感，即对自己缺乏信心、缺乏独立主见，遇事从众，其结果捍卫的是虚假的、脆弱的、不健康的自我。当一个人的自尊得不到满足，又不能合理地、实事求是地分析自己时，就很容易产生自卑感。产生自卑心理后，往往怀疑自己的能力，怯于与人交往，甚至还会封闭自己，即使原来经过努力可以达到的目标此时也会由于没有信心而主动放弃。从众是一种普遍存在的心理现象，它是在群体舆论的压力下，放弃个人意见而采取与大多数人一致的自我保护行为。有些大学生性格内向，独立能力差、无主见，甘当配角，缺乏独立意识和对问题的独到见解，具有趋同性，缺少独当一面的勇气。从众心理过强，会使大学生缺乏个体倾向性的人生观、价值观和世界观，自我意识薄弱。

（三）盲目心理和消极懒惰

对于大学生而言，还有一种常见的心理偏差就是对自我缺乏正确的评价，导致盲目心理，进入到大学校园后，对什么都感兴趣，什么都想学，什么都想去尝试。结果往往导致学习成绩或工作效率受到影响，本来想"面面俱到"，却成了"面面不到"。消极懒惰混日子是另一种缺乏目标意识不能形成积极的理想自我的心态。有的大学生认为寒窗十余载，到了大学可以轻松自在了，对学习不感兴趣，对自我发展目标不明确，对个人发展、个人和社会的关系进行的主动积极的自我探索很少，不能主动把自我的命运与集体和国家民族的命运结合起来。他们或者无所事事、虚度光阴，或者沉溺于游戏、玩乐之中，丝毫体现不出年轻人蓬勃的朝气与振奋的精神。

（四）任性与逆反心理

当代大学生，大多数是家中的独生子女，加上"大学生"这个头衔的光环，使得他们往往集家长的溺爱、老师的宠爱和社会的关爱于一身，在顺境中长大，缺乏挫折的磨炼，极易养成任性孤傲的毛病，往往想问题和做事都从"我"出发，不能进行客观的思考和分析，人际关系不易达到和谐。逆反则是由于大学生在摆脱依赖、走向独立的过程中，有时矫枉过正，表现出过分的独立意向，导致产生逆反心理，对于正面教育和宣传表现出一种怀疑、不认同的态度，对社会、人生和个人前途显出玩世不恭的态度，常表现出有意违拗的行为和放任不羁的倾向，消极作用很大。

三、完善大学生自我意识

（一）健全自我意识的标准

自我意识对人的心理健康起着很重要的作用，它制约着人格的形成发展，在人格的优化中发挥着强大的动力功能。健全的自我意识是心理健康的重要标准，是人类自身内在的一种成功机制，在人才发展中发挥着重要作用。健全的自我意识有如下标准：

（1）自我意识健全的人，应该是一个有自知之明的人，既知道自己的优势，也知道自己的劣势，能正确评价自我和自我发展。

（2）自我意识健全的人，应该是自我认识、自我体验和自我控制相协调一致的人。

(3)自我意识健全的人，应该是积极自我肯定的、独立的并与外界保持一致的人。

(4)自我意识健全的人，应该是理想自我与现实自我统一的人，有积极的目标意识和内省意识，积极进取、永无止境。

(二)完善大学生自我意识的途径

大学生自我意识的发展是一个长期的过程，期间要受到很多因素的影响，针对不同的影响因素可以采取不同的方法来帮助大学生们完善自我意识。综合起来可以分成以下三个方面：

1. 大学生自身发展方面

任何事物的发展与变化都是内因与外因共同作用的结果，其中内因起到决定性作用，外因要通过内因来起作用。大学生自我意识的发展和完善也是如此，大学生自身对自我意识问题的认识和思考是促进其自我意识得以完善的关键。对于大学生们来讲，需要从以下三个方面来促进自我意识的完善与发展：

(1)正确地认识自我。认识自我的三条渠道：

①比较法——从我与人的关系认识自我。

确立合理的参照系和立足点对建立正确的自我认识来讲尤为重要，在比较时要注意以下三个方面的问题：

第一，跟别人比较的是行动前的条件，还是行为后的结果？

有的大学生在没有行动前就过分看重自己与别人的差距，无法建立自信，结果就会半途而废。

第二，跟他人比较是看相对标准还是绝对标准，是可变的标准还是不可变的标准？

经常有大学生认为自己不如他人，其实他们关注的可能是身材、家世等不能改变的条件，这样的比较没有实际的意义。

第三，比较的对象是什么人，是与自己条件相类似的人，还是个人心目中的偶像或极不如己的人？与过高或过低的标准去比较都不会起到积极的作用，只能适得其反。

②经验法——从我与事的关系认识自我。

一个人成功与失败的经验和才识对他来说都是一种学习，所谓不经一事，不长一智。成败得失，其经验的价值也因人而异。对于聪明又善用智慧的人来说，成功和失败的经验都可以促使他再成功，因为他们了解自己，有坚强的人格特征，善于学习，因而可以避免重蹈覆辙。而对于某些自我意识比较脆弱的大学生，失败的经验更使其失败，因为他们不能从失败中学到教训，改变策略以追求成功，而且挫败后会形成怕败心理，不敢面对现实去应对困境或挑战，甚至失去许多良机。对于大学生来讲，应该参与到更多的活动中去，如参加社团活动或社会实践等。通过参加这些活动来积累经验，增长知识，同时也能起到磨炼意志的作用。

③反省法——从我与己的关系中认识自我。

古人曰："吾日三省吾身"，从我与己的关系中认识自我看似容易实则困难。自省就是通过自我意识的反省特征来培养自我意识的主动性和积极性。根据韩进之的调查，大学生的自我反省意识的增长趋势是：第一，完全能够进行自我反省和自我调节的大学生，一年级为10%，二年级为6.25%，三年级为28.75%，四年级为46.25%；第二，能够进行自我反省但需要别人帮助的，各年级都超过50%以上。第三，自我反省与自我发展愿望很小的，约占各年级学生总数的2.25～6.25%；第四，属于不能自我反省的只占各年级学生总数的1.25～

2.25%。其中有的学生一致消沉,缺乏时代感与责任感,有的满足现状不求进取。通过自我反省,重新回头认识自己做过的事,走过的路,既是吸取教训总结经验的过程,同时又是一种开拓创新。

(2)积极悦纳自我。在对待自我的态度上有两种情况:一是自我认可,既看到自己的优点和长处,又承认自己的缺点和不足,对自我给予基本肯定。与之相联系的是自尊的自我体验,接受自己的各方面。二是自我拒绝,对自己做出消极评价,夸大自己的缺点和不足,甚至否认自己存在的价值。与之联系的是自卑的自我体验,即自己可以喜欢朋友、喜欢知识、喜欢自然,却不愿意喜欢自己。自我认可的态度也可以称作悦纳自我,悦纳自我是发展健康的自我体验的关键和核心。

具体地说,积极悦纳自我包括以下几点:

①接受自己,喜欢自己,觉得自己独一无二,有价值感、自豪感、愉快感和满足感;

②性格开朗,对生活乐观,对未来充满憧憬;

③平静而又理智地看待自己的长处与短处,冷静地对待自己的得与失;

④树立远大的理想,并以此激励自己不断地克服消极情绪;

⑤既不以虚幻的自我补偿内心的空虚,也不以消极回避漠视自己的现实,更不以怨恨自责以至厌恶来否定自己。

(3)有效自我控制。自我控制是主动定向改造自我的过程,也是个体对待自己的态度的具体化过程,同时,它是大学生健全自我意识和完善自我的根本途径。一般来说,大学生要有效控制自我包括以下几点:

①建立合乎自我实际情况的抱负水平,确立合适的理想自我。即面对现实,确定自己的具体奋斗目标。把远大的理想分解成一个个远近高低不同的子目标,由近及远,由低到高,循序渐进,逐步加以实现。关键是每个子目标都应适当、合理,经过努力可以达到,否则会丧失信心。

②增强自尊和自信,使自己有为实现理想自我而努力的更强大的动力,激励自己不断奋进。

③培养顽强的意志和坚强的性格,发展坚持性和自制力,增强挫折耐受力,使自己能自觉主动地认清目标,为实现目标而努力排除干扰、克服困难,正确地面对成功与失败。

2. 家庭教育方面

父母是孩子的第一任老师,家庭教育在大学生自我意识的发展过程起到了至关重要的作用,因此可以从家庭教育入手帮助大学生完善自我意识。

(1)家长要了解并接受孩子的特点。家长首先要树立正确的观念,充分了解并接受孩子的特点,既要看到孩子的优点,也看到他的不足,并经常与孩子进行交流,让孩子对自己有一个全面的认识。既不要因为孩子的某些长处而沾沾自喜,也不要因为孩子有某方面的不足而对他过于苛求。

(2)采用民主的教育方式。在家庭教育中要采取民主的教育方式,像尊重朋友一样尊重孩子,以平等的方式与他们进行交流。家长要经常给孩子以鼓励,帮助他们树立信心,并给他们提供行之有效的意见和建议,帮助他们顺利渡过大学阶段。

(3)调整过高的期望水平。望子成龙是天下所有父母的心愿,每个家长都希望自己的孩子能够有所作为。但是,如果家长不顾孩子的实际情况一味地提出过高期望,就有可能导致孩子因为达不到父母的期望而不能认同自己的结果。因此,父母对孩子的期望水平要调整到恰当的水平,适合孩子的发展状况,避免给孩子带来过高的心理压力。

3. 高校教育方面

作为高校教育工作者,应该通过以下几条途径来完善大学生的自我意识:

(1)加强理论研究。针对大学生自我意识发展过程中分化——矛盾——统一的发展规律,细致地探讨在每个阶段大学生自我意识发展的具体问题及其解决的方法是当前大学生教育工作者们的当务之急。可以通过实证性研究的方法分析影响大学生自我意识发展的影响因素,探索大学生自我意识的完善方法,为大学生们建立正确的自我意识提供更多的理论与实践上的依据。

(2)开展专项的心理健康教育活动。开展以完善大学的自我意识为目的的专项的心理健康教育活动,引导学生进行正确的自我评价,给学生们创造能够进行积极的自我体验的机会,协助学生掌握各种自我控制的方法,促进大学生自我意识的全面发展和提高,也是行之有效的方法之一。在高校开展心理健康教育工作的过程中,可以通过开展心理健康教育课、心理健康讲座、团体辅导等多种方式开展专项的心理健康教育活动,增进大学生们的自我意识,更为有效地维护他们的心理健康。

(3)开展针对性的辅助活动。关注大学生的自我意识发展,开展有利于大学生们自我成长的活动,促使大学生们达到自我的和谐与统一。学校在开展心理健康教育时应组织一些生涯教育,帮助学生规划大学生活;学生管理部门应开展丰富多彩的学生活动,让学生体会到大学生活的乐趣,并在其中实现自我价值;教师要加强学习目的和学习态度的教育,并在教育教学过程中因材施教,发挥每个学生的优点和长处,使每个学生都能够对大学学习生活充满兴趣。

(4)创造良好的环境。大学生自我意识的发展要受到家庭、教育、社会等各方面因素的影响,因此要给大学生自我意识的发展创造良好的环境,加强理论宣传力度,向全社会推广行之有效的方法,加强学校、家庭、社会之间的沟通和合作,共同维护大学生自我意识的健康发展。

(5)关注每一个学生的成长。大学校园中,大部分学生并未达到应有的成熟状态,这在大学生群体中是一个比较高的比例。在大学里,这些学生常常被教育工作者忽视。这就需要辅导员或班主任老师关注每一个学生的状态,尤其是关注他们的心理状态,通过谈话、调查问卷等方式了解每个学生的特点,发现学生们存在的不恰当的思想观念与行为,并及时加以引导,使每一个大学生都能成为具有积极的自我观念、奋发向上、能够为社会做出积极贡献的合格人才。

【心理训练营】

活动一　七个假如

目的:通过七个假如,让学生学会探索自我,从中理解个体独特性,引导学生认识自我探索的意义。

程序:

(1)教师要求学生写出以下七个假如的答案。

假如我是一种花,我希望是__________。因为____________________

假如我是一种动物,我希望是__________。因为____________________

假如我是一种乐器,我希望是__________。因为____________________

假如我是一种水果,我希望是____________。因为______________________________

假如我是一种颜色,我希望是____________。因为______________________________

假如我是一种交通工具,我希望是____________。因为__________________________

假如我是一种树,我希望是____________。因为________________________________

(2)邀请若干学生分享。

(3)教师指出世界上没有完全一样的人,每个同学都自己的独特性,说明了解自我,做独特的自我很重要。

活动二 是谁塑造了我?

目的:通过课堂活动,让学生挖掘个人成长历程中,使其塑造与成形的影响因素和重要人物。

程序:

(1)教师要求学生在以下方格中简单描述不同人物对他们的看法、评价,及任何难忘的正面和负面的经历。

(2)要求学生在填写过程中,请重点做如下自我探索:

①你对哪一个人的看法最为重视?原因是什么?

②最难填写的或最少资料的是哪一部分?原因是什么?

③假设你很努力填写,却始终出现资料贫乏的现象时,你应当反省一下自己整体性人际关系到底如何?

④除非有充分理由,对于全栏出现空白的情况时,应做出探索。

各栏所填写的,若是和谐又具正面取向时,反映你有着完整健康的自我。若不幸各栏资料出现矛盾时,或资料倾向负面取向时,你应努力面对自我。这项练习往往引发出你一些长期压抑的感受,有时还可能出现父母、其他人对自己的一些恶劣评价,甚至是羞辱性的,这实在是很痛苦的。面对这些情况,要设法作有效的处理,必要时,一定要寻求团体的帮助。

活动三 我的盾牌

根据下列问题的答案,每个人做个自己的盾牌。答案有时是文字,有时是图案,在盾牌上可以按自己的喜好安排位置与顺序。

(1)画出出生到十四岁中最重要的一件事。

(2)画出十四岁到现在中最重要的一件事。

(3)画出你以前最成功的事项。

(4)画出你过去最快乐的时刻。

(5)画出你的一项专长。

(6)画出你想要加强的技能。

(7)你希望将来是什么样子?

(8)如果你一向无往不胜,但目前只有一年可活,你将会做什么?

(9)如果你现在死了,你喜欢别人用哪三个字来形容你?

【心理测试】

自我监控测验

指导语:请回答如下表所列的问题,并在“是”与“否”上面画圈。

是	否	1. 我发现自己很难模仿别人的行为
是	否	2. 我的行为通常反映了自己真实的内心体验、态度和信心
是	否	3. 在聚会或者社交场合，我不会试图说或做一些讨别人喜欢的事情
是	否	4. 我只会为自己相信的观念辩护
是	否	5. 我可以针对一些我一无所知的主题发表即兴演说
是	否	6. 我认为自己只不过是在演戏，并以此打动或者取悦别人
是	否	7. 当对自己的行为没有把握时，我会通过观察别人的行为来寻找线索
是	否	8. 我可能会成为一个好演员
是	否	9. 我很少根据朋友的意见来选择电影、图书或者音乐
是	否	10. 我有时会向别人表达出比实际更深刻的情绪体验
是	否	11. 相对于独自一人，与别人在一起看喜剧我会更容易发笑
是	否	12. 在人群中，我很少成为注意的焦点
是	否	13. 在不同的情境中或者和不同的人在一起，我的行为方式会完全不同
是	否	14. 我并不特别擅长讨别人喜欢
是	否	15. 即使我觉得很无聊，我也装得很高兴
是	否	16. 我并不总是我看起来的那个样子
是	否	17. 我不会改变自己的观点（或行为）来取悦别人或者赢得他们的喜爱
是	否	18. 我曾考虑过做一个演艺人员
是	否	19. 为了能够友好相处并被人喜欢，我倾向于成为人们所期望的样子
是	否	20. 我从不擅长看手势猜字谜，以及即兴表演之类的游戏
是	否	21. 我不太会改变自己的行为来适应不同的人和环境
是	否	22. 在聚会时，我不会打断别人的玩笑和故事
是	否	23. 与人在一起的时候我总感觉有些尴尬，表现也不如实际那么好
是	否	24. 如果为了一个好结果，我可以看着别人的眼睛若无其事地说谎
是	否	25. 即使我非常不喜欢他们，我也会装得很友好

一、评价方法

5、6、7、8、10、11、13、15、16、18、19、24 和 25 上回答“是”得 1 分。

1、2、3、4、9、12、14、17、20、21、22 和 23 上回答“否”也得 1 分。

二、解释

得 12 分或以下表示低自我监控，得 13 分或以上表示高自我监控。

自我监控问卷是为了测量人会在多大程度上监视和控制自己在公众面前的行为。

高自我控制者——成为合时宜的人：他们认为自己是实用和灵活的，要在每个情况下成为合时宜的人。在面临一个社会情境时，他们首先会辨别在这种情况下一个典型的模范应该做什么，然后他们会用这些知识来指导自己的行为。高自我监控者是社交变色龙，他们享受在不同情境下做不同的人这样的生活,也具备扮演不同角色的认知和行动技能。

低自我监控者——成为我自己:他们认为自己是讲原则性的,并且强调在做什么人和做什么事等问题上保持一致的重要性。在面临一个社会情境时,他们更关注内心世界,并用自己的态度、信仰和感觉来指导自己的行为。在社会环境中,他们努力要实现的是做自己,而不是做合时宜的人。低自我监控认为自己是非常讲原则的人,更看重自己在不同情境下要"对自己真实",他们不太擅长把握社会情境的特征。

【叩响心门】

(1)什么是自我意识?

(2)大学生自我意识发展的规律是什么?

(3)大学生自我意识发展过程中容易出现哪些偏差?

(4)大学生应该如何完善自我意识?

【心理电影院】

片名:《沉默的羔羊》

简介:《沉默的羔羊》获得1994年的奥斯卡金像奖。影片的主人公是精神分析专家精神病医生比利博士和年轻的女警官史嘉丽。故事讲述史嘉丽为一桩连环杀人案的线索与比利博士交谈,最后根据线索顺利破案 。这部影片情节似乎很简单,但颇有象征意味,是一个关于"爱洛斯人格结构"的寓言。铁笼子里的比利象征狂暴的毫无理性的本我;斯嘉丽的那位代表法律与正义的上司,是超我的象征;而斯嘉丽本人则代表着自我:她四面受敌,既要对付她自己的本我,那羔羊的悲鸣,还要去征服铁笼子里的本我,那个吃人的恶魔;既要无条件地执行超我的命令,又不得不在严厉的超我与恐怖的本我之间周旋,还得冲破外部世界(包括人的社会)的种种制约与束缚,努力完成她的使命。最终史嘉丽成功了。她打败了本我,她完成了超我的使命,她还使得她的自我与人格得到了升华。

简评:《沉默的羔羊》是20世纪90年代以来深刻反映美国社会犯罪问题的经典之作。影片故事继承了好莱坞恐怖片的传统,然而影片的叙事方式却突破了恐怖片的模式,它颇具匠心地将恐怖片与侦探片巧妙地结合成一体。虽然影片的场景设置以封闭的室内环境为主,缺乏激烈火爆的动作性,但由于采用了希区柯克式的悬念手法和现代恐怖片的心理分析方法,使得整部影片的情节扑朔迷离,将观众引入了一个象征性的人类潜意识的世界。

项目三 ▶▶▶

人格决定命运
——大学生的人格发展

心灵箴言

人格像一棵树，而名声就像树影，我们往往以为树影就像树的样子，其实唯有树才是真实的。

——林肯

好的人生，是一个过程，而不是一个状态；它是一个方向，而不是终点。

——罗杰斯

项目三 人格决定命运——大学生的人格发展

【心的灯塔】

一个心理学教授到疯人院参观，了解疯子的生活状态。一天下来，觉得这些人疯疯癫癫，行事出人意料，可算大开眼界。

想不到准备返回时，发现自己的车胎被人卸掉了。“一定是哪个疯子干的！”教授这样愤愤地想道，动手拿备胎准备装上。事情严重了，卸车胎的人居然将螺丝也都卸掉。没有螺丝有备胎也上不去啊！教授一筹莫展。

在他着急万分的时候，一个疯子蹦蹦跳跳地过来了，嘴里唱着不知名的欢乐歌曲。他发现了困境中的教授，停下来问发生了什么事。教授懒得理他，但出于礼貌还是告诉了他。

疯子哈哈大笑说：“我有办法！”他从每个轮胎上面卸了一个螺丝，这样就拿到三个螺丝将备胎装了上去。

教授惊奇感激之余，大为好奇：“请问你是怎么想到这个办法的？”疯子笑道：“我是疯子，可我不是呆子啊！”

很多人在研究人格心理学，却缺乏能跳出人格心理学框架，整合、指导人格心理学研究方向的理论者，甚至连那个能提炼精华的“疯子”都很少。

人格看不见，摸不着，称不出重量，量不出尺寸，但在我们身边的人中，谁人格健全，谁人格缺陷，都可以真真切切地感受出来。社会上，无论是一字不识的老人，还是享誉中外的学者，学校里，无论是老师还是学生，人格都可以通过一件件生活琐事表现出来。

任务一 人格概述

一、人格的概念

人格一词（personality）最早源于古希腊语“persona”，意指古代戏剧演员在戏剧扮演过程中饰演角色时所佩戴的面具，代表了戏剧演员在戏剧中的不同身份，正如我国京剧表演中演员根据不同的角色所画的不同脸谱。后来，戏剧扮演中“面具”一词的含义不断地被扩充，逐渐用来形容在社会生活与社会交往中人们所戴的“面具”。这就意味着在现实生活中的人们也具有两种截然不同的面貌：一面潜藏于内的心理成分；另一面则是被观察且用于公开示人的行为模式。瑞士心理学家荣格（C. Jung）对人格的定义也是基于这个思路。他认为，人格同样包含着两个层面：一个是外在的“人格面具”，表现为一个人根据社会的规则与他人的期望而做出的外显行为角色；另一个是内在的人格特质，即隐藏在“人格面具”背后的人性阴暗面，是原始的、不为人知的。

二、人格的特征

（一）人格的基本特征

1. 独特性

人格的形成与发展受到了先天的遗传、成熟和后天的环境、教育等因素的影响。不同的先天与后天因素影响着个体人格的发展，从而形成了各不相同的人格特点并反映在其态度特征与行为模式上。例如，有的人活泼直率、有的人文静含蓄；有的人开朗乐观，有的人忧郁消极。正如“人心不同，各如其面”，说的就是人格赋予了个体独特的色彩，使得每个人与其他人相比都具有特色，每个人都能依据其人格特点的不同与其他人区分开来。

种下葡萄树

同时，人格的独特性还表现在不同的群体之间。例如，有的民族群体以讲求实干作为主流的价值标准，有的则以追求浪漫为其主要价值体系；有的民族群体在行为与态度方式是集体主义倾向，有的民族群体则是个人主义倾向。

2. 稳定性

所谓“江山易改，禀性难移”，说的就是个体的人格特征一旦形成，就具有了相对的稳定性。人格的这种稳定性一方面表现在时间跨度的稳定，还表现在跨情境的一致上。例如：一个外向乐观的学生，他在小学、中学、大学甚至毕业后都能保持着这种外向与乐观的人格品质；除此以外，不管在家庭环境、学校环境还是在工作环境，他都能表现出外向与乐观。因此，人格的稳定性使得我们能对他人的行为进行预测与推断。

人格的稳定并不意味着人格是一成不变的。随着个体年龄的增长、社会经验的积累与生活环境的变化，个体的人格特点还是会发生不同程度的变化。

3. 整体性

日常生活中我们都有这样的体验：我们能用很多的词汇来描述一个人的人格特征，这是因为人格是由多种心理成分构成的，如气质、性格、能力、价值观、态度、意志等。这些心理成分并不是独立存在的，而是相互联系、相互影响与调控的，它们共同构成了一个有机的整体。人格的整体性意味着个体的人格是统合的、协调的，是个体人格健康的重要标志，一个人如果失去了人格的统合与协调，他的行为与态度特征往往变得抵触与冲突。

4. 社会性

个体除了具有生物属性外，还具有了明显的社会属性。人格的形成与发展也更多地受到社会环境因素的影响，包括了社会规范、社会主流文化与教育等。这些因素都对个体人格的发展产生深远的影响，为个体的人格特征打上深深的社会烙印。因此，人格往往表现出显著的社会性，人格也是人区分于其他动物的重要标志。同时，人格也是社会人所特有的，脱离了社会、与社会相隔离的个体并不具有健康、健全的人格。

5. 功能性

个体的心理品质可以分为工具性的心理品质与支持性的心理品质，工具性的心理品质直接影响着个体能否解决问题，而支持性的心理品质直接影响个体如何解决问题。人格属于支持性的心理品质，人格本身并不直接操作信息，但人格能调控着个体在面对问题时的态度，影响着个体操作信息、解决问题的方式。例如，同样是面对挫折，耐挫能力弱、意志薄弱的个体可能一蹶不振；而耐挫能力强、意志坚定的个体往往则能迎难而上。因此，人格对个体的行为以及行为的效果与价值具有明显的调节性与功能性。

(二)大学生的人格特点

从年龄发展阶段上看,大学生正处于青年中期(18~24岁)。在这个阶段中,大学生的生理发展基本完成,具备了成年人的各种生理特征与功能,但由于长期处于校园学习的环境中,缺乏相应的社会生活实践与经验,因而在心理方面尚未达到完全成熟。对于广大大学生而言,在大学阶段需要进行的一个重要发展任务就是促进心理品质的成熟。在众多的心理品质中,人格与社会文化和生活的关系最为密切,人格对个体心理品质的发展也具有重要的影响,因此,大学生人格的发展与成熟至关重要。

人格是一种社会文化产物,社会背景和社会文化氛围都为其社会成员提供一个塑造人格的广阔平台。随着社会的进一步开放、不同地区文化的相互交融和日新月异的互联网技术等社会文化与环境的变迁,当代大学生的人格特征也呈现出多元化的趋势,正如一项关于大学生创造力与人格特征的关系研究显示,具有高创造力的大学生一般具有如下人格特征:好奇、有独创性、有主见、自信、乐于助人等多种人格特质。这一方面说明当代大学生在多元的文化背景下,通过形成多元的人格特质以更好地根据自己对社会生活的理解选择合适的行为,对社会的变化表现出很强的适应性;另一方面也对高校的学生管理与教育提出很高的要求,需要细致考察大学生的人格特点,才能有效地对大学生进行管理与教育,更好地推动他们自身的发展与多彩发挥。下面将从理论研究和实证探索两种角度对当代大学生的人格特征进行介绍。

1. 从理论研究的角度概括大学生的人格特征

(1)关于自我的认识不断加深,也显得更客观与全面。大学生正处于认识自我的重要时期,他们对了解自己的愿望是浓厚且强烈的,同时也迫切地想知道更多关于自己的事情。随着比较稳定与独立的思维活动的形成,他们开始对自己的未来社会角色进行规划与设计,往往表现出明确的奋斗目标与成才愿望并愿意为之付出努力,因而多数大学生都愿意通过大量地参与学校、社会的各种学术活动、文娱活动和学生干部工作。通过与人相处与交往、活动与工作效果反馈等途径进一步加深对自我的认识,进一步对自己人格上的优缺点予以发扬或改进,使现实的自我不断与理想的自我接近。可以说,大学生普遍具有较为正确的自我认识,具有"自知之明"。

(2)与人格密切相关的心理功能发展合理且健全。人格作为心理品质中的一个重要成分,与个体认知风格、意志与态度、价值观等的形成息息相关,当代大学生随着年龄的增长,学习与生活经验的不断积累,表现出人格特征上的不断完善与成熟。伴随着人格的发展,大学生的认知风格更倾向于理性化、意志品质更为坚强与果断、价值观的发展更为全面。

(3)乐于参与社会活动,形成较强的社会适应力。大学生对很多工作与活动都有着浓厚的兴趣与爱好,因此他们乐于与人交往、积极参与各种活动,同时也能在这些学习与工作活动中表现出较强的适应力与自我调控制能力,他们能够较为合理地自主安排学习与生活、独立解决问题,能结合实际情况制定各种计划与方案并将其付诸实施。

(4)具有较强的开放性与竞争意识。当代大学生在其人格特点上具有明显的开放性,他们崇尚自由,少有保守的思想,能勇于接受各种挑战性任务并表现出较强的创新性与竞争意识。另外,竞争的意识使得大学生把学习与事业看作是人生发展的重要部分,展现出较强的进取心和强烈的求知欲。

(5)情绪情感的体验是丰富的。由于大学生的学习与生活形式是多样的,因而所产生的情绪体验也显得更为丰富与多样。另外,由于大学生在生活阅历和知识经验的局限,他们对社会复杂性、对自己需求和行为缺乏合理的深刻认识,因而导致他们在情绪的体验与表达上容易产生较大的波动,易于冲动,易于爆发。

2. 从实证探索的角度分析大学生的人格特征

许燕(2002)曾采用大学生自我描述与质的分析方法对当代大学生核心人格结构及其特点进行了研究,结果得出关于当代大学生人格结构的七个核心因素:敢为性、宜人性、道德感、开放性、责任感、务实性和情绪性。这七个核心人格成分的特征如下:

(1)敢为性。这一核心人格成分是当代大学生觉得最为重要的一种人格特征,体现的是大学生积极进取与开拓的思维。当代的社会发展是迅速的,这也要求当代大学生需要具备很强的社会适应能力,更要求大学生需要通过不断的创新与勇于拼搏来发展自己。可以说,敢为性体现了新时期对大学生心理与人格发展的要求。当代大学生将其视为最重要的人格特征也说明他们意识到自身人格发展需要与社会发展相同步、相适应的客观现实。

(2)宜人性。这种核心人格成分反映的是大学生在人际相处与交往中的心理特点。对于人际的交往与互动,当代大学生都清楚需要在自身人格塑造的层面上实现相互理解与尊重、宽容与真诚,善于合作等特点,同时也需要摒弃一些不利于人际关系的人格特点,如自我中心、自傲等。

(3)道德感。研究结果显示这是一项两极性明显的大学生核心人格特征,正性特征表现为大学生正直、奉献与爱国;负性特征则表现在自私自利、见利忘义。这种两极性的分化说明,当代大学生在其人格结构中的道德感发展存在不平衡的现象,既富于正义感又出现明显的自私自利的特点,而大学生也能明确认识到自己在道德感上的发展不足。

(4)开放性。在开放性这一核心人格成分上,当代大学生比较一致地表现出聪明且富有朝气与活力的人格特征,他们对新知识、新事物所持的态度是开放的,并明确认识到与时俱进对其发展的积极作用。在对待生活方面,这种开放性也表现出大学生追求时尚、善于把握潮流的人格特点。

(5)责任感。大学生在大学期间的学习内容是丰富的,除了专业知识的学习外,还包括了社会生活技能与工作方法的学习,因而这一人格特征体现的是大学生对待学习与生活的态度特点。研究结果显示,大学生对责任感的提及率比较低,说明当代大学生整体上对责任感的认识不足,责任感水平仍有待提高。

(6)务实性。这一核心人格成分体现的是大学生适应环境与社会的人格特征,反映出大学生少空想、多实干的处世与工作态度,与大学生推崇实用主义的价值观是相符合的。

(7)情绪性。这一人格特征涉及的是大学生的心理健康,表现出明显的两极性。其中包含的积极人格特征有热情、乐观、情绪稳定;而消极的人格特征则有冷漠、忧郁、情绪不稳定等。

从以上研究结果来看,当代大学生的人格特征并非单一的,而是丰富且多元的,这些多元化的人格特征所体现的人格功能也是多样、分化的,同时也说明中国当代大学生在其人格发展上虽存在着提升与完善的空间,但从总体上看仍与当今社会与文化的多元发展相适应。

3. 大学生在人格发展中呈现出的特点

(1)较强的自我意识。能接受一切属于自我的东西,形成对自己积极的看法;对自己的所有与所缺都比较清楚和明确,理解现实我与理想我之间的差别。大多数人都有明确的奋斗目标和愿望,并为之而努力。自我评价能力得到发展,此时的评价具有一定的深刻性,摆脱了以往的依附性和具体性。自我监控能力得到完善,从外部约束转为内部自我监控,在稳定性和持久性上都有了较大的提高。

(2)适应能力较强,人际关系新型化。随着对社会环境的适应能力加强,当代大学生对外部世界有着浓厚的兴趣,有着广泛的活动范围,人际交往范围扩大,积极参与各种社会实践。同时,能容忍价值观与信念上的差别,能根据事物的实际情况看待事物,而不是根据自己的主观愿望来看待事物。但同时大学生的适应、人际交往能力也体现在不稳定上,过分强调公平和个性化上,对于竞争的理解片面、不深刻。缺乏真诚和团结友爱的气氛。另外,越来越多的大学生的人际交往通过网络建立,缺乏面对面沟通的环境。

(3)价值取向日趋成熟和转变。大学生在外界环境的影响下,价值取向已经日趋转变。开始把学习、工作看成生活的重要组成部分,在学业上也有较强的进取心和责任感;行为中开始体现竞争意识,具有开放的思想观念;喜欢创造,勇于创新,独立性强,富有幽默感,态度务实。

(4)情感饱满适度,倾向外露。大学生情绪上稳定性与波动性、外显性与内隐性并存,情感丰富多彩,积极的情绪、情感体验在学习、生活中占主导地位。大部分的大学生拥有积极的情绪、情感体验,能勇于表达自己当前的感受,能用合理的方式宣泄不良情绪。对待感情挫折的承受力增强。但是部分大学生内心体验过重,缺乏理性和思考,情绪稳定性差,常有冲动和退缩的表现形式。

(5)年级和性别差异明显。低年级的学生情绪比较稳定、兴奋性高。易与人相处,做事积极,有责任心,敢作敢为。随着年级的增长,学习的独立性、主动性逐渐增加,情绪更冷静,处理问题更果断。但是同时焦虑和烦恼增加,做事情缺乏责任心,创造性逐渐下降。男女大学生在情绪上也有性别上的差异,男生情绪较为稳定,独立性强,控制能力好。女生性格外向、谦虚、天真直率,易与人相处,但同时也有较多负面情绪的体验,如抑郁、焦虑、敏感等。

三、人格的理论

(一)精神分析人格理论

弗洛伊德把人的心理活动分为意识和无意识两部分。意识只占心理生活的小部分,无意识对人的思想和行为起主导和决定的作用,是更重要的部分。弗洛伊德认为人格是一动力组织,其能量的来源是“力比多”。人格发展中任何阶段的受阻或停滞都会对个体的人格产生持续的后效。

弗洛伊德将人格结构分为3个组成部分:本我、自我、超我。“本我”遵循“快乐原则”是人与生俱来的,包括各种生理需要,具有很强的原始冲动能量。属于无意识状态,是非理性的。但在幻想、梦、失误、精神病性症状等情况中可见。本我是人格的底层结构,人格其他部分由它分化而来。“自我”是从本我中分化而来,是本我和超我之间的协调者,决定本我的各种要求是否允许满足。他一方面调节本我,一方面受制于超我,遵循着“现实原则”。“超我”是人格结构的最高层次,代表良心、道德规范。遵循“道德原则”是社会化的我。一方面抑制本我的冲动,一方面监控自我,如儿童在与父母接触中,将父母的人格社会道德内化吸收变成自己的东西。当本我、自我、超我处在协调中时,人格就是一种健康的状态,反之就会产生各种各样的心理问题。但弗洛伊德过分强调人格的本能,受到他的学生和新精神分析者的质疑。后者开始强调社会文化因素对人格的决定性因素,被称为精神分析“社会文化历史学派”。

(二)特质理论

人格特质理论起源于20世纪40年代的美国。主要代表人物是美国医学心理学家奥尔波特和卡特尔。特质理论认为,特质是决定个体行为的基本特性,是人格有效组成元素,也是测评人格的基本单位。1949 年,卡特尔用因素分析法提出了 16 种相互独立的根源特质,编制了"卡特尔 16 种人格因素调查表"。

奥尔波特首次提出了人格特质理论,他把人格特质分为共同特质和个人体质。又将个人特质分为:首要特质,一个人最典型、最具有概括性的特质;中心特质,是构成个体独特性的几个中心特质;次要特质,是个体一些不重要的,只有特殊环境中才会出现的特质。R. 卡特尔用因素分析方法将人格特质分为表面特质和根源特质。表面特质是人的外表行为,代表行为的属性和功能。根源特质共有 16 种人格因素,是构成人格的基本要素,最具有代表行为属性和功能的决定因素。16 种人格因素各自独立,普遍存在于不同的人身上,都由这 16 种因素在人身上的不同组合所决定。

特质理论从人的行为特点出发探讨人格问题,可以量化人的行为特质,从而在实验、测验的分析之中实现将人格转变为不同的变量,摆脱了长期以来人格研究仅停留在描述和讲解的阶段。但是在特定的研究领域里,常常由于分析材料的方式和所采用的因素分析的具体技术的差别,而使发现的人格因素有所不同,至今分歧已经十分明显。特质理论只对人格的结构进行描述,而未能对人格的动态做出具体的说明,这也是不足之处。

(三)人格学习理论

班杜拉等在人格学习理论中提出"示范"和"观察学习"对人格的形成具有重要意义。包括观察"示范者"的行为和"示范者"所受到的强化作用。由于个体观察他人的行为被强化(奖励或惩罚)从而影响自己的行为形成和结果。学习者通过意象和语言编码获得和储存形成人格。

人格学习理论认为,学习是人格形成的决定性因素。目前社会学习的作用在人格形成上尤其受到重视。个人和环境彼此影响,每个人的人格特点是个人和情境变量持续相互作用的结果。在生长过程中遇到的学习经验的差异性就是人格差异的原因。

学习理论没能解释各种习得行为是怎样整合的,对形成连续一致的人格没有给出清楚的概念。学习理论过分强调环境因素对行为影响的重要性,忽略了个体差异,否定了人格的相对稳定性。

(四)类型理论

类型理论是 20 世纪三四十年代出现在德国的一种人格理论,主要用来描述不同类型人之间的心理差异,即人格类型的差异。人格类型理论有三种:单一类型、对立类型和多元类型理论。单一性类型理论是根据一群人是否具有某一特殊人格来确定的。法利的 T 型人格理论就是单一性类型理论的代表。对立类型理论认为,人格类型包含了某一人格维度的两个相反的方向。A—B 型人格是这一理论的代表。多元理论认为人格是几种不同特质的人格特性组成的。之前提到的希波克拉底的气质体液说,斯普兰格的性格类型说都是多元理论的代表。

(五)人本主义理论

马斯洛和罗杰斯认为人是积极主动、追求自我实现的健全的机体,自我实现是人性的本质。人本主义提出人格包括自我观念、积极关注、自我和谐和自我实现。自我观念是个体在生活环境中在对经验的评估及与环境相互作用中形成的。如果一个人的行为方式作用于环境事物,产生的直接经验与间接经验相一致,就会顺利形成自我观念。积极关注就是个体希望别人以积极的态度支持自己,如果获得外界的积极关注越多,自我观念越明确,易形成健康的人格。自我和谐是指一个人自我观念中没有自我冲突的心理现象。自我实现是指个体趋向完美、趋向实现、趋向自我的保持与提高的倾向。它是激发个体行为和发展的基本推动力。

四、人格的结构

人格的心理结构应该包括个性倾向性和个性心理特征两大部分,这两大部分有机结合,使人格成为一个统一的整体结构。

(一)人格的个性倾向性

个性是一个人的各种心理特征的综合,它具有一定的倾向性,是经常的、稳定的、本质的心理特征,是人们行为、举止、感知与思维方式的反映。个人由于先天因素、生活条件、接受教育程度和实践经验的不同而形成个性心理,包括需要、动机、兴趣、价值观等,它是人的行为的潜在动力,是人的积极性的不尽源泉。

1. 需要

需要是个体生理需求和社会需求在人脑中的反映。需要可以分为生理性需要(生命安全和种族延续)和社会性需要或者物质需要和精神需要。如我们吃饭、喝水、睡觉,这些都是生理性的需要,而交朋友、工作这可以说是社会需要。物质需要是指对衣、食、住、行的有关物品,对劳动、学习、科研用品的需要。精神需要是人们对安慰、愉悦、鼓励、欣赏、爱恋等的需要。

当代美国人本主义心理学家马斯洛提出了需要的几个基本层次。

生理需要是最基本、最原始、最强有力的;安全需要是受保护或免遭威胁;社会需要是被关注、接纳、爱护、支持的需要,也是归属和爱的需要;尊重需要是对自己社会价值追求的需要,感受到自信价值和能力;自我实现的需要是最高等级的需要。满足这种需要就要求完成与自己能力相称的工作,最充分地发挥自己的潜在能力,成为所期望的人物。这是一种创造的需要。有自我实现需要的人,似乎在竭尽所能,使自己趋于完美。自我实现意味着充分地、活跃地、忘我地、集中全力全神贯注地体验生活。

2. 动机

动机是直接推动人去行动以达到一定目的的内部动力。动机是一种内部心理过程,不能直接观察,但是可以通过任务选择、努力程度、活动的坚持性和言语表示等行为进行推断。动机必须有需要,需要引导个体行为的方向,并且提供原动力。动机要求活动,活动促使个体达到他们的目标。如饥渴时求饮食,寒冷时求衣被,孤单时求伴侣,疲劳时求休息,其中饮食、衣被、伴侣、休息是需要,而采取行动以获取这些需要的直接动因就是动机。

动机具有激活、指向、维持和调整功能。动机是个体能动性的一个主要方面,它具有发动行为的作用,能推动个体产生某种活动,使个体从静止状态转向活动状态。同时它还能将行为指向一定的目标。当个体活动由于动机激发而产生后,能否坚持活动同样受到动机的调节和支配。

3. 兴趣

兴趣是指一个人积极探究某种事物或从事某种活动的心理倾向。一个人无论从事脑力劳动或体力劳动,无论从事什么具体工作,只要他是感兴趣的,他就一定会积极地、兴高采烈地、富有创造性地投入进去,并容易做出成绩来。

兴趣是一种无形的动力,当我们对某件事情或某项活动感兴趣时,就会很投入,而且印象深刻。例如,对美术感兴趣的人,对各种油画、美展、摄影都会认真观赏、评点,对好的作品进行收藏、模仿。

当然,兴趣不只是对事物表面的关心,任何一种兴趣都是由于获得了某一方面的知识或参与这种活动而使人体验到情绪上的满足而产生的。对事物的认识越深刻,情感越丰富,兴趣也就越深厚,于是慢慢就会发展成为一种爱好。兴趣是爱好的前提,爱好是兴趣的发展和行动,爱好不仅是对事物优先注意和向往的心情,而且表现某种实际行动。

如果在学习生活和工作中,兴趣能够成为推动工作和活动的动力,其效果就是积极的,若兴趣仅仅是一种向往,而不能产生实际效果,它就是消极的。

(二)人格的个性心理特征

个性心理特征包括气质、性格、能力,它比较稳定地反映了个体的特色风貌。气质是稳定的心理特点,即人的性情或脾气。性格是指个人对现实稳定的态度和稳定行为方式的心理特征。如有人大公无私,有人自私自利;有人勤劳朴实,有人懒惰奢侈;有人自尊自强,有人自暴自弃等,这些都是人的性格特征。当某些特征稳定地而不是偶然地表现在某人身上时,就可以说这个人具有这种性格特征。能力是成功地完成某种活动的个性心理特征。一个人要能够顺利、成功地完成某种活动,主要的心理前提是要具备某些能力,能力是人完成任何活动不可缺少的一种心理品质。

1. 气质概述

气质是一个古老的心理学问题。早在公元前 5 世纪,古希腊著名医生希波克拉特就提出了 4 种体液的气质学说。他认为人体内有四种体液:血液、黏液、黄胆汁和黑胆汁。四种体液谐调,人就健康,四种体液失调,人就会生病。当然,这种体液说现在已不被采纳,但四种气质类型的名称仍得以沿用。几世纪以后,罗马医生哈林用拉丁语"emperametnum"一词来表示这个概念,这就是"气质"(temperament)概念的来源。近百年来,气质心理学得到了迅速的发展,成为心理学中的一个重要组成部分。

(1)气质的内涵。

气质是指在人的认识、情感、言语、行动中,心理活动发生时力量的强弱、变化的快慢和均衡程度等稳定的动力特征。具体表现为情绪体验的强弱、意志力的大小、注意力集中时间的长短、行动反应或思维的快慢等。人的气质差异是先天形成的,受神经系统活动过程的特性所制约。如孩子刚一落生时,最先表现出来的差异就是气质差异,有的孩子爱哭好动,有的孩子平稳安静。气质是与生俱来的,无好坏之分,不受个体活动目的、动机、内容的影响。它不会决定一个人的成就,任何气质类型的人只要经过自己的努力都能在不同实践领域中取得成就。

(2)气质的特性。

根据现有的研究,人的气质的基本特性有以下几方面:

①感受性。感受性指人对适宜刺激的感觉能力,这是神经系统强度特性的表现,不同气质的人感受性也不同。

②耐受性。耐受性反映的是人对外界刺激在时间和强度上的耐受程度,如长时间从事某项活动时注意力的集中性,对强烈刺激(如疼痛、噪声、强或弱的光线)的耐受性,对长时间的思维活动保持优越效果的坚持性等。

③反应的敏捷性。反应的敏捷性一般指的是心理反应和心理过程进行的速度,如动作速度、言语速度、记忆速度、思考的敏捷程度、注意转移的灵活程度、一般动作的灵活程度等。它主要是神经系统灵活性的表现。

④可塑性。可塑性是指人根据外界情况的变化改变自己的行为以适应环境的难易程度。容易顺应环境变化、行为果断的人可塑性较大;顺应环境困难、行为迟缓、态度犹豫的人则有较大的刻板性和惰性。

⑤情绪的兴奋性。情绪的兴奋性表明神经过程有强有弱不平衡的特点，如有些人情绪兴奋性很高，情绪抑制力弱。情绪兴奋性还包括情绪向外表现的强烈程度。如同样是具有强烈情绪兴奋的人，有人有强烈的外部表现，有人则无强烈的外部表现。

⑥倾向性。指人的心理活动、言语与动作反应表现于内还是表现于外的特性。外倾性是兴奋性强的表现，内倾性则是抑制过程占优势的表现；外倾的人心理活动、言语反应和动作反应倾向于外部，内倾的人正相反，表现为善思索和沉默寡言。

(3)气质的分类。

①多血质。具有这种气质类型的人感受性低而耐受性高，情绪兴奋性高并且具有明显的外部表现，反应迅速而灵活。典型的心理特征是：活泼好动、反应迅速、灵活多变、注意易转移、兴趣易变换、善于交际、热情、有活力，但情绪不够稳定，对事物的热情持续时间不长。

②胆汁质。具有这种气质类型的人感受性低而耐受性高，情绪兴奋性高，抑制能力差，反应迅速而不灵活。典型的心理特征是：直率、热情、精力旺盛、情绪易冲动、心境变换剧烈、易怒、急躁、自制力比较差。

③黏液质。具有这种气质的人感受性低耐受性高，情绪的兴奋度低，反应慢而具有稳定性。典型的心理特征是：内向、安静沉稳、反应比较慢、情绪不容易外露、注意稳定、坚韧、寡言少语，但也往往表现出固执、淡漠等特点。

④抑郁质。具有这种气质的人感受性高而耐受性低，情绪兴奋性高且体验深，反应慢，比较刻板。典型的心理特征是：观察敏锐、思虑较多、柔弱易倦、胆小、孤僻、反应不强烈等。

(4)气质的实践意义。

气质虽然不决定人的行为，但是气质在人的实践活动中也具有一定的意义。如对于多血质和胆汁质的人来说需要迅速灵活反应的工作较为合适，而黏液质和抑郁质的人则较难适应。因而了解气质，对大学生来说既有理论意义，又对其社会实践活动，如学习、求职、人际交往等具有重要的现实意义。

①气质与智力活动。虽然大学生活多姿多彩，但是大学生的主要活动还是学习，学习是一项认知性很强的智力活动。气质不会决定一个人的智力水平，但它会影响智力活动的特点和方式。研究表明，某班有两位学生甲和乙，甲具有明显的多血质和胆汁质的特征，乙有明显的抑郁质特征。学生甲在学习时会表现出充沛的精力，在紧张的学习和工作后，只需要短时间休息一下就能恢复精力；他的注意力可以分散在很多事物上；他对了解新的信息很感兴趣，新的知识信息会让他精神焕发、兴奋，且感到满足，但复习旧的内容时，缺乏兴趣。学生乙经过一段时间学习后，比较很容易疲劳，需要休息或睡一会儿才能恢复精力；对简单作业要进行准备和沉思；学习新内容时常感到困难和疲惫，对复习旧内容表现出主动性，思维有着惊人的准确性和清晰性，抑郁质并没有妨碍他成为一个优秀生，也不妨碍他的智力发展，其思维的深刻性和细致性会补偿智力活动的困难。

②气质与运动能力。通过对气质的了解，我们知道，气质虽然不会决定一个人的能力，但却会对能力产生一定影响。有些气质特点有利于某些能力的发展，而有些气质特点则会阻碍某些能力的发展。我们以运动能力为例来说明。我们在对国家优秀运动员的调查中发现，优秀运动员由于运动项目的不同而具有不同气质类型的分布。如乒乓球运动员中进攻型选手中以多血质、胆汁质者为主，防守型选手则以黏液质为多；短跑、跳高、击剑、摔跤等运动项目中胆汁质者比较适宜；体操则以多血质者为宜，长跑、登山活动以黏液质者为佳。日本学者曾对围棋选手的气质类型作过更为全面的研究分析，认为气质类型与运动能力的关系极为密切。

③气质对职业活动的影响。气质作为人心理的一种特性，虽对活动效果不起决定作用，但对职业活动，尤其是一些特殊职业活动来说却有重要意义。世界上的职业千百种，各具特色。有些需要从业者有较强的耐受性，注意力能长时间集中，而有些则要求从业者反应灵敏。如对于从事纺织工作的纺织女工，要求具有注意稳定且善于转移、动作迅速等气质；对医务人员则要求具有反应灵活、耐心、细致等气质。一般来说，要求速度的工作，具有多血质和胆汁质特征的人更适合；要求稳定、持久性的工作，具有黏液质特征的人更适合；要求精细、敏锐的工作，抑郁质特征的人更能胜任等。在一般性的学习和工作中，这种影响并不明显，这是由于气质的积极方面对其消极方面有补偿作用。如多血质的人注意转移灵活可弥补其注意不稳定的特点；黏液质的人细致耐心可适当补偿其速度的不足。而且，后天形成的性格也会掩盖其某些气质特征，如一个胆汁质的医科学生可能因为他专业的要求，而在后天培养起谨慎的性格特征，从而掩盖其粗心、冲动的一面。

2. 性格概述

性格（character）的形成主要与个体的社会生活与活动密切相关，因此性格更多地反映出个体的社会属性并在个体的人格体系中扮演重要角色。在我们的学习与生活中，有的人做事是认真、刻苦、勤奋，有的人则粗心、懒惰、散漫；有的人在与人交往时表现出活泼与开朗，有的则显得内向与谨慎，这些差异都源于个体在性格上的差异。

性格作为个性心理特征中的核心成分，体现出个体对客观现实的态度，表现为个体外在的行为方式，并且这些态度特征与行为方式都是在较长的一段时间内保持稳定的。因此，性格具有相对的稳定性，这也意味着性格并不是一成不变的。由于社会环境与教育等因素，个体在其不同的发展阶段可以形成一些不同的性格特征；同时，同一个体在不同的情境中也可能表现出不同的性格特点。因此，对于性格而言，它往往是可以塑造的。

另外，性格的社会属性也决定了性格具有好坏之分。例如，我们往往会把认真、真诚、果断、善良等品质认为是比较好的性格特点，而把冷漠、虚伪和优柔寡断等品质认为是较为不好的性格特点。

（1）性格的内涵。

性格（character）一词来源于希腊语，原意为雕刻的痕迹，这一概念说明性格是个人的典型行为。随着心理学的发展，性格的内涵日益丰富，现在倾向于指一个人对待现实的态度和行为方式上经常表现出来的比较稳定的心理特征。

【心理故事汇】

情境故事——看戏迟到后的反应

有四个分别属于典型的胆汁质、多血质、黏液质和抑郁质的人各自到某剧院看戏，但都迟到了。为了保证入场的观众不受影响，剧院的检票人员在门口守着暂时不让迟到的人进去，结果……

属于胆汁质的人很可能会和检票人员大吵大闹，而且不顾阻拦地闯进剧院；

属于多血质的人看到入口处的检票人员看守得这么严，很可能就会设法从别的门进去；

属于黏液质的人很可能会很规矩地在剧院门口等着，直到中场休息再进去；

属于抑郁质的人很可能就会抱怨说："哎呀，真是倒霉啊，偶尔来看一次戏也进不了门。"说完就掉头回去了。

资料来源：作者根据相关资料整理

(2)性格类型说。

根据个体身上性格特点的不同组合,可以形成不同的性格类型。心理学研究者曾经根据不同的角度和侧面对性格类型进行划分,但至今仍未有一个公认的划分标准与类型。一般而言,具有代表性的划分观点如下:

第一,性格类型的心理机能说。

该学说由英国心理学家培因(A. Bain)和法国心理学家李波特(T. Ribot)提出,他们根据性格结构中的认知、情绪和意志三种心理机能何者作为优势成分来确定个体的性格类型,将性格分为三种:理智型、情绪型和意志型。

理智型性格的个体能通过理智来控制、支配和调节自己的行为,能在冷静的思考后再行事,他们的自制能力强,在处理事情的时候谨小慎微,缺乏必要的冲动。

情绪型性格的个体则不善于思考,更容易凭感情做事。他们的言行容易受到情绪的影响,虽然做事大胆、态度热情但往往因为情绪的起伏而出现反应过激、注意力难以集中等现象。

意志型性格的个体做事都有明确的目标,同时也表现出很强的自制力与执行力,能够主动且专注地从事某项工作。

第二,性格类型的向性说。

瑞士心理学家荣格根据个体心理活动的指向性作为性格类型的划分指标,把性格划分为外倾型和内倾型。

外倾型性格的人其心理活动的指向是外部的,表现出对外界事物很感兴趣,希望能更多地参与外界的各种活动,与社会打成一片;他们的性格比较活泼开朗、善于也乐于与人交往;他们的独立性较强,不拘小节,但也表现为较粗心,情绪容易受到外界的影响而产生明显的波动。

内倾型性格的人其心理活动倾向于指向内部,表现出情感内敛而含蓄,善于隐藏内心世界,情绪体验深刻;他们爱幻想、好沉思、喜内省,处事的方式是比较谨慎的,自制能力也比较强,但思维反应比较缓慢,整体显得沉郁与孤僻。

荣格认为,每个人都具有外倾和内倾两种性格倾向,只是看哪一种倾向在多数情境下占优势地位来确定这个人的性格类型。一般来说,具有典型的外倾与典型的内倾性格类型的个体基本上是不存在的。

第三,性格类型的优越与自卑说。

奥地利心理学家阿德勒(A. Adler)根据个体竞争性的不同将个体的性格类型分为优越型和自卑型。优越型性格的个体有着很强的竞争性与好胜心,他们不甘于落后他人,总希望能超越别人;自卑型性格的个体缺乏明显的争强与好胜心,他们为了避免与人竞争而甘愿退让,有着较强的自卑感。

第四,性格类型的 A-B 型说。

弗雷德曼和罗森曼(Friedman 和 Rosenman)根据个体在时间紧迫感和好胜心等心理特点上的不同将个体性格类型区分为 A 型性格和 B 型性格两类。

A 型性格的人是富有进取心的,他们具有实干精神和强烈的时间感,常常把自己的工作计划和日常活动安排得很满,做事迅速、效率高;为人充满自信心,喜欢争强好胜;对他人常怀有疑虑,遇事总想亲自完成而不愿假手于人,缺乏耐性且在情绪上比较容易激动。有调查表明,具有 A 型性格的人患有冠心病的比率是 B 型性格的两倍。因而,往往也会把 A 型性格称为冠心病性格。B型性格的人则表现得性格温和、悠闲自得。他们的生活节奏比较缓慢，做事不紧张，对很多事情都能处之泰然，不喜欢争强好胜，有耐性。

除了A、B型性格外，现代医学心理的研究结果表明，还存在着一种C型的性格类型。C型性格的个体表现得少言寡语和抑郁内向。当他们遇到挫折与困难时，更习惯于逆来顺受和忍气吞声，避免出现明显的愤怒和不满的情绪。由于长期处于压抑的状态，因而容易引发免疫功能的下降，最终导致代谢功能的异常而诱发出各种类型的癌症，因此C型性格也被称为癌症性格。

(3)性格和气质的关系。

气质和性格同属于人的心理特征，但是两者各有侧重。

从起源来看，气质是先天的，婴儿诞生的时候就有了。性格是后天环境影响的产物，它是人的实践活动与社会环境相互作用的产物，具有一定的社会性。

从稳定性来看，气质相对稳定，变化较慢，可塑性不大；性格的可塑性较大，环境对性格的影响明显。

气质没有好坏之分，不涉及社会评价；性格有好坏之分，涉及社会评价。

气质是性格形成的基础，气质影响性格的表现方式。性格可掩盖和改造气质。

(4)性格特征的分析。

①性格的态度特征。性格的态度特征是指个体在对现实生活各个方面的态度中表现出来的一般特征。如对社会、集体、他人态度上的性格特征表现为集体主义、热情、关心、正直、坦诚等，与此相反的性格特征是自私、冷漠、缺乏同情心、虚伪、狡猾等；对工作或学习态度上的性格特征表现为学习认真、喜欢劳动、做事井井有条、整洁有序，与此相反的性格特征是懒散、马虎、草率，做事杂乱无章；对自己个性态度上的表现特征为谦虚谨慎与骄傲自满、自尊与自卑、自我反省与自我放纵。

②性格的意志特征。性格的意志特征是指个体在调节自己的心理活动时表现出的特征。意志特征的主要表现为自觉性、坚定性、果断性、自制力等。自觉性是指在行动之前就有明确的目的，并确定了行动的步骤、方法，而且能在行动的过程中克服困难，善始善终。与之相反的是盲目或独断专行。坚定性是指能采取一定的方法克服障碍，达到目标，与坚定性相反的是动摇性。果断性是指能够在复杂的情境中辨别是非，迅速做出正确的决定，与果断性相反的是优柔寡断或武断、鲁莽。自制力是指善于控制自己的行为和情绪，与自制力相反的是任性。

③性格的理智特征。性格的理智特征表现在感知、观察、记忆、想象和思维等方面的差异。在感知方面，能按照一定的目的任务主动地观察，属于主动观察型；有的则明显地受环境刺激的影响，属于被动观察型；有的倾向于观察对象的细节，属于分析型；有的倾向于观察对象的整体和轮廓，属于综合型；有的倾向于快速感知，属于快速感知型；有的倾向于精确地感知，属于精确感知型。想象方面，有主动想象和被动想象之分；有的人幻想多，有的人从现实构思。在记忆方面，有主动与被动之分；有的人善于形象记忆，有的人善于抽象记忆。在思维方面，也有主动与被动之分；有的人善于独立思考，有的人善于依赖他人；有的人思维深刻，有的人思维浮浅。

④性格情绪特征。性格的情绪特征是指个体在情绪方面表现出的心理特征。在情绪的强度方面，有的人情绪强烈，不易于控制；有的人则情绪微弱，易于控制。在情绪的稳定性方面，有的人情绪波动性大，情绪变化大；有的人则情绪稳定，心平气和。在情绪的持久性方

面，有的人情绪持续时间长，对工作学习的影响大；有的人情绪持续时间短，对工作学习的影响小。有的人经常情绪饱满，处于愉快的情绪状态；有的人则经常郁郁寡欢。

(5)大学生应该具备的积极性格。

①自尊。自尊即自我尊重，指既不向别人卑躬屈膝，也不允许别人歧视，是一种良好的心理状态，自尊是人格健全者的标志之一。自尊的人关心自我形象，积极向上，有追求目标。如20世纪初，徐悲鸿在欧洲留学时，曾碰到一个洋人的寻衅。那个洋人说："中国人愚昧无知，生来就当亡国奴的材料，即使送到天堂深造，也成不了才！"徐悲鸿义愤填膺地回答："那好，我代表我的祖国，你代表你的国家，等学习结业时，看到底谁是人才，谁是蠢材！"一年之后，徐悲鸿的油画就受到法国艺术家的好评，此后数次竞赛，他都得了第一，他的个人画展，轰动了整个巴黎美术界。这样令人惊叹的成就，是那个洋人远远不能企及的。这都是源于自尊需要而产生的成就动机。所以自尊促使人积极向上，但自尊过了头往往是自卑的表现。自卑的人通常有两种表现：一是自轻自贱，妄自菲薄；二是狂妄自大，容不得别人的半点意见。

②自信。自信是建立在客观基础之上的自信，也是一种成功型的性格。自信是指在了解自己的长处和短处的基础上，在工作学习中扬长避短，并相信自己的能力和努力。自信是对自己、对他人的悦纳，是一种意念，一种意志。自信并不意味着没有失败，没有风险，而是具有面对失败的勇气、战胜失败的信念和把握成功机会的能力。性格中有了自信，生活里就会充满快乐。

③认真负责。认真负责是工作和学习中必不可少的优良品格。一个认真负责的人会在说话做事前经过思考，而不是随心所欲，信口开河。面对困难，一个有责任心的人不会逃避，不会寻找借口以求得心理的暂时安慰，而是敢于承担责任，并努力去获得成功。与一个有责任心的人交往，会有一种信任感和安全感，所以这种人往往是受人欢迎的。领导会放心地把工作交给一个认真负责的下属，朋友、同事会乐于和一个有责任心的人合作共事，妻子会把心托付给有责任感的丈夫，儿女会因为有一个负责的父母而在成长过程中受益无穷。认真负责并不是轰轰烈烈，而是从完成一次作业、兑现答应朋友的一件事、为自己的一次小小的过失承担责任开始。

④自我控制。自我控制是一个人良好性格的重要指标之一。一个人如果不善于自控，则意味着他不能有效地发动、支配自己或抑制自己的激情、控制自己的冲动，对未来的成长过程有害无益。很多人由于不能控制自己的激情和冲动行为，从而失去理智，或犯罪堕落甚至危及生命。

自我控制主要靠后天自身的修养。首先，明确自己的人生目标，对该做的和不该做的有清晰地认识，使自己的行为服务于目标。如按照作息时间表生活，今日的事情今日做完；其次要经常克服懒惰、消极、逃避、贪婪等缺点，凡事从长远考虑，不要为眼前的一时一事而放弃未来。

⑤坚韧不拔。坚韧不拔是事业成功的必要条件。历史上许多成功者都是靠着坚强的意志才取得了最后的辉煌。要养成坚忍不拔的性格特征，首先应树立远大的目标。每个人都有未来的梦想，但远大目标的实现，需要靠日积月累的努力，当中必然会碰到意想不到的困难。坚强的意志表现是对已确定的目标，能坚持完成，不轻易半途而废。

⑥开朗乐观。开朗乐观是保持良好心境的法宝。同一件事，不同性格的人会得出不同的结论。开朗乐观的人容易忘却生活中不愉快的事情，忘却别人的冒犯，谅解他人的缺点和

过失,常从事情的积极面来看待问题。在人际交往中,开朗乐观的人也较受人欢迎。

⑦独立和创新。具有独立精神的人对别人的依赖较少,喜欢依靠自己的能力达到目的,对别人的观点不是全盘接受,而是有所选择。在大学阶段,教师的学术观点对学生而言只是一种个人意见,并不构成权威的定论。作为一个成熟的青年,应该用自己的目光去观察事物,从新的角度去分析问题,并在前人的肩膀上有所创新。社会的发展、文化的延伸需要年轻一代对过去和现实的扬弃。

3. 能力概述

(1)能力的内涵。

一般来说,能力是一种潜在的心理能量,它在某种活动中得到表现和发展,只有从这种活动中,才能了解一个人具有的能力水平。但是,在活动中表现出来的心理特征并不都是能力,只有那些最必需的心理特征才叫能力。如一个人的写作能力只有在写作实践中才能展现出来,一个人的交际才能只能在交际活动中得以显现。同时,能力的大小也可以在活动中比较出来。例如,在年龄、知识、技能、环境等条件基本相同的情况下,甲和乙共同完成一道作文题,甲不仅用较快的时间完成,而且文章各方面都比乙完成的好,则可初步判定甲的写作能力优于乙。还有音乐家具有的节奏感、曲调感和音乐表现力等也叫能力,这些能力是影响音乐创造活动效果的基本因素。

能力是保证活动取得成功的基本条件,但不是唯一的条件,它必须与其他心理的、非心理的因素共同作用。这些因素包括:个体的特征、情绪状态、意志状态、知识技能、工作条件、人际关系、健康状态等。在以上诸因素大致相等的情况下,能力高的人比能力低的人更能使活动顺利进行,并能在更短的时间内取得成功。

(2)能力与知识、技能的关系。

能力不同于知识、技能。知识是人类社会实践经验的总结,是以种种形式存在的信息。知识以各种学习方式为人们所掌握,人们获取知识后,就可以用知识指导自己的活动。例如,解一道数学题,在解题过程中,人们所应用的公理、定理、定义、公式等属于知识;而在解题过程中思维活动的严密性和灵活性则属于能力。技能是人们通过训练后获得的某种操作方式,它以一定的动作方式为人们所掌握。如在学骑自行车时,操作自行车的一系列动作方式是技能,而支配此动作方式的心理过程和稳定特点则属于能力。

能力与知识、技能是密切的,一方面,能力是掌握知识、技能的过程中形成和发展的。在掌握知识的同时,也就掌握了思维操作,从而发展了能力,如在掌握绘画技能的同时,也就形成了绘画能力。离开了学习和训练,任何能力都不可能形成;另一方面,知识和技能的掌握又以一定的能力为前提,能力制约着掌握知识和技能的难易、速度和巩固程度。随着知识、技能的掌握又会带来能力水平的提高和充实。

虽然能力离不开知识和技能这两个基础,但仅仅掌握知识,并不能说明一个人就有了能力,假如他不能在活动中,尤其是在新情境的活动中有效地运用这些知识,那么即使他掌握的知识再多,也不能说他的能力高。因此,能力不表现为知识、技能本身,而是表现在获得知识技能的动态上,也就是说,在其他条件相同时,人掌握知识技能时所出现的快慢、深浅、难易以及巩固的程度才是能力的表现。

(3)能力的种类。

根据对能力分类角度的不同,可以将能力分为以下几种:

①一般能力与特殊能力。一般能力是在许多基本活动中都表现出,且各种活动都必须

具备的能力,如观察力、注意力、记忆力、想象力等。

特殊能力是指在某种专门活动中表现出的能力。它可以保证某种专门活动顺利进行或取得高效率。如数学能力、音乐能力、美术能力、机械操作能力等,这些能力对于完成相应的活动是必须具备的,特殊能力往往有先天的成分,但必须经过后天的训练才能发展。一般能力是特殊能力的基础和组成部分,特殊能力和发展能有效促进一般能力的发展。人要顺利地进行某种活动,必须既有一般能力,又具有与某种活动有关的特殊能力。一般能力和特殊能力的发展是互为因果,相互促进的。

②模仿能力和创造能力。所谓模仿能力是指人们通过观察别人的行为活动来学习各种知识,然后以相同的方式做出反应的能力。创造能力是指人们产生新的思想和新的产品的能力。模仿只能依据已有的方式解决问题,而创造力则能提供解决问题的新方式与新途径,这也是人和动物的重要区别所在。人们具有的模仿能力和创造能力有明显的差异。有的人擅长模仿,而创造力较差,有的人既善于模仿又富有创造力。

人的模仿能力与创造能力密不可分。人们常常是先模仿,再创造,模仿是创造的前提和基础。科研工作者先通过观察模仿别的实验,然后才提出有独创性的实验设计。

③认知能力、操作能力和社交能力。认知能力是指人脑加工、储存的提取信息的能力。人们认识客观世界,获得各种各样的知识,主要依赖于人的认知能力。

操作能力是人们以操作技能为基础,操作自己的肢体以完成各项活动的能力,如劳动能力、艺术表演能力、体育运动能力、实验操作能力等。操作能力与认知能力并不是截然对立。不通过认知能力积累一定的知识经验,就不会有操作能力的形成和发展。反过来,操作能力不发展,人的认知能力也不可能得到很好的发展。

社交能力是人们在社会交往活动中表现出来的各种能力,如组织管理能力、语言感染力、判别决策的能力、调解纠纷的能力、处理突发事故的能力等。这些能力对组织团体、促进人际交往的和谐和信息沟通有重要作用。

任务二　大学生的人格发展状况

塑造和培养良好的人格是个体成长与发展的关键。在一个人的人生发展历程中有许多因素会影响到人格的发展,人格的塑造是先天、后天因素共同作用的结果。研究表明:人格是环境与遗传交互作用的产物。在人格培养过程中,既要看到个体的生物遗传的影响,更要看到社会文化的决定作用。

一、生物遗传因素

心理学家对"生物遗传因素对人格具有何种影响"的研究已经持续很久了。由于人格具有较强的稳定性特征,因此人格研究者也会注重遗传因素对人格的影响。

手把手教你用
社交网站判断性格

双生子的研究被许多心理学家认为是研究人格遗传因素的最好办法,并提出了双生子的研究原则:同卵双生子既然具有相同的基因形态,那么他们之间的任何差异都可以归于环境因素造成的。而异卵双生子的基因虽然不同,但在环境上有许多相似性,如出生顺序、母亲年龄等,因此也提供了环境控制的可能性。系统研究这两种双生子,就可以看出不同环境对相同基因的影响,或者是相同环境下不同基因的表现。研究结果表明:由于同卵双生子具有相同的基因,因此他们间的任何差异一定是环境造成的;由于异卵双生子在遗传上不同,他们有许多相同的环境条件,故可提供一些有关环境控制的测量;同时研究同卵双生子与异卵双生子,就可能评估相同基因类型下不同环境的作用,以及在相同或类似环境下不同基因类型的作用。

研究结果表明:遗传是人格不可缺少的影响因素,但遗传因素对人格的作用程度因人格特征的不同而不同。通常在智力、气质这些与生物因素相关较大的特征上,遗传因素较为重要;而在价值观、信念、性格等与社会因素关系紧密的特征上,后天环境因素更重要。人格发展过程是遗传与环境交互作用的结果,遗传因素影响人格发展方向及形成的难易。

人既是一个生物个体,又是一个社会个体。人一出生后,各种环境因素的影响就开始了,并会作用人的一生。后天环境的因素是多种多样的,小到家庭因素,大到社会文化因素。而这些因素对大学生人格的发展更为重要。

二、社会文化因素

人一出生,便置身于社会文化之中并受社会文化的熏陶与影响,文化对人格的影响伴随着人的终生。社会文化塑造了社会成员的人格特征,使其成员的人格结构朝着相似性的方向发展,而这种相似性又具有维系一个社会稳定的功能。这种共同的人格特征又使得个人正好稳稳地"嵌入"整个文化形态里。社会文化对人格的影响力因文化而异,这要看社会对顺应的要求是否严格。越严格,其影响力就越大。影响力的强弱也视其行为的社会意义的大小,对于不太具有社会意义的行为,社会允许较大的变异;但对在社会功能上十分重要的行为,就不太允许太大的变异,社会文化的制约作用就越大。但是,若个人极端偏离其社会文化所要求的人格基本特征,不能融入社会文化环境之中,可能就会被视为行为偏差或心理疾病。

社会文化具有塑造人格的功能,这反映在不同文化的民族有其固有的民族性格,不同的地域有着不同的文化传统,不同的文化发展时期有着不同的文化认同。例如,米德(M. Mead)等人研究了新几内亚的三个民族的人格特征,结果表明:来自于同一祖先的不同民族各具特色,鲜明地体现了社会文化对个体的影响力。居住在山丘地带的阿拉比修族,崇尚男女平等的生活原则,成员之间互相友爱、团结协作,没有恃强凌弱、没有争强好胜,一派亲和景象。居住在河川地带的孟都古姆族,生活以狩猎为主,男女间有权力与地位之争,对孩子处罚严厉。这个民族的成员表现出攻击性强、冷酷无情、嫉妒心强、妄自尊大、争强好胜等人格特征。居住在湖泊地带的张布里族,男女角色差异明显,女性是这个社会的主体,她们每日操作劳动,掌握着经济实权。而男性则处于从属地位,其主要活动是艺术、工艺与祭祀活动,并承担孩子的养育责任。这种社会分工使女人表现出刚毅、支配、自主与快活的性格,男人则有明显的自卑感。

社会文化对人格的影响力一直被人们所认可,它对人格的形成与发育具有重要的作用,特别是后天形成的一些人格特征,如性格、价值观等。社会文化因素决定了人格的共同性特征,它使同一社会的人在人格上具有一定程度的相似性,如民族性格等。

值得重视的是:随着对文化因素的强调而产生的生物因素与文化因素之间的平衡,文化在个体人格发展中的作用受到进一步重视。

三、家庭环境因素

家庭常被视为人类性格的加工厂,它塑造了人们不同的人格特征。家庭虽然是一个微观的社会单元,但它对人格的培育起到了至关重要的作用。家庭是社会的细胞,家庭不仅具有其自然的遗传因素,也有着社会的"遗传"因素。这种社会遗传因素主要表现为家庭对子女的教育作用，俗话说："有其父必有其子"，其中不无一定的道理。父母们按照自己的意愿和方式教育孩子，使他们逐渐形成了某些人格特征。

强调人格的家庭成因，重点在于探讨家庭间的差异对人格发展的影响，探讨不同的教养方式对人格差异所构成的影响。西蒙斯(P. Symonds)研究认为："儿童人格的发展和他(她)与父母之间的关系息息相关。这意味着当我们考虑亲子关系时，不仅要注意它们对造成心理情绪失调和心理病理状态的影响，也得留意它们与正常、领导力和天才发展的关系。"

孩子的人格是在与父母持续相互作用中逐渐形成的，富于感情的父母将会示范并鼓励孩子采取更富情感性的反应，因此也加强了孩子的利他行为模式而不是攻击行为模式。孩子的人格就是在父母与他们的相互磨合中形成的。孩子在批评中长大，学会了责难；敌意中长大，学会了争斗；虐待中长大，学会了伤害；支配中长大，学会了依赖；干涉中长大，被动与胆怯；娇宠中长大，学会任性；否定中长大，学会了拒绝；鼓励了长大，增长了自信；公平中长大，学会了正义；宽容中长大，学会了耐心；赞赏中长大，学会了欣赏；爱中成长，学会爱人。这样的说法不无道理。

家庭教养方式一般可以分为三类。第一类是权威型教养方式，这类母亲在对子女的教育中，表现得过于支配，孩子的一切由父母来控制。成长在这种教育环境下的孩子容易形成消极、被动、依赖、服从、懦弱，做事缺乏主动性，甚至会形成不诚实的人格特征。第二类是放纵型教养方式，这类母亲对孩子过于溺爱，让孩子多表现为任性、幼稚、自私、野蛮、无礼、独立性差、唯我独尊、蛮横胡闹等。第三类是民主型教养方式，父母与孩子在家庭中处于一个平等和谐的氛围中，父母尊重孩子，给孩子一定的自主权，并给予孩子积极正确的指导。父母的这种教育方式使孩子形成了一些积极的人格品质，如活泼、快乐、直爽、自立、彬彬有礼、善于交往、富于合作、思想活跃等。

普朗明在他的《天性与教养》中对人格的天性与教养进行了研究，提出了共享环境(shared environment)即子女们在同一家庭成长所享有的环境构成，而非共享环境(unshared environment)由在同一家庭成长却不被子女们共同享受的环境如性别差异、排行顺序或特定生活事件而被父母区别对待。研究结果表明：重要的不是家庭单位，而是每个孩子在家庭中的独特经验。即孩子在家庭中的非共享环境。儿童在家庭内与家庭外得到的经验对其人格发展都有重要影响。

由此可见，家庭是社会文化的媒介，它对人格具有强大的塑造力。其中，父母教养方式的恰当性直接会决定孩子人格特征的形成。父母在养育孩子的过程中，表现出了自己的人格，并有意无意地影响和塑造着孩子的人格，形成家庭中的"社会遗传性"。

四、儿童早期经验

"早期的亲子关系定出了行为模式，塑成一切日后的行为。"这是有关早期童年经验对人格影响力的一个总结。中国也有句俗话："三岁看大，七岁看老。"人生早期所发生的事情对人格的影响，历来为人格心理学家所重视，特别是弗洛伊德。为什么人格心理学家会如此看重早期经验对人格的作用呢？

斯皮茨(Spitz)在对孤儿院里的儿童所进行的研究中，发现这些早期被剥夺母亲照顾的孩子，长大以后在各方面的发展均受到影响。许多孩子患了"失怙性忧郁症"，其症状表现为哭泣、僵直、退缩、表情木然，并且有人提出弃子会使儿童产生心理疾病，孩子会形成攻击、反叛的人格。

艾斯沃斯通过陌生情境进行婴儿依恋的研究，将婴儿依恋模式分为安全依恋、回避依恋与矛盾依恋三类，并做了数十年的追踪研究，将婴儿时期的依恋对人格的发展进行了相关研究，结果表明：早期安全依恋的婴儿在成大后有更强的自信与自尊，确定的目标更高，表现出对目标更大的坚持性，更小的依赖性，并容易建立亲密的友谊。

早期童年经验的问题引发了许多的争论，如早期经验对人格产生何种影响？这种影响是否为永久性的？我们认为，人格发展的确受到童年经验的影响，幸福的童年有利于儿童向健康人格发展，不幸的童年也会引发儿童不良人格的形成。但二者不存在一一对应的关系，溺爱也可使孩子形成不良人格特点，逆境也可磨炼出孩子坚强的性格。早期经验不能单独对人格起决定作用，它与其他因素共同来决定人格。早期儿童经验是否对人格造成永久性影响因人而异，对于正常人来说，随着年龄的增长、心理的成熟化，童年的影响会逐渐缩小、减弱，其效果不会永久不衰。

五、学校教育因素

学校是一种有目的、有计划地向学生施加影响的教育场所。教师、班集体、同学与同伴等都是学校教育的元素。

教师对学生人格的发展具有指导定向作用。教师的人格特征、行为模式与思维方式对学生产生巨大影响。每个教师都有自己独特的风格，这种风格为学生设定了一个“气氛区”，在教师的不同气氛区中，学生表现出不同的行为表现。洛奇（Lodge）在一项教育研究中发现，在性情冷酷、刻板、专横的老师所管辖的班集体中，学生的欺骗行为增多；在友好、民主的教师气氛区中，学生欺骗减少。心理学家勒温等人也研究了不同管教风格的教师对学生人格的影响作用。他们发现在专制型、放任型和民主型的管理风格下，学生表现出不同的人格特点。

教师的公平公正性对学生有着至关重要的影响。一项有关教师公正性对中学生学业与品德发展的研究结果表明，学生极为看重教师对他们是否公正、公平，教师的不公正表现会导致中学生的学业成绩和道德品质的降低。“皮格马利翁效应”就说明了每个学生都需要老师的关爱，在教师的关注下，他们会朝着老师期望的方向发展。实验研究表明，如果教师把自己的热情与期望投放在学生身上，学生会体察出老师的希望，并努力奋斗。很多学生都有受老师鼓励开始发奋图强，受老师批评而导致学习兴趣变化的人生体验。一位大学毕业生在谈道他的大学经历时：大一高数不及格，正是高数老师的积极鼓励使他重新开始认识与定位大学生活，如果不是老师及时而积极的鼓励，也许他会放弃，正是老师的鼓励使学生更加珍惜大学，并考取硕士研究生。

学校是同龄群体会聚的场所，同伴群体对学生人格具有巨大的影响。班集体是学校的基本组织结构，班集体的特点、要求、舆论和评价对于学生人格的发展具有“弃恶扬善”的作用。

少年同伴群体也是一个结构分明的集体，群体内有具上下级关系的“统领者”和“服从者”，有平行关系的“合作者”和“互助者”。这个群体中体现着不同于孩童与成人的少年亚文化特征。与幼童不同的是，孩子离开父母或被父母拒绝是幼童焦虑的最大根源；而少年的焦虑不安则来自于同辈群体的拒绝。在少年这个相对“自由轻松”的群体中，他们实习待人接物的礼节与群体规范，他们了解了什么样的性格容易被群体所接纳。在这个少年团体中，他们拥戴的是品学兼优的同伴。有人曾做过测验，分析了中学生喜欢哪种性质的学生领袖。结果是他们更喜欢学业优秀、办事老练、具有良好道德的学生领袖，而不是风头十足、具有漂亮仪表以及体育成绩优异的人。他们喜欢有能力、能胜任工作、高智商、精力充沛、富于创造的同伴。在少年期,男孩子比女孩子倾向于更大、更活跃的团体,他们多少会有些无视成人权威的倾向;而女孩子的团体则更显得合作与平和。一般来说,少年同伴团体性质是良好的,但也存在着不良少年团伙,对少年造成了极坏的影响。学生对这种群体要避而远之,学校、家长及社会要用强有力的教育手段来"拆散"他们,防止他们对学校及社会产生不良危害。

总之,学校对人格形成与发展的影响是不可忽视的,学校是人格社会化的主要场所。教师对学生人格发展具有导向作用,同伴群体对人格发展具有"弃恶扬善"的作用。

六、自然物理因素

生态环境、气候条件、空间拥挤程度等这些物理因素都会影响人格。一个著名的跨文化心理学研究实例是,关于阿拉斯加州的爱斯基摩人(Eskimos)和非洲的特姆尼人(Temne)的比较研究。这个研究说明了生态环境对人格的影响作用。

爱斯基摩人以渔猎为生,夏天在船上打鱼,冬天在冰上打猎。主食肉,没有蔬菜。过着流浪生活,以帐篷遮风避雨。这个民族以家庭为单元,男女平等,社会结构比较松散,除了家庭约束外,很少有持久、集中的政治与宗教权威。在这种生存环境下,父母对孩子的教养原则是能够适应成人的独立生存能力。男孩由父亲在外面教打猎,女孩由母亲在家里教家务。儿女教育比较宽松、自由、不受打骂,鼓励孩子自立,使孩子逐渐形成了坚定、独立、冒险的人格特征。而特姆尼人生活在杂色灌木丛生地带,以农业为主,种田为生。居住环境固定,形成300~500人的村落。社会结果紧固,有比较分化的社会阶层,建立了比较完整的部落规则。在哺乳期时,父母对孩子很疼爱,断奶后就要接受严格管教,使孩子形成了依赖、服从、保守的人格特点。由此可见,不同的生存环境影响了人格的形成。

另外,气温也会导致人的某些人格特征的频率提高。如热天会使人烦躁不安,对他人采取负面反应,甚至进攻,发生反社会行为。世界上炎热的地方,也是攻击行为较多的地方。另一项有关的实验室研究也进一步证实了这一点。

自然环境对人格不起决定性影响作用,更多地表现为一时性影响,而且多体现在行为层面上。自然物理环境对特定行为具有一定的解释作用。在不同的物理环境中,人可以表现出不同的行为特点。

七、自我调控因素

上述各因素体现的是人格培养的外因,而外因是通过内因起作用的。人格的自我调控系统就是人格发展的内部因素。人格调控系统是以自我意识为核心的。自我意识(self-consciousness)是人对自身以及对自己同客观世界的关系的意识,具有自我认知、自我体验、自我控制三个子系统。自我调控系统的主要作用是对人格的各个成分进行调控,保证人格的完整、统一、和谐。它属于人格中的内控系统或自控系统。

自我认知(self-cognition)是对自己的洞察和理解,包括自我观察和自我评价,其中自我评价是自我调节的重要条件。自我观察是对自己的感知、期望、行为以及人格特征的评价和评估。当一个人不能正确地认识自我,只看到自己的不足,觉得处处不如人,就会自卑,丧失信心,做事畏缩不前,甚至失败;相反,过高地评价自己,盲目乐观,也会导致出现失误。因此准确地认识自我,实事求是地评价自己,是自我调节和人格完善的重要途径之一。

自我体验(self-experience)是自我意识在情感上的表现,是伴随自我认识而产生的内心体验。当一个人对自己做正向的评价时,就会产生自尊感;做负向评价时,便会产生自卑感。自我体验的调节作用体现在它可以使自我认识转化为信念,进而指导其言行;同时,自我体验还能够伴随自我评价激励积极向上的行为或抑制不当行为。在一个人认识到自己不当行为的后果时,会产生内疚、羞愧的情绪,从而收敛并制止自己不当行为再次发生。

自我控制(self - regulation)是自我意识在行为上的表现,是实现自我意识调节作用的最终环节。当个体认识到社会要求后,会力求使自己的行为符合其社会准则,从而激发起自我控制的动机,并付诸行动。当一个学生意识到学习对于自己的发展具有重要意义时,会激发起他努力学习的动力,从而在行为上表现为刻苦学习、不怕困难、持之以恒、积极进取。自我控制包括自我监控、自我激励、自我教育等成分。

自我意识是通过自我认知、自我体验和自我控制三个方面来对个体进行调控的,使个体心理的各个方面和谐统一,使人格达到统合与完善。

综上所述,在人格的培育过程中,各种因素对人格的形成与发展起到了不同的作用。遗传决定了人格发展的可能性,环境决定了人格发展的现实性。

任务三　大学生常见的人格偏差与调适

人格具有稳定性,又具有可塑性,对于健康、健全的人格而言更是如此,需要每个人通过不断的努力来发展自身人格中的积极因素,矫正和完善人格中的不健全或缺陷部分,从而提高自己的社会适应性和身心健康。

调试人格偏差

影响大学生人格塑造与发展的因素是复杂的,包括学校与家庭教育、社会文化与氛围和个人自身的人格特质等,而人格的可塑性意味着可以结合影响人格发展的因素,通过学校教育、大学生个人主动培养等渠道,以直接或间接的方式促进其健全人格的形成。下面通过在简要概括健全人格的评价标准与发展模式的基础上,结合当代高校教育与大学生人格发展策略介绍一些大学生健全人格培养与完善的途径与调适方法。

一、大学生常见的人格偏差及原因

恩格斯指出:“人的性格是由环境造成的。”伴随着我国改革开放的不断深入,尤其是社会主义市场经济体制的逐步建立和完善,社会变革大潮也影响着当代大学生人格的形成和发展。一方面,为大学生健康人格的塑造创造了良好的社会大文化氛围,提供了活的机制,人才观、公平观、竞争观、效益观等趋势影响了大学生人格价值观的定位。他们关心国家和社会进步,拥护改革开放,参与意识、竞争意识大大增强。学习积极性、创造性等内在活力被激发,渴望自立、自强,且具有强烈的成才意识。他们追求人生价值的自我完善,既重视物质利益,又崇尚精神文明,注重道德修养;既强调个性的发展,又关心祖国命运。总之,当前大学生现实人格的主流是健康、务实、积极的。另一方面,社会转型,市场经济的负效应,也令部分大学生思想困惑和迷惘,与社会发展产生冲突,出现了行为与观念的不一致,人格扭曲等现象,造成人格的疏离即现实人格与健康人格的一系列反差。主要表现在以下几个方面:

(一)大学生常见的人格偏差

1. 自我意识呈现消极特点,超前思维带有片面性

比如对社会政治问题认识不足,却自以为有“高明之见”,以致轻率评论;对今后事业的追求期望过高以及不适当的高估自己而产生“理想自我”与“现实自我”的矛盾;自我扩张表现出盲目性,他们容易混淆幻想与现实的差异,要么盲目自信,孤芳自赏,一碰钉子,又盲目地自轻自贱,“主体的我”与“社会的我”相对立;价值规范的失范性,一些大学生肤浅地吸收

了各种人生价值观，产生了心理冲突，因而往往采取消极的自我防御机制，如压制、逃避、文饰、反向行为等获得虚幻的自我价值感；人格障碍的扭曲性，当他们的不切实际的希望落空、虚幻的获得感跌落低谷，便会失去理智，一意孤行。其中以偏执型和反社会型人格扭曲为多见。

2. 心理的失衡与病变

主要表现为一般性的心理不适，也有的心理变态、精神病，甚至出现自杀行为。据统计，有16%以上大学生存在着不同程度心理不健康。江西团省委对全省高校大学生心理健康状况的调查表明约25.3%有心理疾病。1992年汕头大学的调查表明中度、低度心理障碍率为46.44%。从这些统计数字表明大学生是病态人格的高发群体。疾患主要表现为孤独症、压抑症、沮丧症、恐惧症、忧虑症和冷漠症。

3. 价值观的嬗变与道德行为的失衡

首先当代大学生的价值观发生了明显的变化，价值主体由社会本位转向个体本位，价值取向由重理想转向重现实功利，价值目标由一元向多元化发展。这些转变尽管有其合理的因素，但也显现一些明显的负作用。有调查表明，25～40%的学生对代表集体主义取向的观点“个人事再大也是小事，国家的事再小也是大事”予以否定，“主观为自己，客观为别人”等肯定个人需要的观点有59%的大学生表示赞同“人不为己，天诛地灭”的极端个人主义观点。在注重自我的同时，当代大学生淡化了对理想的追求，在他们的观念中，世俗的、功利的、物质性的倾向表现得越来越明显。调查问卷显示，回答“什么是人生最大的幸福”时，仅64%学生选择“为社会做贡献”，4%的学生选择“实现共产主义”，而有28%的学生选择“名利”，有13.6%的学生选择“有钱是人生最大的幸福”。面临毕业分配时，68%的学生希望到收入高的“三资”企业及沿海经济发达地区，0.6%的学生表示愿到祖国最艰苦的地方去。其次，道德的滑坡和行为的越轨。部分大学生过分强调个人利益，忽视、淡漠他人、集体和社会的需要，只讲权利，不讲义务。一事当前，先替自己打算。大学生中不但出现违反校规校纪的逃学、考试作弊等现象，违法犯罪现象也不断出现。北京市60多所高校，违法犯罪学生占0.6%，校内作案人员中，大学生占67%～68%。大学生的恋爱观也发生巨变，性犯罪也时有发生。我国“性文明”调查，大学生中73%的人赞同或有点赞同“恋爱的结果不一定是婚姻”，认为非婚姻性行为“如基于爱情是可以的”占42%，“双方愿意就可以发生”的占36.25%，认为“应受谴责”的仅占20.7%。

（二）大学生非健康人格的成因分析

大学非健康人格是指人格的畸形发展，表现在自卑、情感淡漠等，这些表现不仅对大学生学习和生活有负面影响，同时还有可能使用大学生走向产生偏激行为。不健康人格的产生是生物遗传因素和后天环境因素、教育等因素相互制约、相互作用的结果。

1. 个体方面

（1）缺乏良好的心理素质。刚进大学，意味着大学生开始了半独立地参与社会生活，在这个过程中，大学生不可避免地遇到各种矛盾和冲突，面临着艰难和充满困惑的选择，许多大学生对于这一阶段任务困难估计不足，自我期望过高，一遇到失败，就感到自尊心受到严重伤害，否定歪曲或虚构实际情况，造成人格的畸形发展。

（2）学业困惑和人际交往障碍。大学教育不同于中学教育的主要方面，就是强调学生的自学能力和创新能力，而许多大学生习惯了中学时代的“填鸭式”教育，也习惯了从课本、教师的讲义中找答案，使他们在面对新问题时往往措手不及。再者大学内整体上师生关系远不如中学时代密切，使一部分学生产生严重的心理不平衡。

（3）面对就业压力的困惑。随着高校学生在就业工作的社会化、市场化，双向选择为学生就业打开更大市场。我国社会经济发展、产业结构高速与高校学科建设滞后的矛盾；毕业生数量急剧增长与高层次就业岗位增长缓慢的矛盾。许多大学生在校学习期间就感受到了这种压力，而当他们走进人潮汹涌的招聘市场时，仅有的一点的自信被残酷击垮了，让许多大学生不敢面对社会现实，愈发消极。

2. 社会方面

（1）价值取向的多元。改革开放以来，存在主义、实用主义等西方思潮接踵而至，使中国的传统文化受到前所未有的冲击。在这多元文化的激烈交锋中，由于没有哪种文化占绝对优势，形成了多种价值观并存的局面。

（2）学校教育的片面性。在我国当前阶段，无论是高等教育还是中等教育都过分强调知识技能的传授，而不注重健康人格的培养。许多大学生刚走进社会，面对困难，就茫然无措，不懂得与他人和睦相处，容易被孤立。再者，学校教育为大学生构建超前的价值趋向、理想观念，其实质远远未能深入大学生精神情感之中，只能引起大学生的逆反心理。

二、健全人格的标准与模式

健全人格并不等同于正常人格，正常人格仅仅是相对于病态人格而言，正常人格是实现健全人格的最为基础一步；而健全人格是个体人格特征的完美结合。因此，对于健全人格而言，所指的是个体人格的各个成分，如生理的、心理的、社会的、道德的、审美的都能充分地发挥作用，并能达到统一与协调、平衡与发展的境界；健全人格是一种最为完善的人格模式与人格典范。具有健全人格的人往往是心理健康的，他们能客观地认识到自己的优缺点，并能悦纳自我、接受自己是有缺点的人。同时能很好地适应社会、适应生活，能客观评价过去，也能立足于现在，更能合理地展望未来。

强调个体自我实现和开发潜能的人本主义心理学对健全人格的研究贡献最大。很多人本主义心理学家根据一系列的心理测量与临床经验的结果，提出了五种经典的健全人格模式。

（一）罗杰斯的“功能充分发挥”模式

罗杰斯（C. R. Rogers）认为人都有自我成长与发展的动力，通过潜能的实现和美好人性的不断塑造，可以发展为纯洁与善良的“功能充分发挥者”，而健全人格的特点就是通过“功能充分发挥者”自身的人格特征展现出来。同时，罗杰斯也认为功能的充分发挥并不在于它的发挥的结果如何，而在于其实现功能发挥这一过程的心理倾向与持之奋斗的不断努力。因此，对于健全人格而言也是如此，健全人格是一种过程与趋势，而不是一种状态。

在这一构想的基础上，罗杰斯概括了“功能充分发挥者”的五种人格特征：

（1）能自由开放地体验所有的情感与态度，能乐于接受各种经验。

（2）自我结构与经验相协调。

（3）能在相信自身经验的基础上充分考虑各种因素，自身的各种个性心理特征都能发挥作用。

（4）能体验到自身的选择与行动是自由的，有很多选择的空间。

（5）具有人际协调与和睦相处的能力，并在多种活动中表现出足够的创造性。

（二）马斯洛的“自我实现”模式

马斯洛（A. H. Maslow）认为具有健全人格的个体就是能够自我实现的人。自我实现就是个体通过发挥自己的潜能,展示自己的才能来实现自己的理想,并对社会做出有价值的贡献且自己为此感到最大的满足。

马斯洛认为个体的需要可以分为五种:较低层次的生存需要和安全需要,满足后递进到归属与爱的需要、尊重的需要,最高层次就是自我实现的需要。

马斯洛对自我实现的需要进行了大量的研究,并概括出自我实现者的人格特征:

(1)客观地认清现实,合理地分析与现实的关系,能接受自己、他人与环境,各种言行的产生是自然、自发且单纯的。

(2)热爱属于自己的事业,凡事以工作与问题为中心,不以自我为中心。

(3)在独处时的体验是积极的,也能与他人良好接触与交往。

(4)不会过多地受到自然环境、社会环境与文化的影响,保持自己的内部独立。

(5)对生活的体验良好且常具有新鲜感,能欣赏生活。

(6)觉得自己能解决所面对的困难,有高峰体验。

(7)能运用创造性的方法解决问题、完成任务。

(8)富有幽默感。

(9)拥有民主的性格结构,具有明确的道德判断标准。

(三)奥尔波特的"成熟人"模式

奥尔波特(C. W. Allport)通过长期对高质量心理健康人群的研究,发现真正健康的人应更多关注当前与展望未来,而不是回顾过去。他把这些高心理健康水平的人称为"成熟人"并以此归纳出七种健全人格特点:

(1)具有自我延展能力,能主动、积极地将自己扩展到自身以外的兴趣及活动中。

(2)具有良好、和谐的人际关系。能与他人热情交往,形成亲密的关系,能求同存异,对他人表示认同。

(3)具有安全感并能悦纳自我,不论好坏优劣都能接纳生活中的一切。

(4)能准确、客观地知觉现实,而不是以自己的主观意愿来看待生活。

(5) 能客观认识自己,知道自己的现状与特点,知道自己与他人的异同。

(6)具有并能发展各种技能与能力,能胜任自己的工作。

(7)具有一致的人生哲学,能着眼未来,拥有长期的目标与计划并能以此产生行动的动力。

(四)皮尔斯的"立足现实者"模式

美国心理学家皮尔斯(F. Pearls)认为,人格健全的人应该是活在当下,立足现实的。他们对自己当前的现实情境能充分、合理地认识并能坚持着眼于"此时此刻"。过分关注过去,对未来充满幻想的人往往容易出现心理上的失衡,能关注现实,捉住现在的人才能实现心理上的健康和人格上的健全。

皮尔斯(F. Pearls)进一步指出,关注现在、立足现在的个体能时刻关注当前生活中的事物与存在,能以此为根据认识到自身的优点与缺点,能对自己的将来和潜能进行合理的展望。这些人的行为很少受到外界或他人的影响与支配,能真实、坦率地表达自己,保持自己与现实世界的密切联系。

(五)弗洛姆的"创发型"模式

人本主义心理学家弗洛姆(E. Fromm)提出"创发型"人格模式,认为在这种健全人格模式下,个体能运用自身力量开展与进行创造性活动以实现自身的潜能与价值。这种创造与发展性应该成为每个人都具备的一种态度，而具有"创发型"取向的人才是健全人格的人。根据"创发型"人格的理念，弗洛姆提出"创发型"人格所具有的四种特征：

(1)具有创发式的爱，这是个体生活中发展出的一种自由与平等的人际关系。在这种人际关系中，每个人都能保持自己的个性，人际关系双方的自我不会在这种爱的关系中被对方泯灭，而是两者都能得到进一步的发展。因而在创发式的爱中，每个人的自我都能得到充分发展，同时这种创发式的爱所涉及的对象也是广泛的，包括恋人、亲人、友人等之间都能产生这种爱。

(2)创发式的思维。在这种思维中，思维者因为对思维对象具有强烈的兴趣而推动其进行认知活动，在思维活动过程中思维者能以客观、尊重、关心的态度仔细考察思维对象并能被其所感动，创发式的思维体现的是思维客观性与主观性的统一。

(3)有幸福的体验。这种幸福的体验是与个体从事的某种创造性活动与产物相关的。例如一名学生如果能以创造性的思维与方式解决一道难题；一位科学家产生了新的发明与创造，这些活动及其产物都能使他们产生幸福的体验。弗洛姆认为这种幸福的体验是一种成就，是人类生产性地实现自身的潜能与价值后情感与态度体验。

(4)具有人本主义良知。弗洛姆认为"创发型"的人还需要具有一种特殊的良知，即"人本主义良知"。这种良知指的是那些有助于我们充分发挥和展现自身人格作用的个体思想、情感与外部行为。人本主义良知是创发性自我定向与自律的综合表现，能引导个体以符合良知的方式思考与行事，使其获得幸福感并能促进社会进步与个体的成长与充分发展。

三、高校培养大学生健全人格的途径

(一)加强大学生心理健康的教育与宣传

要养成良好、健全的人格特质的前提条件是大学生能深入认识自己的个性心理特征，这要求高校需要加强对大学生的心理健康教育工作以引起大学生对心理健康与人格健全的关注与重视，为其维护自己的心理健康与人格健全提供理论的基础和科学的指导。

寻找你内心的优秀学生

高校可以通过开展心理健康普查，全面了解学生的整体心理状况，根据普查结果针对不同的个案进行约谈，对有疑似人格障碍倾向的学生及早进行系列的干预与辅导。同时，可以通过集中讲授心理健康教育课程、开展相关心理健康讲座的形式提高大学生对自己身心发展特点的认识，掌握调节情绪困扰、协调人际关系、应对挫折的科学方法。另外，还可以通过"5·25 心理健康日"和"10·10 世界精神卫生日"举办相关心理健康活动，向大学生普及心理健康知识，消除他们对心理健康、心理咨询与辅导的认识误区。

(二)建立高校全面的人格教育体系

人格的形成与发展是一个持久的、动态性的过程，同时人格之于个体的影响也是全面的，因而高校对大学生人格的培养与教育也应该根据人格发展的规律与特点，通过构建全面、系统的大学生人格培养与教育策略，从而实现大学生人格的健全发展。

首先可以通过教师人格修养的榜样示范的作用，影响大学生人格的发展。"其身正，不令而行；其身不正，虽令不行"，说的就是高尚人格修养的榜样性作用。大学生的心理发展特点决定着大学生除了学习专业知识与技能外，更需学习融入社会、与人相处之道，因而高校教师(包括专业教师和辅导员等)自身人格的修养往往对大学生具有示范性的作用。高校教师儒雅大方的教学风格、勤恳务实的教学作风和对教学的高度责任感等都会为大学生提供观察学习、模仿学习的范例、产生影响,并且这种影响是虽无声息但却深远的,正如我们常说“有什么样的老师,就有什么样的学生”就是蕴含着这种意思。

其次,需要在日常教学中促进大学生人格的健全发展。课堂教学是大学生学习的重要活动,因而日常的课堂教学势必对大学生人格发展产生影响。除了开设心理健康教育课程外,还需要通过其他公共课、专业课等课堂活动开展人格教育,特别需要重视课程教学的开放性建设。传统的课堂教学注重的是知识的传授,因而容易形成“教师讲授,学生听从”的师生关系,这种师生关系往往导致大学生形成过分顺从、保守封闭的意识;而开放性的课堂强调的是师生间的价值与地位平等,教师仅仅是课堂的组织者,整个课堂教学是师生双方都在主动参与,学生通过课堂学习能体验到教学的自由、教师的宽容与友善和良好教学效果的反馈激励,这对于其人格的健全发展至关重要。

(三)建设与形成健康的校园文化

每个人的成长和发展都离不开环境,环境中的不同文化氛围潜移默化地影响着个体的发展。由于大学生主要的生活与学习活动都是在大学校园内进行,因而校园环境及其文化氛围是塑造大学生健全人格的一个重要途径。

校园文化可以分为校园物质文化和校园精神文化两种。校园的物质文化主要包括学生参与的各种校园活动,如学术活动、文化娱乐活动和社会实践活动等。通过引导大学生参与、规划与建设这些校园物质文化,一方面能为其提供发挥特长与才能、展现自我的机会;另一方面以寓教于乐的方式,在培养大学生各种能力的同时不断增强其进行自我管理、合理自我竞争的意识,这对于大学生优良品格的塑造、坚强意志的形成和开拓进取意识的培养均具有重要的促进作用。

在校园精神文化方面,可以通过有意识地运用校园文化的功能,建立良好的校风、教风、学风与班风,增强大学生对校园文化的接受性与认同感,最终能实现改变行为与认知、调节情绪情感、陶冶性情和塑造人格的作用。

四、大学生人格的自我调适方法

(一)正确认识自我,树立科学、健康的自我意识

自我意识是人格构成中的最重要一环,正确地认识自我对健全人格的塑造具有明显的积极作用,而进行自我认识的最好途径就是学会自我反省。孔子曰:“见贤思齐,见不贤而内自省”。这都说明学会反省,学会全面客观地看待自己和评价自己非常重要。善于反省的人能发现自己的优点与长处但并不自我膨胀,因为他知道自己还存在着不足与缺点;同时,善于反省的人在看到自己的缺点时也不会自我贬低,自暴自弃,因为他知道每个人都会有缺点,自身的缺点被发现了有助于进一步的完善与改正。通过科学、客观、全面地认识自己的人格特点以充分掌握自己人格状态的长处与短处,在此基础上同时需要认识到每个人在其人格特点上都具有优点与不足,只有这样才能真正实现个体在生活行动与人际交往中不妄自菲薄也不妄自尊大。

(二)优化与整合人格,完善人格品质

人格的发展是先天遗传因素与后天因素共同作用的结果,其中后天生活、学习与工作环境等因素的影响更为明显,因而人格是需要通过后天的努力进行培养的。每个人在其人格品质中都具有积极、良好的一面,也具有消极、不足的一面,只是每个人在良好一面和不足一面的人格表现上不同而已,因此在人格的培养过程中,对自己人格特点的正确认识是大学生实现更好的人格塑造并达到人格上的优化与整合的关键途径。

大学生在了解自身人格特征,进行人格的优化与整合的过程中,既需要实现自己在人格特质上的优点能继续发展,也需要通过选择一些社会公认的优良人格品质,如善良、正直、勇敢、勤奋、热情等作为自己努力与发展的目标。在发展人格优点的同时,还需要注意分析自己在人格特征上的不足、弱点,如懒惰、孤僻、自卑、急躁等,以及时进行纠正与完善。

(三)学会与掌握自我调控的能力

从心理发展的阶段看,大学生正处于要求自身的心理实现发展与成熟的阶段,此时大学生的心理成熟度虽然在不断提高,但仍存在许多尚未成熟的地方。因而,高效的自我调控能力对其心理发展、人格健全十分重要。自我调控能力弱的大学生,容易受到外界事物的诱惑与影响,导致从众流俗、丧失自我、甘于堕落、失去了前进的推动力,这种情况下往往形成的是脆弱与病态的个性心理特征;而自我调控能力强的大学生能设立明显的奋斗目标,他们对外界环境有很强的主导能力和适应性,通过追求目标、实现目标、再追求更高的目标这种良性的循环不断地发展自身能力、不断地自我发现、不断地自我悦纳,从而形成合理、积极的自我意识,产生自强与自立、自尊与自信的品格,进而培养出良好、健全的人格体系。

(四)增强承受挫折的能力

当代是一个信息不断更新、科学知识与技术日新月异的社会,快速的社会节奏和激烈的生存竞争使得社会上的每个人都生活在竞争、压力、挫折与失败之中。大学生处于学校与社会的过渡阶段,如何融入社会,如何面对社会的竞争与失败是每位大学生在学习专业知识与技能的之余还需要大力提高与完善的成长课题。人格的形成也是如此,适当地经历一些失败与挫折,并尝试从这些挫折中提取经验,逐步走出困境将有助于大学生塑造健全人格。

挫折是指那些阻碍个体获得成功、顺利达成目标的内外部阻力。而挫折耐受能力指的是个体在遇到困境时,能抵抗挫折、摆脱困境并没有出现不良心理与行为的能力。由于大学生更多处于学习阶段,对社会的了解不深,经验也相对缺乏,在面对挫折与困难时往往容易显得不知所措,从而产生严重的挫败感与失落感,甚至引发严重的自残、伤人等极端行为,因而通过增强大学生承受挫折的能力,对其健全人格的培养与形成具有重要的促进作用。

(五)养成良好的行为习惯

印度有一句谚语:播种习惯,收获性格。说的就是外部行为习惯与个体人格特质的关系。人格特质作为一种个体的心理品质,与个体的外部行为有着密切的关系,因而个体健全的人格特点也体现在其良好的行为活动方式中。行为主义心理学认为,行为习惯实质上就是一种行为的定势,这种行为定势就决定了我们在做某件事情的时候会采取何种方式,会产生何种结果,外界反馈的行为效果通过作用在我们的心理层面使得个体心理内容发生变化,而个体心理内容的变化也会影响其外部行为的表达,这就是为什么我们常常所说行为的积淀形成人格,行为本身也反映人格。正如老子所说:"千里之行,始于足下",一个人良好的人格特点也是通过长期的良好行为积累慢慢形成的。

【心理训练营】

活动一　安全岛技术

"安全岛"就是一个自己感觉最安全、最舒适的地方,这个地方可以在你内心深处,也可以是你曾经到过地方(曾经让自己安心惬意的地方),甚至可以是任何一个你能想象的地方。这是一种用想象法改善自己情绪的心理学技术。当压力造成负面情绪时,找到一个内心的世外桃源暂避一时。

这个地方只有你一个人可以进入。如果产生强烈的孤独感的话，你也可以携带任何你想带的物品，除了人。这个地方受到良好的保护，有一个很好的边界。它应该被设置为一个你绝对有能力阻止未受邀请的外来物闯入的地方。即使是好朋友，也不要被邀请到这个地方来。因为与其他人的关系也包含有可能造成压力的成分。在这个安全岛上，不应该有任何压力存在。下面是安全岛技术的指导用语：

(1)现在，请你在内心世界里找一找，有没有一个安全的地方？在这里，你能够感受到绝对的安全和舒适。它应该在你的想象世界里——也许它就在你的附近，也可能它离你很远，无论它在这个世界或这个宇宙的什么地方。

(2)这个地方只有你一个人能够造访，你也可以随时离开。如果你想要的话，你也可以带上一些你需要的东西陪伴你，如友善的、可爱的、可以为你提供帮助的。

(3)你可以给这个地方设置一个你所选择的界限，让你能够单独决定哪些有用的东西允许被带进来。但注意那是一些东西，而不是某些人。真实的人不能被带到这里来。

(4)别着急，慢慢考虑，找一找这么一个神奇、安全、惬意的地方。

(5)或许你看见某个画面，或许你感觉到了什么，或许你首先只是在想着这么一个地方。

(6)让它出现，无论出现的是什么，就是它。

(7)如果在你寻找安全岛的过程中，出现了不舒服的画面或者不愉快的感受，别太在意这些，而是告诉自己，现在你只是想发现好的、内在的画面——处理不舒服的感受可以等到下次再说。现在，你只是想找一个只有美好的、使你感到舒服的、有利于你康复的地方。

(8)你可以肯定，肯定有一个这样的地方，你只需要花一点时间，有一点耐心。

(9)有时候，要找一个这样的安全岛还有些困难，因为还缺少一些有用的东西。但你要知道，为找到和装备你的内心的安全岛，你可以动用一切你能想到的工具，比如交通工具、日用工具、各种材料，当然还可以使用魔法，总之一切有用的东西你都可以动用，也有能力动用。

(10)当你达到了自己内心的安全岛时，请你环顾左右，看看是否真的感到非常舒服、感到非常安全，这是不是确实是一个可以让自己完全放松的地方？请你用自己的心智检查一下。有一点非常重要，那就是你应该感到完全放松、绝对安全和非常惬意。请把你的安全岛规划成那个样子。

(11)请你仔细环顾你的安全岛，仔细看看岛上的一切，所有的细节。你的眼睛看到了什么？你所见到的东西让你感到舒服吗？如果是，就留在那里；如果不是，就变换一下或让它消失，直到你真的觉得很舒服为止。

(12)你能听见什么吗？你感到舒服吗？如果是，就留在那里；如果不是，就变换一下，直到你的耳朵真的觉得很舒服为止。

(13)那里的气温是不是很适宜？如果是，那就这样；如果不是，就调整一下气温，直到你真的觉得很舒服为止。

(14)你能不能闻到什么气味？舒服吗？如果是，就保留原样；如果不是，就变换一下，直到你真的觉得很舒服为止。

(15)如果你在这个属于你的地方还不是不能感到非常安全和十分惬意的话，这个地方还应该做哪些调整？请仔细观察，在这里还需要些什么，能使你感到更加安全和舒适。

(16)把你的小岛装备好了以后，请你仔细体会，你的身体在这样一个安全的地方，都有哪些感受？

(17)请你尽量仔细地体会现在的感受,这样你就知道,到这个地方的感受是什么样的。

(18)如果你在你的小岛上感觉到绝对的安全,就请你用自己的躯体设计一个特殊的姿势或动作,用这个姿势或者动作,你可以随时回到这个安全岛来。以后,只要你一摆出这个姿势或者一做这个动作,它就能帮你在你的想象中迅速地回到你的这个地方来,并且感觉到舒适。比如你可以握拳,或者把手摊开,以后当你一做这个姿势或动作时,你就能快速达到你的内在安全岛。

(19)请你带着这个姿势或动作,全身心地体会一下,在这个安全岛的感受有多么美好。

(20)撤掉你的这个姿势或动作,平静一下,慢慢地睁开眼睛,回到自己所在的房间,回到现实世界中。

活动二　寻人启事

活动目标:尝试初步的人际交往、尝试接受、描述自己的容貌特征、兴趣爱好、性格倾向、家庭现状;学会根据他人提供的特征,捕捉信息,观察他人。

活动时间:20～40分钟。

活动过程:

(1)发给每位团员一张白纸,根据主持人的要求仔细填写"寻人启事"包括:容貌特征、兴趣爱好、性格倾向、家庭现状。将"寻人启事"张贴在小组里面。

(2)每位团员必须揭下一张他人的"寻人启事"。

(3)根据"寻人启事"中的内容特点,找到张贴者后,俩俩交流、互谈。

(4)主持人请团员推荐"寻人启事",将有创意、有特点的"寻人启事"在团体中推出、交流。

活动总结:该活动可以增强个体对自己性格特点,行为方式的总结。可以增强团体的凝聚力,加强彼此之间的交流和沟通,促进共同成长与进步。

【心理测试】

气质类型测试

指导语:下表共60道题,可以帮助你大致了解自己的气质类型,请根据自己的情况进行回答,不需要过多地考虑。如果觉得题目的描述"很符合"自己的,记2分,"比较符合"的记1分,"不太确定"的记0分,"比较不符合"的记-1分,"完全不符合"的记-2分。以上分数只具有符号标示作用,不具有正负分的数学意义。

题号	题　目	记分
1	做事力求稳妥,一般不做无把握的事	
2	遇到可气的事就怒不可遏,想把心里话全说出来才痛快	
3	宁可一个人干事,不愿很多人在一起	
4	到一个新环境很快就能适应	
5	厌恶那些强烈刺激,如尖叫、噪声、危险镜头等	
6	与人争吵时,总是先发制人,喜欢挑衅	
7	喜欢安静的环境	
8	善于和人交往	

（续表）

题号	题　目	记分
9	羡慕那种善于克制自己感情的人	
10	生活有规律，很少违反作息制度	
11	在多数情况下情绪是乐观的	
12	碰到陌生人觉得很拘束	
13	遇到令人气愤的事，能很好地自我克制	
14	做事总是有旺盛的精力	
15	遇到问题总是举棋不定，优柔寡断	
16	在人群中从不觉得过分拘束	
17	情绪高昂时，觉得干什么都有趣；情绪低落时，又觉得什么都没有意思	
18	当注意力集中于一事物时，别的事很难使我分心	
19	理解问题总比别人快	
20	碰到危险情景，常有一种极度恐怖感	
21	对学习、工作、事业怀有很高的热情	
22	能够长时间做枯燥、单调的工作	
23	符合兴趣的事情干起来劲头十足，否则就不想干	
24	一点小事就能引起情绪波动	
25	讨厌做那种需要耐心和细致的工作	
26	与人交往不卑不亢	
27	喜欢参加激烈的活动	
28	爱看感情细腻、描写人物内心活动的文学作品	
29	工作学习时间长了，常感到厌倦	
30	不喜欢长时间谈论一个问题，愿意实际动手干	
31	宁愿侃侃而谈，不愿窃窃私语	
32	别人总是说我闷闷不乐	
33	理解问题常比别人慢些	
34	疲倦时只需短暂的休息就能精力充沛，重新投入工作	
35	心里有话宁愿自己想，不愿说出来	
36	认准一个目标就希望尽快实现，不达目的不罢休	
37	学习、工作同样一段时间后，常比别人更疲倦	
38	做事有些莽撞，常常不考虑后果	
39	教师讲授新知识时总希望讲得慢些，多重复几遍	
40	能够很快忘记那些不愉快的事情	
41	做作业或完成一件工作总比别人花时间多	

（续表）

题号	题　目	记分
42	喜欢运动量大的体育运动或参加各种文艺活动	
43	不能很快地把注意力从一件事转移到另一件事上	
44	接受一个任务后，就希望把它迅速解决	
45	认为墨守成规比冒风险强些	
46	能够同时注意几件事物	
47	当我烦闷的时候，别人很难使我高兴起来	
48	爱看情节起伏跌宕，激动人心的小说	
49	对工作学习抱认真严谨、始终如一的态度	
50	和周围人的关系总是相处不好	
51	喜欢复习学过的知识，重复做能熟练做的工作	
52	希望做变化大，花样多的工作	
53	小时候会背的诗歌，我似乎比别人记得清楚	
54	别人说我“出语伤人”，可我并不觉得这样	
55	在体育活动中，常因反应慢而落后	
56	反应敏捷、头脑机智	
57	喜欢有条理而不甚麻烦的工作	
58	兴奋的事常使我失眠	
59	教师讲新概念，常常听不懂，但是弄懂了以后很难忘记	
60	假如工作枯燥无味，马上就会情绪低落	
得分计算： 胆汁质型得分：2、6、9、14、17、21、27、31、36、38、42、48、50、54、58 的得分总和； 多血质型得分：4、8、11、16、19、23、25、29、34、40、44、46、52、56、60 的得分总和； 黏液质型得分：1、7、10、13、18、22、26、30、33、39、43、45、49、55、57 的得分总和； 抑郁质型得分：3、5、12、15、20、24、28、32、35、37、41、47、51、53、59 的得分总和。		

确定气质类型的标准：

（1）如果某种类型气质的得分明显高于其他三种（均高于 4 分以上），则可定为该气质类型。如果该类型气质的得分超过 20 分，则为典型气质；如果得分在 10～20 分之间，则为一般型气质。

（2）存在两种气质类型的得分比较接近，两者差异低于 3 分且明显高于其他两种类型（高于 4 分以上），则可定为这两种气质的混合型。

（3）存在三种气质类型的得分比较接近，三者差异低于 3 分且明显高于另外一种气质类型，则可定为三种气质的混合型。

（4）如果四种类型的得分均不高且比较接近，则可定为四种气质的混合型。

（5）大多数人的气质是一般型气质或两种气质的混合型，典型气质和三或四种混合型的人比较少。

【叩响心门】

(1)人格具有哪些基本的特征?

(2)大学生常见的人格偏差有哪些?

(3)大学生健全人格的培养和调适方法有哪些?

(4)结合气质类型测试结果,谈谈你对自己人格特征的认识。

【心理实践】

回眸成长路,分析自己的成长经历中家庭、学校、社会中重要的人、重要的事或重要的环境氛围对自己人格发展的影响?如何突破成长经历给自己带来的局限?

【心理电影院】

片名:《蝴蝶效应》

简介:影片中的主人公埃文是个朝气蓬勃的大学生,生活无忧无虑。有一天,他偶然发现了一本小时候的日记,他开始回忆起模糊的童年……但回忆的世界里并不总是田园牧歌,有些令人甜蜜,有些令人伤感,有些甚至令人痛苦。他在时光中穿梭,一次次对自己的过去做出修正。但过去的已经过去,它无法改变。有些东西失去了就不要再去追寻。在影片的最后,埃文显然在每一次穿越时空的痛苦结局中领悟到了这一点。我们没有特异功能,我们无法穿越时空,影片要让我们知道的其实是生命的不可以重新选择性。人无法回到过去,当下的每一个小细节都将成为我们未来或成功或失败的导线。所以不要总是对着过去叹息,毕竟我们不可能回到过去改变什么。我们应该承认过去,接受过去,珍惜目前所拥有的,并积极面对未来。

简评:《蝴蝶效应》是一部关于穿梭时空的电影,与其它同类型的校园青春主人公为背景的时空旅行电影不同,影片反其道行之,通过蝴蝶效应(南美洲的蝴蝶震翅可以引发北美洲的一场暴雨)这一混沌理论,讲述了回到过去改变命运并非如《回到未来》之类的影片那么轻松愉快,反而因为机缘巧合的转变,而常常造成物是人非的人间悲剧 。

项目四 ▶▶▶

穿越精神的黑洞
——大学生常见的异常心理与应对

心灵箴言

人是由生理、心理和精神三方面需求满足的交互作用整合而成的整体，生理需求的满足使人存在，心理需求的满足使人快乐，精神需求的满足使人有价值感。

——弗兰克

有恬静的心灵就等于能把握住心灵的全部，有稳定的精神就等于能指挥自己！

——米贝尔

项目四　穿越精神的黑洞——大学生常见的异常心理与应对

【心的灯塔】

大学生在成长过程中经受着由迷惘的就业前景、价值观冲突、适应困难等引发的心理震荡和冲击，因此而产生的矛盾、冲突、困惑、迷茫无时不有、无处不在，很容易引发心理障碍。特别是近年来，大学生心理障碍呈明显上升趋势。

中国正处于社会转型期，各种社会矛盾增多、工作节奏加快、竞争压力加大，以及重大灾害、经济危机等因素，是造成患病人群庞大的原因。中国心理疾病还呈现年轻化发病的趋势，最小的只有8岁。全国政协委员、解放军总医院范利副院长在2012年“两会”期间指出，心理和精神健康是全民族素质的标志之一，高发的心理疾病，已成为影响中国社会和谐的重大公共卫生问题和社会问题。

任务一　异常心理概述

一、异常心理的含义

正常的心理活动具有以下功能：能顺利地适应环境，健康地生存发展；能正常地进行人际交往，在家庭、社会团体、机构中正常地肩负责任，使社会组织正常运行；能正常地反应，认识客观世界的本质及其规律性。

大学生的正常心理表现在能较快适应大学生活，熟悉校园环境和生活秩序，与其他的同学正常交往，与老师正常交往，能正常参与学校的活动，正确认识自我，不断进取，努力使自己健康向上发展。

大学生常见的心理问题

事实上，很难定义“正常”和“异常”。目前被广泛接受的描述“异常”的定义是：在所属的文化环境中，个体无法预料到的，与个人痛苦的感受或严重社会功能损伤相关的，个体行为、感情或认知等方面的机能失调。即反应为个人自我概念和某些功能的异常，也反映为社会人际关系和个人生活上的适应障碍。本章所指的异常心理即指心理疾病。一般来说，需要药物治疗并配合心理治疗及其他辅助治疗。但在日常生活中，除了心理疾病外，我们经常还听到或者看到一些诸如心理问题、心理障碍这些词汇。他们到底有什么区别，这里有必要先对他们做一下澄清。

二、一般心理问题、心理障碍、心理疾病的概念

一般心理问题、心理障碍、心理疾病都属于心理紊乱的范畴，但却有着实质性的差异。

（一）一般心理问题

一般心理问题也称心理失调或心理失衡，是未影响思维逻辑的暂时性的心理功能紊乱。一般包括近期发生的、由生活、学习工作压力、处事失误等因素而产生心理冲突；反应强度不太剧烈；情绪反应能在理智控制下尚未泛化，思维仍保持严密逻辑性，但学习工作以及社会交往的效率有所下降等。尽管目前对心理问题的界定并不明确，但有一点是可以肯定的，那

就是心理问题不是疾病，应该属于“正常心理”的范畴。比如说，当前有很多大学生找不到工作，或者因为失恋出现情绪的困扰，决不能武断地给所有找不到工作的大学生和失恋的大学生扣个“心理疾病”的帽子。在人群中，大多数人是正常的，只是在不同的阶段，因为不同的原因，或多或少会遇到“心理问题”。

心理问题的特点是：①时间短暂。此状态持续时间较短，一般在一周内就能得到缓解。②损害轻微。此状态对其社会功能影响比较小。处于此类状态的大学生一般都能完成日常工作学习和生活，只是感觉到的愉快感小于痛苦感。③能自己调整。此状态的大学生大部分通过自我调整如休息、聊天、运动、钓鱼、旅游、娱乐等放松方式能使自己的心理状态得到改善。自己不能调整的可通过寻找咨询师咨询帮助解决，这类咨询基本属于发展咨询和健康咨询的范畴。

1. 大学生活适应问题

适应大学生活，完成大学生作为“社会人”的培养任务，帮助大学生完成社会化，是大学生活的重要内容，也是高等教育的重要任务。

（1）生活自理能力差的情况普遍存在。尽管高校都在倡导大学生“自我教育、自我管理、自我服务”，但作为社会一员，学生普遍不能很好地处理自己的学习和生活，这不仅表现在独生子女身上，也同样表现在很多学生身上。学生连简单的劳动都不愿从事，衣服找人洗、被子请人洗，花钱请人帮助收拾内务，清洗衣物。大学生生活自理能力差的问题日渐突出。部分毕业生面对日益激烈的人才市场，显得思想和心理准备不足。很多毕业生还在等待家里想办法，自己不敢面对人才市场的激烈竞争。这样的情况对于即将走向社会的大学生来说，其后果是不言而喻的。

（2）大学生对挫折的心理承受力差。目前在高校就读的大学生中，成长于国家经济迅速发展的时期，物质条件在逐步好转，兄弟姐妹减少，可以说大部分学生几乎没有经历过什么挫折。而当他们面临学业、生活、感情等方面的挫折时，学生就会显得无所适从，不知所措。他们会对生活失去信心，感到失去了生活的意义，多数学生只能接受表扬和赞许，而无法接受来自身边人的中肯批评和帮助。而面对严峻的就业形势以及就业分配制度改革带来的机遇与挑战，学生没有足够的心理准备，无力承受由此而带来的挫折。

2008 年湖北省某大学新生的家长们睡在体育馆内，学校向陪同学生报到的家长们分发了 350 个凉席；2009 年江西省某大学允许新生家长夜宿体育馆……更甚有些家长干脆留在学校陪同孩子参加军训的全过程。报道称，由于学校周边的旅店住宿紧张，为解决家长的住宿问题才出此下策。

家长们不愿或不敢“放手”让孩子的依赖性更强，这种做法对孩子顺利度过大学生适应期是不利的。

此类事件从侧面说明，家长把孩子送到学校后，在一定程度上担心孩子的适应问题，孩子们从一名中学生转变为大学生，物理的环境和心理环境均发生了巨大变化，他们不仅要面临着生活环境、学习环境、教学模式、学习方式的变化，还面临着人际交往方式的重新建构，学生不但要从心理层面去适应大学生活，还要从行为方面去适应新的环境，以确保顺利度过由中学生转变为大学生的“断乳期”。

2. 自我认知问题

自我认知是自我意识的主要内容。大学生在自我意识完善的过程中，有时不能客观地认识和评价自我，出现自我认知偏差，甚至造成自我认知障碍。心理学研究表明，理想自我与现实自我之间的过分失调往往是产生青年心理问题的重要原因。如何协调理想自我和现实自我的差距，以及如何正确看待自己，将是青年面临的一个非常重要的课题。青年自我意识问题主要表现为以下相互矛盾的倾向：过度地自我接受与过度地自我拒绝；过强的自尊心与过度的自卑感；自我中心与从众心理；过分的独立意识与过分的逆反心理。其中，最有代表性的是自卑心理、自傲和虚荣。

（1）自卑。自卑是个体由于自我认知偏差等原因所形成的自我轻视和自我否定的情绪体验。不少大学生身上不同程度地存在着自卑心理，或认为自己其貌不扬，担心被人歧视；或认为自己天资愚钝，将来不能成器，对未来缺乏自信；或认为自己出身贫寒，担心被人看不起等。对那些稍加努力就可以完成的任务，也往往因自叹无能而轻易放弃。在他们身上常常伴随着一些特殊的情绪体验，如害羞、不安、内疚、忧伤、失望等，并出现自鄙、自怨、自馁、自弃等心理现象。

【心有千千结】

大学生自卑心理

吴某，男，大学二年级。自进入大学后，一直很自卑，父母都是农民，家境贫寒。以前因为在中学时成绩拔尖，深受老师和同学的重视与关注，自己也因此似乎忽视了家庭的贫困和普通。为了他上大学，家里负债累累。进了大学后，自己又借了不少钱以掩饰自己的贫困和普通。原以为到了上海，会有很多机会，可以通过打工来补贴自己，但实际上很难。曾想了许多办法来提升自己的素质（如参加社团、看书、看展览会、考证书等），但实施之后，往往都是半途而废，从而感到自己脱离不了贫穷，走不出社会底层的地位，自己不会有好的前途，不可能光宗耀祖，甚至找女朋友在上海成家都很困难。

来访者的问题属于适应障碍伴随的自卑。由于其大学之前成绩拔尖，一直受到关注和重视，使其得到了充分的心理满足，从而忽视了家境本身的贫困和普通。而进入大学后，一方面不再如过去那样受关注，失去了原来心理满足的基础，导致其第一次认识到了自己家庭的贫穷与周围其他人之间的差距，而他又过分夸大地看待了这种落差，妄图以借钱的方式来掩饰自己的贫困。同时，其之前对于在上海的生存带有错误的估计，换了一个新环境后，发觉并不如自己预期的通过打工补贴生活那么理想化，造成适应障碍，导致了一种挫折感。另外，对于贫穷和成功的关系也不能做到正确的认知，使得以偏概全地看待自己的未来，意志力下降，形成自卑心理。

资料来源：http://blog.sina.com.cn/s/blog_a47d0c190101uqvm.html

（2）自傲。自傲是过高估计自己的一种自我认知。自傲者以自我为中心，表现出很强的优越感，处处表现自己，对自身的长处无限夸大，炫耀自己、对他人容易指责和怪罪，挑三拣四，盛气凌人。好像自己全是优点没有缺点，别人全是缺点没有优点。自傲的学生不仅人际关系不协调、社会适应不良，而且严重阻碍了自己的学业发展和健康成长。

【心有千千结】

大学生自负心理

谢某，女，20岁，大学二年级学生，1.65米，是学校舞蹈队队员，认为自己长得非常漂亮、才能超群。参加活动积极、踊跃，喜欢卖弄自己，认为自己什么都行。穿着鲜艳、时尚，常常对同学不屑一顾，看不起周围同学，认为女生穿衣没品位，男生就知道献殷勤。担任班上文娱委员，什么工作都喜欢插一手，喜欢指使、支配别人做事。而对别人提的意见却总不能接受，认为自己做的都是对的、好的，别人没有资格评论。

谢同学虽然人长得漂亮，但是却无涵养，平时总是有一种高高在上的优越感，与人相处时总是以教训的口气说话，令人难以接受，而且稍有不如别人的时候，便会妒性大发，常常把别人说得一文不值。种种迹象表明,谢同学明显属于自负。

资料来源:http://blog.sina.com.cn/s/blog_5fd0e39b0102dr5a.html

(3)虚荣。虚荣心就是以不适应的虚假方式来保护自己自尊心的一种心理状态。心理学上认为,虚荣心是自尊心的过分表现,是为了取得荣誉和引起普遍注意而表现出来的一种不正常的社会情感。在虚荣心的驱使下,往往只追求面子上的好看,不顾现实的条件,最后造成危害。在强烈的虚荣心指使下,有时会产生可怕的动机,带来非常严重的后果。因此,虚荣心是要不得的,应当把它克服掉。虚荣心的产生与人的需要有关。人类的需要分生理需要、安全需要、归属和爱的需要、尊重的需要和自我实现的需要。其中尊重的需要包括对成就、力量、权威、名誉、地位、声望等方面。一个人的需要应当与自己的现实情况相符合,否则就要通过不适当的手段来获得满足,在条件不具备的情况下,达到自尊心的满足就产生虚荣心。因此,有的人说虚荣心是一种歪曲了的自尊心是有一定道理的。

3. 学习心理问题

在大学阶段,学习仍是大学生的主要任务。学习不仅帮助大学生获得专业知识和技能,也影响着大学生科学的世界观、人生观和价值观的形成。大学生学习心理主要是指大学生学习过程中产生的心理现象及其规律等。存在的问题主要表现在以下三个方面:

(1)学习倦怠问题,学习倦怠是指学生对学习没有兴趣或缺乏动力,却又不得不为之时,产生的一种身心俱疲的心理状态,并出现一系列不适当的逃避学习的行为。

(2)学习策略问题,学习策略是指学生在学习活动中有效学习的程序、规则、方法、技巧及调控方法等。许多研究显示,大学生学习策略发展存在不足,自主学习能力、创新学习能力普遍不高,如大学生的学习策略水平并没有随年级的增长而相应提高。大学生在学习自我监控、学业时间管理方面能力不强。莫里斯等的研究表明,在自定步速条件下,大学生往往出现"先松后紧"的情况,即开始时学习抓得不紧,往后拖延,到了任务完成的最后期限又不得不因为时间紧迫而抓得很紧。

(3)学习动机功利化。市场经济的利益杠杆直接影响到象牙塔里面学生的学习,对于学习,学生表现出空前的功利意识。选课的时候,学生问的第一个问题是:这门课对我今后的就业是否有帮助?因而出现了专业课、基础课门前冷落,而技能类课程如计算机、外语和经济等各种各样的证书培训班门庭若市局面。"考证热"、"英语热"等等,正是学习功利化的直接表现。学生充分了解到社会对这几方面的重视和需要,因而放弃了专业课的学习而投入到各种他们所谓"有用"的学习中去。从长远来看,这对学生全面综合素质的培养和学习能力的提高是不利的。

【心有千千结】

"我不喜欢自己的专业"

一来访者自述:我现在是大一学生,我现在所学的专业不是我喜欢的专业,对这个专业,我一点也不喜欢!可我又看不清我的未来,我不知道我真正想要什么,选择这个专业,感觉现在没人能理解我,没人能帮我,很无助,很自卑,像是没有了灵魂,只剩躯壳在学校的教育制度批量生产下活着,一点意义都没有!我想为自己而活,可是我既没有方向也没有理想。看着别人能往着自己的方向前进我好羡慕。我没有努力的方向,我不知道应该如何学,要学些什么。

点评:案例说明该生对就读专业的了解、满意度以及对未来职业前途感到茫然,失去方向感,得要重新定位。

资料来源:作者根据相关资料整理

社会对专业人才的需求是不断变化的，没有永远的热门专业，也没有永远的冷门专业，不少大学新生是听从父母的意愿报考专业的，父辈们习惯于把自己没有实现的愿望寄托在孩子们的身上，而孩子自己对所学专业的培养目标和就业市场并不熟悉，缺乏职业规划。职业目标困扰感强烈的学生，不能正确认识和评价自己的专业，容易产生失落感。

随着教学模式的变化，中学阶段的学习方法已不适合大学，大学教师不再像中学那样从第一页讲到第二页，从例一讲到例二，大学教师充当一个引导者的角色，学生的学习也由被动变成主动，即由“要我学”变为“我要学”，一节课后教师提供的信息量，让会部分学生感到吃力，一时间难于消化，有些考证课程亦加大了学生的心理压力。研究表明，大学生学习心理困惑主要表现在：记忆障碍、思维障碍、考试焦虑、意志障碍等。

4. 人际关系问题

人际关系是大学生中一门复杂的学问，从性别上讲，它涉及性别间、异性别间的关系；从地域上讲，它涉及五湖四海；从风俗习惯上讲，它涉及不同民族的风俗习惯；从社会角色上讲，它涉及师生关系、同学关系和社会关系等。

大学生人际关系问题的表现主要有：

(1) 以自我为中心。尤其是独生子女，习惯从自己的经验和角度去认识人和事，相当部分大学生主观性强。在待人、接物、处事方面只关心自己的兴趣、爱好和需要，而忽视别人的处境和利益，很少站在别人的角度思考问题，喜欢盛气凌人、自吹自擂。

(2) 个性张扬。在大学校园里，有一部分学生喜欢把自己打扮得花枝招展，主张个性张扬，这部分学生不关心宿舍集体和卫生生活甚至是个人的卫生问题，导致舍友对其产生不满情绪，影响了人际关系。

(3) 性情孤僻、自我封闭。这类学生表现为不愿与他人交往，周围的同学也很难与其交谈，他们对周围的事情和不发表意见，也不表示赞同，喜欢把自己的真实思想和情感隐藏起来。

(4) 有害羞自卑的心理。有些同学因为家庭经济困难，或者因为外貌不扬、成绩不佳等因素，表现出害羞自卑，在与同学的交往不敢大胆表达出自己的想法，在交往中遭受到一点挫折，往往就意志消沉，灰心丧气，有时还会怨天尤人。如果受到别人的耻笑与污辱，就会忍气吞声，沉默寡言，最终导致自己交不到朋友，严重影响人际交往。

(5) 有嫉妒心理。这部分同学可能会因为他人的长处、优点、成绩好而产生嫉妒的心理，在生活上处处针锋相对，不能也不愿与同学和平相处，甚至在行为上冷嘲热讽，采取不道德的行为。

(6) 讨好行为，功利主义。有一部分同学功利性强，时常为自身利益着想，他们会很刻意地去亲近某一位同学或老师，从而建立起虚伪的人际关系，被同学认为此人是一个见风使舵、谄媚主义者，导致了人际不佳。

5. 情感问题

一个人的情感体验对于个体的心理健康的影响是十分明显的。亲情、友情、爱情是学生情感方面的三个重要问题。

(1) 亲情问题。近年来，很多学生的反映是：与家长没有太多的话讲，就算写信也基本是缘于实质性问题如经济供给、物质补充而非情感沟通。尽管自己也认识到不应该这样，但懒得提笔却是一种普遍心态。而与此相反的是，恋人之间的信件越来越厚，电话越来越密集，与之形成了鲜明的对比。从整体上看，学生对家长是基本满意的，也是肯定亲情的，但回报较少并理直气壮地认定父母并不求回报。

(2) 友情问题。友情是人生路上的重要方面，校园这种独特的文化氛围与人文氛围滋长着学生各种情感的发展。而这绝不仅仅是人际交往中的问题,更涉及爱情之间的关系。在情感的边缘,很多学生在徘徊,在处理个人情感问题上,看不清友谊与爱情,不能很好地把握男女同学交往的尺度。希望珍惜友谊又不经意地使友谊失之交臂。

(3)爱情问题。爱情虽然在大学并非一堂必修课,但学生仍然从各个方面开始自己的情感之旅,正确处理爱情与学业的关系是学生心理健康中的一个关键问题。恋爱,成为大学生活中重要的旋律,而它所带来的问题也很多。一是情感的迷茫,二是不正确的恋爱观。面对爱情、学生更多想到的是“不在乎天长地久,只在乎曾经拥有”,甚至很多人把恋爱看作是大学生活的一个排解寂寞的必要补充,爱情与婚姻分离在大学生中是一种较为普遍的想法。

6. 就业择业问题

近年来,冷门专业不好找工作,热门专业好找工作,毕业生的就业存在结构性的矛盾。发达地区人才饱满,欠发达地区人才匮乏。从历年毕业生的就业去向来看,毕业生们更多的愿意往大城市跑,大城市的激烈竞争,往往会让不少的毕业生对就业择业失去信心;再者,由于竞争压力大,有些毕业生害怕失败,采取被动等待的心态,等着用人单位“找上门”来。毕业生就业择业心理问题主要表现在:找不到工作的焦虑心理、面对多个选择的患得患失心理、与同学间的攀比心理、消极等待的“等、靠”心理等。

(二)心理障碍

心理障碍也称心理失常,是心理状态的病理性变化,属于心理病理学的范畴。通常是一般心理问题的累积、迁延、演变的表现和结果或由于重大应激造成。初始反应强烈,如在暴怒下会出现强烈的非理性行为,冲动毁物。由于长期的精神折磨,持续时间较长,一个月以上,自身难以克服精神负担。内容充分泛化,如“一朝被蛇咬,十年怕井绳”。由于长期的精神折磨,有时伴有躯体化症状或人格上的问题。这类人可出现明显的临床表现,如惊恐、焦虑、抑郁、强迫症、躯体形式障碍等。病人常感到痛苦万分,迫切要求得到帮助。轻度心理障碍可通过心理咨询和心理治疗解决。中度及重度心理障碍主要通过药物治疗和心理治疗来解决,重度心理障碍以药物治疗为主、心理治疗为辅。

(三)心理疾病

心理疾病是比较严重或严重的心理异常,是多种心理障碍集中或综合的表现。具有稳定性和病态性。心理疾病可分为轻性心理疾病和重性心理疾病。轻性心理疾病一般指非精神病性的精神障碍。通常具有自知力或自知力稍不足,能应付日常生活要求或保持对现实的恰当接触。轻性心理疾病包括神经症、人格障碍和性变异。重性心理疾病一般指精神病性的精神障碍,自知力严重缺乏,不能应付日常生活要求,无法保持对现实的恰当接触。重性心理疾病包括器质性精神病和功能性精神病。精神疾病的病人主要通过药物治疗和心理治疗来解决,以药物治疗为主、心理治疗为辅。

三、异常心理判断标准

1. 生理学标准

异常心理的生理学标准是将心理疾病当作躯体疾病一样看待。根据一个人身上表现的某种心理现象或行为,便可以找到病理解剖或病理生理变化的依据,在此基础上认定此人有精神疾病或心理疾患。其心理表现则被视为疾病的症状,其产生原因则归结为脑功能失调。这一标准为临床医生们广泛采用。简而言之,生理学标准认为异常心理有其病理或病理生理改变。

2. 内省经验标准

有经验的心理医生比经验不足的心理医生,在判断个体的心理正常与否的判断会更准确些,经验的标准主要包括两个方面:一方面是指心理医生的内省,心理医生作为心理健康者，凭自身的自知能力、生活阅历和临床经验，判定来访者的心理状况；另一方面是指当事人的内省，即个体感觉自身出现了焦虑、抑郁、恐惧、烦恼等情绪，他不管外人如何看待自己是否正常，只凭自身的内心感受感觉到不适或精神痛苦。

3. 统计学标准

统计学标准大多是根据心理学理论和方法进行制定的，不同的心理学理论和方法所测量的心理能力并不完全相同。此外，心理测验的分数也常受心境、期望、动机教育、环境等因素的影响，因此，统计学标准并不是恒定不变的，也不是绝对合适的，使用心理量表应注意几个问题：一是心理评估和心理诊断不能仅凭一个心理测量表或某一种方法完成，而一般都是综合几种方法的评估谨慎给出的，因此测评者不能只迷恋于一个测量表的结果就给自己贴上对口入座的标签；二是测量的结果不能用于说明一个人长时间的心理健康状况，因为心理活动与心理状态是动态的；三是注意选择不同类别、不同参测群体的心理量表，从比较中看结果相差多大。

心理量表测量法是用若干等级的数量化尺度对个体的心理健康状态进行评定，本教材各章节附有相关的心理评定量表，如大学生心理健康量表（UPI）、大学生心理适应能力测量量表、SCL－90、抑郁评定量表、焦虑评定量表、自我概念测试、受挫弹性测试等，以上所列各量表均有计分方法，在注意上述强调的几个问题的前提下，可借助这种辅助手段判定心理状况如何。

4. 社会适应标准

在正常情况下，人体能够维持着生理心理的稳定状态，能依照社会生活的需要适应环境和改造环境。因此，正常人的行为符合社会的准则，能根据社会要求和道德规范行事，亦即其行为符合社会常模，是适应性行为。如果由于器质的或社会功能的缺陷或两者兼而有之的原因使得个体能力受损，不能按照社会认可的方式行事，致使其行为后果对本人或社会产生不适应现象，妨碍正常生活，结合其他标准可判定存在心理异常。这里正常或异常主要是与行为的社会常模比较而言的。

5. 心理学标准

郭念锋（1986）认为具体标准一时难以确定，但基本原则是可以说清楚的。为此，从心理学对人类心理活动的定义出发，明确提出区分心理正常与异常的三原则。

根据心理学对心理活动的定义——“心理是客观现实的反映，是脑的机能”，理解心理正常与异常应从心理活动本身的特点去考虑：

第一，主观世界与客观世界的统一性原则。因为心理是客观现实的反映，所以任何正常心理活动和行为，必须就形式和内容上与客观环境保持一致性。不管是谁，也不管实在怎样的社会历史条件和文化背景中，如果一个人说他看到或听到了什么，而客观世界中当时并不存在引起他这种感觉的刺激物，那么，我们必须肯定，这个人的精神活动不正常了，它产生了幻觉。另外，一个人的思维内容脱离现实，或思维逻辑背离客观事物的规定性时便形成妄想。这些都是我们观察和评价人的精神与行为的关键，我们称它为统一性（或统一性标准）。人的精神或行为只要与外界环境失去同一，必然不能被人理解。

在精神科临床上，常把自知力作为是否有精神病的指标，其实这一指标已涵盖在上述标准中。所谓无自知力或自知力不完整，是一种患者对自身状态的反映错误或称为自我统一性原则的丧失。

第二，心理活动的内在一致性原则。人类的精神活动虽然可以被分为知、情、意等部分，但它自身确乎是一个完整的统一体，各种心理过程之间具有协调一致的关系，这种协调一致性保证人在反映客观世界过程中的高度准确和有效。如一个人遇到一件令人愉快的事，会产生愉快的情绪,手舞足蹈,欢快地想别人述说内心的体验。这样,我们就可以说他有正常的精神和行为。如果相反,用低沉的语调向别人述说令人愉快的事,或者对痛苦的事做出快乐的反映,我们就可以说他的心理过程失去了协调一致性,成为异常状态。

第三,人格的相对稳定性原则。每个人在自己长期的生活道路上都会形成自己独特的人格心理特征。这种人格特征形成之后具有相对的稳定性,在没有重大外界变革的情况下,一般是不易改变的。它总是以自己的相对稳定性来区别一个人与其他人的不同。如果在没有明显外部原因的情况下,这种个性的相对稳定性出现问题,我们也要怀疑一个人的心理活动是否出现异常。这就是说,我们可以把人格的相对稳定性作为区分心理活动正常与异常的标准之一。

需要说明的是,对心理异常的判断往往需要多种标准的结合,正如我们所知道的,心理异常与躯体疾病一样,都受到多重因素的相互影响,仅仅依靠某一标准判定心理异常是不够的。

四、异常心理形成的原因

(一)生物原因

异常心理的生物学解释认为异常心理的生物因素主要是神经解剖学、生物化学及遗传等方面。解剖学认为许多心理异常行为与脑的结构发生变化有关。生物学化学主要探讨神经递质与心理异常之间的关系,认为神经递质失调和神经递质受体功能低下均可导致心理异常,研究发现五羟色胺、去甲肾上腺素、多巴胺等神经递质在心理异常上扮演重要的角色。遗传主要体现在对疾病的易感性上,因此遗传对心理异常具有一定的影响,但不具有决定性影响。换句话说,遗传可能导致心理异常的发生,但并不代表心理异常一定会出现。

(二)心理原因

精神分析理论认为心理异常的根源在于无意识中的冲突,如果无意识中的冲突充满紧张,一个人就会受到焦虑或者其他障碍的困扰。弗洛伊德认为人的结构包括三个部分:本我、自我和超我。无意识的冲突大部分是由于“本我”和“超我”之间的拉锯战,而“自我”作为协调者不能将“本我”和“超我”各自的诉求保持在可控的理性范围之内所导致的。

贝克的认知疗法认为,人的信念系统和思维对个体的心理及行为有重要作用,认为来访者没有意识的被歪曲的认知是发生心理障碍的原因之一,这些认知和环境、社会、心理、生理等因素的交互作用造成了心理障碍。

行为主义不重视人的思维在促进/阻碍人的行为中所产生的作用,而强调“学习”和“强化”在行为中的作用,这既包括正常行为也包括异常行为,异常行为的出现在于个体学会了不被社会所赞许或接受的行为方式,并且获得了强化。

(三)社会原因

重大生活事件的严重程度及多起事件的累加效应均会影响心理异常的发生。美国华盛顿大学霍尔顿斯教授等人 1967 年编制了著名的《社会重新适应量表》,把人类社会生活中遭受的生活危机归纳并划分等级,列出 43 种生活变化事件,并以生活变化单位(LCU)为量化指标加以评分,通过调查发现社会生活变动能引发个体对疾病的易感性,如丧亲、学习压力大、失恋等都是对人有不良影响的重要生活事件,这些事件越多,患病的可能性越大。除此之外,社会文化观念、社会经济状况、父母的教养方式等因素均被认为是心理异常的影响因素。

从目前的研究来看,心理疾病和其他躯体疾病一样,都是生理、心理、社会(文化)、环境等因素相互作用的结果。

任务二　大学生常见的异常心理与应对

一、精神分裂症及其应对

(一)精神分裂症

精神分裂症为最常见的一种精神病,是一种严重的心理障碍。大多数患者在患病期间对自己的异常心理表现完全丧失自我辨认能力,不承认自己有病,当然也不会主动求治。患病率在我国约0.1%~0.3%。长期随访结果表明,41%处于显著衰退或仅有部分工作生活能力,痊愈者仅26%,可见其危害性之大。病因、发病机制迄今尚未明白,虽有各种假设,但未被公认。一般认为与遗传有关,但非遗传性疾病,因仅有遗传素质与倾向。

十二部经典有趣的心理学电影

主要临床表现是患者的思想情感和行为不同程度地与现实环境脱离,沉醉于自己的病态体验中。对外界事物情感反应淡漠甚至情感倒错或歪曲。意向减退、行为懒散,这是病的基本症状。其他主要症状有内容怪诞的妄想、幻听,语无伦次、不适宜表情及怪诞、僵直的行为等,造成工作、人际关系及自我照顾方面有明显障碍,并有可能出现社会孤立、个人卫生差、情绪平淡,产生语言障碍、怪异念头及举动,易生错觉、缺乏动力、无精打采、缺乏兴趣等现象。多数患者在发病后相当长的时期内,还可能保持和别人交往。但人们会发现他们有些表现正常人不能理解。早期常有关系妄想、被害妄想或幻觉。这些症状常使患者做出各种怪异行为。一旦发病,便逐步发展、加剧,自发缓解的极少见。

本症常见的类型有:①青春型,以愚蠢快乐、性本能逸释为多见;②偏执型,以妄想、幻觉为主;③紧张型,以精神运动性一直障碍为主;④单纯型,缓慢进展,后果极差。

(二)精神分裂症的治疗

由躯体疾病引起的精神病,其心理症状是整个躯体疾病临床表现的一部分,躯体疾病治好了,心理症状也就随之减轻或消失。这类障碍需要精神科和相应的内、外科医生共同处理,不需求助于心理咨询医生。对另一些种类的精神病,他们没有躯体疾病基础,需要精神科医生来研究和诊治,不是心理咨询的服务对象。总体上,对精神病患者应该及时送医院治疗,治疗越及时、得当、效果越好。

对这类患者要以药物治疗为主,辅之以心理治疗。越来越多的证据表明,在个体出现精神分类症状后立即予以干预对个体身体的康复及学习、人际交往等社会功能的恢复有积极作用。因此,宜尽早识别、尽早治疗。药物治疗应系统而规范,不宜擅自停药,并且需要一年以上的维持治疗。对精神分裂者的心理治疗,应针对精神分裂症个体的心理社会功能受损情况,结合认知行为治疗、心理教育、家庭干预等方式,指导个体遵从医嘱,规范服药,以避免因随意停药或拒绝 导致病情复发以及心理社会功能的进一步受损;指导个体提高学习技能及生活技能,特别是对个体当前的现实问题,如人际交往问题、学习问题、家庭关系问题等,提供有效解决问题的技巧。

二、神经症及其应对

神经症是一种由心理因素造成的非器质性的、大脑神经机能轻度失调的心理障碍。神经症患者有一些共同的表现:持续的心理冲突,焦虑情绪、防御性行为、人际关系不协调、躯体不适感等。学生们可觉察到或体验到这种冲突、情绪等不适,并深感痛苦且妨碍心理功能或社会功能。它是临床上最常见的心理障碍,以18~30岁的青年患者最多。大学生正处于这一年龄段之间。大学生中最常见的神经症是神经衰弱、强迫症、抑郁症。

1. 神经衰弱症

神经衰弱是指在某些长期存在的心理因素的作用下，引起脑机能活动过度紧张，从而使神经活动能力减弱。

（1）产生原因。

心理压力和个体素质强是神经衰弱产生的两大原因。一般来说，大脑皮层的神经细胞具有较高的耐受性，在紧张的工作和学习产生疲劳之后，经过适当的休息和放松便可得到恢复。但神经衰弱者由于精神长期紧张，加上有睡眠障碍，其能量得不到恢复，疲劳也不能消除，精神和躯体的活动受到影响，便表现出神经衰弱者的一些症状。归纳起来其主要原因是负性生活事件、生活杂乱无章、用脑过度、个性及体型等。而无论什么原因只要引起神经活动过度紧张，如不良的情绪反应等，则是神经衰弱症的主要致病原因。可以说，它是由持续存在的精神因素所引起的焦虑紧张的心理反应，健康的人在同样条件下也会产生这种反应，但大多数是暂时的，健康的人能够进行有效的自我调节，当情况改善后，反应就会消失。

大学生中患有此病的较多，因为他们的危机感比较强烈，一方面要完成学业，一方面要抓紧时间用功，准备各种技能考试、外语级别考试等，这样学习压力较大，学业负担过重，用脑过度，加上心理紧张程度偏高，对人生与社会问题思考过多，产生过度焦虑，就容易患上神经衰弱症。除了症状特别严重者不能坚持学习外，大多数还能够坚持学习，但由于听课时注意力不集中，记忆力减退，有的经常因此而失眠、头昏脑涨，体力下降，所以学习效率受到不同程度的影响。

（2）症状表现。

①情感控制能力差。情绪反应强烈、情绪改变、易发怒与易激惹、烦躁不安，往往会因为一点鸡毛蒜皮的小事儿与同学产生强烈的争吵，令人感到莫名其妙。

②精神活动功能下降。注意力涣散、记忆力下降、工作效率低。

③植物神经功能失调。心悸、多汗、易于疲劳和衰弱、食欲不良。

④睡眠障碍。入睡困难、睡眠轻，稍有动静就会被惊醒、紧张性头痛。

（3）建议预防和治疗的方法。

学生患有神经衰弱症的轻重程度的各种表现不同，通常是开始时比较轻，若不及时治疗，随着病情的不断波动，会逐渐加重，如果能够及时治疗，神经衰弱症可以得到有效的缓解和治愈。

①合理安排作息时间：有合理的生活、学习作息时间表，生活要有规律性，注意平时养成良好的生活习惯，注意采用放松和锻炼身体等积极休息的方式。

②心理治疗：心理治疗在神经衰弱患者的康复中起着重要的作用。它可以帮助患者充分认识该病的发生原因及变化规律，消除思想顾虑，树立战胜疾病的信心，积极配合治疗。如集体心理治疗和个别心理治疗。集体治疗是采取集中多个患者举办讲座及分组讨论座谈等方式进行；个别心理治疗是由心理医生与某个病人单独在一起分析发病原因以及症状特点，认识此病的本质，消除心理上的疑虑、恐惧和担忧。

③药物治疗：在病情比较严重时使用。常用的有抗焦虑药物、镇静催眠剂和中药等。

④其他疗法：主要有体力活动疗法。丰富有趣的体育活动可使人精神轻松愉快，忘记烦恼与忧愁，适当的体育运动能增强体质，增强抵抗疾病的能力。

2. 抑郁症

当前在大学生的流行语中，高居榜首的是“郁闷”一词。其实，“郁闷”一词在大学校园里已经流行很久了。而且，大学校园内的“郁闷之风”毫无停歇之势，与学生们聊起“郁闷”这个话题，大家总有很多话说。对大学生的郁闷，应辩证地看。郁闷，是大学生面对困难时的迷茫与痛苦,我思故我在,人有痛苦,证明他在思考。校园郁闷流行,是社会转型期的矛盾和动荡在高校中的反映。社会转型期,利益重新分配,竞争加剧,给人带来更多压力,并造成心理认同上的偏差,郁闷情绪比较普遍。一方面,社会问题复杂化了,而另一方面,新一代大学生多是独生子女,他们的抗挫折能力有所下降,有些是在以前的大学生中就长期存在的问题,现在变得突出了。

抑郁症是一种外因性的抑郁障碍,它的形成与环境和心理有关。它除了有神经症的共同特征外,突出表现为一种持久的心境低落,伴有焦虑、认知障碍、躯体不适和睡眠障碍。患者多有抑郁人格,表现为缺乏自信和自尊,对人过分依赖,容易悲观,感情脆弱。

(1)产生原因。

主要是心理原因,是常见的一类情绪心理障碍,约占整个人群的4%。可以由多种原因引起,归纳起来主要有负性生活事件(如亲人的死亡、与亲友分离、较大或慢性伤病、工作学习上的挫折及经济问题等)、性格等心理因素多种原因。

(2)症状表现。

该症主要是对痛苦经历的抑郁反应,主要表现为情绪低落、焦虑不安、凄凉悲苦、暗自伤心流泪,对任何事情不感兴趣、不愿与人交往、感到处处不如意,总觉得有什么不幸的事情要发生,甚至悲观失望、厌世轻生等。此外,他们还常伴有身体不适感,如食欲减退、失眠等。

(3)预防和治疗的方法。

①心理治疗:认知和支持疗法。该方法主要是帮助病人认识、找出和分析产生抑郁症的原因,这是一项耐心、细致和费时的工作。

②药物治疗:常用抗抑郁药。以上两种治疗方法可以合并应用,尤其是抑郁症状明显期使用比较好。

③病理临床治疗。

【心有千千结】

吴某,男,19岁,大一学生。母亲患精神分裂症。自己从小觉得受歧视,小学时听邻居说:"这孩子可怜,妈妈是精神病,"即产生见不得人的想法,觉得"世上只有我最不幸。"进入初中,认为母亲有病是"家丑",不让同学知道,吴某学习不好,常被老师批评,他感到自卑。随着年龄增长,看到同学各有所长,更觉自己无用,认为周围的人都看不起自己。身体状况也不好,背痛、头晕、乏力,但不愿去医院检查治疗。进入大学后,一切均无改善。对人生,对自己极度悲观,没有知心朋友,提不起精神去上学,也不想上学,觉得自己是没人关心的人,是多余的人,还是死了好。请看他的一段诉说:"我从小受歧视,养成内向性格;我自卑又自尊,很留意别人对我的评价,我什么都不行,身体、成绩、家庭;同学们对社会充满希望,我却很悲观;我不敢反驳别人,见人低着头走,我要保护自己;我身体不好,痛苦多,随它去,死了算了。达尔文说适者生存,我不适应就让社会淘汰吧,我是过一天算一天,还上什么学,死了好。"

吴某存在典型的抑郁症状,突出表现为持久的情绪低落、悲观失望和对生活的无意义感,并伴有轻生念头。其主要原因是长期社会环境适应不良及人格本身的缺陷。自卑、懦弱、自暴自弃是他最大的弱点。内、外两大因素使他不能正视现实,只想逃避,过分的逃避压抑引发了抑郁情绪。

资料来源:作者根据相关资料整理

3. 焦虑症

焦虑症是指发作性或持续的出现紧张不安,预感到似乎要发生某种难以对付的危险,并伴有头晕、心悸、胸闷、呼吸、急促、出汗、口干等症状和运动型不安。大学生中焦虑症较多见，除个体的遗传素质、身体、性格等因素外，主要诱因来自于学习紧张压力，考试压力，竞争压力及人际关系压力紧张等。

(1)产生原因。

遗传因素、心理因素(胆小怕事、情绪不稳、谨小慎微等性格心理因素)、精神压力因素等。大学生中引发焦虑的事情往往是学业、就业等问题，有的大学生对各类专业技能考试、大学外语四、六级考试等感到紧张和害怕，对就业中的面试也极度焦虑和紧张。

(2)症状表现。

惊恐发作：常伴有心慌、心悸、气急、恶心、手脚发冷等，持续时间为数分钟。他们常常因为一些微不足道的小事而引起不安，甚至常常无端地感到强烈的恐惧，整日惶惶不安，似乎灾难随时会降临自己的头上。患有焦虑症的学生常担心自己学业失败，也担心找不到工作，担心精神失控而成为疯子等。他们有强烈的自卑感、危机感、不安全感和忧郁感等。普遍性焦虑：精神不安、心情紧张和容易被激怒等，有时感到心惊肉跳、头疼、背疼、全身颤抖等。

信息技术时代，焦虑症出现新趋向。这些信息焦虑症患者，当家里或单位一旦出现网络堵塞、电视断电、电子读物等无法打开的现象，这类人就会感到极其不适应，情绪变得焦虑不安、心情浮躁，总担心漏掉重要的信息和新闻，害怕给工作带来负面影响，并引发精神、生理上的反应，出现失眠、头晕、头痛、食欲下降、恶心呕吐等症状。

(3)预防和治疗的方法。

①自我调节：树立信心、适当活动、保持充足的睡眠、调整自己的期望目标，不能好高骛远，正确定位自己。

②心理治疗：放松疗法对焦虑症是有明显效果的。许多研究证实，当个体全身松弛时，生理警醒水平也全面降低，心率、呼吸、脉搏、血压、肌电、皮电等生理指标可出现与焦虑状态逆向的变化。

③药物治疗：主要采用抗焦虑类药、镇静药及抗抑郁药等。

【心有千千结】

患者诉说自己得了“古怪病”，四个月来，痛不欲生。她的症状是：整天烦躁、焦虑不安、紧张、惊恐。经常心跳加快、头晕、胸闷、心神不定、坐立不安，似有“大难临头”之感，四处求医，检查过心电图，脑电图又无异常。

点评：患者病程为4个月，临床表现符合慢性焦虑症的症状。

资料来源：作者根据相关资料整理

4. 恐惧症

恐惧症是指对某些事物或特殊情境产生十分强烈的恐惧感，这种恐惧感与引起恐惧的情境极不相称，有的甚至很难让人理解，大学生明知自己的恐惧不切实际，但仍不能自我控制。由于其难以自我控制而极力回避引起的恐惧的情境和事物，而不是以积极的态度去认识和克服，从而导致严重的情绪和行为退缩，有的会严重影响生活、学习和工作。

(1)产生原因。

多数人的恐怖来源于早期体验，明显的精神刺激也能诱发恐惧症的产生，与人的性格也有关系，胆子小、内向、依赖性强等性格特点的人遇事容易出现焦虑、恐惧和担忧倾向。

(2)症状表现。

恐惧症一般分为动物恐惧症、植物恐惧症、自然现象恐惧症、环境恐惧症、观念恐惧症等。如恐蛇症、恐血症、恐高症等。大学生中常见的恐惧症有社交恐怖。社交恐惧症主要表现在社会交往场合出现恐怖。这类学生在大庭广众下害怕被人注视或害怕会当众出丑。因此,在这种场合下,往往不敢看人,不敢讲话,不敢写字,甚至不敢进教室,严重者可出现面红耳赤、出汗、心慌、眩晕等症状。他们可能会因恐怖而不愿意出门、不愿意上学、不能够与老师、同学和朋友交流,几乎与社会隔绝,从而导致退学。

(3)预防和治疗的方法。

主要采用药物治疗、心理疗法(如暗示疗法、行为疗法)。心理疗法主要是鼓励患者要面对现实,树立战胜疾病的信心。目前对恐惧症的治疗主要是采用行为疗法,即采用系统脱敏法。

系统脱敏疗法可用于自我心理治疗,也可用于对他人的心理治疗。

有些神经症病人虽然认识到了自己的病因,也有了改变自己病态行为的决心,但是做起来却很困难,不知怎样做才能真正摆脱这些症状,为此还需要学会采取一些行动来制服它们。因而系统脱敏疗法对有明显环境因素引起的某些恐惧症、强迫症特别有效。具体做法如下:

①要病人学会放松。根据病种的不同采用不同的放松训练。一般应用肌肉放松训练的方法来对抗恐惧症中的焦虑情绪。训练时要求病人首先学会体验肌肉紧张与肌肉松弛间感觉上的差别,以便能主动掌握松弛过程,然后根据指导语进行全身各部分肌肉先紧张后松弛的训练,直至能主动自如地放松全身的肌肉。

②将引起病人焦虑反应的具体情景按焦虑层次顺序排列。如某一大公司的推销员经常乘飞机来往于国内外各大城市,由于近来飞机失事较多而对乘坐飞机产生了恐怖,患了乘机恐惧症,每逢要乘机外出就表现严重的焦虑。

现将病人的焦虑从可以引起最轻的焦虑到引起最强烈的恐惧情景按层次顺序排列如下:

PPT1 乘汽车去机场,看到前往机场方向的大指路牌;

PPT2 来到民航候机场大门口;

PPT3 进入候机大厅;

PPT4 办理去某地航班的登机手续;

PPT5 进入安全检查口;

PPT6 进入机场检票大门口;

PPT7 登上飞机的楼梯;

PPT8 进入飞机舱内;

PPT9 坐上靠窗口的座位从窗口望见机翼与机场;

PPT10 飞机开始起动进入跑道;

PPT11 飞机升空,望见地面房屋逐渐变小远离自己;

PPT12 飞机进入天空白云之中。

将上述情景制成幻灯片,按顺序放在幻灯机内。让病人坐在舒适的靠背椅子上,并使自己全身肌肉放松。对面墙上挂一银幕,病人手握幻灯机开关,先放映第一张幻灯片,令病人注视并进行放松训练。如果这一情景不再引起焦虑,也就是在肌肉处于松弛状态,即转入注视第二张幻灯片,依次训练,循序渐进。当看到某一张幻灯片,例如第七张,登上飞机楼梯时突然感到焦虑恐慌,肌肉紧张,则可退回到第(六)张幻灯片,重新进行肌肉放松。确信看到第(六)张入机场检票口大门的情景已无焦虑,再重放第七张,依次反复直至看到登上飞机楼梯时不再焦虑,肌肉放松,再注视下一层次的幻灯片。如病人通过了全部情景,不再出现焦虑,肌肉处于松弛状态,即可以从模拟情境向现实情境中转移,即陪伴病人乘车去机场在现场中重复上述情景。一般说来在模拟情景中能够做到全身处于松弛状态,不再出现焦虑情绪,则绝大多数病人也能成功地在现实情景中做到,这时治疗即告完成。如果未将焦虑层次制成幻灯片，可要病人记住焦虑层次，或由治疗者按顺序下指令，要病人按指令想象这一焦虑情景，如果在想象时肌肉保持松弛，未曾引起焦虑，则要病人进行高一层次的焦虑情景的想象。运用想象法进行系统脱敏可同样奏效。

5. 强迫症

强迫症是以强迫症状为特征的神经症，以强迫症状为中心的一种神经症。指患者主观上感到有某种不可抗拒的、不能自行克制的观念、意向、情绪和行为的存在，病人虽然意识到这些意向、情绪和行为是不恰当的和毫无意义的，或是同其人格不相容的，但又难以将其排除。一些患病学生为了排除这些令人不快的观念和欲望，会导致严重的内心冲突并伴有强烈的焦虑和恐惧。主要表现为强迫观念、强迫意向和强迫行为。有强迫人格的个性易在心理压力下或生活事件应激下发展为强迫症。

(1)产生原因。

心理学家认为其发病原因来自以往因遭受挫折而产生的潜在压力，是在潜意识支配下企图摆脱内心焦虑的一种行为表现。即患者企图通过反复想一种观念或重复一种行为，使自己没有时间去体验那些会引起焦虑的烦恼冲动，所以这种潜意识下的行为实际上是患者为了逃避焦虑症的一种选择。

因此，强迫症的病因与心理社会因素关系非常密切。如强迫症的学生常常有主观任性、胆小怕事、优柔寡断、过分拘泥、生活刻板、思虑过多、谨慎等性格上的心理特点。

(2)症状表现。

①反复出现强迫观念：最常见的表现是强迫性怀疑、强迫性回忆、强迫性联想，他们会无法控制地想某种对心理上有伤害性的观念或思想，其内容常常是不合情理的。如有的人离开家后，反复想自己是否关了煤气、门是否锁上了，常常因为不放心要返回去打开门看看，他们也因此疲惫不堪、情绪紧张、心烦意乱。

②反复出现强迫行为：常常有一些不合理而又不能控制的习惯性语言或行为。如有的走在街上，会不停地数电线杆子，走在楼梯里会不停地数台阶，甚至害怕自己数错了，要记在本上数。有的要每天洗手几十次，还是觉得不干净，一定要重洗等。

随着移动电话的普及，手机强迫症也应运而生。移动电话就成了人们的“贴身保镖”，手机稍在不身边，就表现为不习惯或周身不舒服；手机在身上，每隔一段时间必须要拿出来看一下，久而久之形成了手机强迫症。手机强迫症的人，听到和自己手机相似的铃声就会情不自禁地检查手机，属于轻度手机强迫症，可以视为基本正常；中度手机强迫症的典型反应是不停地重复掏手机、放手机，听到一点声音如闹钟、微波炉、洗衣机的铃声都会怀疑是自己的手机在响，会因为未接电话而痛心疾首；重症的手机强迫症往往伴随电话来临的幻听、幻想，并拼命寻找下载各种与种与众不同的手机铃声，手机表面磨损度很高。

(3)预防和治疗的方法。

强迫症一般以心理治疗为主，辅以药物治疗，效果比较好。

【心有千千结】

周军是一名从事档案保管工作的普通职员，由于工作性质，周军每天与手机寸步不离，工作时也需要格外小心谨慎，严防因工作疏忽而泄露了资料。工作时间一长，周军逐渐养成这样的习惯：每每有电话打来，他就担心有事情发生，导致一时半会都不能离开手机，生怕自己错过了任何信息。有一次，他出差匆忙，将手机忘记在家中，在惴惴不安地走了大半路程之后，他还是执意返回家中拿手机。前往医院就诊时周军称，他的这一症状已经严重影响了自己的正常生活，手机带给他无形的强迫压力。

纠正“手机强迫症”最简单的方法是经常更换手机铃声，并采用相对舒缓和轻松的乐曲作为手机铃声。如果出现持续、严重的幻觉，或者长期的慢性躯体不适，可能就是从“强迫症状”发展为“强迫症”了，此时需要进行药物和心理治疗。

点评：周军使用的手机严重影响了自己的正常生活，而且手机带给他无形的强迫压力，根据手机强迫症的临床表现，基本可判断为周军患有手机强迫症。

资料来源：作者根据相关资料整理

【心理故事汇】

总感觉没有锁门

小刘是名大二的学生。认识他的人都说他是个完美的人，而小刘总是苦笑着摆摆手，只有他知道自己最大的问题。说来可笑，这个问题就只是平常的锁门。小刘听人说，有一种病叫“强迫症”，得这种病的人出门后都会忍不住折回来，看看房门有没有锁好，久而久之，会给生活造成很多痛苦。第一次听说的时候小刘大吃一惊，因为他自己偶尔就有这样的情况。第二天小刘出门的时候刻意留意了一下，把门锁好，他长出了一口气，认为自己已经确认了。可是下了楼，小刘忽然想到一个问题：“自己当时把钥匙反拧了一圈，之后好像又正拧了一圈？”

他向前走的脚步越来越慢，越想越觉得有这个可能。他分明记得自己当时有留意的，可偏偏就是这个细节没注意到。有没有？到底有没有回拧那一圈？他开始擦额头上的汗，怎么办？要返回去检查吗？要回去的话，时间恐怕来不及，并且证实了“强迫症”的毛病。可是不回去的话，万一真的门锁是被自己重新打开了怎么办？万一有盗贼趁这时候进去，自己那台笔记本电脑就完了……学校前段时间刚发生过这样的案子，有一个宿舍没锁门，被小偷闯了空门……可是自己不会这么倒霉的吧？可是自己凭什么这么确定？万一呢？万一呢？他脑海中开始想象自己丢失了笔记本电脑的倒霉样子，那时再想到自己这时的犹豫，该不知有多么恨自己吧！小刘再也走不动了。他急匆匆地跑了回去。门确实是反锁的，很安全。可是这并没有让小刘的心情好起来，反而变得更糟糕。

我有强迫症了，他想，心情变得无比沉重，天啊，我做了多么愚蠢的事——我真的跑回来检查自己有没有锁门，在我已经确认锁了的情况下！

说来也奇怪，自此之后，小刘每天出门时都要提醒自己，一步到位，不要再折回来检查了！可是走到半路，总有一些念头促使他不由自主地走回来。仿佛只是一些莫名的担心，只要他不回来，担心就会变得越来越重，压得他浑身不适，然而只要他回来检查一遍，这部分担心就会消失无踪，取而代之的是另一种担心：我有强迫症，我有强迫症！

资料来源：作者根据相关资料整理

三、人格障碍及其应对

人格障碍也称病态人格，指不伴有精神症状的人格适应缺陷，这种患者对环境有相当严重的、根深蒂固的、不能更改的、不适应的反应，其人格构成对自己、对社会都是不被允许、不得体的行为模式。所谓不伴有精神症状的缺陷，是指在没有认知障碍或没有智力障碍的情况下出现的情绪反应、动机和行为活动的异常。人格障碍一般始于童年或青少年，而持续到成年乃至终生。

它属于中度的心理障碍，个体行为超越常规，不符合社会要求，而且表现为一贯性、顽固性，与神经症和精神病不同，基本上是单纯的外显行为障碍，他们的智能很少或完全不受损害。考虑人格障碍须明确症状开始于童年后少年期，现年 18 岁以上，至少已持续 2 年。临床常见的人格障碍有反社会型、冲动型、偏执型、分裂型、表演型、强迫型等种类。

(一)产生原因

一般认为是在不良的先天素质的基础上遭受到环境的有害因素影响而形成的。

(二)症状表现

大学生中常见的人格障碍有反社会型人格障碍、偏执型人格障碍、强迫型人格障碍、分裂型人格障碍等。

1. 反社会型人格障碍

与其他类型的人格障碍相比,反社会型人格障碍(antisocial personality disorder)的最大不同在于患者对于他人的攻击性态度。这种攻击性的态度包括对社会规则的破坏、对他人权利、需要和感受的无视与冷漠。反社会型人格障碍在一般人群中的发病率表现出男性比女性更高,同时由于反社会人格障碍容易涉及犯罪行为,因而是一种严重的人格障碍类型。

结合《美国精神障碍的诊断与统计手册》关于反社会型人格障碍的诊断标准,可以发现反社会人格障碍通常在15岁之前就已经出现比较明显的问题行为,如经常性旷课、离家出走、故意破坏公共财物、偷窃和纵火等。但由于人格发展具有阶段性,因而这些行为如果发生在15岁以前,一般只能诊断为品行障碍;如果在15岁以后,还存在着这些问题行为甚至一直持续到成年,那么就可以诊断为反社会人格障碍。

对于反社会型人格障碍而言,一般具有如下行为特点:

(1)在青春期前后所表现出的品行障碍到了成年期后可能会发展到另一个阶段,出现影响更为恶劣的反社会行为甚至是罪恶行为。

(2)缺乏应有的责任感。患者普遍表现出对自己的行为不负责任,对于犯错毫无内疚感,不知悔改且容易再犯。

(3)容易动怒且做出冲动性行为。反社会人格障碍患者对自我控制的能力是十分有限的,常常不能控制自己的情绪,面对微小的刺激都可能引起冲动性行为,对社会造成危害。有调查显示,反社会人格障碍患者的犯罪行为较多以侵占财产为主,侵犯人身安全的罪行相对不多。

(4)反社会人格障碍患者为了得到个人利益往往会忽视应有的社会道德、行为准则和公民义务,对身边的人漠不关心,缺乏必要的同情心。

【心有千千结】

某学生出生后由养父领养,从小受到溺爱,性格固执、顽皮,喜欢恶作剧;上学以后,喜欢打架闹事,欺负同学,辱骂老师;小学三年级时,在放学的男女同学队伍中公然把生殖器露在外面;小学毕业经补考升入初中,初一因三门功课不及格而留级,表现很差,被勒令退学;在家不服从家长管教,顶撞,吵闹;14岁时被医院诊断为多动症,药物治疗效果不佳;后被送往工读学校就读,经常借故离校,一两个月不返校,直至被捆绑押送回校;多次盗窃公共财物,曾被收审;18岁时与人寻衅闹事,纠集同伙用棍棒和皮带毒打他人,被公安机关收容审查。

资料来源:作者根据相关资料整理

2. 偏执型人格障碍

偏执型人格障碍(paranoid personality disorder)又称妄想型人格障碍,是一种比较常见的人格障碍类型。根据流行病学的调查结果显示,偏执型人格障碍在一般人群中的发病率为0.5%~2.5%,也有地区性的调查结果显示比例接近6%。对于偏执型人格障碍而言,男性的发病率比女性要高。

偏执型人格障碍主要以过度固执,敏感多疑,心胸狭窄,报复心强为主要特点,主要表现为:

(1)对他人过分的敏感与多疑,患者在没有任何合理原因或证据的情况下几乎对身边所有的情境、所有人都产生怀疑与不信任的态度,以致认为他人对自己都是有恶意的,因而患者在人际交往中会出现明显的困难。

(2)患者会不断尝试在周围环境中寻找一些证据来支持自己的怀疑,使得自己的怀疑显得更为合理与有力。

(3)患者表现出对自己能力的估计过高、过分的自负与强烈的自我中心,容易缺乏自知,喜欢将过错与责任归咎于他人,对批评或挫折过分敏感,对侮辱和伤害不能宽容,多疑;这类人在家不能和睦相处,在外不能与朋友同事相处,别人只好对他敬而远之,也很少主动寻求他人的帮助。

【心有千千结】

某大学二年级学生,性格比较外向,为人热情,对于自己喜欢的科目的学习成绩不错,不喜欢的科目成绩比较差;对问题的看法比较偏激与固执,常有意无意地针对别人言行中的一些不正确的东西进行反驳,喜好争辩;总感觉别人对自己不好,因而常与他人发生冲突,在班中的人际关系不理想,其本人也觉得班上几乎没有人可以与自己谈得来;总认为自己比班上其他同学都要聪明,能力都要强,因而做事全凭自己的意愿,较少顾及他人感受;该生觉得自己的主要问题是对别人的看法存在偏差,曾尝试改变但又无能为力。

资料来源:作者根据相关资料整理

3. 分裂型人格障碍

分裂型人格障碍(schizotypal personality disorder)是一种在亲密人际关系方面存在明显障碍,在认知功能产生歪曲和在行为反应上偏离正常的人格障碍类型。表现为退缩、孤僻、胆怯、情绪冷淡,不能表达对他人的关怀、体贴或愤怒,对赞扬或批评无动于衷;常做白日梦,沉迷于幻想中;人际关系有明显缺陷;缺少知音,我行我素,因此也较少与人发生冲突。

分裂型人格障碍在人群中的发病率为约3%,是一种比较常见的人格障碍类型。

分裂型人格障碍的主要表现是存在怪诞的观念,具有明显的情感敌意和对社交关系感到严重的不适,一般具有如下行为特点:

(1)存在奇异、怪诞的观念。如有患者宣称自己具有特异功能,能够感觉到奇异的神秘力量并能预知未来等。

(2)偏好单独活动,难以与周围的人建立情感联系。他们一般对人冷漠,缺乏对他人表达感情和体贴关怀的能力,就连对待亲属也是如此,因而绝大多数的分裂型人格障碍患者都是孤独一人,与人交往的范围仅仅局限于日常生活或工作的必需接触。

(3)言语、行为和外貌出现反常与怪异。患者在没有任何智力障碍或非文化程度影响的情况下,仍会出现表达不清、跳跃性明显或用词不当等言语怪异的现象;外貌与服饰奇特;在行为上显得不合时宜和愚蠢,动作姿势奇怪等。

(4)患者可能会反复出现异常的感知觉体验。如能感觉到并不存在的人在附近等一系列的幻觉。值得注意的是,分裂型人格障碍患者的这种幻觉与精神分裂症患者的幻觉有着一定的差异,如分裂型人格障碍患者可能报告自己感觉到早已死去的亲人好像又回到身边,而精神分裂症患者就可能报告自己看到早已死去的亲人就在自己身边。

4. 依赖型人格障碍

特点是缺乏必要的日常自理能力,总是求助于他人,过分依赖他人,很幼稚顺从,总是怀疑自己可能被被人拒绝,在任何方面都很少表现出积极性。缺乏判断力,总是依靠别人为自己做出决策或指出方向。

5. 表演型人格障碍

表演型人格障碍(histrionic personality disorder)也称戏剧型人格障碍或癔症型人格障碍,是一种过分情感化、行为过分戏剧化以寻求他人关注的人格障碍类型。其特点是:活泼、外向、喜欢交际、喜欢新奇事物、时时想吸引别人注意;话多,却嫌肤浅;热情,却不能持久,也无法专注在某一件事上;注意力如花蝴蝶般,永远飘来舞去;情绪变化快速,可以为小事痛哭失声,转瞬间又高高兴兴;与人交往很友善、表面熟络,却难以建立真诚而深刻的友谊。

表演型人格障碍一般在成年早期发病,其异常的戏剧化表现存在于生活的各个方面。作为一种常见的人格障碍类型,表演型人格障碍在人群中的发病率为2% ~3%,占心理与精神疾病患者总人数约10% ~15%。该人格障碍多见于青年女性,一般年龄在25岁以下。

从命名的字面含义上就可以看出,表演型人格障碍是以情感情绪的过分表达、言行极端夸张作为其主要特征,并具有明显的行为特点:

(1)表现出极端的自我中心。患者十分重视自己的外貌与装扮是否具有吸引力,甚至不惜任何方法来展现自己,表现自身的诱惑力,总希望能成为众人注意的焦点并为之不断争取。

(2)进行反复的戏剧性动作是其主要的行为表现。表演型人格障碍的患者是富于幻想的,并根据内心的幻想需要扮演各种不同的角色,他们往往是生活在自己的幻想世界中而不是现实的社会。

(3)情绪表现很不稳定,缺乏持久的人际关系。表演型人格障碍患者的情绪变化很快且容易激动,同时由于其虚荣心和依赖性十分强,容易受到他人与环境的影响,因而经常表现出情绪情感表达过程的不成熟与反复无常,导致难以建立稳定、长期的人际关系。

【心有千千结】

某女大学生因情绪不稳定而到医院进行治疗。刚走进诊室见到医生就喋喋不休地讲述自己是多么的不幸和痛苦,声称自己已经几天几夜没睡着觉、吃不进东西;说自己身体内的水分几乎消耗殆尽;还说上两层楼都感到十分吃力。一边听她叙述,一边冷静观察的医生发现,她露在短袖衫外的手臂滚圆,腰身颇为粗壮,口唇也不干燥,说话时表情丰富而夸张,似乎在极力渲染悲伤的气氛。

住进病房不久,护士们就反映这位患者特别喜欢表现自己,在男性面前更是活跃,穿衣打扮也追逐时髦,常常在午后与其他病友去服装城买些色彩鲜艳但廉价的衣服回来。在一次医生与她的个别谈话中,她悄悄告诉医生说,病房中的某位男性患者对她有意思。

资料来源:作者根据相关资料整理

6. 强迫型人格障碍

强迫型人格障碍(compulsive personality disorder)是一种过分专注甚至可以说是死板地拘泥于在做事与生活上追求完美无缺、按部就班的人格障碍类型。此类型人以要求严格和完美为主要特点,希望遵循一种他所熟悉的常理,一丝不苟,吹毛求疵,过于严肃认真,工作中重视细节而忽略全局。情感以焦虑、紧张、悔恨为多,轻松、愉快、满足较少。在人群中的发病率约为1%,占心理障碍总人数的3% ~10%,也是一种比较常见的人格障碍类型。

强迫型人格障碍的一个重要特点是对细节的无休止关注和对完美的执着追求。具体行为特点如下:

(1)做事是有条不紊的,但又表现出必须严格按照自己熟悉的行为模式来办事,具有明显的僵化与刻板。工作环境和性质的一些变动往往会导致其产生明显的不适应。因此,强迫型人格障碍患者往往也伴有过度的不确定感、思虑过多、紧张与焦虑感。

(2)对细节的过分关注和力求完美使其在做任何事情时都恐怕出错,常常表现得犹豫不决以致难以做出决定，即使是做出了决定后也会不断地考虑其是否正确。因而，强迫型人格障碍患者在完成一件工作后也很难体验到满意与愉悦的感觉。

(3)进行人际交往、处理社交关系的能力是十分有限的。强迫型人格障碍患者对自己的要求很严格，往往沉溺于规则之中，甚至会不合理地坚持要求别人服从自己的工作与生活方式，因而在人际关系的处理上显得不灵活。

需要注意的是，我们要把强迫型人格障碍与强迫症进行区分。虽然两者都具有一些相似之处，比如都存在仪式化的行为、过分的紧张与焦虑感等，但两者却是截然不同的两种综合征。首先，强迫症是一种神经症类型，属于心理障碍的范畴；强迫型人格障碍是人格障碍的一种类型，属于人格特质的异常与病态表现。其次，强迫症往往表现出比较单一的强迫行为，如强迫洗手或检查门窗是否关好；而强迫型人格障碍则表现在所有的生活范围内都是极端认真与死板的，从衣柜服饰的摆放、活动日程的安排，到人际关系、道德准则的态度都必须遵循严格的规则和条理性，否则就会产生过分的不安全感。

【心有千千结】

某大学毕业生，在校学习期间一向学习认真，成绩不错。大学毕业后参加工作，在岗位上一丝不苟，赢得领导的信赖和好评。领导提拔她后，她对下属要求过分苛刻，注意细节，一点小事都要自己过目，一定要按照她的方式和意愿办事，否则就不满意、发脾气，有时甚至不放心把任务交给别人去做，便自己加班加点不休息。即使是休假时，她也难以轻松，总担心工作出差错。在家里把东西收拾得井井有条，丈夫一搞乱便不开心并要立即纠正。朋友到她家来会感到很拘束、不自然。

资料来源：作者根据相关资料整理

7. 自恋型人格障碍

过分地自我关心、自我中心和自夸自尊。常幻想自己了不起、有才学、有美貌。期待别人的欣赏，总希望有人特别对待自己，不能接受别人的建议和批评。以极端的眼光看人，不是说得很好，就是一无是处。很难理解别人的苦处和难处。

其他还有焦虑型人格障碍等。焦虑型人格障碍特征是一贯感到紧张、提心吊胆、不安全和自卑，总是需要被人喜欢喝接纳，对拒绝和批评过分敏感，因习惯性地夸大日常处境中的潜在危险，所以都有回避某些活动的倾向。

人格障碍的种类比较繁多和复杂，但它们有共同的症状表现：①意识是清醒的，认识能力也保持完整。它是在没有意识障碍和记忆力、智力活动无明显缺陷的情况下出现的情感与行为活动的明显障碍。如情绪极其不稳定，情感上对人淡漠甚至是冷酷无情；行为上容易受冲动、偶然动机和本能欲望支配，缺乏计划性、目的性，自制力比较差，常与周围人甚至亲人发生冲突，人际关系不好。②一般能够正常处理自己的日常生活和工作，能判断和理解自己行为的后果，但由于对自己的人格缺陷缺乏自知力，很难从错误和经验中吸取教训，加以纠正。因此不能适应周围社会环境。③有相对的稳定性，一旦形成就不容易改变，并且矫治比较困难。

所以，人格障碍的真正受害者是患者周围的其他人和社会，而不是患者自己。它虽然不是严重的心理障碍，但也能够影响一个人的正常生活和发展，甚至难以成为一个合格的社会成员。

建议预防和治疗的方法：加强个性修养与教育，提高心理调节能力，增强社会适应能力。

(三)大学生人格障碍的评估

1. 根据人格障碍的主要特征进行评估与识别

根据《美国精神障碍的诊断与统计手册》第四版(DSM－IV－TR)和《中国精神障碍分类

与诊断标准》第三版（CCMD－3）对人格障碍的定义与诊断标准以及上述对部分常见人格障碍类型的介绍，可以总结出人格障碍的一些主要特征：

（1）人格障碍患者必须在认知、情绪情感、人际功能和对冲动行为的控制四个领域中至少存在两个方面的问题才能被界定为某一类型的人格障碍。其中人际功能上的问题是人格障碍患者的共同特点。大量的临床报告显示，人格障碍患者普遍难以与他人建立和谐共处的人际关系。他们常把自己所遭遇到的困难归咎于他人的犯错或他人的恶意造成，如偏执型人格障碍往往表现为对他人的极度不信任和猜疑；分裂型人格障碍则表现出对亲密社会关系的严重不适等。

（2）人格障碍患者的异常人格模式是持久并具有普遍性的。正常的人格一旦形成后就具有了相对的稳定性，并对个体的其他心理特征和行为反应产生影响。异常的人格特征也是如此，会对个体的认知功能造成长期的影响，如偏执型人格障碍与分裂型人格障碍患者均存在一定程度的认知异常；在情绪表达方面和行为控制与反应也会出现持久的异常表现，诸如强迫型人格障碍、表演型人格障碍和反社会型人格障碍等存在明显的情绪与行为障碍，甚至会伴随终生。

（3）人格障碍患者容易产生有害的行为后果。人格障碍患者往往由于过分的偏执、怀疑从而出现主动或被动地侵犯他人权利甚至安全的行为，容易危及他人。同时，他们对自己的不道德行为没有罪恶感，觉得伤害他人也没有任何责任，因而给社会造成严重的后果和危害。

（4）缺乏自知，否认自己患有人格障碍。大多数的人格障碍患者对自己的怪异行为缺乏明显的自知，不会对自己的行为和观念进行反思，也不会认为自己出现的异常认知、情绪表达和行为与正常人群有明显不同。

2. 结合相关人格测试进行评估

对于人格的测量主要可以通过两种方法进行。

第一种是采用测验法。所谓测验法是在标准化的技术条件下对学生的内部心理与外部行为进行测量的方法。对于人格这一心理成分而言，主要运用自陈式问卷的方法进行，这些关于人格测量的自陈式问卷一般称为人格量表，主要由一系列问题组成，每个问题陈述一种行为情境，学生只需要根据自己的实际情况对问题进行回答。目前运用比较广泛的人格量表有卡特尔 16 种人格因素量表（简称 16PF）、明尼苏达多相人格测验（简称 MMPI）、青年性格问卷（简称 CPI）和爱德华个人兴趣量表（简称 EPPS）等。

第二种对人格进行测量的方法是投射法。投射法主要以弗洛伊德（S. Freud）的精神分析理论作为基础，强调的是个体无意识的内部驱力影响并推动其外部行为。因此投射法的基本理念是：对直观问题的回答可能难以完全反映个人的内部心理变化，而采用一些模棱两可的问题则可以使其内部无意识的心理成分投射出来。投射测验一般由一些模棱两可的图片刺激组成，学生的主要任务是根据自己的理解对图片刺激进行说明，此时学生内在的动机、态度、情感体验等人格成分就通过这些陈述在不知不觉中反映出来，然后再由有经验的主试对这些陈述进行分析，就能大概推断出该学生的人格特征。当前运用比较多的投射法是罗夏克墨迹测验（简称 RIT）和主题统觉测验（简称 TAT）。

任务三　大学生异常心理的处置

一、普及宣传异常心理知识

虽然现在大学都有心理咨询室和心理教育课，对待心理异常已经普遍持接受态度，但是由于种种认知的原因，心理异常的学生还是经常会担心受到别人的歧视，他们隐瞒自己的心理苦恼,不愿意告诉别人有接受心理治疗的记录,不愿意走进心理咨询室寻求帮助,更有甚者不愿意接受咨询师的主动干预。这与走进心理咨询室的往往是心理有毛病的人的错误认知有关。这种错误的认知不仅会对心理异常者的心理和行为产生错误的看法,认为他们是"有病"的群体,同时也影响着心理异常者如何面对身边的同学。因此,普及宣传异常心理知识,了解如何理解、治疗和预防异常心理,可以使得普通学生能科学认识异常心理,对之有科学的了解和判断,并能正确对待异常心理。

常常有学生说,我得强迫症了,我得抑郁症了!到底算不算?需要对这些做全面的认识。教材中讨论的心理现象在一般人身上都可能出现,如果程度比较轻微,持续时间较短,没有令个体感到严重影响自己的学习和生活功能,是不能判定自己存在异常心理的。在缺乏相关专业背景、缺乏相关经验的情况下,有的同学往往会对号入座判定自己是心理异常,这是不合适的。异常心理知识的普及可以让学生对自己的情况并不是很明确或是确实觉得该情况在较长时间里影响了自己的学习和生活,根据普及的知识做出判断。如果不能,会主动寻求专业心理咨询师的帮助或精神医生的帮助。

二、科学耐心对待异常心理同学

(一)与异常心理的同学一起了解相关事实

和异常心理的同学一起做关于某个疾病,比如抑郁症、焦虑症、强迫症等相关知识的学习工作,了解疾病的发病表现、发病特点、用药疗程、用药可能带来的副作用、心理咨询的作用和改善的目标、可以提供支持和帮助的人或群体等,这个过程既是和该同学进行交流的过程,也是更好地帮助同学的过程。

(二)给予关注和倾听

真诚地关注和耐心的倾听是给予异常心理同学的一种关爱方式。对他的关注是一种接纳,让他感觉到安全,觉得有人在乎他。此外,每个人对待事物的看法可能会有所不同,在这个过程中,有异常心理的同学对待事物的看法与我们会有些差异,我们需要克制住自己的想法,让该同学能够平静地、不带任何压力地将自己的想法和情绪表达出来。要让他感觉到我们虽然不能完全理解他,但是如果我们是他,也许我们会有与他一样的想法。

(三)指导有异常心理的同学承担可以承担的生活责任

有异常心理的同学需要我们给予适当的照顾,但与此同时,我们需要了解的是,有异常心理的同学和患有其他疾病的个体一样都是自己生活的主人,需要承担自己的可以承担的生活责任。我们应恰当地鼓励他做一些力所能及的事情,而不是小心翼翼地替他包办每一件事情和让他在一些他可以做的事情上得到"豁免"。但是不要强迫他做一些他不想做的事情。

(四)积极寻求他人的帮助

心理疾病和生理疾病是一样的,在不同阶段需要不同的人的帮助,也许他不愿意和你聊天。但他能和他信任的心理咨询师聊天或是他的好朋友聊天。帮助异常心理的同学寻求他愿意倾诉的人。

(五)及时报告

患有精神分裂症的个体由于缺乏自知力并不认为自己有病,其自身不能主动到医院就诊;有神经症和情感障碍的个体,自身痛苦,可能并不知道能够给自己提供帮助的途径;有的个体还可能引发自伤(自杀)或伤及他人的行为。当我们发现身边的同学出现上述情况时,应第一时间及时报告老师,因为面对这些问题都需要专业人员的协助,千万别自作主张,擅自处理或掉以轻心,以为没什么大不了的。此外,在老师到来之前,应该将保证当事人的安全作为首要目标,必要时还要请其他同学提供必要的帮助。同时,在这个过程中,应避免让与该事件无关的人员知道,尽可能地保护同学的隐私。

【心理训练营】

自生训练是通过特定的自我暗示语言，降低或消除身心紧张，从而松弛身心的一种放松训练方法。这六种练习的特定暗示语如下：

背景练习："我非常安静"

第一种练习（沉重感）："我的右（左）手或脚感到很沉重"。

第二种练习（温暖感）："我的右（左）手或脚感到很温暖"。

第三种练习（心脏调整）："我的心跳平衡、有力"。

第四种练习（呼吸调整）："我的呼吸顺畅"。

第五种练习（内脏调整）："我的腹部很温暖"。

第六种练习（额头凉感）："我的前额凉爽"。

进行自生训练，可采用卧姿、坐姿或半躺式练习姿势，以全放松舒适为主。在自我训练过程中，一边默念特定暗示语，一边要进行积极想象，并注意体会相应的四肢温暖和沉重感。学习自生训练的六种练习，可以一个一个循序渐进学习掌握，也可以把它们放在一起来学习。最终大多数人可以只要重复默念一两次这些暗示语，就能使自己进入愉快、舒适和宁静的"自然发生状态"。自生训练的最大优点是暗示语容易记，便于自己随时随进行练习。

【心理测试】

SCL-90 症状自评量表

	1 分	2 分	3 分	4 分	5 分
（1）头痛。	无	轻度	中度	相当重	严重
（2）神经过敏，心中不踏实。	无	轻度	中度	相当重	严重
（3）头脑中有不必要的想法或字句盘旋。	无	轻度	中度	相当重	严重
（4）头晕和昏倒。	无	轻度	中度	相当重	严重
（5）对异性的兴趣减退。	无	轻度	中度	相当重	严重
（6）对旁人责备求全。	无	轻度	中度	相当重	严重
（7）感到别人能控制您的思想。	无	轻度	中度	相当重	严重
（8）责怪别人制造麻烦。	无	轻度	中度	相当重	严重
（9）忘记性大。	无	轻度	中度	相当重	严重
（10）担心自己的衣饰整齐及仪态的端正。	无	轻度	中度	相当重	严重
（11）容易烦恼和激动。	无	轻度	中度	相当重	严重
（12）胸痛。	无	轻度	中度	相当重	严重
（13）害怕空旷的场所或街道。	无	轻度	中度	相当重	严重
（14）感到自己的精力下降，活动减慢。	无	轻度	中度	相当重	严重
（15）想结束自己的生命。	无	轻度	中度	相当重	严重
（16）听到旁人听不到的声音。	无	轻度	中度	相当重	严重
（17）发抖。	无	轻度	中度	相当重	严重
（18）感到大多数人都不可信任。	无	轻度	中度	相当重	严重
（19）胃口不好。	无	轻度	中度	相当重	严重
（20）容易哭泣。	无	轻度	中度	相当重	严重
（21）同异性相处时感到害羞不自在。	无	轻度	中度	相当重	严重
（22）感到受骗、中了圈套或有人想抓住您。	无	轻度	中度	相当重	严重

(23)无缘无故地突然感到害怕。	无	轻度	中度	相当重	严重
(24)自己不能控制地发脾气。	无	轻度	中度	相当重	严重
(25)怕单独出门。	无	轻度	中度	相当重	严重
(26)经常责怪自己。	无	轻度	中度	相当重	严重
(27)腰痛。	无	轻度	中度	相当重	严重
(28)感到难以完成任务。	无	轻度	中度	相当重	严重
(29)感到孤独。	无	轻度	中度	相当重	严重
(30)感到苦闷。	无	轻度	中度	相当重	严重
(31)过分担忧。	无	轻度	中度	相当重	严重
(32)对事物不感兴趣。	无	轻度	中度	相当重	严重
(33)感到害怕。	无	轻度	中度	相当重	严重
(34)我的感情容易受到伤害。	无	轻度	中度	相当重	严重
(35)旁人能知道您的私下想法。	无	轻度	中度	相当重	严重
(36)感到别人不理解您不同情您。	无	轻度	中度	相当重	严重
(37)感到人们对您不友好,不喜欢您。	无	轻度	中度	相当重	严重
(38)做事必须做得很慢以保证做得正确。	无	轻度	中度	相当重	严重
(39)心跳得很厉害。	无	轻度	中度	相当重	严重
(40)恶心或胃部不舒服。	无	轻度	中度	相当重	严重
(41)感到比不上他人。	无	轻度	中度	相当重	严重
(42)肌肉酸痛。	无	轻度	中度	相当重	严重
(43)感到有人在监视您谈论您。	无	轻度	中度	相当重	严重
(44)难以入睡。	无	轻度	中度	相当重	严重
(45)做事必须反复检查。	无	轻度	中度	相当重	严重
(46)难以做出决定。	无	轻度	中度	相当重	严重
(47)怕乘电车、公共汽车、地铁或火车。	无	轻度	中度	相当重	严重
(48)呼吸有困难。	无	轻度	中度	相当重	严重
(49)一阵阵发冷或发热。	无	轻度	中度	相当重	严重
(50)因为感到害怕而避开某些东西、场合或活动。	无	轻度	中度	相当重	严重
(51)脑子变空了。	无	轻度	中度	相当重	严重
(52)身体发麻或刺痛。	无	轻度	中度	相当重	严重
(53)喉咙有梗塞感。	无	轻度	中度	相当重	严重
(54)感到没有前途没有希望。	无	轻度	中度	相当重	严重
(55)不能集中注意。	无	轻度	中度	相当重	严重
(56)感到身体的某一部分软弱无力。	无	轻度	中度	相当重	严重
(57)感到紧张或容易紧张。	无	轻度	中度	相当重	严重
(58)感到手或脚发重。	无	轻度	中度	相当重	严重
(59)想到死亡的事。	无	轻度	中度	相当重	严重
(60)吃得太多。	无	轻度	中度	相当重	严重
(61)当别人看着您或谈论您时感到不自在。	无	轻度	中度	相当重	严重
(62)有一些不属于您自己的想法。	无	轻度	中度	相当重	严重
(63)有想打人或伤害他人的冲动。	无	轻度	中度	相当重	严重
(64)醒得太早。	无	轻度	中度	相当重	严重

(65)必须反复洗手、点数目或触摸某些东西。	无	轻度	中度	相当重	严重
(66)睡得不稳不深。	无	轻度	中度	相当重	严重
(67)有想摔坏或破坏东西的冲动。	无	轻度	中度	相当重	严重
(68)有一些别人没有的想法或念头。	无	轻度	中度	相当重	严重
(69)感到对别人神经过敏。	无	轻度	中度	相当重	严重
(70)在商店或电影院等人多的地方感到不自在。	无	轻度	中度	相当重	严重
(71)感到任何事情都很困难。	无	轻度	中度	相当重	严重
(72)一阵阵恐惧或惊恐。	无	轻度	中度	相当重	严重
(73)感到在公共场合吃东西很不舒服。	无	轻度	中度	相当重	严重
(74)经常与人争论。	无	轻度	中度	相当重	严重
(75)单独一人时神经很紧张。	无	轻度	中度	相当重	严重
(76)别人对您的成绩没有做出恰当的评价。	无	轻度	中度	相当重	严重
(77)即使与别人在一起也感到孤单。	无	轻度	中度	相当重	严重
(78)感到坐立不安心神不定。	无	轻度	中度	相当重	严重
(79)感到自己没有什么价值。	无	轻度	中度	相当重	严重
(80)感到熟悉的东西变成陌生或不像是真的。	无	轻度	中度	相当重	严重
(81)大叫或摔东西。	无	轻度	中度	相当重	严重
(82)害怕会在公共场合昏倒。	无	轻度	中度	相当重	严重
(83)感到别人想占您的便宜。	无	轻度	中度	相当重	严重
(84)为一些有关"性"的想法而很苦恼。	无	轻度	中度	相当重	严重
(85)您认为应该因为自己的过错而受到惩罚。	无	轻度	中度	相当重	严重
(86)感到要赶快把事情做完。	无	轻度	中度	相当重	严重
(87)感到自己的身体有严重问题。	无	轻度	中度	相当重	严重
(88)从未感到和其他人很亲近。	无	轻度	中度	相当重	严重
(89)感到自己有罪。	无	轻度	中度	相当重	严重
(90)感到自己的脑子有毛病。	无	轻度	中度	相当重	严重

一、简介

精神科有许多量表是让被试自行评定的,统称为自评量表(self-rating scale)。其中,应用最广泛的是症状自评量表(self-rating symptom scale)。

症状自评量表的种类很多,临床最常用的是 90 项症状清单(Symptom Checklist 90, SCL-90),又名症状自评量表(Self-reporting Inventory),有时也叫作 Hopkin 扭症状清单(HSCL)。此量表包含有广泛的精神病症状学内容,如思维、情感、行为、人际关系以及生活习惯等等。

SCL-90 的使用范围颇广。主要为成年的神经症、适应障碍及其他轻性精神障碍患者。不适合于躁狂症和精神分裂症。

要求:

(1)独立的、不受任何人影响的自我评定。

(2)每次评定一般在 20 分钟内完成。

二、SCL-90 的因子

SCL-90 量表共包括 10 个因子,即 90 项分为十大类,每一因子反映受检者的一方面情况,下面是各因子名称及所包含项目:

(1)躯体化:(1)、(4)、(12)、(27)、(40)、(42)、(48)、(49)、(52)、(53)、(56)、(58)共 12 项。

(2)强迫症状:(3)、(9)、(10)、(28)、(38)、(45)、(46)、(51)、(55)、(65)共10项。

(3)人际关系敏感:(6)、(21)、(34)、(36)、(37)、(41)、(61)、(69)、(73)共9项。

(4)抑郁:(5)、(14)、(15)、(20)、(22)、(26)、(29)、(30)、(31)、(32)、(54)、(71)、(79)共13项。

(5)焦虑:(2)、(17)、(23)、(33)、(39)、(57)、(72)、(78)、(80)、(86)共10项。

(6)敌对:(11)、(24)、(63)、(67)、(74)、(81)共6项。

(7)恐怖:(13)、(25)、(47)、(50)、(70)、(75)、(82)共7项。

(8)偏执:(8)、(18)、(43)、(68)、(76)、(83)共6项。

(9)精神病性:(7)、(16)、(35)、(62)、(77)、(84)、(85)、(87)、(88)、(90)共10项。

(10)其他:(19)、(44)、(59)、(60)、(64)、(66)、(89)共7项,主要反映睡眠及饮食情况。

三、SCL-90的记分

SCL-90量表一般采取1~5分的5级评分标准。从1分代表无症状到5分代表症状严重,依次递进。总分即为90个项目的得分总和。总分160分为临床界限,超过160分说明测试人可能存在着某种心理障碍。并且,任一因子得分超过2分为阳性,说明可能存在着该因子所代表的心理障碍。每一种心理问题的阳性因子个数大于2,则说明在该种心理问题上存在问题。

【叩响心门】

(1)什么是心理疾病?大学生常见的心理疾病有哪些?

(2)区分正常与异常的心理学标准有哪些?

(3)神经症有哪些?其具体的表现是什么?

(4)如果身边出现心理疾病的同学,我们应该怎么做?

【心理电影院】

片名:美国丽人

简介:剧中每个看似正常的人物都或多或少有点心理问题:中年危机的爸爸,不甘心作家庭妇女、一心想获得事业成功的妈妈,与父母沟通困难的叛逆的青春期女儿,有窥视癖的邻居的儿子,独断专行的新纳粹邻居,以及放荡的啦啦队队花和一对相亲相爱的同性恋邻居……中年也好,老年也罢,青春期的少年也罢,没有一个逃过劫难。剧中的问题人物不再是弱智、自闭症或其他任何被心理医生诊断为病人的"病人",而是一个个我们在日常生活中每一个人都可能遇到,甚至可能扮演的角色,我们不可能再自欺欺人的粉饰太平,掩耳盗铃地告诉自己:"心理问题离我们还太远"!事实上,正常与偏常:一线之隔。

简评:整个片子的色调虽然不是黑白的,但却是晦涩的。"世界如此之美,应该平静地去欣赏",主人公莱斯特·伯纳姆(凯文·斯帕西饰)死前的最后一席话启发到,人们要用崭新视角去看待周围的世界。如此颇具哲理的结局既让观众对莱斯特·伯纳姆的离开充满悲伤,对人生意义价值产生新的思考。物质带来便利,同时也带来太多负担,又有多少人,可以真的放下。请宽容,让自己幸福,不能带给别人幸福至少不要带去伤害。

资料来源:http://www.doc88.com/p-6071842108678.html

项目五

做情绪的主人
——大学生的情绪及其管理

心灵箴言

任何时候，一个人都不应该做自己情绪的奴隶，不应该使一切行动都受制于自己的情绪，而应该反过来控制情绪。无论境况多么糟糕，你应该努力去支配你的环境，把自己从黑暗中拯救出来。

——罗伯·怀特

能控制好自己情绪的人，比能拿下一座城池的将军更伟大。

——拿破仑

项目五 做情绪的主人——大学生的情绪及其管理

【心的灯塔】

情绪对大学生的心理健康有着重要的影响，如何做好自己情绪的管理对人际关系、是否在顺利完成任务均有很大的影响。情绪是个体行为的重要驱动力，它影响人们认知活动的方向、人格的形成、行为的选择以及人际关系的处理。处在青年期的大学生，心理上正经历着急剧的变化，他们情绪起伏波动大、情感体验丰富复杂，因此，容易陷入情绪困扰，这一特点必然会影响到他们的生活、学习、交往等各个方面，长期持续的不良情绪还会危害大学生的身心健康。

小A终于在邮箱里看到了来自XX大学的回复邮件，这可能是她心仪已久的大学的录取通知。但是邮件里写的是什么呢？他知道有两种可能，他感到非常紧张，他的手颤抖着点开邮件，紧张得闭上了眼睛。信打开了，上面写着："亲爱的A女士，本大学的理事会成员很高兴地接受你……"小A激动地欢呼起来，兴高采烈地又蹦又跳。

这一瞬间里小A那起伏跌宕的心理变化，就是我们所说的情绪。在某个时刻或情境下，我们每个人都经历过强烈的情绪体验：或异常快乐或十分消极。也许我们曾沉醉于恋爱的甜蜜中，曾为获奖而兴奋，曾为某人的去世而悲伤，为不经意间伤害了某人而懊悔。此外，我们在每天的日常生活中经历着这样一些程度较轻的情绪反应：享受友谊的快乐，欣赏电影的愉悦，因弄坏借来的东西而为难。尽管这些情感性质不同，它们都代表情绪。

任务一 情绪概述

现代生活节奏加快，紧张和压力也随之而来。越来越多的人遇到情绪情感的困扰。当前各种疾病的原因中有70%以上都与心理因素尤其是情绪因素息息相关。弗洛伊德曾指出，学习掌握自己的情绪是成为文明人的基础。现代社会的快节奏及生活的复杂化，使人们面临的压力越来越大，随之情绪的波动及爆发频率也越来越高。情绪是人生不可分割的一部分，它对人们有重要的影响，它可以影响和调节认知过程，可以协调社会交往和人际关系。由此可见，情绪在人的生活中，占有一定的地位，起着重要的作用，人们若能合理地掌控情绪，就可以更顺利地工作和生活。

易怒？因为你的思维方式"病"了

【心理故事汇】

钉钉子的故事

有一个坏脾气的男孩，他爸爸为了帮助他改变坏脾气的毛病，就给了他一袋钉子，并且告诉他，每当发脾气或者想跟人吵架时，就在院子的篱笆上钉一根钉子。

第一天，男孩在篱笆上钉了37根钉子。之后的几天他学会了如何控制自己的脾气，所以每天钉在篱笆上的钉子逐渐减少了。最后他发现，控制自己的坏脾气，要比钉钉子容易得多。终于有一天，他惊喜地发现没有在篱笆上钉上一根钉子，他开心地将这件事告诉了他爸爸。

爸爸知道后，对他说："从今天开始，如果你一天都没有发脾气，就可以将原先钉下的钉子拔掉一根。"日子一天天过去，最终，小男孩将篱笆上的钉子全被拔光了。

爸爸来到篱笆边上，高兴地对他说："儿子，你做得真棒，学会了控制住自己的坏脾气。可是你看篱笆上的这些钉子洞，永远也不可能恢复原先的样子了。就像你和别人吵架，当时因为愤怒说了难听的话，甚至做了冲动的事情，你就在彼此的心里留下了一个伤口，像这些钉子洞一样。"

资料来源：作者根据相关资料整理

一、情绪的内涵

情绪(emotion)是人对客观事物的态度体验及相应的行为反应。也就是指人对客观事物是否符合人的需要与愿望、观点而产生的心理体验，是人在认识或作用于客观事物时，根据客观事物是否符合自己的需要而产生的各种相应的内心体验和外部表现。由符合需要的事物引起的体验即为愉快的情绪；反之，即为不愉快的情绪。情绪是一个人可以依赖的最重要的内在资源之一。

【心理百科】

动物有情绪吗？

好奇的"喵星人"曾经有一位养猫族这样描写他家的猫："猫在高兴的时候会很活泼，眼神里充满了好奇，会跑过来与你玩；感觉到幸福的时候就会发出'呼噜'声；生气的时候会'哈'人；害怕的时候毛会竖起来；悲伤的时候眼神是很哀怨的。"看来，动物也是有情绪的。

16世纪的哲学家和数学家笛卡尔曾提出："动物就是流着血液的机器，它们是没有思想，也没有心愿的。"达尔文是历史上首位提出情绪存在于非人类生物中的科学家。他通过观察动物们的行为来推测它们的情绪状态，比如通过观察狗尾巴的摆动方式来推测它们是恭顺还是敌对的态度。但是，达尔文实际上是没有办法直接了解到狗的体验的。在相当多的情况下，人们都是通过观察动物的行为来推测它们是否有情绪。

人类的大脑由脑干、旧皮质和新皮质这三部分组成。脑干是我们同哺乳动物类和爬虫类共有的，而旧皮质是我们同哺乳动物共有的，新皮质则是高级动物所具有的，哺乳动物越进化其新皮质就越大。

动物在进化过程中是先形成原始的脑干，在这之后继而由原始的脑干发展出下丘脑和边缘系统构成的情绪中枢，这时人类的情绪才基本产生了。然后又经历数百万年，才发展出思考中枢——大脑新皮质，这时候人类才具备抽象思考能力。也就是说，人脑是先有情绪中枢，许久之后才发展出思考中枢。由此可推知，情绪、感受和理性的关系。

在动物体内，最初和情绪相联系的器官是负责接收分析气味的嗅觉器官。因为在远古时代，对于动物来说，能够敏锐地辨识周围环境中的气味是生死存亡的关键。出于生存的需要，以嗅觉为基础，原始的情绪中枢出现。随着哺乳动物的出现，动物的活动范围逐渐扩大，渐渐地可以对于更多的外界刺激产生情绪反应，情绪中枢也就此逐渐形成。

从爬虫类到恒河猴再到人类，新皮质的数量明显增加，情绪的表现也更加精致多样。那些只有脑干的爬虫类动物是没有情绪的，而从具有旧皮质的哺乳动物开始，情绪就产生了。灵长类动物（如恒河猴）有着更加复杂的情绪，而情绪最为丰富的当属有着万物之灵之称的人类。

资料来源：作者根据相关资料整理

二、情绪的构成

情绪是体验，又是反应；是冲动，又是行为；它是有机体的一种复合状态，包括主观体验、表情行为和生理反应。其中，主观体验（又称情感体验）是情绪的核心成分，它使个体在情绪过程中拥有某种主观感受，如快乐感、愤怒感等。对情感体验的测量方法主要是主观报告法。表情行为包括神经肌肉活动和感觉反馈信号两部分，表现为脸部、言语、躯体姿势、手势等活动。目前对表情客观的测量还是一个颇受挑战的领域，因为表情不仅表达情绪，还受许多环境压力和要求的影响。生理反应主要表现在：①脉搏、血压和血管容积的变化；②呼吸系统的变化；③腺体与内分泌的变化。

以快乐这种情绪为例，当我们达到了渴求的目的，原有的紧张感就会解除，这时我们体验到的情绪就是快乐。此时，我们主观上的体验会是愉悦、欣喜、满足、生理上则会变得放松，外部表情则是：笑逐颜开，神采飞扬甚至手舞足蹈等。

三、情绪的功能

（一）情绪使我们具备了审美功能

周围世界的美与丑对一张没有生命的桌子而言是没有意义的，因为桌子没有感受的能力。与桌子相比，人类真是幸运，大自然不仅赋予周围世界的美丽，而且让我们具备了一种天赋能力——感觉并体验世界的能力。由于这种能力的存在，生活从此才有意义：大到为理想而奋斗，小到为一顿晚餐而辛劳，都可以让人体验到愉悦、欣喜、满足和成就的感觉，这种感觉若用一个心理学术语来概括，那就叫：幸福感。

（二）情绪是我们适应生存的心理工具

我们都知道躯体在帮助我们适应环境、有效生存中所起的作用。海边的人靠捕鱼为生，高山上的人靠狩猎为生，平原上的人靠耕种为生……人类因势利导，靠自己的双手发展出最有效的生存环境和生存方式，如遇外敌入侵及灾害，人们还要凭借自己的躯体力量或反抗或逃生。但很少有人想到，若没有无形的情绪作中介，上述一切活动甚至都不会发生。自我防御功能情绪能够帮助我们做出迅速的反应。当我们遇到相应的事情时，会产生应激的反应，这些反应都有明显的自我保护倾向。例如，当你生气的时候会选择抗拒；当你惧怕时候会选择更为安全的策略。这些都表明情绪有自我防御的功能。因此，情绪是帮助人适应生存环境的有力而且首要的工具。

（三）情绪影响人际沟通与交流

一个人不仅能凭借表情传递情感信息，而且也能凭借表情传递自己的某种思想和愿望。表情是思想的信号，如微笑表示赞赏，点头表示默认，摇头表示反对。通过别人的情绪反馈信息，我们就能领悟到别人对自己的态度。在与人交往的过程中，情绪使我们得以主动协调与他人的关系，比如通过微笑表达友好，通过热忱表达关切。我们还知道：表现快乐会使人感觉愉快，表现稳重会使人感到放心，表现体贴会使人感到亲近，表现幽默会使人感觉放松。最有意思的是，不论是实验还是经验都已证实，人类的基本情绪（快乐、愤怒、恐惧、忧伤）都是一致的，都有着共同的生物学基础。正因如此，情绪不仅有助于我们在本民族内的沟通，而且也使我们得以与世界各地的人沟通。

（四）情绪可以激发人的行为动机

经过许多学者大量研究表明，当出现紧急情况时，消极的情绪（如愤怒和恐惧）能够唤起大脑的警觉水平;积极的情绪(如高兴),能使一个人的感觉、知觉变得敏锐、记忆获得增强、思维更加灵活,有助于一个人内在潜能的充分展示。爱会成为激发人们为正义、为和平、为环境、为美好生活而奋斗的动机;好奇会成为激发人们去冒险、去探索、去努力认识世界的动机;忧伤会成为激发人们深入思考的动机;恐惧会成为激发人们追求安全的动机;焦虑会化作人们争取放松的动机……

正因为情绪具有审美功能、适应功能、交际功能和动机功能,所以情绪是一个人可以依赖的最重要的内在资源之一。

四、情绪的类型

有关情绪的分类,有很多种说法。在佛教文化中提到的“七情六欲”中的“七情”——“喜、怒、忧、思、悲、恐、惊”即是比较朴素的情绪的分类。

情绪复杂且类别很多,并强弱不同还各有千秋。经实验证明,人类的基本情绪有四种,即快乐、愤怒、恐惧和忧伤。此外,还有与接近事物有关的情绪(如焦虑)、与自我评价有关的情绪(如自我价值感:骄傲、羞愧等)及与他人有关的情绪(如嫉妒)等。研究发现,焦虑、紧张与恐惧是情绪不稳定的主要特征,但这几种情绪很难区分,当不良刺激强度较小时,以焦虑成分为主;当刺激强度较大时,以恐惧成分为主。

(一)快乐

乐观的情绪使人不至于产生无力感、冷漠,做事较有自信,比较能经得起打击、挫折。同样的事,不同的态度,不同的看法,会产生不同的结果。乐观的情绪是动力的助长器,据医学杂志表明,乐观的情绪可以刺激大脑前额叶的发达,而大脑前额叶的发达可以刺激人的思维运转得更为迅速。一个时刻保持乐观情绪的人,才会拥有更加自信的心智,而乐观的情绪更能激发一个人的奋发精神,让人更加自信地面对未来,更加有效地去解决问题。

(二)愤怒

愤怒是一种常见的消极情绪,它是人对客观现实的某些方面不满,或者个人意愿一再受到阻碍时产生的一种身心紧张状态。在人的需要得不到满足,遭到失败,遇到不公,个人自由受限制,言论遭到反对,无端受人侮辱,隐私被人揭穿,上当受骗等多种情形下人都会产生愤怒情绪,愤怒的程度会因诱发原因和个人气质的不同而有不满、生气、恼怒、大怒、暴怒等不同层次。发怒是一种短暂的情绪紧张状态,往往像暴风骤雨一样来得猛,去得快,但在短时间内会有较强的紧张情绪和行为反应。愤怒的情绪郁结于心会产生强大的力量,一旦发泄到外面,会造成难以估量的损失。

(三)恐惧

恐惧的情绪是人与生俱来的东西。恐惧的情绪初期表现为紧张,然后担心、迷惑,进而导致手足无措,对眼前的事情把握不了方向,严重的会引起“社交恐惧症”。总被恐惧情绪控制的人一般性格比较内向,不爱与人打交道,长此以往地沉默下去,最后就会导致恐惧情绪成为一种惯性,对外面的世界越来越产生迷惑,对自身的能力产生怀疑。一个恐惧的人,他在面对事情时更加不自信,不再相信自己的力量,也不再相信未来在自己手中真的可以有所改变。

(四)忧伤

忧伤的情绪通常表现为郁闷,郁闷可以说是介于忧虑和愤怒之间的情绪,它虽然不会像愤怒和恐惧那样来势汹汹,但会在时间的累积中不停地消磨人的斗志,当困难降临时,甚至连反抗的力量都没有了。郁闷的情绪如果不能得到及时的控制,人就会在这种放纵中更加找不到前进的方向,从而产生恶性循环,甚至导致“忧郁症”,那样的话,不仅影响正常的生活，也会影响人与人之间的感情和对事情的看法。情绪是可以互相转换的，郁闷会把所有不良情绪都摘取一点融入其中，一经激化，就势不可挡了。

美国心理学家普拉切克提出了八种基本情绪：愤怒、悲伤、恐惧、快乐、爱意、惊讶、厌恶、羞耻。每一类可再细分为四种强弱不等的情绪：

(1)愤怒：委屈，生气，敌意，憎恨；
(2)悲伤：沮丧，抑郁，绝望，痛苦；
(3)恐惧：紧张，担心，迷惑，慌乱；
(4)快乐：轻松，满足，得意，兴奋；
(5)爱意：友善，信赖，亲密，痴心；
(6)惊讶：好奇，有趣，震惊，骇异；
(7)厌恶：不悦，排拒，轻蔑，弃绝；
(8)羞耻：懊恼，难堪，自怜，愧疚。

【心理故事汇】

为郁闷找一条出路

晓琳是一名大一的女生，上大学以来自己总觉得很郁闷，而几乎所有她认识的人也都说一样的话——"郁闷"。至于对什么感到郁闷，说实话她自己也说不清楚，可能包括对现在的学习、生活或者自己以后的人生。在同学们眼里，每个人的"郁闷"各不相同：有生活乏味的郁闷，有作业完不成的郁闷，有减肥不成功的郁闷，有没找到男朋友的郁闷，还有丢了自行车的郁闷等等。总之，千奇百怪的郁闷构成了生活中的很大一部分。有的时候晓琳感觉自己变得不正常，不管遇到什么事情，总是喊着郁闷，而且总想逃避，不愿意面对现实的残酷。晓琳觉得自己现在的年龄按理说不应该是感到很烦闷的季节，可是她总觉得特别得烦。有的时候不想上课，碰到能逃的课就逃课，而且总是怀念以前，她不知道该如何改变这种状态。

晓琳的这种状况，对于很多大学生来讲应该并不陌生。生活中每个人都会遇到一些让自己感觉到不好受的事情，而这个时候我们就会有郁闷的情绪体验。大学生的"郁闷"可能会包括好多方面，当面对众多和自己一样优秀的人时，因找不到自己的位置，找不到奋斗目标而郁闷；在生活和学习中，有时候自己的想法不被人理解，做事方式不被人认可，观点意见没有被人采纳，这种种挫折感，也会产生郁闷；对于一些高年级的学生来说，不确定的生活状态，对未来的迷茫，现实与理想的冲突，终日无所事事，也会让人产生郁闷。

心理学上有一套心灵体操，可以帮助缓解烦闷的心情，大家不妨试着做一做：

一是动一动。运动时大脑能产生一种叫脑啡呔的物质，这种物质可以增强人的免疫能力，让人产生欣快感。

二是聊一聊。如果不开心，不妨找个朋友聊一聊，相互倾诉，烦恼就会减轻很多。不要一个人独处，尽量减少自己胡思乱想的机会。

三是听一听。音乐具有振奋精神，改善气血运行，调节心率，降低血压，促进消化等功能。

四是读一读。在一个人孤独无助的时候，你可以去读一些好书。在和他人对话的过程中，去寻找为自己释放的策略。

五是写一写。如果你有不便向别人诉说的心事时，即可选择写作。用文字记录自己生活和心灵的轨迹，让所有的酸甜苦辣，喜怒哀乐都能得到合理又合情的宣泄。

通过这样的心灵体操，做个快乐积极向上的大学生。时间是很宝贵的，多姿多彩的生活全靠自己去创造和打拼，鼓起信心和勇气行动起来吧。

资料来源：作者根据相关资料整理

五、情绪状态的分类

情绪状态是指在某种事件或情境的影响下，在一定时间内所产生的某种情绪，其中较典型的情绪状态有心境、激情和应激三种。

（一）心境

心境（mood）是指人比较平静而持久的情绪状态。心境具有弥漫性，它不是关于某一事物的特定体验，而是以同样的态度体验对待一切事物。心境是人内心世界的背景，使其他事件都渲染上它的色调，所谓“情哀则景哀，情乐则景乐”“忧者见之则忧，喜者见之则喜”，说的就是心境。一种心境的持续时间依赖于引起心境的客观刺激的性质，如失去亲人往往使人产生较长时间的郁闷心境；人格特征也能影响心境的持续时间，同一事件对某些人的心境影响较小，而对另一些人的影响则较大。心境产生的原因是多方面的。生活中的顺境和逆境、工作中的成功与失败等，都可能成为引起某种心境的原因。心境对人的生活、工作、学习、健康有很大的影响。积极向上、乐观的心境，可以提高人的活动效率，增强信心，使之对未来充满希望，有益于健康；消极悲观的心境，会降低认知活动效率，使人丧失信心和希望，经常处于焦虑状态，有损于健康。

（二）激情

激情（intense emotion）是一种强烈的、爆发性的、为时短促的情绪状态，来得快去得也快，具有明显的生理表现和外显表现。这种情绪状态通常是由对个人有重大意义的事件引起的。重大成功之后的狂喜、惨遭失败后的绝望、亲人突然死亡引起的极度悲哀、突如其来的危险所带来的异常恐惧等等，都是激情状态。激情状态往往伴随着生理变化和明显的外部行为表现，例如，盛怒时全身肌肉紧张、双目怒视、怒发冲冠、咬牙切齿、紧捏双拳等等。正性的激情可以成为激励人们积极行为的巨大动力，如见义勇为，这时激情成为人们奋勇向前的一种动力。

但是经常人们在激情状态下会“意识狭窄”，自控能力降低，理智分析能力受到限制，不能正确的评价自己行动的意义和后果，因而往往会出现不顾一切地不合适行为。但此时人仍然是有自知力的，因此激情不能作为错误行为的借口和托词。

（三）应激

应激（stress）是指人由于对出乎意料的紧急情况所引起的高度紧张的情绪状态，是人对某种意外的环境刺激所做出的所做出的适应性反应。如人们遇到某种意外危险或面临某种突然事变时，必须集中自己的智慧和经验，动员自己的全部力量，迅速做出选择，采取有效行动，此时人的身心处于高度紧张状态，即为应激状态。又如，正常行驶的汽车意外地遇到故障时，司机紧急刹车；战士排除定时炸弹时的紧张而又小心的行为等；在这些情况下人们所产生的一种特殊紧张的情绪体验，就是应激状态。应激状态的产生与人面临的情景及人对自己能力的估计有关。当情景对一个人提出了要求，而他意识到自己无力应付当前情境的过高要求时，就会体验到紧张而处于应激状态。人在应激状态下，会引起机体的一系列生物性反应，如肌肉紧张度、血压、心率、呼吸以及腺体活动都会出现明显的变化，这些变化有助于适应急剧变化的环境刺激，维护机体功能的完整性。但如果应激状态过强或持续时间过长，将对个体的身心健康造成不利影响。

应激比激情的激动水平更高，更强烈。应激状态可以通过机体生理机能的变化和调节进行适应性的防御，以应付外界突如其来的刺激和高度紧张的环境。

六、情绪的理论

（一）詹姆斯-兰格理论

美国心理学家詹姆斯(Willian James)和丹麦生理学家兰格(Carl Lange)分别在1884年和1885年提出内容相同的一种情绪理论，即詹姆斯-兰格情绪理论。此理论强调情绪的产生是植物性神经活动的产物。后人称它为情绪的外周理论。即情绪刺激引起身体生理反应，生理反应进一步导致情绪体验的产生。詹姆斯认为情绪是对身体变化的觉知。他认为是先有机体的生理变化，才有情绪。所以悲伤是由于哭泣引起，恐惧由战栗而来，喜悦是由开心产生；兰格认为情绪是内脏活动的结果。他强调情绪与血管变化的关系。植物神经作用加强，血管舒张产生了快乐的情绪，反之就会产生悲伤、恐惧的情绪。詹姆斯－兰格理论意识到了情绪与机体变化的关系，强调了植物性神经系统在情绪产生中的决定性作用；但他们强调过于片面，忽视了中枢神经系统的调节、控制，引起了学术界很多的争议。

（二）坎农-巴德学说

坎农(W. Cannon)根据詹姆斯-兰格理论的质疑，提出情绪的中枢不在外周神经系统，而在中枢神经系统的丘脑上，强调外界刺激引起感觉器官的神经冲动，传至丘脑，再由丘脑同时向大脑和交感神经系统发出神经冲动，因而大脑产生情绪的主观体验，交感神经系统产生生理变化。该理论认为，情绪的刺激是由丘脑进行加工的，丘脑同时将信息传输到大脑和机体的其他部位，到达大脑的信息产生主观情绪体验，到达内脏和骨骼肌肉的信息激活了生理反应。因此，生理变化与情绪体验同时发生，都是受到丘脑的控制。

（三）维度理论

上面我们提到情绪分为心境、激情和应激三种状态。这种划分就来源于情绪维度理论，情绪的维度是指情绪所固有的某些特征，主要指情绪的动力性、激动性、强度和紧张度等方面。这些特征的变化又都具有对立的两极性。

1. 三维理论

冯特(Wundt)提出了三维理论，情绪由三个维度组成，愉快－不愉快；激动－平静；紧张－松弛。每一具体情绪分布在三个维度两极之间的不同位置上。20世纪50年代，施洛伯格(Schooberg)根据面部表情研究提出，情绪的维度有愉快－不愉快；注意－拒绝和激活水平三个维度，形成了一个情绪的三维模式图，长轴为快乐维度，短轴为注意维度，垂直的轴则是激活水平的强度维度，三个不同水平的整合可以得到各种情绪。60年代末，普拉切克(Plutchik)提出，情绪具有强度、相似性和两极性等三个维度，他用一个倒锥体来说明三个维度间的关系。顶部为八种最强烈的基本情绪：悲痛、恐惧、惊奇、接受、狂喜、狂怒、警惕、憎恨，相邻的情绪中都有一些性质相似、强度依次递减，如厌恶、厌烦，哀伤、忧郁，椎体情绪对角位置是对立的。

2. 四维理论

美国心理学家伊扎德(Izard)提出了情绪四维理论。他认为情绪有愉快度、紧张度、激动度、确信度四个维度。愉快度体验到即快乐享乐，紧张度指情绪的生理激活水平，激动度是指机体对外界环境出现突然性的准备程度，确信度指个体能够承受感情的程度。

（四）认知理论

1. 阿诺德“评定—兴奋”说

美国心理学家阿诺德(M. B. Arnold)认为：刺激情境不直接决定情绪的性质，从刺激情境的出现到情绪的产生。需要经过机体对刺激的评估。情绪产生的基本过程是:刺激情境-评估-情绪。即使是出现同一刺激情景,由于机体对它的评估不同也会产生不同的情绪反应。情绪的产生是大脑皮层和皮下组织共同作用的结果,大脑皮层的兴奋性是情绪产生的最重要条件。

2. 沙赫特的两因素情绪理论

美国心理学家沙赫特(S. Schachter)和辛格(J. Singer)提出:特定情绪的产生有两个不可或缺的因素:一个是个体必须体验到高度生理唤醒;二个是个体必须对生理状态的变化进行认知性的唤醒。经过试验发现,人对生理反应状态的了解直接影响情绪经验。事实上,情绪是由认知过程、生理状态、环境在大脑皮层中共同整合的结果。两因素理论也可转化为一个工作系统,称之为情绪唤醒模型,该模型的核心成分是认知。

3. 拉扎勒斯的认知—评价理论

拉扎勒斯(Lazarus)认为情绪是人与环境相互作用的产物。在情绪活动中,人不仅反映出环境对个体的影响,还要调节自己对于环境的反应。也就是说,拉扎勒斯认为情绪是个体对环境知觉到有害或有益的反应。因此,人们要不断地评价环境与自身的关系。这种评价分为三种:初评价、次评价、再评价。

(五)动机—分化理论

伊扎德(Izard)的情绪动机-分化理论是以一个情绪为关键点,人格结构作为基础,论述情绪性质、功能的理论。该理论认为:情绪是人格系统的组成部分,是动力核心。情绪与个体的认知、行为等系统建立联系,相互作用。当体验到消极情绪时,免疫系统功能会减弱;而当体验到积极情绪时,免疫功能会增强。伊扎德关于情绪的激活与调节提出了四个过程:生物遗传—神经内分泌激活过程、感觉反馈激活过程、情感激活过程以及认知激活过程。他认为认知是情绪产生的一个重要的因素,但并不是绝对的,不是唯一的。仅仅是参与情绪激活与调节的过程。

情绪能成就人,也能损害人,同样也制约着人。我们要学会管理好自己的情绪,拥有我们需要的健康情绪,使情绪获得适当的表达。所以,我们必须对情绪做出真正的了解。

我们不仅要知道情绪有积极的一面,还要知道也有消极的另一面;不仅需要学会克制,还需要学会用适当的方式发泄;要学会如何抵御不良的情绪干扰,还知道利用情绪为我们的生活增添信心。我们只有学会利用积极情绪和善待消极情绪,才能更好地把握和管理自己的情绪,做情绪的主人。

七、情绪与健康的关系

情绪与身心健康关系密切。我国古代就有对情绪与健康关系的描述,例如《素质》中"怒伤肝、恐伤肾、思伤脾、忧伤肺""暴怒暴喜,始怒后喜,皆伤精气;精气竭绝,形体毁俎"等,就说明情绪可以导致疾病。又如唐代名医孙思邈的《千金方》中,"嵇康曰:养生有五难,名不去为一难,喜怒不去为二难,声色不去为三难,滋味不绝为四难,神虑精散为五难。"其中也指出调节情绪与养生的重要因素之一。现代医学研究结果表明,情绪的变化能直接影响人体内的各种生理活动,不良的情绪状态,会给人的身体健康带来不良的后果。俄国生理学家巴甫洛夫早就指出"一切顽固沉重的忧郁和焦虑,足以给疾病大开方便之门。"国外还有医学研究发展,"一切对人不利的影响中,最能够使人短命夭亡的,就是不好的情绪和恶劣的心情,如忧虑、颓丧、贪求、怯懦、嫉妒和憎恨等。"且很多临床观察结果表明,像高血压、心脏病、胃溃疡、支气管哮喘、月经失调、癌症等许多疾病,均与其情绪有着密切的关系。消极的不良情绪状态,如恐怖、焦虑、愤怒等会使肾上腺素皮质类固醇等内分泌激素增加,因而造成人的心率加快，血管收缩、血压升高、呼吸加深、胃肠蠕动减慢等。这些不良情绪如果持续时间过长或长期受到压抑而得不到疏泄，就会使人的整个心理状态失去平衡，体内生理生化过程就难以恢复正常，久之必然引起疾病。相反，积极的情绪状态则有益于健康，如高兴、愉快、欢乐等都是积极的良好情绪，它能提高人的大脑和整个神经系统的活力，保持肌体内分泌的平衡，使体内各器官系统的活动协调一致，有助于充分发挥整个机体的潜在能力，因此，能使人精力充沛、身体健康。

任务二　大学生的情绪发展特点

大学生正处于青年期向成年期的转变，处于逐步走向成熟、走向独立的时期，面临一系列的人生课题需要解决，如专业知识的储备，智力潜能的开发，个性品质的优化，择业的选择，为将来的家庭生活做准备等，由于大学生的心理发展尚未完全成熟，自我调节和自我控制能力还不强，在处理学习、社交、爱情、择业、挫折等复杂问题时，常常会出现内心矛盾冲突，带来烦恼、焦虑、苦闷等消极的情绪体验。加之大学生是社会生活中最敏感的群体，时代的变迁和冲击在他们的心灵中引起的激荡是最为明显！最为强烈的；现代社会竞争激烈，各种文化思潮的冲击，多种价值观念的冲突，使大学生的过高需求与满足相对不足，紧张的心理压力与排遣心理能力的不足，集中的心理刺激与转移空间的不足，都可能使他们产生心理问题或心理困扰。国内外的研究表明，大学生的心理问题的发生率大约在10% ~15%之间，心理障碍已成为大学生休学、退学、死亡的主要原因，心理健康问题成为大学生健康成长的主要障碍之一。

崔永元如何面对尴尬

情绪对大学生的心理健康有着重要的影响，情绪是个体行为的重要驱动力，它影响着人们认识活动的方向、行为的选择、人格的形成以及人际关系的处理。处在青年期的大学生，心理上正经历着急剧的变化，情绪起伏波动大，情感体验丰富和复杂，容易陷入情绪困扰。这一特点必然会影响到大学生的学习、生活等各个方面，长期持续的不良情绪还会危害大学生的身心健康。

作为特殊的群体，大学生的生理基本成熟而心理尚未完全成熟，易受到外界的干扰，因而对人、事、社会等各种现象特别关注，对新鲜事物十分好奇，对学业和未来充满信心，朝气蓬勃、积极进取，拥有许多积极的情绪，他们的每一个心理过程都是在某种特定的情绪背景下进行的并受其影响和调节的。

一、大学生的情绪特点

随着社会地位、知识素养的提高以及所处特定年龄阶段的影响，大学生的情绪带有鲜明的特征。具体表现在以下几方面：

（一）丰富性和复杂性

从生理发展分段来看，大学生正处于多梦的年龄阶段，几乎人类所具有的各种情绪，都可在大学生身上体现出来，并且各类情绪的强度不一，例如有悲哀、遗憾、失望、难过、悲伤、哀痛、绝望之分；从自我意识的发展来看，大学生表现出较多的自我体验，自我尊重的需要强烈，易产生自卑、自负等情绪体验；从社交方面来看，大学生的交际范围日益扩大，与同学、朋友及师长之间的交往更细腻、更复杂，有的大学生还开始体验一种更突出的情感——恋爱，而恋爱活动往往又伴随着深刻的情绪体验，这种特殊的体验对大学生有十分重要的影响；在情绪体验的内容上，大学生的情绪呈现出相当丰富多彩的特征，以惧怕的情绪来说，大学生所怕的事物,主要与社会的、文化的、想象的、抽象复杂的事物和情势有关,诸如怕考试、怕陌生人、怕惩罚、怕寂寞等。在社会交往上,大学生也在历练成熟的人际交往技巧。为了被同学、师长接受,他们努力发展自己和谐的人际关系,他们付出真诚,但是也有的时候不免要用掩饰情绪的方法来获得大家的支持,这也说明,与中学时代相比,大学生的情绪情感由单纯走向复杂。

(二)波动性和两极性

大学生不同于中学生时的青涩,他们处于第二断乳期的末尾,比那时要更加稳重、平和一些。如果说中学生很难把握自己,什么事情都要靠自己的意志和外界的压力规范来应对,那么大学时期,由于自己的人生观、价值观在逐渐形成,对世事、对人际等方面有了较为深刻的把握,因此,情绪稳定性要好一些。但是他们的情绪仍然很容易冲动。大学生同时有面临人多种选择的时期,学习、交友、恋爱等人生大事基本在这一阶段完成。社会、家庭、学校及生活事件,都会对大学生的情绪产生影响。尽管大学生的认识水平有了一定的提高,对自己的情绪已有了一定的控制能力,情绪亦趋于稳定,但同成年人相比,大学生相对敏感,情绪带有明显的波动性,遇事容易极端、固执、时而得意忘形,时而灰心丧气,经常因为一时的事件而导致整个人情绪状态不好。一句善意的话语,一个感人的故事,一支动听的歌曲,一首情理交融的诗歌,都可以致使青年情绪发生骤然变化。特别是在社会转型过程中,社会的变迁、体制的变革,新与旧价值观的更替,种种复杂的社会现象更容易使大学生产生困惑和迷茫,产生情绪的困扰与波动。

同时,由于大学生正处于情绪表现的"动荡"时期,自我认知、生涯发展及心理发展还未成熟等原因,他们的情绪起伏较大,带有明显的两极化特征:胜利时得意忘形,挫折时垂头丧气;喜欢时花草皆笑,悲伤时草木流泪,情绪的反应摇摆不定、跌宕起伏。有人对大学生进行调查,发现人 70% 的情绪都是经常两极波动的,也就是像"波动曲线一样,忽高忽低,忽愉快忽愁闷"。

(三)情绪的冲动性与爆发性

心理学家霍尔认为青年期处于"蒙昧时代"向"文明时代"演化的过滤期,其特点是动摇的、起伏的,他把这一时期称为"狂风暴雨"时期。由于知识水平和认知能力的提高,大学生对自己的情绪能够有所控制,但由于他们兴趣广泛,对外界事物较为敏感,加之年轻气盛和从众心理,因而在许多情况下,其情绪易被激发,犹如急风暴雨不计后果,带有很大的冲动性。他们往往对符合自己信念、观点和理想的事件或行为迅速发生热烈的情绪;对于不符合自己信念、观点和理想的事件或行为,则迅速出现否定情绪。个别的有时甚至会盲目的狂热,而一旦遇到挫折或失败又会灰心丧气,情绪来得快,平息也快。

大学生情绪的冲动性常常与爆发性相连的。大学生的自制力较弱,一旦出现某种外部强烈的刺激,情绪便会突然爆发,借助于冲动的力量驱使,以至于在语言、神态及动作等方面失去理智的控制,忘却了其他任何事物的存在,极易产生破坏性的行为和后果。

(四)阶段性和层次性

大学阶段由于不同年级培养目标和培养重点不同,教育方式和课程设置有所区别,各个年级面临的问题不同,大学生的情绪特点也不同,呈现出阶段性和层次性特点。大学新生所面临的是环境适应、学习方法的改变、新的交往对象熟悉、了解以及新的目标确立等问题。新生自豪感和自卑感混杂,放松感和压力感并存,新鲜感和恋旧感交替,情绪波动大。二三年级经过了一年级的适应过程,能够融于校园生活中,情绪较为稳定,他们更多的是在为未来做准备,继续升学还是就业,不同的规划要求他们做出相应不同的准备。毕业班学生面临毕业论文(毕业设计)及择业等多方面的重大而现实的问题,压力大情绪波动大,消极情绪多。另外,由于社会、家庭及自身要求、期望不同,能力、心理素质的差别,大学生也会体现着不同的情绪状态。

(五)外显性与内隐性

大学生对外界刺激反应迅速敏感,喜、怒、哀、乐常形于色,比起成年人比较外露和直接;但比起中小学生,大学生会文饰、隐藏或抑制自己的真实情感,表现出内隐、含蓄的特点。一般而言,大学生的很多情绪是一眼就能看出的,如考试第一名或赢得一场球赛,马上就能喜形于色。但由于自制力的逐渐增强,以及思维的独立性和自尊心的发展,他们情绪的外在表现和内心体验并不总是一致的,在某些场合和特定问题上,有些大学生会隐藏或抑制自己的真实情感,有时会表现出内隐、含蓄的特点。如对学习、交友、恋爱和择业等具体问题,他们往往深藏不露,具有很大的内隐性。另外,随着大学生社会化的逐渐完成与心理逐渐成熟,他们能够根据特有条件、规范或目标来表达自己的情绪,使得自己的外部表情与内部体验的不一致性。例如有的学生对异性萌生了爱慕之情,却往往留给对方的印象是贬低、冷落人家。有的学生并不认可身边的某个人,但是为了维持关系而做出缓和态度和行为。当然这些并非表明大学生很虚伪,实际上某种程度的掩饰恰恰是适应的表现,是社会心理和行为的适应。

二、情绪对大学生的影响

(一)情绪对大学生健康的影响

根据现代生理学、心理学和医学的研究成果表明,情绪对人的身心健康具有直接影响。若能保持愉快的心境,为人开朗乐观、积极向上,则人体免疫功能活跃旺盛,可以减少患病的机会,有益健康。不仅如此,良好的情绪不仅使大学生对生活充满希望,对自己满怀自信,而且能够使他们的求知欲增强、思维敏捷、富于创造力、爱好广泛、建立良好的人际关系,促进他们的全方位发展。

与此相反,消极的情绪对人的身心健康危害极大,在压抑、紧张、焦虑、恐惧等消极情绪的长期作用下,人的免疫能力下降,容易患各种传染性疾病,内脏功能也会受到伤害。许多研究表明,消极情绪是健康的大敌。突然而强烈的紧张情绪会抑制大脑皮层高度心智活动,破坏大脑皮层的兴奋和抑制的平衡,使人的意识范围狭窄、判断力减弱,失去理智和自制力。调查发现,大学生中常见的消化性溃疡、紧张性头痛和偏头痛、心律失常,月经失调,神经性皮炎等,都与消极情绪有关。

【心有千千结】

大学生小宁因为自己的情绪问题一直很苦恼,他觉得有时候遇见问题总是控制不住自己的情绪,爱发脾气,而且发起脾气来很歇斯底里,事后又后悔,他真不想那样,他知道发脾气很影响自己的形象,也会表现出自己是一个没有素质的人,但他就是控制不住自己。

小宁是一个比较相信命运的人,所以对书上有关算命、星座的内容都很感兴趣,虽然算不上深信不疑,但是上面的一些话对他的影响还是蛮大的。小宁的星座是处女座,他认为自己不管是对事还是对人都是追求完美的。在一定程度上,很容易受周围的环境感染,想的东西也很多。当他做一件事情的时候,总是担心自己做得不够好,所以有的时候总放不开手脚。而且经常把一件简单的事情想得很复杂,同学们说这样有好的一方面也有坏的一方面。想想也是,考虑多了,不会让自己面对突发状况而束手无策。但是大多时候使得自己很累,一直沉溺在幻想的状况中,让自己的情绪时刻紧绷着,从而在做其他事情的时候老是受它牵制。

现在的小宁很苦恼，老觉得因为自己的情绪不定，使得一些事情弄得乱七八糟的，让自己的大学时光与自己想要的出现偏差。大学是实现自己价值的地方，可小宁觉得自己没有做出一番作为，虚度了很多时光。看到其他同学那么无忧无虑地学习、工作、生活，为什么自己就总是受情绪影响，做什么都做不好呢？而且有的时候看到同学遇到事情都能不受情绪的影响，从而把事情做得很好，小宁心里就更难受了，更加找不到自己的位置了。

小宁该怎样才能克服掉总是受到情绪影响的“坏毛病”，没有牵绊地把所有的事情都做好？喜怒哀乐是人之常情，但是经常有一些不良的情绪，对于身体健康不利，并且给学习、工作、生活和人际关系都会带来不好的影响。能够很好地控制自己的情绪是一个人理智和成熟的表现，所以要学习和掌握一些调节情绪的方法和技巧，有效地控制和管理自己的情绪。如推迟愤怒法：当某一事件触发了你强烈的情绪反应，在表达出情绪之前，先为自己的情绪降降温，比如在心里对自己说：“我三分钟后再发怒。”然后在心中默默地数数。不要小看这三分钟，它在很大程度上可以帮助你恢复理智，避免冲动行为的发生。另外一种方法就是转变自己的观念，换一种角度来思考问题，你会更加容易发现自己的优点和长处，能更加开心地面对每一件事情。

资料来源：作者根据相关资料整理

（二）情绪对大学生学习的影响

情绪不仅与大学生的身心健康有关，而且与大学生的潜能开发、工作效率有关。良好的情绪情感往往使大学生乐于行动，有兴趣学习、工作和活动，有助于开阔思路，注意力集中，富有创造性。研究发现，精神愉快、心情舒畅、紧张而轻松是思考和创造的最佳状态，才能有效地进行智力活动。

心理学家用实验方法研究情绪与学习成绩的关系时，通常将焦虑程度与学习成绩分别作为自变量和因变量，然后采用自我评定法和生理反应法来研究它们之间的函数关系。研究结果表明，焦虑程度与学习成绩的关系呈倒U字（见图5.1）。

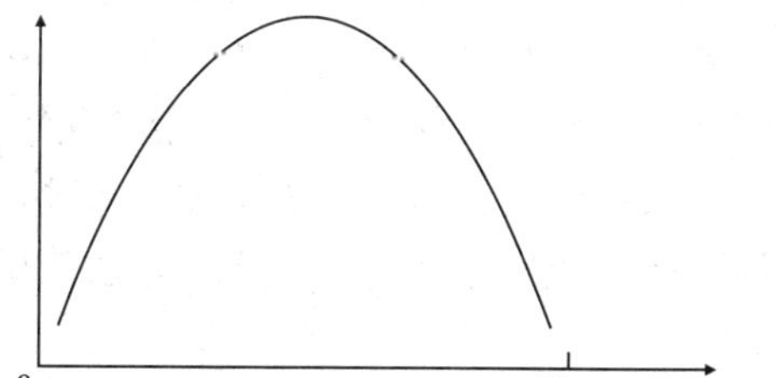

图5.1 焦虑程度与学习成绩的关系

结果表明，适度的焦虑能使大学生取得最好的学习效率，焦虑程度过高或过低，均难以取得优异的学习成绩。在生活中常有这种现象：有的大学生在考试时过分紧张，结果出现“晕场”现象；反之，有的学生对考试采取不以为然的态度，考试成绩也不高。

（三）情绪对大学生人际关系的影响

具有良好情绪特征的人，例如乐观、热情、自尊、自信是人际间产生相互吸引的重要条件，能彼此间心理距离缩短、情感融洽。而自卑、情绪压抑、爱发怒的人，往往不能与他人正常相处，难沟通、易疏远，使人与人之间疏远。

由于情绪具有感染性与传染性，因为良好的情绪、积极而稳定、适度的情绪反应，正性情绪大于负性情绪的人，在人群中更受欢迎，更容易获得别人的赞赏，容易形成良好的人际关系。一位大学生这样形容宿舍另一位同学:他的情绪正如六月的天,喜怒无常,无法把握,与他相处,有些如履薄冰,我们时刻要受他情绪的支配与感染。我们认为:他没有用坏情绪影响我们好心情的权利,因而我们选择逃避,尽量少与他交往。

与此同时,大学生在人际交往中,注重提高自身修养,学会适度控制与调适自己的情绪,做情绪的主人,才能拥有良好的人际关系。

(四)情绪对大学生行为目标的影响

1979 年,心理学家埃普斯顿在《人类情绪的生态学研究》这篇文章中,介绍了他对大学生的自我观念、情绪与行为变化之间关系的研究成果。结果表明,当体验到的是积极的情绪,如感到高兴、亲切、安全、平静,大学生的行为目标也往往是积极、生动的,对新经验的接受和开放、对周围人的尊重和理解、对价值和长远目标的献身精神等,都有明显增强;当体验到的是痛苦、愤怒、紧张或受威胁等消极情绪时,一部分大学生的社会兴趣下降,反社会行为增加,对新经验持审慎、甚至闭锁的态度,另一些大学生的行为并没有向消极方面转化,而是汲取教训,准备再干。

埃普斯顿的实验结果表明:积极的情绪体验与积极的行为变化总是有一致的关系。因此,在大学生活中要尽可能多地缔造这种关系。积极引导消极情绪,使之为转化为长远目标和价值献身的精神。

任务三　大学生情绪的调适

一、大学生常见不良情绪

随着社会竞争压力的加剧,现代人的心理负荷日益加重。身处象牙塔中的大学生也同样受到影响,加之他们尚未步入社会,生活阅历少,在面对各种应激性生活事件时,很容易因为处理不当而导致各种不良情绪的出现,对他们的身心健康造成不良影响。目前屡屡见诸报端的大学生跳楼、上吊等自杀事件以及伤害他人或动物的恶性事件,正是大学生缺乏情绪管理技巧的表现。据调查,在校大学生心理问题的发生率约在10% ~30%之间。大学生属文化层次较高的群体,对社会感受敏锐,在竞争激烈的今天,健康的心理、良好的情绪管理能力尤为重要。了解大学生的情绪特征,指导他们有效应对各种生活事件,克服不良情绪,增强社会适应力,对大学生群体及而言,是具有重要的实践价值和现实意义的。

情绪调节的秘密

(一)焦虑

1. 焦虑的表现

焦虑是十分常见的情绪,有人常常有时候感到烦躁不安,不知道为了什么,心神不宁,紧张韩怕担心,这些都是焦虑的症状,每个人在生活中都会多多少少的体验到这种情绪。

焦虑是一种类似担忧的反应或是自尊心受到潜在威胁时产生担忧的反应倾向,是个体主观上预料将会有某种不良后果产生的不安感,是紧张、害怕、担忧混合的情绪体验。人们在面临威胁或预料到某种不良后果时,都有可能产生这种体验。

焦虑不仅存在于大多数人的生活中,而且也是其他心理障碍共有的因素,如抑郁症与恐惧。焦虑是作为一种情绪感受,可以通过身体特征体现出来,如肌肉紧张、出汗、嘴唇干裂和眩晕等,焦虑也伴随认知成分,通过由多种成分构成,主要是以为将来会发生不愉快的事情。由于焦虑与恐惧、担心、惊慌等相关,也有人将担心看作焦虑的认知成分。

根据焦虑情绪的稳定与否,可分为状态焦虑和特质焦虑。状态焦虑是在特定情境中产生的情绪状态具有暂时性和不稳定性,这种状态即刻存在且有一定的强度水平。特质焦虑则是指人的相对持久的人格特征中的个体差异。由于当前大学生所面临的学习、就业方面的竞争日趋激烈,焦虑已经成为影响大学生心理健康的一种主要的负面情绪。

焦虑既可以成为大学生成才的内驱力,起促进作用,也可以起阻碍作用。实验证明,中等焦虑能使学生维持适度的紧张状态,注意力高度集中,促进学习。但过度焦虑则会对学生带来不良的影响。如有的大学生在临考前夜的失眠或考试时"怯场",在竞赛中不能发挥正常水平等,多是高度焦虑所致。被过高的焦虑困扰的大学生,常常会感到内心极度紧张不安,惶恐害怕、心神不定、思维混乱、注意力不能集中,甚至记忆力下降,同时还容易产生头痛、失眠、食欲不振、胃肠不适等不良生理反应。焦虑的大学生在内心深处有一种无法解脱、不愿正视的心理问题,焦虑只是矛盾、冲突的外显,借此作为防御机制以避免那更深层次的困扰。

大学生常见的焦虑有自我形象焦虑、学习焦虑与情感焦虑。自我形象焦虑是担心自己不够漂亮、没有吸引力,体貌过胖或矮小等,也有的因为粉刺、学生雀斑等影响自我形象而引起的焦虑;这类焦虑主要与自我认知有关,需要通过调整自我认知重新接纳自我,建立新的自我形象;二是与学习有关的焦虑如学习焦虑、考试焦虑,在学生情绪反映中最为强烈,我们在大学生学习心理中专门谈及考试焦虑,需要引起重视。情感焦虑多数由于恋爱受挫而引发的自我否定,认为自己不具备爱人与被爱的能力,因而过度担心引起焦虑。

2. 焦虑的调节

大学生如何进行焦虑的调节?

(1)调整认知,即改变自己的非理性信念及认知不当。首先要认识到自己的焦虑状态,不去逃避这种不良情绪;然后寻找焦虑的来源,如给自己开张清单,把每个可能引起焦虑的潜在因素记录下来,逐个分析;最后,要避免消极断言,避免用"必须""绝对应该"来要求自己和别人,从而得出"一切都完了""我再也忍受不了了"等消极观念,而应该着眼于"此时此地""就事论事"的进行客观评价。

(2)调整自己的期望水平。当一个人的期望水平与所实现的目标之间差距过大时,就很容易引发焦虑情绪。因此大学生要根据自己的实际状况和水平,合理制定期望目标,按照"跳一跳摘桃子"的原则,激发自己向上的动力,使自己处于自信而不自满,自尊而不自负,自善而不自弃的心理状态。

(3)用相比较来说较为健康的情绪(如:担心)来代替不健康的情绪:焦虑。

(4)转移注意力,暂时把注意力放在一些愉快的活动上。如觉得自己过于焦虑而无法继续看书的话,可以通过体育锻炼、听音乐、聊天等方法来达到转移注意力的目的。

【心有千千结】

阿泽是一名大三学生,他总是抱怨:"活在世界上真是没意思!"两年多前,阿泽怀着憧憬来到大学,可是校园与心目中的大学相去甚远,阿泽一时不能适应,心里非常郁闷,经常头痛、失眠。大学里高手如林,阿泽的学习成绩一直不如意,要面子的阿泽觉得自己真是太没用了,越来越自卑,开始厌恶学习,一看到书就头痛,上课听不进去,学习成绩越来越糟糕,以致后来连考试都不去考了,积攒了二十几门要重修的科目。阿泽平时没有什么爱好特长,完全不参加任何课外活动,因此很少与人交

控制自己的情绪

往,也很害怕与别人交往。这种情况持续久了,阿泽的性格越来越孤僻,成了校园里的"独行侠",经常一个人好枯坐着发呆,焦虑、孤独、抑郁让他越来越觉得生活毫无意义。

阿泽就是一名典型的被抑郁和孤独困扰的大学生。不良的情绪影响了他的学习、交往以及自身发展。大学生是整合先是自我和理想自我、发展自我统一性的重要时期,在适应大学学习、生活和交往的过程中,很容易受到不良情绪的干扰,这就需要他们主动进行情绪管理。情绪管理做得好的学生或常常使自己处于愉悦状态;反之,无法调节好情绪的学生,往往会处于焦虑、紧张、压抑的情绪状态,不仅危害心理健康而且在很大程度上阻碍了自身的学业和未来的发展。

资料来源:作者根据相关资料整理

(二)抑郁

1. 抑郁的含义

抑郁症状不单指各种感觉,还指情绪、认知与行为特征。抑郁最明显的症状是压抑的心情,表现为仿佛掉入了一个无底洞或黑洞之中,正被淹没或窒息。其他感觉包括容易发火,感到愤怒或负罪感。抑郁常常伴随着焦虑,对所有活动失去信心趣,渴望一个人独居。抑郁也伴随着个体思维方式的转变,这些认知改变可以是一般性的,比如注意力不集中、记忆力衰退或者很难做出决定。在思考中可能有更多的心境转变,消极地看待世界、自我和未来。因此,抑郁的人很难回忆起美好的记忆,不适当地责备自己,认为他人更消极地看待自己,对未来感到悲观。与此同时,还伴随身体症状,如常常乏力,起床变得困难,更严重时睡眠方式都将改变,睡得太多或者早晨醒得太早,并且不能再次入睡。也可能出现饮食紊乱,吃得过多或过少,随之而来的体重激增或剧减。抑郁是一种持续时间较长的低落、消沉的情绪体验,它常常与苦闷、不满、烦恼、困惑等情绪交织在一起。

一般来说,这种情绪多发生在性格内向,好孤僻、敏感多疑、依赖性强、不爱交际,生活遭遇挫折,长期努力得不到报偿的大学生身上。那些不喜欢所学专业,或因人际关系处理不当、失恋等问题的大学生也会产生抑郁情绪。

2. 抑郁情绪的调节

(1)宣泄法。找一个可靠而值得信赖的朋友或咨询人员将自己郁积已久的情绪烦恼倾诉,以此达到精神上的解脱,释放出负面能量。

(2)消除法。利用自己的社会支持网络来消除抑郁情绪。当威胁健康的生活事件发生时候,良好的人际关系可以给我们提供支持、安慰和辅助信息,通过这样的方式给人带来归属感、安全感和力量,从而有效地避免抑郁情绪的产生。

(3)代替法。用相对来说较为健康的情绪来代替抑郁。

(4)转移法。分散注意力在其他娱乐活动上,暂时把注意力挡在一些愉快的活动上面。

(5)评价法。对自己的活动进行准确的评价,发现自己的优点,提高自信。

(6)训练法。进行身心放松训练

(三)愤怒

1. 愤怒的含义

愤怒是由于客观事物与人的主观愿望相违背,或因愿望无法实现时,人们内心产生的一种激烈的情绪反应。心理学研究表明,当愤怒发生时,可能导致人体心跳加快、心律失常、高血压等躯体性疾病,同时还会使人的自制力减弱甚至丧失,思维受阻、行为冲动,甚或干出一些事后后悔不迭的蠢事或造成不可挽回的损失。

大学生常见的一种消极情绪,处于精力充沛、血气方刚的青年时期的大学生,在情绪情感发展上往往容易产生好激动、易动怒的特点。如有的大学生因一句刺耳的话或一件不顺心的小事而暴跳如雷;有的因人际协调受阻而怒不可遏、恶语伤人;有的因别人的观点或意见与自己相左而恼羞成怒;有的因一时的成功、得意而忘乎所以;有的因暂时的挫折或失败而悲观失望,痛不欲生。如此种种遇事缺乏冷静的分析与思考,图一时之快,逞一时之勇的好激动、易动怒的不良情绪特点,在一些大学生身上时有体现。这种情绪对大学生的影响是极其有害的,因而有人说:“愤怒是以愚蠢开始,以后悔结束”。

2. 愤怒情绪的调节

(1)要对自己的愤怒负责人,认识到是自己对他人、自己或周围世界的看法或信念引发了自己的愤怒情绪,因此自己要能够处理这种情绪

(2)用相对较为健康的情绪代替愤怒,如烦恼

(3)降低对自己、他人和环境的要求。用更喜欢、期待和希望来代替“必须”和绝对应该的信念。如,认为“男朋友必须记得我的生日”,但是如果男朋友不记得的话,她就会感到愤怒,但如果仅仅认为“希望男朋友记得我的生日”,那么之后的结果可能仅仅是一种失望而不是愤怒。

(4)一旦发现自己处于愤怒状态中,尝试延缓自己的反映,想一下这样的愤怒带给你的利弊有几何,除了愤怒之外还可以做什么,让自己的理性慢慢回归,避免不可收拾的后果。

(5)降低自己的愤怒,而不是发泄或压抑它,愤怒会形成恶性循环,使个体越来越容易发怒。因此可以尝试转变方式,学会用平静、理性申辩来表达自己的立场。

(6)避免由于愤怒而变得消沉或更愤怒。不要用非理性信念来看待自己,如不要总带着“我又发怒了,我真没用,我讨厌自己”的想法。不要直接否定自己,而要尝试悦纳自己。

(四)嫉妒

1. 嫉妒的含义

嫉妒是指他人在某些方面胜过自己引起的不快甚至是痛苦的情绪体验。西班牙作家塞万提斯说“嫉妒是万恶的根源,美德的蟊贼”。

嫉妒是自尊心的一种异常表现,在大学生中普遍存在。具体表现为当看到他人学识能力、品行荣誉甚至穿着打扮超过自己时内心产生的不平、痛苦、愤怒等感觉;当别人身陷不幸或处于困境时则幸灾乐祸,甚至落井下石,在人后恶语中伤、诽谤。嫉妒是一种情绪障碍,它扭曲人的心灵,妨碍人与人之间正常真诚地交往。

嫉妒是由于别人胜过自己而引起抵触的消极的情绪体验。黑格尔曾说,嫉妒是“平庸的情调对于卓越才能的反感”。在日常生活中,嫉妒的存在是很普遍的。英国科学家培根说:“在人类的一切情欲中,嫉妒之情恐怕要算作最顽强、最持久了。”当看到别人比自己强时,心里就酸溜溜的不是滋味,于是就产生一种包含着憎恶与羡慕、愤怒与怨恨、猜嫌与失望、屈辱与虚荣以及伤心与悲痛的复杂情感,这种情感就是嫉妒。嫉妒者不能容忍别人超过自己,害怕别人得到自己无法得到的名誉、地位等,在他看来,自己办不到的事别人也不要办成,自己得不到的东西,别人也不要得到。

嫉妒是人本质上的疵点,嫉妒心强的人容易得心身疾病。长期处于不良的情绪状态中,产生压抑感,容易引起忧愁、消沉、怀疑、痛苦、自卑等消极情绪,会严重损害身心健康。其次,嫉妒心强影响大学生自我发展。不良情绪会大大降低学习的效率。另外,嫉妒心强可能使我们结交不到知心朋友。嫉妒心强的人往往事事好胜,常想方设法阻止别人的发展,总想压倒别人。这可能使同学们想躲开你,不愿与你交往。从而给自己造成一个不良的人际关系氛围,你会感到孤独、寂寞。

嫉妒对人的心理健康不利。一是破坏人际关系的和谐。当一个人嫉妒另一个人的时候,就不会对那个人友善、热情,两个人的关系必然冷淡。嫉妒的对象越多,关系冷淡的对象越多,这就给人际交往带来极大的妨害。甚者,还会破坏集体的团结和良好的心理氛围。二是造成个人的内心痛苦。一个嫉妒心强的人,常常陷入苦恼之中不能自拔。时间长了会产生自卑,甚至可能采取不正当的手段去伤害别人,使自己陷入更恶劣的处境。法国文学家巴尔扎克曾经说过:“嫉妒者比任何不幸的人更为痛苦,因为别人的幸福和他自己的不幸,都将使他痛苦万分。”

2. 嫉妒的调节

(1)克服嫉妒首先要开阔视野,开阔心胸,懂得“天外有天,人外有人”,“强中自有强中手”的客观规律。真正做到豁达开朗并非易事,如果正处在愤怒、兴奋或消极的情态下,能较平静、客观地面对现实,是能达到克服嫉妒的目标的。

(2)要学会转移注意力,需要积极进取,使生活充实起来,以期取得成功,并不亚于竞争对手。培根说过:“每一个埋头沉入自己事业的人,是没有工夫去嫉妒别人的。”因此,积极参与各种有益身心的活动,使大学生活真正充实起来,嫉妒的毒素就不会滋生、蔓延。为了缓解自己的失败带来的心理上的不平衡感,可以找一些理由,使自己不再嫉妒别人。

(3)学习并欣赏别人的长处,化嫉妒为动力。一个人在嫉妒别人时,总是关注别人的优点,忽视自己的优点。一般而言,嫉妒心理较多地产生于周围熟悉的年龄相仿、生活背景大致相同的人群中。因此,只有采取正确的比较方法,将人之长比己之短,而不是以己之长比人之短。有意识地想一想自己比对方强的地方,这样就会使自己失衡的心理天平重新恢复到平衡的状态。四是建立正确的自我意识,提高自我意识水平,正确地评价自己和别人。嫉妒是一种突出自我的表现。在这种心理支配下,待人处事常常以我为中心,无论什么事,首先考虑到的是自身的得失,因而引起一系列的不良后果。若出现嫉妒苗头时,即行自我约束,摆正自身位置,努力驱除嫉妒心,会感到“心底无私天地宽”。

二、大学生情绪健康的标准

健康的情绪是健全人格的必要条件之一。一般而言,情绪的目的性恰当、反应适度,不带有幼稚的、冲动的特征,符合社会规范的要求,就是情绪健康的标准。

(一)心理学家瑞尼斯等人提出情绪健康的六项指标

(1)发展出某些技巧以应付挫折情境。

(2)能重新解释与接纳自己与情绪的关系,不会一直自我防卫,能避免挫折并安排替代的目标。

(3)知觉某些情境会引起挫折,可以避开并找寻替代目标,以获得情绪满足。

(4)能找出方法,缓解生活中的不愉快。

(5)能认清各种防卫机制的功能,包括幻想、退化、反抗、投射、合理化、补偿,避免成为错误的习惯,以至防卫过度,造成情绪困扰。

(6)能寻求专家的帮助。

(二)心理学家索尔也指出情绪健康的八个特点

(1)独立,不依赖父母。

(2)增强责任感及工作能力,减少与外界接纳的渴望。

(3)去除自卑情结、个人主义及竞争心理。

(4)适度的社会化与教化,能与人合作,并符合个人良心。

(5)成熟的性态度,能组织幸福家庭。

(6)培养适应,避免敌意与攻击。

(7)对现实有正确的了解。

(8)具有弹性以及适应力。

对大学生来说,情绪健康具体表现为:情绪的基调是积极、乐观、愉快、稳定的,对不良情绪具有自我调控能力,情绪反应适度;高级的社会情感(理智感、道德感、美感等)能得到良好的发展。

三、情绪调节的方法

现实生活中,我们常常会看到这样一种情况:对同样一件事,不同的人会有不同的情绪反应,这种差异甚至会表现得非常悬殊。如同样的失败,有的人不以为然,一笑置之;有的人却垂头丧气,一蹶不振。有的人感到羞耻、耻辱;有的人却觉得无所谓。再如失去某种珍贵的东西或亲人亡故,有的人能很快走出情绪的低谷,振作起来;有的人却沉浸在抑郁、悲哀的泥潭而难以自拔。再如,面对威胁或危险,有的人泰然自若,从容镇定;有的人却紧张不安,焦虑担忧。同样的问题,有的人轻松应对,从容作答;有的人却满头大汗,乱了方寸。最明显的例子是,有些同学,平时学习成绩不错,可一到考场却紧张焦虑以至发挥失常;有的同学平时成绩一般,考试时却能奋笔疾书、"超常"发挥。类似现象不一而足,而对此差异不能只从表面上进行解释,也不应只冠以个性差异而了之,有必要了解应该如何进行情绪调节。

(一)情绪调节的原则

(1)平衡:情绪调节要使具体的情绪表现和体验适度。由于情绪本身千变万化,因此这里的平衡是因时、因地、因人的动态平衡。

(2)适应:由于情绪在人的一生中不断发展变化,情绪调节要随着年龄、社会角色等因素呈现适应的特点。

(3)和谐:情绪调节要体现人与环境的和谐,要充分利用内部和外部的资源来灵活而富有弹性地处理情绪问题。

(二)情绪调节的一般策略

20世纪60年代初,美国心理学家阿尔伯特·艾里斯(Albert Ellis)提出了"情绪ABC理论"。该理论的宗旨是:以理性的思维方式和观念代替不合理的思维方式,进而改善由非理性观念带来的情绪问题。艾里斯认为,人一出生就有一种心理倾向,即要坚持自己的向往和追求都能得到满足,期望自己的愿望会实现,生活中某些向往和要求的确如意地实现了,这种积极的记忆强化了我们的"全能幻觉",使我们认为我们一定能比所有的人幸福,一定比其他人更成功,应当与他人不一样。当我们一旦遇到挫折和逆境时,我们就无法接受,认为这些不该发生在自己身上,从而导致不良的情绪。此外,文化、父母和竞争的社会,都在强化事事超过他人的非理性信念。这些信念虽然是上进的动力来源,但一旦过头,就会使人在思想上钻牛角尖,形成心理负担。

一般人总习惯于认为把自己的不良情绪归结于环境事件,但ABC理论认为,情绪不是由某一诱发性事件A(Activating event)直接引起来的,而是由经历这一事件的个体对这一事件的解释和评价B(Belief)引起的,而解释和评价则源于人们的信念,C(Consequence)就是个体对事件的情绪和行为反应的结果。ABC理论的独特之处在强调B的重要作用,认为A只是造成C的间接原因,B才是情绪和行为反应的直接原因,具体如下图所示。

A——诱发性事件。

B——个体对这一事件的解释和评价、信念。

C——个体对事件的情绪和行为反应的结果。

通常认为:(事件 A,引起 C 情绪或行为结果)

A　　B　　C（A → C）

ABC 理论认为:(事件 A 不会引起 C 的变化,而是看法 B 引起 C 的变化)

A ⟶ B ⟶ C

【心有千千结】

小鹏失恋一个月来,痛不欲生,茶饭不思,闭上眼睛即是女朋友的身影,头脑就会浮现与女朋友快乐的情景,开心的场面,睁开眼睛,发现什么都没有了,平时都不敢闭眼睡觉,于是,白天上课无精打采,路上见到人不打招呼,精神恍惚,他认为,女朋友是他的全部,是他快乐的源泉,没有女朋友的日子,他过不下去,在宿舍同学的鼓励下前来心理咨询。

心理咨询老师采用 ABC 理论对小鹏进行心理辅导:

A——诱发性事件:失恋。

B——个体对这一事件的解释和评价、信念:女朋友是全部,没有她,过不下去。

C——个体对事件的情绪和行为反应的结果:痛不欲生、茶饭不思、不敢闭眼睡觉、上课无精打采、路上见到人不打招呼、精神恍惚。

心理咨询老师先找出 A、B、C 分别是什么,特别是要找出小鹏头脑不合理的信念和看法,然后用合理的信念和看法 D 与之辩论,当小鹏认识到自己的看法是错误的,从而产生新的情绪体验和行为结果。

点评:ABC 理论,事件失恋本身不会引起我们情绪的变化和行为反应,我们要想改变一个人不良情绪或行为反应时,不是改变事件的本身,而是改变个体对事件的看法,尤其是不合理的看法和信念,一旦看法和信念改变了,那么,情绪就会随着改变,其模式如下:

A —— D —— E（D → B，E → C）

(D 与 B 辩论,改变不合理信念)

(形成新的情绪发应和行为结果 E)

一旦不合理的信念导致不良的情绪反应,个体就应当努力认清自己的不合理的信念,并善于用新的信念取代原有的信念,这就是所谓的 D(Disputing),即用一个合理的信念驳斥,对抗不合理信念的过程,借以改变原有信念。驳斥成功,便能产生有效的治疗效果 E(Effect),使来访者在认知、情绪和行动上均有所改善。

ABCDE 理论包括一套通过认识不合理信念到改变不合理信念,进而调整情绪和行为的步骤和阶段,它始终强调现在,重视人的理性力量,相信人最终通过自我调节而顺应环境,把人的主动性提高到一个重要位置。合理性情绪治疗法实质上是一种豁达的人生态度。它承认富裕、家庭幸福、事业美满、爱与被爱是每个人追求的目标,能拥有一切固然是美好的,但我们不能把生命的全部基础都投在获得这些美好的事物上。

资料来源:作者根据相关资料整理

(三)找到适合自己的情绪调节方式

情绪调节的方法非常多,大家最熟悉的方法可能就是迅速离开刺激环境或在心理数数,数到一百,这是最简单也是最行之有效的两种方法。但前提是:你要对情绪的发展规律有了解,你要有情绪可以把握的信念,你还要有对自己情绪的接纳与了解。下面介绍几个有效管理情绪的方法:

1. 健康是情绪稳定的首要条件

身体与情绪的关系联系得非常紧密,他们是互相制约、互相促进。身体可以直接影响情绪,而情绪反过来也可以影响身体。健康的身体不仅可以帮助人们更加有效地管理情绪,而且我们锻炼身体的过程中,我们的意志力和控制力也会得到很大的改善,而意志力和控制力的强大就为我们管理情绪提供了更加有利的工具。

2. 换个想法

人的想法会带动行为,牵动感受和情绪,随之而来的是面对行为的心思。在陷入困境时唯有改变想法,才能突破思考的盲点,看出新希望。人对于事情的着眼点不同,看法也就大相径庭,从而情绪也会很不相同。想法一定要正确,消极和退却是由想法的错误引来,悲观和沮丧是因眼光的褊狭所致。所以碰到难题时,要从不同的角度着眼,不同的方面去想,就会找出新的思路,看出新的希望和喜悦。

3. 学会倾诉

积蓄的烦闷忧郁就像一种势能,若不释放出来,就会像感情上的定时炸弹一样,埋伏心间,一旦触发即可酿成大难;若及时用倾诉或自我倾诉的办法取得内心感情和外界刺激的平衡,则可免除灾难。人的各种感情,一定要通过心理上的应激反应以各种形式表现出来;否则,将有损身心健康。因此,遇到不愉快的事情时,找朋友谈谈自己心中的不悦之由,朋友的劝慰,可以帮助解决思想上的不愉快和想不通的问题。

4. 给自己一段时间

在情绪波动比较大时,我们可以给自己一段安静的事件。这一做法说到底其实是,寻找一方安静的场所,找回心中的安静,甚至可以暂时忘掉当前的事情,好好梳理以下自己的思路。暂时的忘我,可以让我们更超脱、更冷静地面对自我,调整好自己的情绪,继续上路。如一首美妙的歌曲、一杯清茶、一本好书,都可以让我们暂忘世间的纷扰,找回心灵的安静。"暂遁空门",忘掉愁绪、忘记伤痛。

四、如何保持良好的情绪

(一)防患于未然,保持良好的生活、学习态度

也许我们都曾有过这样的感受,每天都是一种熟悉的、模式化的生活,慢慢地就会觉得生活很乏味,快乐也越来越少,而烦恼却与日俱增。事实上,只要我们学会从今天做起,把自己的每一天都安排好,你会发现快乐起来其实很简单。

1. 要善于人际交往

良好的人际关系,自然会使我们乐观愉快。孤僻的人、不善交往的人,他们不快乐。因为他们缺乏与人的沟通。当他们有苦恼时。没处诉说,有事憋在心里,从而就会感到不快乐。棋、牌活动、各种球赛、沙龙、联谊会…这会使自己的心情时常保持一种平和状态,同时,它也是一种精神寄托,这些活动,既可以让我们结交很多朋友,也能陶冶自己的情操,当自己遇到烦心事苦闷时,能转换心情。

2. 正确看待生活,学会关爱他人

生活中充满了酸、甜、苦、辣。它既有甜蜜,也有苦涩,然而正是因为生活什么都有,所以才显得有意义。古今中外的成功者也有其各自的苦恼,甚至不幸。面对生活,我们应该乐观面对。当幸福来临时,我们不可忘乎所以;当不幸降临时,我们应该选择坚强,笑对人生。我们在生活中要慢慢学会去积极地帮助别人。有些自卑、孤僻的人总是与快乐无缘,这是因为他们时常处于一种封闭状态而不愿与别人交往,当然更谈不上去帮助别人。相反,如果你时

常主动去关爱他人,在得到他人的感激和肯定的同时,也能体现自己的价值,别人也愿与你交往,这时,你就会感到自己是一个快乐的人。

3. 给自己制定适度的目标

人生需要目标,既需要大目标(理想),也需要小目标(近日的工作和学习计划)。适度的目标能使我们的情绪稳定,积极向上。一般来说,制定的目标不能太虚无缥缈,不然就难以实现,而且会导致失望的情绪。从平凡的小事做起往往会成就一个人的事业,所谓"一屋不扫何以扫天下"就是这个道理。

4. 情绪不好时要学会自我调节、控制

亚里士多德说:"谁都会发火,这很容易。但要用合适的方式,为合适的目的,在合适的时候,以合适的程度。对合适的人发火,就不那么容易了。"这句话表明一个人自我控制情绪是需要一定方法的。下面介绍一些简便易行的情绪调控的常用方法:

(1)自我宣泄法。人的各种不良情绪,如果不采取适当的方法加以宣泄和调节,对身心都将产生消极的影响。因此,如果有不愉快的事情或者委屈,不要留在心里,要向知心朋友或亲人说出来。或者是大哭一场。写日记、写情感作文也是很好的宣泄方式。这种发泄对人的身心发展是有利的。当然,发泄的对象、地点、场合和方法要适当,要避免伤害他人。

(2)自我安慰法。自我安慰是说我们要适当的具备一些"阿Q"精神。适时地给失败一个理由,用以安慰自己,就像狐狸的"酸葡萄心理",这样可以保持良好的心理平衡。如在情场失意时,可以劝慰自己:"天涯何处无芳草?"当竞选失败时,可以对自己说:"胜败乃兵家常事。"

(3)认识调节法。同一件事情,人们认识不同,就会有不同的解释,所以产生的情绪也不同。如两个同学在路上走,迎面碰上班上的一位同学,但他没有与他们打招呼,径直走了。这两人中的一个会这样想:"他可能正在想事情,没有看到我们,就算是他看到了而没有理我们,也可能是另有原因。"而另一位同学想:"是不是我什么地方得罪了他?是他看不起我?"这样两个人的情绪和行为反应就会不同,前者会觉得根本无所谓,该干什么就干什么;而后者则可能想了很多,很郁闷,无法平静地去做其他事情。

(4)语言调节法。在情绪激动时,自己可以轻声警告自己:"冷静些""注意自己的身份和影响"等,进而抑制自己的情绪;也可以针对自己的弱点,预先写下"制怒""忍""难得糊涂"等条幅置于案头。

(5)愉快记忆法。回忆过去经历中的高兴事,或者是成功时的愉快体验,特别是回忆那些与眼前不愉快体验相关的愉快经历会大大缓解一些负面的情感。另外,我们可以培养自己的幽默感,用寓意深长的语言、表情、用讽刺的手法巧妙地表达自己的情绪。古人云"人有悲欢离合,月有阴晴圆缺"。的确,人生不如意之事十之八九。因为几件家里或同学之间不顺心的事就悲观、情绪低落,甚至厌世,显然是不合适的。实际生活中怎会有十全十美的事呢?因此,只要对社会有一个较深刻的了解和认识,想想社会上还有许多人不如自己,你就会坦然了。今天你身处逆境,情绪不佳,但通过奋斗,你就有可能获得成功,受人尊敬。社会是在发展变化的,人应该适应社会,保持乐观的态度,对人生应当充满信心。

(二)学会借助他人的帮助调节情绪

借助他人的帮助释放自己的不良情绪,即他助宣泄法。许多人都会有这样的体验:在遇到痛苦和烦恼时,如果有一个值得自己信任的人能在身边认真倾听自己的诉说,尽管并没有得到很有价值的建议。但诉说之后总会感到一吐为快。倾诉不仅给你宣泄压抑情绪的机会,还会让倾听者帮你辨明问题的性质并且磋商解决问题的对策。这些环节都能使你紧绷的情绪得到缓解,心态也随之得到平衡。倾诉具有很奇妙的心理效应。我们应该学会利用它。

青年大学生正处于人格发展的关键时期。在这一时期,心理比较敏感,认识也不够成熟。产生这样那样的心理问题是必然的。如果心中的烦恼自己无法排解时,就应懂得去寻找可以信赖的人将烦恼倾诉出来。当实在找不到合适的倾诉对象时,可求助于心理咨询热线或心理医生。

【心理训练营】

活动一 情绪宣泄

愤怒情绪体验的试验,恰好我一直觉得自己很少有强烈的愤怒情绪的体验和宣泄,我想这样对自己的心理健康是不利的,于是我很认真的配合老师,做了一次这样的体验。

由于认真和接纳,自己几乎完全没有阻抗,结果也就很明显。不像以前,在接受此类试验的时候,不能投入,所以也就没有什么效果。

(老师的提示语:放松……)

解开发夹,靠在椅子背上,很快就进入放松的状态。(想象一种情绪,它的名字叫愤怒,它从你身体里产生,感觉它从什么地方出来的。)果然有一种叫愤怒的东西,从我的胸腔上面,靠左边的地方,出来了。(它在身体里流动,它到什么地方去了?)清楚地感觉到那种叫愤怒的东西,游走到了我的双臂,渐渐的,我的双手越来越酸胀,到麻木。(想象一种颜色,给你的愤怒想象一种颜色,一种任何你能想到的颜色。)想不出来我的愤怒应该是什么颜色。提示了三四次以后,还是想不出什么颜色。想过蓝色,但是蓝色是我喜欢的颜色,我不愿意用它来代表愤怒。想到过黑色和褐色,我想愤怒应该是这样的颜色,深重的,阴暗的,但是终于我还是不能接受用这两种颜色代表我的愤怒。最后,我还是接受了用蓝色代表愤怒的情绪。(想象一种形状,你的愤怒是什么形状的。)此刻粉蓝色的情绪,它的形状有些模糊,没有水那么凝重,又不像气体那么轻盈,像雾,浓浊的雾,充盈了我的胸膛和双臂。它平和地在我的身体里待着,既没有让我呼吸急促,心跳加快,也没有让我汹潮起伏,怒发冲冠。没有丝毫不愉快的情绪体验,它,这么温和,这么平静。(让它去身体的某个地方,它去了哪里?)去了我的双脚,双脚也开始酸胀,但是没有双臂那么强烈,还有觉得麻木。(想象它会从一个地方出去,会从哪里出去?)想找到一个出口,让愤怒发泄出去,找不到。后来在别的学员讲述她们的体验时,一个人提到她的颜色是红色的,我马上觉得:红色,就是红色,愤怒最恰当的颜色就应该是红色。

愤怒的颜色通常是红色的,从胸膛升起,恰如俗话说的:怒从心头起,恶从胆边生。蓝色也可以代表愤怒,不那么强烈的愤怒。黑色和褐色的不接纳表示压抑了愤怒的情绪。从脚释放,表示用行动释放愤怒。(有一人说她的愤怒从右脚释放出去了。后来她自己承认,在她愤怒的时候,通常会踢毽子来平缓情绪。)双手发麻,是保护自己的一种方式,否则就有可能出手拳击某物。蓝色的液体:表示通常用眼泪发泄愤怒。

活动二 催眠放松

以下给大家做放松训练,第一阶段需要做肌肉的紧张和放松动作,请大家配合。

下面,请大家闭上眼睛,均匀平缓地呼吸,每吸一口气,想象一下宇宙中正面积极的能量吸入体内,每呼一口气,想象你的不良情绪都呼出体外,大家用鼻子吸气,用嘴呼气,均匀地呼吸。请大家在以后的训练当中,注意力高度集中,千万不要想其他的事情,我的话说到哪里,大家就把注意力放到哪里。

下面先请大家做面部放松训练,请大家将注意力集中到额头,请大家锁紧眉头,皱起眉头。用力皱紧眉头,让眉头的肌肉紧张,再紧张,最紧张。好,现在请放松你眉头的肌肉,恢复原状,再放松,最放松,尽量放松。

下面请大家将注意力集中到眼部,请大家紧闭双眼,闭紧双眼,让眼部的肌肉紧张,再紧张,最紧张,好,现在恢复原状,放松眼部的肌肉,再放松,最放松,尽量放松。

下面请大家咬紧牙关,用力咬紧,再要紧,最紧张,好,现在恢复原状,放松牙关的肌肉,再放松,最放松,尽量放松。

下面请大家做上肢的放松训练,请大家屈紧你的手臂,弯曲你的手臂,用力弯曲,让手臂的肌肉紧张,再紧张,最紧张。好,下面恢复原状,松开你的手臂,慢慢伸直,放松手臂的肌肉,再放松,最放松,尽量放松。

下面请大家握紧双拳,用力握紧,再握紧,最紧张,好,现在请松开你的拳头,放手手部的肌肉,慢慢伸直你的手指,摊开你的手掌,放松,再放松,最放松,尽量放松。

下面做躯干部的放松训练,请大家尽量地吸气,吸气,尽量地吸气,直到不能再吸为止,让胸部的肌肉紧张,再紧张。好,请大家慢慢地呼气,放松胸部的肌肉,放松,再放松,最放松。

下面请大家做腿部的放松训练,请屈紧你的双腿,弯曲膝盖,屈紧大腿的肌肉,用力并屈紧大腿的肌肉,再紧张,最紧张。好,请大家恢复原状,伸直双腿,放松腿部的肌肉,再放松,最放松,尽量放松。

请大家感受一下现在身体从上到下的感觉,非常地放松,人又松又软,好像一点力气都没有,好像快要睡着一样。

现在我们继续做放松训练,现在请大家想象一下自己是一个玻璃瓶,把自己想象成一个玻璃瓶,是以你的形状为形状的玻璃瓶,以你的样子为形状的玻璃瓶。

你的所有的不良情绪,你的焦虑、忧郁、紧张、恐惧、烦恼就是这玻璃瓶中的污水,就是这瓶中的污水,污水很脏很脏,你泡在这污水中,感到自己非常地难受,非常地难受和紧张。没关系,我已经在脚上帮你安装了管道,污水正慢慢从管道里流出体外,污水正慢慢排出体外。

想象一下污水的水平面在你的头顶,污水的水平面在你的头顶,现在它的水平面在下降,它的水平面在下降,它沿着你的额头下降到你的眼睛,沿着你的鼻梁下降到你嘴唇,再下降到你下巴。现在你的头部已经没有污水了,你的头部没有污水了,感觉非常地放松,非常地轻松,非常地纯净和健康。现在污水沿着你颈骨一节一节地往下流,一节一节地往下流。现在已经流到你的肩膀,流到了你的肩膀。你的头颈现在没有污水,你的头颈没有污水了,感觉很放松,很放松,你的颈骨每一节都很放松,又松又软。

下面污水流过你的肩膀,到了你的胸部,沿着你的肋骨一根一根往下流,一根一根往下流,现在你的肩膀没有污水了,你的肩膀没有污水,它非常地放松,它非常地松弛,好像一点力气都没有,快要睡着似的。

现在污水沿着肋骨,沿着脊椎流到你的腰部,流到你的腰部,你的胸部没有污水了,你的胸部没有污水了,你的胸部感觉很放松,你的胸部感觉很放松。现在你的上半身都没有污水,你的上半声都没有污水了,干干净净地仿佛出生的婴儿,干干净净仿佛出生的婴儿。你的呼吸非常顺畅,呼吸非常轻快。现在你腰部的污水继续往下流,你腰部的污水继续往下流。它流过你的胯部,它流过你的胯部,它流到你的大腿,它流到你的大腿,你感觉你的腰肢非常地柔软,你感觉你的腰肢非常地柔软。现在污水从你的大腿流到你的膝盖,现在污水流到你的膝盖,你的大腿很放松,你的大腿很放松,你大腿的肌肉一缕一缕地都很放松,你大腿的肌肉一缕一缕地都很放松。但你的小腿以下依然在污水当中,你的小腿像灌了铅似地非常沉重,非常沉重。这时候,脚部的管道突然大开,脚部的管道突然打开,所有的污水如同退潮一样,如果浴缸放水一样,从你的小腿汹涌地从脚上的管道排出,汹涌地从脚上的管道排出,你一下子感觉小腿非常轻松,非常轻松,人似乎可以飞起来一样。可以飞起来一样。

现在你是一个干净的瓶子,透明的瓶子,阳光可以从你的背面,穿透你的身体,穿透你的身体,照到你的正面,照到你的正面。你感觉浑身暖洋洋的,你感觉浑身暖洋洋的,在阳光的照耀下,你感觉自己浑身非常松软,又松又软,就好像海绵一样,和海绵一样蓬松,像一个面团一样,似乎可以揉起来,似乎可以揉起来。

现在请从上到下感受一下身体的感觉,感受一下身体无比轻松的感觉。

请大家想象一下自己是一个干净的玻璃瓶,一个健康纯净的玻璃瓶,已经排光污水的玻璃瓶。现在想象一下宇宙中正面积极的力量像牛奶一样从你的头顶灌入,从你的头顶灌入。

【心理测试】

大学生情绪稳定性自我测验

(一)问卷

指导语:情绪是身心健康的重要标志,一个人的情绪是否稳定可以反映他的身心健康状况。那么怎样测量你的情绪是否稳定呢?请做一做下面这个测试。该测验共有30道题,每道题都有三种答案可供选择,请你从中选择出与自己的实际情况最接近的一种答案,对测验题中与自己生活、身份不相符合的情况,可以不予选择。

(1)看到自己最近一次拍摄的照片,你有何想法?

A. 觉得不称心　　B. 觉得很好　　C. 觉得可以

(2)你是否想到若干年后会有什么使自己极为不安的事?

A. 经常想到　　B. 从来没有想过　　C. 偶尔想到过

(3)你是否被朋友、同事、同学起过绰号、挖苦过?

A. 这是常有的事　　B. 从来没有　　C. 偶尔有过

(4)你上床以后是否经常再次起来一次,看看门窗是否关好?

A. 经常如此　　B. 从不如此　　C. 偶尔如此

(5)你对与你关系最密切的人是否满意?

A. 不满意　　B. 非常满意　　C. 基本满意

(6)在半夜的时候,你是否经常觉得有什么值得害怕的事?

A. 经常有　　B. 从来没有　　C. 偶尔有

(7)你是否经常因梦见可怕的事而惊醒?

A. 经常　　B. 从来没有　　C. 极少有

(8)你是否曾经有过多次做同一个梦的情况?

A. 是　　B. 否　　C. 记不清

(9)是否有一种食物使你吃后呕吐?

A. 是　　B. 否　　C. 记不清

(10)除去看见的世界外,你心里是否有另外一种世界?

A. 是　　B. 否　　C. 偶尔是

(11)你心里是否时常觉得你不是现在的父母所生?

A. 是　　B. 否　　C. 偶尔是

(12)你是否曾经觉得有一个人爱你或尊重你?

A. 是　　B. 否　　C. 说不清

(13)你是否常常觉得你的家庭对你不好,但你又确知他们的确对你好?

A. 是　　B. 否　　C. 偶尔是

(14)你是否觉得没有人十分了解你?

A. 是　　B. 否　　C. 说不清

(15)在早晨起来的时候,你经常的感觉是什么?

A. 忧郁　　B. 快乐　　C. 讲不清楚

(16)每到秋天,你经常的感觉是什么?

A. 秋雨霏霏或枯叶遍地　　B. 秋高气爽或艳阳天　　C. 不清楚

(17)在高处的时候,你是否觉得站不稳?

A. 是　　B. 否　　C. 偶尔是

(18)你平时是否觉得自己很强健?

A. 是　　B. 否　　C. 不清楚

(19)你是否一回家就立刻把房门关上?

A. 是　　B. 否　　C. 不清楚

(20)当你坐在房间里把门关上时,是否觉得心里不安?

A. 是　　B. 否　　C. 偶尔

(21)当需要你对一件事做出决定时,你是否觉得很难?

A. 是　　B. 否　　C. 偶尔是

(22)你是否常常用抛硬币、玩纸牌、抽签之类的游戏来测凶吉?

A. 是　　B. 否　　C. 偶尔是

(23)你是否常常因为碰到东西而跌倒?

A. 是　　B. 否　　C. 偶尔是

(24)你是否需用一个多小时才能入睡,或醒得比你希望的早一个小时?

A. 经常这样　　B. 从不这样　　C. 偶尔这样

(25)你是否曾看到、听到或感觉到别人觉察不到的东西?

A. 经常这样　　B. 从不这样　　C. 偶尔这样

(26)你是否觉得自己有超越常人的能力?

A. 是　　B. 否　　C. 不清楚

(27)你是否曾经觉得因有人跟你走而心里不安?

A. 是　　B. 否　　C. 不清楚

(28)你是否觉得有人在注意你的言行?

A. 是　　B. 否　　C. 不清楚

(29)当你一个人走夜路时,是否觉得前面潜藏着危险?

A. 是　　B. 否　　C. 偶尔

(30)你对别人自杀有什么想法?

A. 可以理解　　B. 不可思议　　C. 不清楚

(二)计分方法

以上各题的答案,凡选 A 得 2 分,选 B 得 0 分,选 C 得 1 分。请将你的得分统计一下,算出总分。根据你的总分便可知你的情绪稳定水平。

(三)结果解释

总分 0 ~ 20 分,表明你的情绪稳定,自信心强,具有较强的美感、道德感和理智感。你有一定的社会活动能力,能理解周围人们的心情,顾全大局。你一定是个性情爽朗、受人欢迎的人。

总分 21 ~ 40 分,说明你情绪基本稳定,但较为深沉,对事情的考虑过于冷静,处事淡漠消极,不善于发挥自己的个性。你的自信心受到压抑,办事热情忽高忽低,瞻前顾后,踌躇不前。

总分在 41 分以上,说明你的情绪极不稳定,日常烦恼太多,使自己的心情处于紧张和矛盾中。

如果你得分在 50 分以上,则是一种危险信号,需要请心理医生进一步诊断。

【心理实践】

认知的重建

运用 ABC 理论分析生活中常见的不合理信念并给出正确的认知。

不合理的认知	合理认知
我长得不漂亮,肯定没人喜欢我。	
我没有一点长处,我真是太没用了。	
我从来没有当过班干部,说明我没有这方面的能力。	
我必须与周围每个人搞好关系。	
只有顺从他人,才能保持友谊。	
我是善良的,所以别人都应该对我好。	
别人对我好,是想利用我或是占我便宜。	
与其有失败的危险,还不如不做。	
别人的看法和评价是非常重要的,一旦我做错了,大家一定会议论的。	
任何事情,只要去做,我就一定要做得彻底而完美。	
一旦犯了错误,受到处分,那我就完了。	

【叩响心门】

(1)大学生情绪有哪些特点?

(2)大学生情绪健康的标准有哪些?

(3)大学生常见不良情绪的调节方法有哪些?

【心理电影院】

片名:《美丽人生》

简介:意大利影片《美丽人生》由罗伯托·贝尼尼自编、自导、自演。它以"二战"为背景,用极富戏剧色彩和游戏精神的叙事语言讲述了一个散发着人性光辉的温情故事。爸爸和儿子被纳粹强行送到了集中营。在挤进如沙丁鱼罐头般拥挤不堪的火车里,爸爸对儿子说:"我说要在你的生日给你一个惊喜,看,这就是了,我带你做一个游戏,一个真正的游戏,如果我们赢了,就可以得一辆坦克,一辆真正的坦克。"集中营的每个折磨和痛苦,父亲都告诉儿子这是游戏的需要,让孩子始终沉浸在赢得游戏的兴奋中,让孩子即使身处集中营仍始终感受到这个世界的美好。影片告诉我们面对一切不幸而又无法拒绝时,那么就当它是一场游戏吧!该影片是对"积极心理学"的最好诠释。它告诉我们在挫折面前,应接纳并抱着积极的人生态度。感谢生命、珍爱生命。感激自己健康地活着,感激过去他人赠予我们的一切,感激自己还有一个美好的未来。《美丽人生》让我们更加珍惜现在的生活,更加懂得应该怎样生活,保持生命的最佳状态。

简评:《美丽人生》不是一场悲剧,从一开始圭多搞笑的出场就可以看出导演罗贝托·贝尼尼想营造一种喜剧的氛围,但绝对不是为了媚俗大众而故意削弱电影的思想性。其实恰恰相反,贝尼尼这么处理就是为了不媚俗,为了表现更深层的思想,不让观众再沉溺在浅层的感动上。贝尼尼只是想通过这部影片告诉所有真正热爱生活的人们,噩梦是暂时的,相信美丽的人生才是永远的。就算在集中营里,圭多脸上始终带着笑容。

资料来源:作者根据相关资料整理

项目六

笑对逆境
——大学生压力管理与挫折应对

心灵箴言

没有播种，何来收获；没有辛苦，何来成功；没有磨难，何来荣耀；没有挫折，何来辉煌。

——佩恩

人生不幸犹如一把刀，它可以为我所用，也可以把我们割伤，这要看究竟我们是抓着刀刃呢，还是握着刀柄。

——罗威尔

项目六 笑对逆境——大学生压力管理与挫折应对

【心的灯塔】

压力和挫折无处不在，不可避免，人在成长过程中，没有压力就没有成长，没有挫折人就难以成熟豁达。在面对压力和挫折的时候，应该正确正视挫折和压力，要积极乐观的面对不能是消极悲观！

常言道："人生最大的敌人是自己"压力是自己给的，别人可以施加压力给你，但你可以轻轻放下一切压力，任何时候，我们不能被压力压垮，我们要顶住压力，让压力在你面前屈服，俗话说"不经历风雨，怎么见彩虹?"。没有压力，你就没有创造奇迹的机会，你也难见彩虹。

挫折和压力对于乐观的人来说是件好事情，有了压力和挫折，能激发一个人的潜能。人，需要经过磨炼才会成熟，才会成长。相反，对于悲观的人来说，则不一定是件好事，逃避后必然还得勇敢面对才能解决问题！

面对压力和挫折，只要保持一颗平静的心态，勇敢地面对任何困难，不选择逃避，不悲观，那么你的人生才真正地有意义。

任务一 大学生的压力和挫折概述

一、压力的定义

压力作为描述系统负载的一个一般概念，原运用于物理学，后来由加拿大生理学家汉斯于1956年引入心理学，他将压力定义为"一种刺激事件"。心理压力则指心理紧张或心理应激，指某些刺激事件对人在心理上所构成的负荷。心理学中目前对压力的普遍看法是：个体面对具有威胁刺激的情境时，伴有躯体机能以及心理活动改变的一种身心紧张状态，也称应激状态。

压力在什么状况下才会被人们所知觉？如果我们以为压力仅仅由于重大事物，比如应对一次重要考试、没有钱交学费等所引起的，这其实是对压力的误解。假设一个男生十分懒惰，积攒了一大堆衣服没有洗，而且有的脏衣服甚至已经被当成干净的衣服穿过一次，这一大堆东西就会让他感到烦心和焦虑。这种心烦和焦虑（即使是轻微的）就是压力，它是人和环境相互作用的结果，是机体的内部状态，是一种强烈的情绪和生理上的唤醒。

【心理百科】

拥挤导致行为失常

几十年来，拥挤对行为的影响始终令心理学家们兴趣不减。可能你也注意到，当自己身处拥挤的人群中时，你的情绪和行为会有所变化。你变得孤独离群、不引人注目，或是想抽身离开,抑或是变得易激怒和好攻击。你对拥挤情景将做出何种反应取决于许多因素。

行为学家研究拥挤对人们影响的一种方法是,观察那些拥挤已经出现的地方,如大城市和监狱。结果发现,在拥挤的监狱里,死亡率、杀人率、自杀率、生病的次数及惩戒的比率明显较高(McCain, Cox 和 Paulus, 1980)。但需要指出的是,除了拥挤因素以外,还可能有其他因素影响了这些行为。

研究拥挤的另一种方法是让人类被试在高密度条件下待较短的一段时间,并研究他们的行为反应。有一个有趣的研究发现,拥挤因素对问题解决能力会产生消极影响。有一项研究让人待在非常拥挤的小房间里,或待在不太拥挤的较大房间内,并要求被试完成相当复杂的任务,如把不同的形状进行归类,同时给被试听故事,随后要对故事内容进行测试。在拥挤条件下被试的成绩明显低于不拥挤条件下的被试(Evans, 1979)。

最后,你猜猜在拥挤环境中生理指标会发生怎样的变化?有研究显示,你的血压会升高,心率会加快。伴随着这些影响,你会感到其他人对你充满敌意,并且随着人口密度增加,你会感到时间过得越来越慢(Evans, 1979)。

二、压力源

压力来自于个体知觉到的外部要求与知觉到的自己满足该要求能力之间的不平衡,不是刺激或物理环境决定心理反应,而是个体对这些刺激的评估。压力并非来源于真正的要求和能力的不平衡,而是个体知觉到的不平衡。懒惰男生之所以感到洗衣的压力,并非因为衣服本身,而是他对洗衣这件事所作出的评估。引发个体进行评估并带来压力的刺激或者物理环境,叫作压力源。心理学家通过对造成压力的各种生活事件作了分析,提出了三种类型的压力源:

1. 躯体性压力源

躯体性压力源是指通过对人的躯体直接发生刺激作用造成身心紧张状态的刺激物,包括物理的、化学的、生物的刺激物,例如:过高的或者过低的温度、微生物、变质食物、酸碱刺激等。

2. 心理性压力源

心理性压力源是指来自人们头脑中的紧张性信息,如心理冲突或与挫折、不切实际的期望、不祥的预感以及与学习、工作有关的压力与紧张等。心理性压力源与其他压力源的显著不同之处在于它直接来自人的头脑中,反映了人心理方面的困难。生活中的压力处处可见,但为什么有的人无动于衷,有的人却耿耿于怀,区别常常源于人们内心对压力的认知。当一个人面对压力时,在没有任何实际压力反应之前会先辨认压力和评价压力。如果把压力的威胁性估计过大,对自己应对压力的实际能力估计过低,那么压力的反应也必然大。例如,你在安静的书房看书,忽然听到走廊想起一串脚步声,如果认为是将要入室抢劫的坏人来了,就会惊慌恐惧,如果认为是朋友来访,则会轻松愉快。正如一位哲人所说:“人类不是被问题本身所困扰,而是被对问题的看法所困扰。”

3. 社会性压力源

社会性压力源主要是指造成个人生活方式上的变化并要求人们对其做出调整和适应的情境与事件。社会性压力源小到个人的生活中的变化,大到社会生活中的重要事件。个人生活的改变常常会给人带来压力,表 6.1 是生活中压力事件及压力量的对比。

表 6.1 社会再适应量表(美国)

压力生活事件	压力量	压力生活事件	压力量
配偶死亡	100	儿子或女儿离开家庭	29
离异	73	和婚姻关系亲属相处困难	29
夫妻分居	65	杰出的个人成就	28
被判入狱	63	妻子开始或停止工作	26
家中亲人死亡	63	学业开始或结束	26
身体不适或身体疾病	53	生活环境的变化	25
结婚	50	生活习惯的变化	24
被解雇	47	与老板相处困难	23
夫妻团圆	45	工作时间和环境变化	20
退休	45	家居环境的变化	20
家庭成员身体健康发生变化	44	学习环境的变化	20
怀孕	40	娱乐方式的变化	19
性生活遇到困难	39	宗教活动的变化	19
家中新添人口	39	社会活动的变化	18
生意上的变化	39	少于 10000 美元的抵押或贷款	17
经济状况变化	38	睡眠习惯的变化	16
亲密朋友死亡	37	家庭聚会时人数的变化	15
工作改变	36	饮食习惯变化	15
与配偶争吵上的变化	35	假期	13
超过 10000 美元的房屋抵押	31	圣诞节	12
贷款和抵押品赎取权的取消	30	轻微地触犯法律	11
工作责任的变化	29		

【心理百科】

创伤性压力源

一个事件如果不仅是消极的,还无法控制、无法预测或暧昧不清,它就特别具有压力。这些情况在灾难性事件中尤为突出。性虐待和性侵犯的受害者,飞机和其他严重交通事故的幸存者,水灾、洪灾和地震灾害的幸存者,以及其他一些亲身经历了创伤性事件的人们,可能在情绪上出现创伤后应激障碍(posttraumatic stress disorder, PTSD)。PTSD 是一种应激反应,个体不断地以某种形式重复体验到创伤事件,比如,闪回或噩梦。患者对日常的生活事件感情麻木,并且和他人疏远了起来。最后,这些反应带来的情绪上的伤痛将导致各种症状的出现,比如睡眠问题,对于幸存的内疚感,注意力集中困难,以及极端的惊恐反应。

创伤性应激会产生无助感和脆弱性(Fields 和 Margolin,2001),会让受害人感觉他们对自己的生命失去了控制(Scurfield,2002)。创伤后应激的情绪反应可以在灾难后立即发作,在数月后平息。这些反应也可能会一直持续,变成了慢性综合征。他们也可能在数月甚至数年后才发生。

对经历过上述创伤性应激的个体,心理学家提出了下列建议:

——明确你的想法并和他人交流你恐惧和关注的事情。

——思考那些帮助你战胜了以前的不幸技能,并将这些技能用在目前的困境。

——继续做你喜欢的事情,让生活丰富多彩。

——向他人寻求支持,则是从创伤事件恢复过来的重要元素。

——给自己痊愈的时间。

——当创伤性应激很严重并反复发作的时候,会出现更多更严重的情况(应激性疾病症状),可以考虑向心理学专家或其他专家寻求帮助。

如果你的家人、朋友或同事经历了灾难或精神创伤,你会怎么办?当这些人诉说他们的故事时,你可以认真地但不发表任何意见地倾听。避免给直接的建议,最好鼓励他们寻找一个更健康的方法——如锻炼——去面对现有的压力。

三、压力的影响

目前,压力的增长速度已经超过了社会前进的速度。各种隐性压力的范围之广、程度之深正在逐渐被人们认识。虽然压力问题不会直接杀死一个人,却会诱发各种置人于死地的疾病,从而使人们的生活蒙上阴影。

(一)压力的负面影响

由压力而带来的焦虑、紧张、郁闷和绝望情绪与人体的健康密切相关。在生活中,大学生默默接受了很多压力,如被同学误解了,考试没考好,在食堂吃到不干净的饭菜,日复一日的枯燥生活等等带来的压力;也可能承受了一些较大的压力,如遇到车祸、遗失生活费、失恋、重要考试不及格等等冲击性较大的事件而带来压力。压力不会自行消失,只会聚集在我们体内,压力使人体内的荷尔蒙逐渐增多。当人们处在压力之下时,生病的概率要比没有压力的人大得多。比如,饱尝压力之苦的人容易患感冒,并比那些没有压力的感冒者的症状重得多。在患有癌症的人群中,承受压力重的人比那些压力较轻的人更容易放弃治疗,死亡率也更高。压力越大,身体所能产生的抗体就越少,而且受病毒感染的机会就越大。当压力减少时,荷尔蒙会逐渐降低到正常状态。但是,当压力长时间过高存在时,这种荷尔蒙可能长久地保持在高水平上。这不利于大学生的身体健康,甚至有可能导致消化能力下降、呼吸加剧、心跳加快、血压上升、失眠、记忆力受损等问题产生。压力还会诱发各种各样的疾病,其中包括:过敏、气喘、偏头疼、刺激性肠炎、湿疹、荨麻疹、高血压、心脏病等等。

(二)压力的积极影响

1. 催化成果

在某种压力之下,人会发挥出最大的潜能和智慧,做出超越自己能力的事情或十分困难的任务。有的大学生能通过考前紧急复习应付考试;有些人毕业前在很短时间内写出论文,正是因为压力的存在,缩短了他们办事的时间,提高了学习的效率。压力是一种动力,它是创造性成果的催化剂。心理学的研究表明:中等强度的压力是解决问题的最佳心理状态。心理压力国强,不仅不利于问题的解决,反而会引起心理障碍;毫无压力,则不能维持大脑的兴奋状态,更无助于问题的解决。

2. 发展智慧

人的智慧是在解决问题的过程中发展的。为了解决问题,寻求答案,人们努力寻找有利于问题解决的各种方案,从而锻炼了智慧。

3. 磨炼意志

在应对压力的挑战之中，大学生的意志力将得到锻炼，能力会得到增强，并获得战胜自己的快乐感受。然而，如果一个学生养成了总是需要在强烈重压之下才能完成任务的习惯，反而不利于他的成长和健康。总之，压力需要用正确的方式释放才能有助于我们的成长的健康。

【心理故事汇】

蝴蝶为什么过早死去?

草地上有一只蛹，被一个小孩发现并带回了家。过了几天，蛹上出现了一道小裂缝，里面的蝴蝶挣扎了好长时间，身子似乎被卡住了，一直出不来，天真的孩子看到蛹中的蝴蝶痛苦挣扎的样子十分不忍。于是，他便拿起剪刀把蛹壳剪开，帮助蝴蝶脱蛹出来。然而，由于这只蝴蝶没有经过破蛹前必须经历的痛苦挣扎，以致出壳后身躯臃肿，翅膀干瘪，根本飞不起来，不久就死了。自然，这只蝴蝶的快乐也就随着它的死亡而永远地消亡了。

这个小故事告诉我们：蝴蝶的成长必须在蛹中经过痛苦的挣扎直到它的翅膀强壮了，才会破蛹而出。人的成长也是如此，要得到快乐就必须能够承受痛苦和挫折，这是对人的磨炼，也是一个人成长必经的过程。

资料来源：http://www.doc88.com/p-4039058148404.html

四、挫折概述

（一）挫折的内涵

挫折是指人们在有目的的活动中，遇到无法克服或自以为无法克服的障碍或干扰，使其需要或动机不能得到满足而产生的消极反应。

挫折一般有两层意思，即挫折情境和挫折感受，前者指阻碍目标实现的各种主客观因素，也称挫折源；后者指由于挫折情境而产生的愤怒、恐惧、焦虑不安等反应，也称挫折感受。在遇到挫折后，我们无法改变挫折情境，但是，我们可以控制挫折感受。

挫折情境与挫折感受有着密切的关系，但并非总是成正比。一般来所，挫折感受只有在特定的挫折情境下才会产生，而挫折情境越严重，所引起的挫折感也可能越强烈。比如，生活中重大事故要比一般的错误对人产生的震动更大；生死离别要比暂时分离更能引起强烈的内心反应。长期而剧烈的挫折感，常会摧毁一个人的精神，扭曲一个人的心灵。

挫折情境与挫折感受，并不是一个简单刺激—反应的过程，而要受到个体实际状况的诸多制约。它包括个体的生理状态、心理状态和思想状态灯，其核心是认知方式和挫折承受力。心理挫折是一种主观感受，面对同样的挫折情境，不同的个体会有不同的挫折感。心理健康水平高的大学生，虽面临较大的客观挫折情境，但挫折感受并不大，他们往往有较强的承受力；反之，心理健康状况较差的人，即使挫折情境不大，但引起的挫折感受可能会很大。

挫折和压力有何异同呢？压力是在人活动之前或者活动之后产生的情绪或身体上的反应，它与人对压力源的评估有关；挫折发生在活动过程之中或活动之后，它与人的需要和动机有关。压力和挫折引发人情感、情绪的变化，都对人的健康有消极影响，但适当的压力和挫折对人的成长有好处。

（二）挫折的成因

引起挫折的原因可分为两大类：客观外部因素和主观内部因素。

1. 外部客观因素

客观的外部因素引发的挫折又称“环境因素的挫折”。自然环境因素可能会妨碍人取得成功,如恶劣的气候、火灾、地震等自然因素引起个体目标无法实现而导致的挫折。社会环境因素的限制也是造成人们产生挫折的原因,如政治、经济、道德、宗教等社会因素的限制,以及人际关系失调等人为因素的限制引起的挫折。在现代社会里,社会因素对个人动机和行为产生的障碍,往往比自然环境障碍所引起的挫折更多,影响也更深远。

2. 内部主观因素

主观内部因素引发的挫折也称个人引起的挫折。由于个人能力的限制,或因生理或心理方面的缺陷,使人无法实现目标。如个人的外貌、体力、某些生理缺陷等个人生理因素的限制导致个人目标不能实现引起的挫折。再如个体的主观认识水平低、心理冲突过分严重、对挫折的承受力差等。

一般来说,一个重要的动机受到阻碍时,个体感受到的挫折较大;而不太重要的动机受到阻碍时,则只会产生较小的挫折感。每个人的价值观存在着差异。面对同样的挫折情境,具有不同价值观的人会产生程度不同的挫折感。如对一些人来说,失恋让人痛不欲生;而对另一些人来说,失恋好像家常便饭,暂时不吃饭的确很难受,但并非不能忍受。为什么两类人的反应有这么大的差距,那是因为他们对恋爱和失恋的看法不同。

(三)挫折的反应

一个人在遭受挫折后,无论挫折情境是由客观因素还是主观因素造成的,都会对其生理、心理与行为带来一系列影响,其中心理的影响最为明显。挫折常会使人处于紧张状态,一般表现为情绪激动、焦虑、不安等。

受挫后的紧张心理几乎是人人都有的本能反应,然而,不同个体所表现的程度大小不一样,结果紧张心理超过一定限度,则会带来各种消极情绪,如愤怒、憎恨、恐惧、失望、痛苦、烦躁、过分焦虑等。如果这种消极情绪状态的强度过大,或时间过长,往往会直接危害人的身心健康,是心理活动失去平衡,容易使人出现意识方位狭窄、判断力减弱、失失去自制力等不良现象,从而严重影响个人的正常行为,也有可能是一些人做出违背常情的举动,或陷入挫折的痛苦中的举动不能自拔。

需要指出的是,挫折引起的紧张状态并非一定是消极的,适度的紧张往往会产生积极的效果,如注意力集中、思维活跃、效率提高情绪适度换起等,从而为战胜挫折、排除或绕过障碍提供了有利的心理条件。

1. 受挫后常见的消极反应

(1)攻击。人在受到挫折时,常常产生愤怒的情绪,进而诱发攻击行为,特别是在挫折严重的情况下,大学生往往受情绪的支配,理智下降,行为缺乏理智分析,结果做出一些不顾后果的行为。攻击也是常见的挫折反应,攻击的形式有两种:一种是直接攻击,极受挫折后将愤怒的情绪直接导向造成其挫折的人或物,表现为对人讥讽、谩骂或拳脚相加及损坏物品等形式。直接攻击行为较容易发生在那些自我感觉良好、自我评价偏高,或鲁莽、好冲动、较缺乏生活经验的大学生身上,例如因受到批评而与老师顶撞;因某个同学阻止自己买饭插队而对其恶语中伤甚至动手动脚。另一种是转向攻击,既不直接攻击造成挫折的对象,而是把攻击转向自己或其他无关的人和物。转向攻击行为常发生在那些自信心比较差,情绪较悲观、压抑、力量较强或比较能自我克制的同学身上,他们往往会在受挫后陷入自责或惩罚自己(如把自己关起来、不吃饭、不睡觉等),严重的可引起心理障碍,甚至自杀;而那些把攻击转向次要或无关人和物的同学,常常是因为察觉到不可能或不应该直接攻击引起挫折对象,或找不到明显的攻击对象，于是便找到"替罪羊"，例如有的同学因与寝室同学发生矛盾，而迁怒于周围其他同学；有的毕业生因求职过程不顺利，而损坏学校财物等。

(2)冷漠。冷漠是指个体受挫以后表现的对挫折情绪漠不关心或无动于衷的态度，只是一种比攻击更为复杂的反应。有人认为，如果受挫折后采用攻击方式，遭受更大的挫折可能就是采用逃避的方式，如不能逃避，就只能以冷漠的方式反应。冷漠并不包含愤怒情绪的成分，只是个人能把愤怒暂时压抑。冷漠反应多在以下情况出现；一是长期遭受挫折而不能摆脱；二是出境艰险，无助无望；三是心理上恐惧不安和生理上痛苦难忍；四是进退两难，攻击与退缩之间矛盾冲突激烈。

(3)固执。固执是指个体受挫后，听不进批评与劝导，看不清挫折实质，而一意孤行的坚持自己的想法，重复某种行为，其结果往往使个体失去改变困境的机会，在挫折中越陷越深。固执行为往往是不自觉的，具有强制性的特点。例如，有的大学生因学习成绩滑坡而秉烛夜读，熬到深夜，其实效率并不高，而且影响白天的学习，于是再熬夜加班，如此恶性循环，明知这种做法不好，但仍固执地这样做。固执反应通常是由于挫折降低了人们的判断和学习新问题的努力导致。

(4)倒退。亦称倒退回归、退化，是指一个人受到挫折时不由自主地表现出一些与年龄、身份极不相符的幼稚行为，这是一种不成熟的表现。例如，因考试不及格而哭哭啼啼、苦苦哀求；面临考试压力时，千方百计躲进医院，逃避考试；有的大学生受到批评之后，蒙头大睡，闹情绪，甚至无理取闹；某些学生干部受到挫折后不愿承担责任，不能区分合理与不合理的意见等，都属于退化行为。倒退的另一种表现是受暗示性。受暗示性最常见是个人在受挫折后盲目地相信别人，盲目地执行某个人的指示。大学生中遇到挫折而倒退的虽不多见，但是这种行为表现时常常会使人啼笑皆非，有损自己在他人心目中的形象。

(5)焦虑。焦虑是挫折后座常见的一种心理反应。如前所述，适度焦虑对提高效率、激发潜能有一定的积极作用。然而，过度的焦虑是有害的，严重的会导致心理疾病，发展成焦虑症。人际交往和学习上的挫折常常是引起大学生焦虑的主要原因。由人际关系不良所导致的过渡焦虑，是一些大学生不能适应集体生活，内心常处于渴望理解与自我封闭的矛盾之中，对自己的交际能力作否定评价，并时常会因一两件小事而加强挫折感；学习上的过度焦虑则更会抑制思维，分散注意力，影响正常的学习生活，导致更大的挫折。

(6)幻想。大学生在受挫折以后幻想增多，常常在想象中以非现实的方式寻求达到目标，甚至以做梦的形式在幻想中实现自己受挫的目标，从而在某种程度上缓解焦虑。例如，有些大学生受挫折后，为受阻的活动设计了一个个非常完美的结局，沉浸在对完美结局的想象中，消耗体力和精力。

(7)感受性降低，知觉范围缩小。感受性是对客观刺激物的感觉能力。遭到挫折是由于受焦虑等不愉快的情绪状态的影响，大学生的感受性会下降，知觉范围缩小，出现动作缓慢、反应迟钝的现象。例如，有的大学生受挫折后在寝室内长时间发呆，对别人的呼唤听而不闻，有人进到房间也察觉不到，甚至对身边的同学嬉戏、欢闹也视而不见，干什么事都心事重重，心不在焉；有的则无目的地漫步，在路面上的水坑、石头也不会注意到；有的因为心情不好，不分时间场合，说一些过分的话，与同学发生顶撞，造成误会，搞得同学关系不融洽；也有的受挫后对别的事反应迟钝，而对涉及自身的事情特别敏感，总是怀疑别人在议论自己或嘲讽自己。

(8)抑郁。挫折带来的痛苦、不愉快的体验，受挫后大学生往往会产生抑郁情绪，整天闷闷不乐，唉声叹气，甚至会导致悲观失望。由于挫折导致大学生自信心、自尊心下降，认为自己不如他人，怀疑别人看不起自己，于是感到自己的命运不好，前途渺茫，对以后的活动缺乏信心与勇气，严重的甚至对以后的生活与学习感到绝望。

【心有千千结】

人生逆境十之八九，人们在生活的道路上，随时都会遇到难以克服的困难。刘某是大学二年级学生。她在一年级时非常用功，成绩很好，可到了大一下半学期就变了。由于她长得又黑又胖，其貌不扬，所以受到了男生的冷落。为此刘某深感苦恼，后来就出现反常行为。比如上课时对男老师嘻嘻地笑，说男老师喜欢她，可她瞧不上人家。在大街上遇到男青年，她常把头一扭，向地上吐口唾沫，说那男的对她不怀好意。上二年级以后，她整日神情恍惚，总和别人比较容貌，以致更没有男生愿意接近她了。这是一个怀春的少女由于容貌不美恋爱屡受挫折，产生种种异常行为的案例。

资料来源：作者根据相关资料整理

2. 受挫后的积极反应

大学生在追求目标实现的过程中，行为受挫、遇到障碍与干扰时，有的人能够审时度势，采取积极进取的态度和反应对待挫折，称为理智的反应。具体表现为以下几个方面：

（1）坚持目标，积极努力。当个体受挫后，通过分析发现自己追求的目标是现实的，那么即使暂时遇到了挫折也应克服各种苦难，找出排除障碍的方法，毫不动摇地朝既定目标迈进，最终实现目标。例如，有的大学生四级考试失利后，积极寻找自己考试中的弱项，调整学习方法与不同的内容的学习时间，弥补弱项，最终顺利的通过四级考试。

（2）调整目标，不断努力。由于追求的目标大，自己的抱负又高，产生了主观期望和客观现实的落差，导致目标无法实现，便采取修改霍建华目标的方式。有人曾经说过“理想过于强大等于没有理想”对目标来说也是一样，过于远大的目标等于没有目标。在具体实施过程中，我们需要不断设定一些小的目标，不断调整自己的目标，在不断取得小的成就的基础上取得更大的成就。

（3）转化目标，继续努力。行为受挫，目标没能达到，即将原有目标转移到其他目标或升华到更高方向，如恋爱受挫，便转向努力学习，积极参加社会活动，加以补偿。

任务二　压力的科学管理

一、大学生心理压力的表现

大学生生活在相对单纯的环境中，但现实总是纷繁复杂的。大学生的心理发展具有依附性向独立性过渡，心理迅速走向成熟又未完全成熟的共性。在理想与现实、自尊与自卑、独立与依赖、交往与封闭、个人意愿与家庭期望等诸多压力和冲突面前，心理承受力差的学生很容易产生各种心理问题。大学生心理压力的表现形式是多种多样的，常见的有焦虑、孤独、苦闷、情绪低落、思想消沉、冷漠、厌倦等等。做什么事情都不感兴趣，干什么都提不起精神。

大学生的心理压力是多方面的。虽然不同的个体有着不同的压力来源，但总体看来，大学生的心理压力主要来源于学习问题、专业发展问题、经济及连带问题、情感问题和就业问题等。有关调查显示，大学生的心理压力来源于学业问题的占78.3%，就业问题占80.7%，人际关系占33.8%，恋爱问题占39.8%。

【心理百科】

走出压力的认识误区

一些小报、网络、电视节目以及自助书籍中叫卖所谓"零压力"生活最新法则,致使人们对压力产生误解。下面的澄清将有助于你正确地认识压力。

(1)所有压力都是有害的。压力既可能是有益的,也可能是有害的。积极的压力可以给人提供激情和喜悦,也可以为人们在期限前完成工作、进入新的环境、应对紧急事件、达到最佳表现和在面对新挑战时提供专注力和精力。因此,适度的压力是有用的。

(2)压力管理的目标应当是消除压力。压力不能也不应该被消除,正如压力领域研究之父——Hans Selye 所说的那样,只有死人才没有压力。唤醒是生活的一部分,压力管理的目标应该是控制压力,从而降低他们转为有害的不良压力的概率或缩短压力持续时间。

(3)良好的生活状态应该没有压力源。与压力一样,施加于心理和身体上的压力源是永远存在的。重要的是控制压力源并理解它们,尽可能使它们在程度上和数量上不至于使你负担过重。因为实现个人的潜力,事实上就是生命本身。

(4)压力越少越好。这是不一定的。当面临挑战和紧急事件时,唤醒越高越有利于达到某一特定点。不良压力越少越好,因为不良压力是有害的。

(5)如果一个人足够努力,他或她总是能适应困难的环境。这一观念存在两大方面的谬误。第一,每个人都有适应能力的极限。如果身体、社会和心理压力在某一时刻超过了你的压力上限,疲倦最终会导致人崩溃,这种抵抗状态最终将让位于筋疲力尽的阶段。第二,"尝试更加努力"并不总会有利于不良压力的解决,相反,休息和放松能帮助"工作狂"恢复体力和脑力,有利于问题的解决。

(一)专业引发的心理压力

刚入校的大学生往往会遭受不喜欢自己所学的专业,缺乏学习兴趣方面的压力。短期内会使大学生情绪低落,严重的可能会导致他们对未来失去信心。发生这种情况的原因既有主观的,也有客观的。客观方面如填报志愿时缺乏对各专业情况的深入了解,因此导致所填专业并非如自己所愿或被调配到不喜欢的专业;主观方面如对本专业前景不看好,产生厌学情绪。针对不同的原因,可以采取不同的解决策略。一般来说,如果是客观原因,则先想办法看能否调配到自己喜欢的专业。若不行,则只能诉诸主观方面了,如通过各种学习活动,激发自身对专业学习的兴趣,认真学习。当今社会分工越来越细的情况下,任何专业只要学得好,不怕没有前途。

(二)学习方面的心理压力

学习问题带来的压力不只是在新生身上体现。实际上,不同的大学生面临的学习问题不同的。大学里的课程内容和教学方法与中学有很大的不同。中学教师的授课方式是以老师教学为主,学生自己理解少练习多,学生完全处于被动接受知识状态,然而大学则不同。老师上课来、下课就走、内容多,教材有取舍,授课方式是以教师指导性讲解、学生自学为主。这就要求大学生转变学习方法以适应大学教学,改变过去那种态度上的被动从而做到主动自觉。然而许多学生特别是刚进大学的新生往往缺乏必要的心理准备,仍然抱着过去学习的心理,沿用高中的学习方法。在经历一段时间的学习后,便有茫然失措的感觉,不知道该怎么去学,从而由兴奋转为自卑、消沉,部门学生处于难以适应的境地,久而久之备感学习压力,产生厌学心理。有些大学生由于认知偏差,不能适应新的学习环境,产生了心理挫折而在学业上出现令人失望的表现。曾经有过这方面的报道。一名十五岁的中学生因为高中获全国数学竞赛一等奖被保送到一所重点大学。可是,他沉迷于游戏中不能自拔,产生了严重的厌学心理,最后由于多门课程不及格而被勒令退学。这一惨痛的教学说明大学生"角色转变"和学习方法调整的重要性,尤其是新生。

【心有千千结】

王某是大三的学生,是系里的学习部长。他与女朋友丽丽从大二开始谈恋爱,转眼快两年,感情一直都很好。在同学们看来,王某是个幸运的人。大三眼看快结束,这个暑假,王某有两个打算:一个是他觉得已经与丽丽交往了这么久,爸爸妈妈也知道他在学校谈恋爱,虽然家在农村,经济条件并不是太好,但父母还是希望他能把丽丽带回去与大家见见面,而且他也想到丽丽家去见见她的父母;第二是大四就在眼前,是继续升学还是找工作,他也要与丽丽好好商量,他自己是想继续升学的。可是没想到,丽丽当场否决了去他家和她家的建议,她说她早就与父母说了,这个暑假哪里也不去,专心在学校准备考试的事。任凭王某好说歹说,丽丽就是不愿意,两人闹了个不欢而散。王某非常懊恼,他有些怀疑丽丽对他的爱情了,只需要两三天的时间就可以回一趟老家,丽丽不是抽不出这个时间,她实际就是不愿意。越来越临近考试和放假,王某又与丽丽谈了几次,虽然丽丽不再像第一次那样斩钉截铁,但温柔的语气里表现的还是像第一次一样坚决。这个事像秤砣一样装在王某的心里。其实问题不在回不回家,而在于丽丽表现出来的坚决,王某不断地想着这些事情,最后开始怀疑丽丽对他的真心,根本无法专心复习,期末考试也只能勉强对付了。作为学习部长,勉强对付考试又给他增加了新的思想负担。

如案例中所述,王某开始因为爱情的不顺利而感受压力,后来又加上学习的因素。其实造成大学生心理压力的因素,除以上外,还有人际交往方面的压力、经济压力以及就业压力。

资料来源:作者根据相关资料整理

(三)经济方面的心理压力

经济窘迫的确是造成人们压力的一个关键性来源。目前,因家庭困难造成经济紧张而陷入困境的学生在学校占有相当大的比例。据统计,每年全国26.4%的大学生支付不起学费,13.5%的大学生甚至生活费用都有问题,高额的学费和生活开支增加了他们的心理压力。来自边远和贫困地区的学生更是如此。部分学生家里砸锅卖铁,四处借债,他们的兄弟姐妹小小年纪就辍学打工供他们读书,他们背负着全家人的期望读书。这些学生从吃穿乃至言行举止都与城市学生有很大的反差。经济的窘迫,使这些学生心理负担十分严重,他们感到苦闷和压抑。甚至其中有少部分同学忘记了他们肩上的重任,忘记了父母的艰辛,经受不住物质上的诱惑,为了爱慕虚荣,产生了失范行为,甚至走上了犯罪的道路,极个别的学生还有轻生的念头。这种现象在大学生群体中不但存在,而且有进一步增加的趋势。德国著名社会学家韦伯认为人类行为是非逻辑的,是人们情感或心理状态的反映。许多大学生产生失范行为就是因为心态不正、心理失衡而造成的。某高校一名大三女生,家在农村经济条件很差,与她同宿舍的其他三位女生都来自城市,家庭条件较好,因此在吃穿用方面都比她好。由于买不起,她滋生了偷窃之心,经常趁宿舍里没人,将同学放在桌上的钱和化妆品偷走。后来她的行为被发现后,学校给予通报批评处分。从此以后同学都疏远甚至提防她,由于她在心理上承受不了这一切,最后选择了自杀。

【心有千千结】

有些贫困同学急于摆脱贫困状态，导致上当受骗，反而加重了自己的负担。某高校新生小乐，一天听同学说收到一则手机短信，说获得了一等奖，打电话联系即可领取9 000元奖金。他听了以后，心情十分激动，向同学询问了对方的电话号码，悄悄拨通了电话。回电的人告诉他获奖是真的，但要领取奖金，要先汇2 000元钱来。小乐向对方说自己没钱，对方说自己给小乐作担保，先汇800元。小乐向同学们借了800元，汇去后对方让他再汇1 200元，如果不汇，就领不到钱，刚好父亲借到钱让他交学费，收到父亲寄来的钱后，他赶快就给对方寄去了1 200元钱，但对方仍说手续费还需要1 000元。如果不汇过去，已经寄出的2 000元也收不回来。在万般无奈之下，小乐向父亲讲了自己的遭遇，然而忠厚的父亲没有责备儿子的意思，反而打算想尽办法也要再借到钱给小乐。小乐自己很心虚，他隐约觉得自己上了当，找到班主任，还到派出所报了案，但是他寄出的2 000元钱至今无法收回。受骗的他十分后悔、内疚、羞愧，总觉得同学们都在取笑他做了一件傻事，因此神情恍惚、心情沉重，在精神上和物质上都受到了极大的上海，沉浸在巨大的压力之中。

资料来源：作者根据相关资料整理

(四)情感方面的心理压力

情感是大学生活中的一个重要组成部分，它对于保持和增进身心健康、促进其社会化起着重要的作用。大学生的情感寄托对象主要有家庭、同辈群体、恋人以及网络。大学生情感都是基于现实而生的，而一旦当他们不能从一种理性的角度来对自我情感问题进行分析、判断和评价时，矛盾和冲突就会产生。上大学前，大学生情感寄托对象主要是家人和好友。进入大学后，他们面对一个新的同辈群体，尽管有机会接触更多的朋友，得到更多的友情，但是大学生的情感问题都似乎比以前更成为一个难题。

远离家乡和父母的大学生总会有一种孤独感，一旦出现人际关系不和谐，或发生其他冲突，这种孤独感就会进一步加剧，从而产生心理焦虑和压力。有的学生因为语言表达能力差，害怕与他人交往沟通思想感情，把自己的内心世界和情感封闭起来。这种人经常处于一种要求交往而害怕交往的矛盾之中，很容易导致孤独、抑郁或自卑。还有的是因为性格上的不合群，他们在同学中不被理解而被排斥，其中一部分人独来独往，不和他人接触，久而久之就产生了受冷落或性格孤僻、残暴等心理倾向。也有的被失恋、单相思困扰而产生苦闷、惆怅、失望、悔恨、愤怒等情绪。这些都给身心健康带来严重的影响，有的甚至发展为精神疾病。

二、大学生心理压力的应对

心理学一般将应对压力的策略分为两个方面：问题中心和情感中心。问题中心的应对策略主要在于定义需要，产生解决办法，采取行动以降低、减少或克服问题，亦即根据引起压力的压力源去处理。情感中心的应对策略在于减少感受到的情感压力水平，特别当改变环境不太可行的时候。情感中心的应对策略包括减少问题、寻找策略以减少感受到的压力，如与朋友交谈、做运动等。

问题中心的应对策略具体情况会有很大不同，在压力面前，大学生要调整心态冷静面对，做到“仔细分析形势”，认清压力事件的性质，理性思考，正确分析判断事件的来龙去脉，寻找出要解决的关键因素，获得所有能帮助解决问题的相关信息。需要强调的是，要学会借助外部环境及资源，寻求帮助、获得社会支持。同样的问题，可能当事人钻入了死胡同，而在其他人那里则不成其问题。如有一位大学生对于选择什么样的参考书、选什么课产生了一定的心理压力，在这种情况下，咨询一下高年级的同学会产生事半功倍的效果。

对于情感中心的解决策略，主要包括以下几个方面：

(1)面对压力，大学生应学会控制自己的不良情绪，采取适当、适时、适地的方式进行宣泄，这样对于维护心理的健康和平衡以及保持良好的人际关系非常重要。比如，对着空旷的田野或在树林里大声呐喊，把心中的愤懑肆意发泄出来，或者向好朋友或心理医生倾诉，同时可以采取写日记等方法将心中郁积的烦恼发泄出来。

(2)大学生可以采用放松疗法，通过训练有意识地控制自身的心理生理活动、降低唤醒水平等来缓解压力造成的情绪困惑。有研究表明：心理生理的放松均有利于缓解压力，保持心理健康。我国的气功、印度的瑜伽术、日本的坐禅、德国的自生训练、美国的渐进松弛训练、超然沉思等，都是积极地放松压力的方法。

(3)健身活动是一种积极、主动的活动过程，这种活动有利于降低心理压力，健身活动后，焦虑、抑郁程度都有显著下降。所以大学生可以选择自己喜欢的运动项目如跑步、爬山、游泳、舞蹈及各种球类活动，经常参加这些健身活动，不仅可以缓解心身压力，而且可以强身健体，提高心血管机能和耐受能力，强化免疫系统。可以说，健身活动是益处多多。

(4)从长远来说，大学生应该学会全面了解自己，客观评价他人。大学生应学会清楚认识自己的优、缺点，不自大不自卑。不要因别人优秀而嫉妒，也不能因别人比自己查究冷嘲热讽，尊重他人就是尊重自己。逐渐形成对自己、对他人、对社会现实、对理想的正确认知，可以有效地预防压力感的入侵，在面对压力时也可以很好的面对。

(5)培养良好的个性品质也是大学生在日常生活中应该注意的事情。个性品质除了遗传影响外，更重要的是受后天环境的影响。不良个性品质会导致大学生社会适应困难，容易产生压力感和应对压力的缺乏，因此大学生应该抵触不良个性品质，培养良好的品德修养，优雅的社交风度，成为一个全面发展的身心健康的人。

【心理故事汇】

驴子的故事

一头老驴，掉到了一个废弃的陷阱里，很深，根本爬不上来，主人看它是老驴，懒得去救它了，让它在那里自生自灭。那头驴一开始也放弃了求生的希望，每天还不断地有人往陷阱里面倒垃圾。按理说老驴应该很生气，应该天天去抱怨，自己倒霉掉到了陷阱里，它的主人不要它，就算死也不让它死得舒服点，每天还有那么多垃圾扔在它旁边。可是有一天，它决定改变它的生存态度，它每天都把垃圾踩到自己的脚下，从垃圾中找到残羹来维持自己的生命，而不是被垃圾所淹没，终于有一天，它重新回到了地面上。

从老驴的故事中，折射出了人生的精髓。所谓的陷阱就像一个磨炼人生的过程，垃圾像是我们人生中所遇到的种种挫折，对待挫折有两种态度，而不同的态度会产生不同的结果。用消极的态度对待挫折，面对挫折退缩，最终只会被挫折打败，葬身于垃圾中；用积极的态度对待挫折，勇敢地面对挫折，取其精华，去其糟粕，从中汲取养分，慢慢积累经验，积极面对人生，坚定信念，一定能战胜挫折，走向成功。

资料来源：作者根据相关资料整理

任务三　挫折的理性应对

一、大学生常见的挫折

(一)生活挫折

广义的生活挫折是指在社会生活中遇到的所有挫折;狭义的生活挫折是指生活上的一些困难和不适应。挫折越大,对人的打击就越大。

(二)学习挫折

是指在学习方方面面产生各种困难对人的心理的影响。如刚刚进入大学的新生,都面临着学习的重新适应的过程。在这一过程中,有些同学因不适应大学的学习而产生挫折感,如不会安排学习时间,找不到有效的学习方法,不想学习、感到学习负担过重、学习有困难等。一些同学因所学专业并非自己的理想目标而感到失落。

如何应对挫折

(三)交往挫折

主要表现为交往不顺或人际冲突。

交往不顺表现在想结交一些朋友,但不知道如何去结交;或者因自身性格内向、孤僻而无法和别人沟通;或者因自卑、胆小而不敢与别人交往;或者在交往中过分挑剔别人,感到找不到知音而陷入孤芳自赏境地。

人际冲突是指在与同学、朋友的交往中,由于性格不良、脾气暴躁或缺乏同情心、责任心,凡事不会为别人着想、总是以自我为中心等而容易与他人产生摩擦,发生冲突,从而导致人际关系紧张等。

(四)情感挫折

主要表现在友情、恋情、亲情。

友情:与朋友产生误解、朋友关系疏远、交不到知己等;

恋情:这是最主要的情感挫折。表现为:单恋、失恋、多角恋;

亲情:自己的做法得不到亲人的理解、失去亲人等。

(五)择业挫折

是指在就业过程中遇到的各种困难与阻力。如有些学生开始时雄心勃勃,几经碰壁后竟是无可奈何甚至听天由命。一些在大学期间不好好读书,因学习成绩不理想而不受用人单位欢迎的学生,更是悔之晚矣。寻找工作不易,使一些学生在心理上害怕毕业,畏惧走上社会。有条件的一些学生转而加入考研大军,被认为是“退而织网”的“缓兵”之计。

(六)社会认知挫折

是指由于对社会的评价与社会期望产生矛盾所导致的挫折。从中学走进大学,大学生对社会的接触与了解日益增多,也逐步有了自己对社会的认识与评价。对于对社会怀着美好憧憬并带有理想化色彩的大学生来说,当前社会存在的种种问题与弊端会影响大家对社会的认同,并妨碍大家对社会做出正确评价。当大学生更多地看到社会丑恶的一面的时候,就会因理想的破灭,而感到失望和沮丧,因而产生挫折感。

二、大学生挫折的应对

大学生们都有远大理想,热情高,但涉世浅,经验少,很容易产生挫折感,而他们的情感又较脆弱，遭受挫折后很容易产生激烈的心理冲突而不能自制。挫折是不可避免的，如奥运会跳水冠军平均练习达到10万次之多；欧立希发明药物“606”，失败了605次；歌德的代表作诗剧《浮士德》长达12 000余行，花费了他毕生精力，过程当中饱受失败、泪水与挫折……挫折带来的不同结果完全取决于面对挫折的不同态度，我们有必要学会如何面对挫折，应对挫折，提高挫折承受力。

（一）影响挫折承受力的因素

1. 身体条件

身体健康、发育正常的人，一般对挫折的承受能力比体弱多病有生理缺陷的人高。

2. 受挫时的条件

如果在同一时间里，人们要面对很多个挫折时，挫折的容忍力就会大大降低。

3. 受挫经验

挫折的容忍力是可以通过学习获得的。经受挫折后善于积累经验，就能提高挫折容忍力。阅历广、经验丰富并历尽艰辛与磨难的人远比生活一帆风顺的人的容忍力高。

4. 认知与判断

由于每个人对世界与事物的认知不尽相同，评价标准不可能一样，即使挫折的客观情境相同，对挫折的判断力和感受也是不一样的，对每个人的影响力度也是不一样的。同样的挫折，有人认为是严重挫折，有人认为微不足道。由于认识的不同，其感受的威胁也不同，个人心理上所承受的压力也就不同。

5. 预见性

对预见中的挫折，因为有精神准备，比较容易应付，而突如其来的挫折往往使人难以承受。

6. 个人素质

个人素质包括价值观、世界观、性格、兴趣、意志等，都与容忍力密切相关。

【心理故事汇】

经历风雨见彩虹

春节临近，喜悦却不属于小楠（化名）。1月26日10:30左右，在天津和平区北安桥附近，21岁的小楠跪在河边的草地上，点燃一堆火，边哭边将书包里的证书和证件等物品扔进火堆里。因为他的情绪很激动，热心群众担心他出危险，急忙拨打110报警。巡警赶到现场后，一边将小楠从火堆边拉开，一边将火扑灭。可是小楠却控制不了激动的情绪，将书包扔在地上，扭身就往河边跑，幸亏民警及时拉住。在巡警的耐心询问下，小楠才说出实情。小楠学习成绩不错，大学四年里考了很多证书，不但拿到计算机和英语的资格证书，还得了很多奖。原本极富自信，可是自从递出第一份简历后，两个多月里，周围很多同学都顺利找到了工作，而自己却无人问津。小楠很沮丧，觉得自己很失败，于是决定结束自己的生命。

案例中的个体不能客观看待挫折，没有认识到挫折既是坏事，有是好事。从长远发展的角度来看，挫折一方面使人失望、痛苦，使某些人消极、颓废，从此一蹶不振，或引起粗暴的消极对抗行为，导致矛盾激化，还可能使某些意志薄弱者因此失去生活的希望。另一方面，挫折又给人以教育，使犯错误者觉醒，认识错误，接受教训；它能磨砺人的意志，使之更为成熟、坚强；它还能激励人发奋努力，从逆境中奋起。因而，我们应当引导学生积极应对挫折，如通过改变受挫的情绪来改变个体的态度和心情；转移其注意力，参加感兴趣的活动减轻心理压力，使个体减轻或消除挫折感；容许或引发受挫折的个体自由地表达情感，抒发抱怨，甚至在亲人爱抚下痛哭一场，从而冷静下来，恢复理智；学校家庭应设法创造机会，让个体在其他方面获得成功，改变其受挫心理和减轻自卑感，产生成功欲和胜任感。

资料来源：作者根据相关资料整理

（二）大学生的挫折应对

1. 正确认识挫折

大学生要提高承受挫折的能力，首先要正确认识挫折，建立一个正确的挫折观。每个人都懂得，在成才道路上和现实生活中，挫折几乎每个人都会遇到，它是社会生活中的正常现象，几乎每个人都无法逃避。能认识到这一点，一旦遇到挫折，思想就会有所准备，不致惊慌失措。有的人认为生活中的挫折都是消极的，受挫后往往悲观抑郁，甚至丧失生活的勇气。应该认识到，一个人一生中经受一些适当的挫折，并不完全是坏事，因为挫折可以磨炼人的意志，提高扭转逆境的能力。如果处理得好的话，它还可以成为自强不息、争取成功的动力。反之，如果一个人的一生都不经历困难和挫折，就犹如温室里的花朵，经不住人生的风霜雪雨，容易贪于安逸，难以有所作为。

2. 改变不合理观念

人们对挫折与冲突情境的主观解释会影响他们对该情境的感受。也就是说引起挫折感的是受挫者对挫折的看法以及所采取的态度。人们常会有不合理的观念而导致沮丧与悲观。常见的不合理观念有以下几种：

不该发生。有人把生活中的不顺利、学习和交往中的挫折看作是不应该发生的事，而不愿面对现实。在他们的意识中，一切都应该是美好的、愉快的。一旦生活中出现了与自己的认知不相符的事，就认为此事不应该发生，而变得痛苦不堪。

以点代面。由于大学生自身的知识和经验的局限，往往容易片面地、简单地看待事物，以点代面，以偏概全。例如与某人有矛盾，就认为人都是不可信的，人生没有意义；一次考试失利，就认为自己不是读书的材料；看到一些不良的社会现象，就觉得社会一片黑暗。这种情况严重影响了大学生对自我、他人以及社会的认知。

夸大后果。有的大学生遇到一些小挫折以后，用放大镜的心态去看问题，夸大了后果危害性，其结果是使人越想越消沉，情绪越来越恶劣。例如，对新的学习环境不适应，就认为自己无能，或认为自己选错了学校；说错一句话，就认为别人会看不起自己等，这实际上是夸大了问题的后果，自己对自己施加压力的做法。要正确地评价挫折带来的后果，从困难中看到希望，就需要改变不良的认知方式、纠正不合理的错误观念。

3. 根据实际情况调整抱负水平

抱负水平是指人在从事活动之前，对自己要达到的目标所规定的标准。从本质上说，目标只是一种愿望，与活动的实际结果不一定是相符合的，但若抱负水平不当，可能会引发挫折感。由于抱负水平不当引发的挫折感通常有两种情况：一是抱负水平过高。抱负水平过高的人，常对自己的目标追求力求尽善尽美，但由于目标的实现往往并不取决于个人的因素，还有许多不可控制的因素，尽管个人为实现目标倾尽了全力，最后的结果可能是远远低于自己的预定目标，这样就会产生挫折感。要知道，希望越大，失望可能也就越大。二是抱负水平过低。抱负水平低的人,目标容易实现,似乎不会出现挫折感,事实不然。抱负水平过低,虽然容易实现目标,但这目标的实现不会给他带来真正的满足感,对他的自信心、自尊的增强没有太大的帮助,反而会埋没他的潜能,压抑他的个性。当前不少大学生感到“郁闷”,常常是由于抱负水平过低造成的。

抱负水平过高过低都不行,是不是意味着折衷的目标是最好的呢? 其实不然。抱负是个人自己对未来发展的一种期盼,应体现出个人的特点。所以,在确立抱负水平之前,个人首先应对自己的情况和从事的活动进行审慎的分析,了解自己之所长和所短,了解所从事的活动的性质特点,根据自己的特点和活动的实际情况来确定目标。知己知彼,才能百战不殆。例如,大学生在确定自己的学业成绩目标时,就要充分考虑自己的情况和学科的特点,如你的能力特点是擅长记忆,动手能力稍弱,而学科突出的是程序性知识,你在学习目标的确定上就不应过高;相反,如果学科是以描述性知识为主,你就可把目标定高些。抱负水平切合实际,既可增强事情的成功度,又能发挥抱负水平应有的激励作用,从而减少因目标不能实现所引发的挫折感。

4. 合理运用心理防卫机制

挫折不可避免,人在遭遇挫折时原有的平衡心理必然会遭到破坏,这时会出现焦虑、烦躁、痛苦、郁闷等负面的心理反应,这都是正常的心理现象。在没有找到克服失败的方法之前,适度的宣泄是有必要的。为了避免挫折给自己带来更大的伤害,这时就要适当运用心理防卫机制。

心理防卫机制有积极的,也有消极的,但无论是积极的还是消极的,心理防卫机制不一定能针对引发挫折的根源,用心理防卫机制来寻求解脱,多少会有些自欺欺人的色彩。但它对个体缓解心理压力、减轻焦虑和紧张情绪、维护个人的自尊、保持心理的相对平衡是有很大价值的。如学生遇到情感挫折时大哭一场;在与人交往发生矛盾时去打一场球;在情绪激动时去听一段优美的音乐;在心中有烦恼自己又无法排解时去找人倾诉等。这些心理防卫机制的运用,使自己的焦虑情绪得到一定的宣泄,对心理压力的缓解是有帮助的。相反,如果这些不良情绪不能得到合理的宣泄,在过度的焦虑状态下,人的注意范围会变窄,思维的灵活性会降低,这时反而会使事情变得更糟,甚至会越陷越深,不能自拔。

但我们应该清楚,心理防卫机制只是“止痛药”“麻醉剂”,不是根治挫折的“良药”。要使自己能从挫折的困扰中彻底解放出来,在用一些积极的心理防卫机制进行宣泄、使自己在冲动中平静下来之后,自己就应冷静下来,客观地分析挫折产生的原因,找到症结所在,再找到出路,从而轻装前行。

5. 提高自身修养

孔子说:“君子坦荡荡,小人长戚戚”。君子之所以坦荡,是因为君子修养高,对名利淡泊;小人之所以“常戚戚”,是因为小人对蝇头小利也不放过,对鸡毛蒜皮的小事也耿耿于怀。这说明,一个修养高的人,对挫折的承受能力也随之提高。郑板桥有两幅很有名的条幅:一是“难得糊涂”;二是“吃亏是福”。“难得糊涂”说明一个人要生活得自在,对一些小事不应太过于精明,该糊涂时就糊涂。“吃亏是福”说明一个人做事不要斤斤计较,不怕吃亏,要勇于吃亏,善于吃亏,在吃亏中展精神,在吃亏中长智慧。这两个条幅体现了郑板桥较高的思想境界。

高的修养,高的思想境界是增强挫折抵御能力的重要法宝,为了提高挫折承受力,就必须提高自身的修养。个人修养的提高来源于两条基本途径:一是学习书本知识,二是积极参加各种社会实践。对于书本知识的学习，学生除了要学习专业知识外，更要重视对我国传统文化的学习。我国的历史悠久，文化源远流长，不少经典名著对提高为人处世的能力是大有帮助的，大学生应善于从我国的传统文化中汲取营养，学会扬弃，古为今用。

积极参加社会实践，也是提高自身修养的重要途径。当代的大多数大学生，从小学到中学，再从中学到大学，有家长铺路，有老师搭桥，一帆风顺地走过来，没遭受过太多挫折，这在很大程度上降低了学生抵御风险、承受挫折的能力。没有这些能力作为支撑，事实上会给学生以后适应复杂的社会生活留下隐患。所以，大学生在大学求学期间应多些参加各种社会实践活动，在实践中磨炼自己。学生志在学，在实践中，无论是得是失，对自己来说都是一笔难得的财富。自古雄才多磨难，从来纨绔少伟男。只有经得起磨难，才能使自己成为雄才。

【心理训练营】

活动一　冥想的魅力

找一个安静的场所，再找一把舒服的椅子。为了防止睡着，请选择一把靠背挺直的椅子。坐在椅子上，臀部紧抵椅背，双脚稍稍比双膝靠前，双手自然放在扶手上或大腿上。

尽量让肌肉放松，但不要太努力。因为努力是运作状态，而不是放松。只是呈现一种顺从的姿势就好。把注意力集中在呼吸上，让一切都顺其自然。如果感觉到放松了，这很好；但如果没有感觉到放松，这也没关系，同样接受这种感觉。

接下来，闭上双眼，每次吸气时在心中默数“一”，呼气时默数“二”。不要刻意改变或者控制你的呼吸，呼吸要有规律。坚持做 20 分钟。最好每天练习两次，每次 20 分钟。

最后，冥想完成后，给身体一定的时间恢复到正常状态。慢慢睁开眼睛，先盯着房间的某一个物体看，然后再把视线转向其他物体。做几次深呼吸，然后坐着伸展一下身体。当你感觉差不多了以后，再站起来伸展身体。冥想一般不会出现问题，但如果你有不舒服或头晕的感觉，那么请睁开眼睛停止冥想即可。

关于冥想的小窍门：

(1)起床以后或者晚饭以前练习冥想比较好。

(2)除去杂念，否则，要长时间把注意力放在呼吸上不太可能。

(3)闭上眼睛，每次呼吸时在心里重复默念一个词。

(4)表现出一种顺从的态度，也就是，不要太过尽力去放松。

活动二　积极心态和消极心态

写出各自经历过的压力的挫折，并且说一说以哪种心态应对压力和挫折，教师进行点评。

【心理测试】

应对方式自测

(一)问卷

指导语：此问卷是黄希庭等人制定的。要求根据入学以来的感觉来回答。58 个项目反映大学生经历校园内危机生活事件时所采取的应对方式。填写时，要仔细阅读每一条，把意思弄明白，然后根据自己的实际感觉选择，每题只能选择一种结果。A. 基本上都采用；B. 较多采用；C. 有时采用；D. 很少采用；E. 没有采用。

(1)冷静思考好好对待。　　(2)找知心朋友倾诉。

(3)尽量与有关的人讨论解决。
(4)一个人默默地忍受着心中的烦恼。
(5)努力寻找解决问题的办法。
(6)相信失败只是暂时的。
(7)想些高兴的事自我安慰。
(8)常想“这是真的就好了”。
(9)向亲友求教解决问题的方法。
(10)敢于承担自己的责任。
(11)爱幻想一些不现实的事来消除烦恼。
(12)吸取经验去应付困难。
(13)自我虐待。
(14)以理智的方式解决问题。
(15)善于从失败中吸取教训。
(16)以无所谓的态度掩饰内心的感受。
(17)用平常心态去面对解决。
(18)压抑内心的愤怒与不满。
(19)把挫折视为磨炼自己的良师。
(20)责备自己。
(21)常想到顺其自然。
(22)从不向别人说,自己压抑在心中。
(23)仔细分析问题,以便更好地认识它。
(24)想引起困难的人和事发脾气。
(25)勤奋学习使我感觉会好些。
(26)请求他人帮助自己克服困难。
(27)得过且过,拖一天算一天。
(28)反省自己的不足并努力改正。
(29)埋怨命运不好。
(30)从有相同经历的人那里寻求安慰。
(31)把注意力转移到其他方面。
(32)感到运气不好。
(33)与朋友一起讨论解决问题的办法。
(34)不相信那些对自己不利的事。
(35)不愿让人知道自己的遭遇。
(36)责怪他人做得不好。
(37)做另一件有意义的事来忘掉它。
(38)常想某个方面的失败并不等于人生的失败。
(39)找他人征询意见。
(40)蜷缩在床上睡觉。
(41)根本就不想它。
(42)自我惩罚。
(43)向有经验的师长求教解决问题的办法。
(44)认为这是生活对自己不公平的表现。
(45)幻想自己已经解决了面临的困难。
(46)采取切实可行的办法努力改变现状。
(47)做另一些自己喜欢做的事。
(48)自己会尽量忍一时之气。
(49)常想听天由命。
(50)一蹶不振。
(51)只有接受,自己加以调整。
(52)抱怨外部环境不好。
(53)投身其他活动寻找新寄托。
(54)自我封闭。
(55)会从长远打算,暂时忍耐一下。
(56)想一些不切实际的想法。
(57)破罐子破摔。
(58)想象自己有克服困难的超人本领。

(二)计分方法与结果解释

第8、20、24、29、32、36、44、52题为抱怨应对方式,指对自己、他人、命运和环境的埋怨的应对形式。

第7、25、31、37、47、53题为转移应对方式,指为摆脱困境和窘境,而采取转移注意力,从事其他有意义活动的应对形式。

第2、3、9、26、30、33、39、43题为求助应对方式,指向朋友、父母和老师等社会支持力量寻求帮助的应对形式。

第1、5、6、10、12、14、15、17、19、23、28、38、46题为问题解决应对方式,指理智、冷静寻求困境和挫折的发生原因进行解决,或用发展的目光看待挫折,吸取教训寻求发展。

第13、40、41、42、50、54、57题为退缩应对方式,指自我逃避和自我封闭等行为方式。

第34、48、51、55题为忍耐应对方式,指对挫折的忍耐和客观面对。

第16、21、27、49题为逃避妥协应对方式,指消极顺应和得过且过的应对形式。

第 11、45、56、58 题为幻想应对方式，指运用否认、幻想与现实不符的事情来摆脱挫折的消极情绪的应对形式。

第 4、18、22、35 题为压抑应对方式，指独自承受，不予言表的应对方式。

自测后提醒：此问卷仅作为了解自己的参考，如有疑问，请咨询专业人员。

【叩响心门】

(1)想想你面临着哪些压力，它们属于哪方面的压力源？

(2)你经历过那些挫折？

(3)怎样科学地应对压力？

(4)大学生怎样进行挫折应对？

【心理电影院】

片名：永不妥协

简介：埃琳·布罗克维奇是倒霉鬼中的典型。她结过两次婚，但每次婚姻都没有给她带来幸福，反而令她成了一个拖着三个孩子的单身母亲。倒霉的她在遭到一场交通事故后，连志在必得的赔偿官司到最后都输掉了。

为她辩护的律师埃德半是同情埃琳半是因为帮她打输了官司心感内疚，收留了埃琳在他的律师楼里打杂。埃琳的生活算是有了一点保障。在调查一单污水申诉案时，埃琳偶然发现了污水中含剧毒物质，而供水公司确对此敷衍了事。弱女子埃琳决定用她柔弱的肩膀担负起为受污染的数百名居民讨回公道的重担！

《永不妥协》是一部法律电影，影片中女主人公在不妥协、不畏强权的精神驱动下，为众多受害者争取到应有权益的故事，很容易使观众联想到在当今现实社会中，弱势群体往往容易被强权势力所欺骗、操纵和伤害，而更多时候他们却不知情或者知情后也无可奈何，这就需要观众法律工作者挺身而出，帮助他们走出弱势的境地，维护他们应有的权益。当然，法律工作者在帮助弱势群体维权的时候，丰富的法律专业知识并不是最有力的资本，更重要的是要有不怕任何困难的“死磕”精神和“以人为本”的人文关怀精神。当然，从司法环境和制度设计的层面，透过该影片也可以看出，一个有着良好司法环境的社会，律师取证的困难要小很多。众所周知，在绝对的法治环境中，打官司主要就是打证据。因而，在律师取证过程中，司法机关的审批手续应当尽量规范、简洁，这将大大提高司法活动的效率和质量。另外，该影片中众多受害者最后之所以能够获得足额赔偿，还得益于该国完善的赔偿制度。

资料来源：http://weibo.com/p/10012041518

项目七

缔结和谐人际关系
——大学生的人际交往

心灵箴言

和谐的人际关系是一笔宝贵的财富。

——卡耐基

益者三友，损者三友。友直，友谅，友多闻，益矣。友便辟，友善柔，友便佞，损矣。

——孔子

项目七 缔结和谐人际关系——大学生的人际交往

【心的灯塔】

步入大学后，大学生生活的环境和人际的环境均发生了巨大的变化，全寄宿在校，从与家人长时间相处，转变为与同学长时间相处，由于各人生活习惯、风俗习惯、性格等各不相同，大学生们正处于渴求交往、渴求理解的阶段，交往能力越来越成为其心目中衡量个人能力的重要标准。于是，他（她）们开始尝试独立的人际交往，并有意识地发展交际能力。但是，仍有许多大学生不能地正确地处理好人际关系，导致各种各样的交际问题，而不良的认知、情绪及人格等心理因素，均不利于良好人际关系的建立。人际关系不好，又进一步导致原有心理问题的加重或产生新的心理问题……

任务一 人际交往概述

一、人际交往概念

人际交往，又称人际沟通，指人们运用语言或非语言符号交换意见、传达思想、表达感情和需要的过程，包括物质和精神两个层面的交往。人际交往是人类特有的现象，人们通过不断地交往逐步实现社会化的过程，同时通过与他人的互动完成个性的发展。

在吗

交往具有两个最主要的特征，即信息交流和交往必须有交往双方心理上的接触和相互作用。

通常人际交往有赖于以下条件：

（1）传送者和接受者双方对交往信息的一致理解。

（2）交往过程中有及时的信息反馈。

（3）适当的传播通道或传播网络。

（4）一定的交往技能和交往愿望。

（5）对对方时刻保持尊重。

二、人际交往与人际关系

人际关系是指在交往过程中人与人之间形成的心理的和社会的关系，其本质是交往过程中双方形成的心理距离。

人际关系是人际交往的结果，人际交往是实现人际关系的途径。人际关系侧重在交往的基础上所形成的心理状态和结果，而人际交往侧重人与人之间的联系及接触的过程、行为方式等。人际关系具有相对的稳定性，而人际交往则是一个动态的过程。

三、人际关系的类型

（1）按照人际关系形成的途径分为不可选择和可以选择的人际关系，不可选择的人际关系主要由血缘或其他因素决定，如母子关系等；可选择的人际关系指交往主体可自主选择而形成的，如朋友等。

（2）按照人际关系连接的纽带可分为血缘关系、地缘关系、业缘关系和趣缘关系，其代表分别为家人、同乡、同事、情侣等。

（3）按照人际关系的心理倾向分为主从型、合作型和竞争型人际关系，这三类人际关系可以出现在任何人际组合中。

（4）按照人际关系的目的性质分为情感性、工具性和混合性关系，这三类人际关系同样可能出现在任何人际组合中。

（5）按照人际关系所属的群体特征分为正式群体和非正式群体人际关系，其区别主要在于是否有明确的共同目标、共同遵守的规则、章程等。

（6）按照人际关系所属的领域分为政治、经济、法律和伦理关系。

四、人际交往的意义

1. 良好的人际交往，有助于形成健康个性

良好的人际交往和健康个性相互影响、相互促进。良好的人际交往首先体现于与家人的良好交往。人一出生就处于家庭或类似家庭的社会组织之中，俗话说“父母是孩子的第一任老师”，与父母以及兄弟姊妹等家庭成员的交往顺利、良好无疑为一个人的健康个性打下良好的基础。随着年龄的增长，我们基本上都要走出家庭、走向社会，在学校、社会等场域，与他人良好的交往能够促使我们形成健康的个性。相反，大量理论和事实都指出一点：与他人交往不良，很难形成健康的个性。或者说，很多的心理问题包括心理疾病都有人际交往不良的影子。

2. 良好的人际交往，有助于人获得安全感

人类从来都是群居动物。原始社会中的部落对于犯了极其重大错误的个人的惩罚就是将其逐出部落，而这往往意味着死亡。这也可以解释为什么我们都天然的害怕孤独和被孤立，反过来也可以解释为什么我们很多人都喜欢交友、聚会，哪怕其实什么具体的目标都没有。很多时候我们遭受挫折，仅仅是有家人或者朋友在身边就能让我们感到安全感和力量，哪怕他们没有提供任何所谓实际的帮助。

3. 良好的人际交往，有助于深化自我认识

物以类聚、人以群分。看一个人的品行可以通过观察他的朋友。这些话都是在表述人际交往中的一个基本规律即我们往往与相似的人交往更多。这一现象也可以用来帮助我们进行自我认识，良好的人际交往更是能够促进深化自我认识。

4. 良好的人际交往，有助于确立自我价值感

价值即有用性，自我价值感可以简单地理解为对自己的有用性的认同。一个人对他人、对社会是否有用或者说是否有价值，不是由其本身来评判的而是由他人、社会来评判。而评判结果的反馈必须经由人际交往，不与人交往也就没有了信息反馈的路径。良好的人际交往则往往反馈出积极、正面的信息，这些自然有助于确立自我价值感。

5. 良好的人际交往，有助于人的社会化

按照马克思主义理论，人的本质属性是社会性。很多动物与人一样都存在大量的个体

甚至大量群体，但只有人形成了人类社会，促使这一根本性区别出现的关键之一就在于人际交往。人际交往促使人类社会的形成，对于个人而言则是促使人的社会化形成。人从一出生只会本能的吃喝拉撒睡到学会说话、学习、工作等都离不开人际交往，没有人际交往则无法使人社会化，狼孩的故事也说明了脱离人际交往无法使人真正社会化，哪怕他们与其他人一样拥有人的一切生理特性。

【心有千千结】

我和室友关系处得很糟糕

我是一名女生，今年20岁。高中时，我学习很刻苦，除了学习没有其他的兴趣爱好，也没什么朋友。因高考成绩不理想，补习了一年。第二年，考入大学后，班主任安排我当寝室长，我也想与同寝室的同学好好相处。但时间一长，我发现自己无法和室友们相处，我比较爱干净，她们却喜欢乱丢乱扔，把寝室搞得乱七八糟；我习惯早睡，她们却喜欢聊到深夜。我尝试着以寝室长的身份给她们提出建议和要求，她们不但不听，反而恶言相骂。就这样，我与室友们经常因为一些琐事发生争执，我坚信自己是对的，但她们并不理睬，几乎没人与我说话。现在我和室友的关系很糟糕，已经到了孤立无援的地步。

测测你的人际交往模式

点评：该生的问题主要是在与室友相处的过程中，由于性格内向只顾学习而缺乏人际交往的锻炼，来到大学后过上了集体生活，各自生活习惯的不同，导致生活节奏无法与室友保持同拍，产生一定差距，需要大家一起慢慢磨合。而在磨合的过程中，她因为担任寝室长，可能没有较好地遵循人际交往的"平等""尊重"以及"宽容"等原则，致使沟通受阻、误会加深，甚至发生人际冲突，受到孤立，导致人际关系僵化。

资料来源：http://ishare.iask.sina.com.cn/f/37785592.html

五、人际交往理论

（一）社会交换理论

在社会交换理论（social exchange theory）看来，人际交往是一个社会交换的过程，人们之间的所有活动都是交换，是一种准经济交易：当你与他人交往时，你希望获取一定的利益，作为回报，也准备给予他人某种东西，他人也是如此。这种理论假定交换中的个体都是自利的（self-interested）：人们试图使自己的收益最大化，并使自己的成本最小化，从而确保交换结果是一个正的净收益。在这里，交换的东西是非常广泛的，可以是物质的，也可以是"社会"性的，包括信息、金钱、地位、情感和物品等。

交换关系中的每个个体都会评估自己和他人在贡献和收益两方面的相对大小。如果他们觉得自己的投入获得了大致相等的回报，他们就会认为这种社会关系是公平的。有学者指出，公平性的关系是比较稳定和愉快的关系，当关系中存在不公平时，双方都有可能产生不舒服，产生恢复公平的动机。一些学者还讨论了权利对于交换结果的公平性的影响，他们认为，在其他条件相同的情况下，权力较大的人在社会交换中收益更多。需要注意的是，在实际生活中，人际交往是在特定的社会交换结构中展开的，关系的发展必然受到这种结构的制约。

（二）自我表露理论

广义地来说，社会交换过程也包含情感的交流，而情感交流是与自我表露分不开的。所谓自我表露就是我们常说的“敞开心扉”，即把有关自我的信息、自己内心的思想和情感暴露给对方。良好的人际关系是在交往双方的自我表露逐渐增加的过程中发展起来的。

自我表露(self-disclosure)可以增加他人对你的喜欢。自我表露本身具有很强的象征性，它给对方一个强有力的信号：你对他(她)相当信任，愿意有进一步的交往。而且，对他人的自我表露可以引发他人做自我表露，由此可以增进相互理解，相互信任。

Briggs 认为：自我表露对他人的益处包括：一是他们知道彼此的相似点与不同点在何处，还能了解相似与不同的程度；二是准确地向他人表露自我，是健康人格的体现；三是自我表露增强了自我觉察的能力；四是分享体验帮助个体发现这不是他们唯一存在的问题；五是自我表露可以从他人获得反馈，减少不必要的行为。

当然，自我表露也必须注意分寸，过分的表露会让人不舒服。一般来说，表露的范围和深度是随着关系的发展而逐步增加的，对于不同的关系对象，在不同的发展阶段，自我表露的广度和深度明显不同。在非常亲密的朋友中，自我表露往往十分深入，达到所谓无话不说的地步。但是，需要注意的是，无论关系多么亲密，人们都可能存在不愿意暴露的领域，这就是所谓的“隐私”问题。前几年，隐私曾经成为中国社会的一个热门话题，不少人对它还有一些误解与偏见，需要加以澄清。Briggs(2001)也认为：自我表露也存在风险，主要包括：最实质的风险包括来自不同目标人的攻击、嘲笑、拒绝与不关心等；个人表露可能会受到听者的伤害；不适当的自我表露，可能会引起他人的退缩或拒绝，对不适宜的人或在不适当的时间过分表露的人，被认为是社会化不良的标志。

在人际交往中，个人往往将部分隐私袒露给自己信任的亲友。除了隐私需要，人还有沟通的需求，需要向“知己”说一些知心话。亲密关系本身也要求人们坦诚相待。但是，这并不意味着关系亲密的人之间就不应该有任何隐私。只有隐私需求和沟通需求之间保持适度的平衡，亲密关系才能正常发展。

(三)交往分析理论

交往分析理论又称 PAC 理论，最初是由心理学家伯恩(Berne，T. A)提出的。他认为，每个人的个性中都包括 3 种成分，就好像一个人身上的 3 个小我：父母、成人与孩童。

父母(Parent，简称 P)身份以权威和优越感为标志。通常表现为统治人、训斥人等权威式的作风。这种状态学自父母与其他权威人物。当一个人的人格结构中 P 成分占优势时，他的行为表现为：凭主观印象办事，独断专行，滥用权威。这种人讲起话来总是：“你应该……”“你不能……”“你必须……”。

成人(Adult，简称 A)身份表现了客观与理智。其行为表现为：待人接物冷静、慎思明断、对自己负责、对他人尊重。其语言特征：“我个人认为……”“我的想法是……”。

孩童(Child，简称 C)身份像婴儿的冲动，表现为服从和任人摆布，喜怒无常，感情用事，一会儿天真可爱，一会儿乱发脾气，让人讨厌。他的表现都是即兴的，不负责任，追求享乐，玩世不恭，遇事无主见，逃避退缩，自我中心，不管他人。这种人讲起话来总是“我是……”“我想……”“我不知道……”“我不管……”等。

在 P、A、C 三种成分中，P、C 具有盲目性、被动性与两面性。而 A 具有自觉性、客观性与探索性，致力于弄清事物真相、事物间的关系与变化规律，能够站在别人的角度审视自己，具有反省能力。根据 PAC 理论，不同的心态可以构成不同的交往组合。当交往双方的相互作用构成一种平行关系时，交往就是可持续的，对话可无限制地继续下去。这种交往有 6 种具体形式:P—P、A—A、C—C、C—P、A—P、C—A。在这6种交往形式中,P—P双方都自以为是,这不顺眼,那也不好,双方谈得很投机,但都在指责别人。这样的两个人,一直在一起交往,久而久之,会互相助长偏激苛求的性格。C—C交往则有些同流合污的味道,两人一拍即合,但都不负责任。C—P、A—P、C—A,均属于互补型的交往,我期望对方的,刚好是对方回应的。这种交往因为互补,所以能够持续,但却潜藏着不平等与依赖,长此以往,也不利于交往双方的发展。只有A-A交往是最健康的,大家都本着负责与尊重的原则,力图合情合理地解决问题,因此,A—A交往是最成功的。

六、人际交往的原则

1. 平等原则

人际交往,首先要坚持平等的原则,无论是公务,还是私交,在人格上都没有高低贵贱之分,要以朋友的身份进行交往,才能深交。子曰:敬人者,人恒敬之。人和人之间的交往是互动的,身居高位不可傲慢无礼,地位卑贱也不必妄自菲薄。

2. 相容原则

相容原则主要是心理相容,即人与人之间的融洽关系,与人相处时的容纳、包含以及宽容、忍让。主动与人交往,不但与自己性格相似的人交往,还要与自己性格相反的人交往,求同存异,处理好竞争与相容的关系,更好地完善自己。刘邦和项羽的成败异变,最大的区别就在于能否容人。楚霸王力拔山兮气盖世却容不下韩信、范增,刘邦自认为不如项羽却能礼贤下士,最终成就霸业。

3. 互利原则

人际交往是一种双向行为,故有"来而不往,非礼也"之说,只有单方获得好处的人际交往是不能长久的。所以要双方都受益,不仅是物质的,还有精神的,所以交往双方都要讲付出和奉献。前文的社会交换理论从理论的角度印证了这一原则,可参看。

4. 信用原则

交往离不开信用。朋友之间,言必信、行必果,不卑不亢,端庄而不过于矜持,谦虚而不矫饰虚伪,不俯仰讨好位尊者,不藐视位卑者,显示自己的自信心,取得别人的信赖。中国古话有一言九鼎,君子一言驷马难追等等表述,在如今诚信危机的大环境下,信用更是宝贵如斯。可以这样说,一个人如果有足够的信用,走遍天下都不愁。

5. 宽容原则

人际交往中往往会产生误解和矛盾,就像分子和分子之间相隔太近也会产生摩擦。这就要求在交往中不要斤斤计较,而要谦让大度、克制忍让,不计较对方的态度,不计较对方的言辞,并勇于承担自己的行为责任。宽容是有度量的表现,是建立良好人际关系的润滑剂,能"化干戈为玉帛",赢得更多的朋友。正如一位智者所言:消灭敌人最好的办法就是将其变为朋友。

七、人际交往的技巧

通过以上的分析,大家已经了解到了人际交往的重要性和人际交往中应坚持的基本原则。那么如何提高我们人际交往的能力呢?下面是几条建议:

1. 培养团队精神

大学校园里有很多社团组织,我们应当在不影响学习的前提下,结合自己的兴趣特长多参与社团活动。社团是微观的社会,参与社团是步入社会前最好的磨炼。在社团中,我们可以培养团队合作的精神和领导才能,还可以在社团中展示自己的专业特长,增长能力,积累信心。社团是一个锻炼人际交往能力的极好平台,在社团中,我们会接触到许多具体的事务,会接触到不同性格、不同层次的人。我们应尽力去做一个诚心诚意的服务者和志愿者,尽力为同学服务,学会为同学着想,为同学和老师的沟通搭建桥梁,以培养团队精神,增长交际能力。在这个过程中,我们肯定会遇到一些挫折,但是要有信心。我们不必为此背包袱,因为在社团中的人际关系相对要单纯得多,即使遇到挫折也不会有什么严重后果,犯了错误还可以从头再来。年轻没有失败,只怕留下空白。

2. 掌握说话技巧

我们要努力提高自己的沟通能力,这对于人际交往非常重要。据统计,人清醒状态约70%的时间都是在做这样或那样的沟通。如与人交谈、读书看报、看电视、上网聊天等等。而沟通能力的强弱则会直接影响沟通的效果。

首先,在与人交谈时,要做到情真意切,可以看着对方的眼睛说话,但不要总是盯着对方。

其次,在与人交谈时,要做到认真倾听。倾听是最好的沟通基础,任何成功的沟通都源于认真倾听。很难想象一个不断打断别人说话,不耐心倾听的人能获得良好的沟通效果。

再次,在与人交谈时,要学会赞美对方。真诚的赞美而不是阿谀奉承,有个人目的和凭空捏造的夸赞基本上可以视为阿谀奉承。赞美和奉承的本质区别在于是否真诚。

另外,在与人交谈时,要尽可能地做到幽默风趣。幽默是最好的润滑剂,可以化尴尬于无形,可以让气氛顿时温馨畅快,可谓交谈中的春风雨露,体现一个人的内涵和水平。

3. 保持谦虚礼貌

俗话说:礼多人不怪。谦虚礼貌是尊重对方的表现,是我们应有的基本素质。当人感觉自己受到别人的轻视时,会本能地产生对抗情绪;当人感觉自己受到尊重时,就会心情愉悦,自然愿意接纳他人。如果我们在人际交往时,不注意谦虚礼貌,就可能增加交往的难度,使本来简单的问题复杂化,甚至导致人际纠纷。因为鸡毛蒜皮小事而大动干戈的事例比比皆是,甚为可惜。

4. 注意角色转换

社会是一个大舞台,每个人都是这个大舞台上的演员,都应该根据人际交往和互动的情景,努力演好自己充当的角色。顺利并熟练的进行角色转换是一个人高情商的表现,而高情商是获得人生成功、感受幸福快乐的重要保障。

5. 处理人际冲突

人际冲突是指交往双方互不接纳、互不相容的现象,是人际交往双方由于利益不同、沟通障碍、个性差异等引起的相互反对的互动行为。人际冲突有两种表现:隐性冲突表现为心理上和情感上的对抗或不相容;显性冲突表现为直接用行为来对抗、侵犯、伤害对方。

(1)承认差异。托马斯的冲突理论指出,最理想的解决冲突的策略是合作策略。合作策略的前提是交往双方是平等的。承认冲突双方是平等的就要学会尊重各自不同的外貌体征、民族习惯、地域风俗、生活习惯和人生观、世界观等。

(2)互相尊重。尊重是相互的,我们经常说“人敬我一尺,我敬人一丈”。相互尊重,在人际互动中就会感受到温暖,赢得朋友和友谊。

任务二　大学生的人际交往

一、大学生人际交往的趋势

随着时代价值观的多元化发展，大学生的人际交往也呈现前所未有的多元化与开放化趋势，主要表现在：

(1)从交往目的看，情感型交往与功利型交往并重。今天的大学生的交往动机也慢慢变得复杂起来，选择什么样的人交朋友，并不纯粹是出于情感和志同道合，同时也比较重视与自身社会利益相关的务实性。人脉一词的流行也从侧面印证了这一现象的普遍。

人际关系的技巧

(2)交往范围逐渐扩大。交往对象由以前的亲缘、朋辈交往转向更广泛的社会交往群体。同学交往不局限于同班同学，而逐渐发展到同级、同系甚至同校的可认识的所有同学；不仅包括同性交往，异性交往也是同学交往的重要内容和方式。但也由于交往范围的扩大，亲缘关系的交往有越来越被忽略的趋势，应引起一定的注意。

(3)从交往方式看，以宿舍为中心，社会工作和网络社交占主导。大学生虽然主动追求开放式的人际交往，但由于时间、精力、生活环境、经济条件等限制，交往的主要场所仍在校园内，中心是学生寝室。同时校园里众多的学生组织、社团，以及 E-mail、BBS、QQ、微博、微信等新兴的社交方式也逐渐成为重要的交往手段，大大地扩充了大学生人际交往的半径。

二、大学生人际交往的特点

1. 高期望值与高挫折感

大学生尤其是新生，思想比较单纯、精力旺盛、兴趣广泛又活泼好动，对人际交往的需求比较强烈，期望值也很高。他们希望通过交往获得老师、同学等的接受、认可、信任和尊重，但理想的丰满难掩现实的骨感，很多同学在交往中由于缺乏技巧、经验不足等原因而屡屡碰壁，从而产生较高的挫折感。

2. 平等意识强

当代大学生大多具有较强的平等意识，有一项调查表明，46% 的大学生认为人与人交往应该是平等的、互助的。大学生在校期间主要的交往对象是同学，而同学都是平辈且本身相互独立，谁也不依赖谁，不存在根本的利益冲突，因而易产生并保持较好的平等意识。

3. 对异性之间的交往愿望强烈

大学生一般处于 18 至 23 岁这个年龄阶段，属于青春期晚期到青年期早期的过渡阶段。该阶段个人的生理发育基本完成，心理发展也早已到了渴望与异性交往阶段。又由于高中时期普遍压抑过度，到了大学相对宽松的环境就自然而然地表现出对异性交往的强烈愿望。

4. 人际交往的内容比较丰富

当代大学生普遍兴趣广泛、情感丰富、精力充沛，对各种自然的、社会的现象都比较关注，希望自己见多识广，因此他们的交往内容就比较丰富。特别是随着社会经济、科学、文化等的加速发展，大学生交往的媒介、工具、方法等大大丰富，这也促进了大学生人际交往内容的进一步丰富。

三、大学生人际交往的影响因素

1. 邻近性因素

俗话说:“远亲不如近邻”,这说明空间距离对人际交往有着重要的影响。空间距离越近,人们的交往机会就越多,交往的频率就可能越高,就越容易形成密切的关系。空间距离越远,人们交往的机会就越少,交往的频率就可能越低,人与人之间的关系也可能越疏远。例如:同班同学、老乡相互交往机会多,彼此容易形成一些共同经验、共同话题或者共同感受,从而建立起较密切的交往关系。

2. 相似性因素

所谓相似性因素就是人们对事情的看法的一致性和采取行动的相像性。态度的相似性是建立良好人际关系的基础。研究表明,如果人与人之间有共同的爱好、兴趣、看法或者价值观等,则容易有共同语言,产生心理共鸣,感情也易于交流,当然相处也就比较融洽,反之则相处困难。交往双方态度的相似性是良好人际关系建立的重要条件。因为相同的态度可使交往双方在交往过程中得到相互肯定、相互激励。反之,如果双方态度不同,就容易形成相互的否定,增加心理压力,使交往出现不愉快,从而在心理上不愿意与对方继续交往。

3. 互补性因素

社会学研究表明:当交往双方的需要和满足途径正好成为互补关系时,双方间的喜欢程度也会增加。心理学家克克霍夫对已存在恋爱关系的大学男女学生相互吸引因素的研究结果表明:对短期的伴侣来说,吸引的动力主要是彼此的相似价值观念;而驱使长期伴侣发展更密切关系的动力,主要是需要的互补。良好人际关系的形成取决于交往双方彼此满足需要的方式和程度。如果交往双方的基本需要都能从交往过程得到满足,其人际关系就会密切、融洽;如果只有一方的需要能从交往过程中得到满足,其人际关系就难以持久;如果双方的需要均不能在交往过程中得到满足,人际关系就会中断。

4. 交往的频率因素

所谓交往的频率是指人与人之间相互接触次数的多少。 般情况下,交往的频率越高,相互了解的机会越多,建立良好人际关系的可能性也就越大。虽然通过交往并不一定都能建立起良好的人际关系,但是,良好的人际关系必须建立在交往的基础上,没有彼此的交往,就没有人际关系可言。同时我们主张:要真诚地进行有实质的交往。如果人与人之间的交往只是出于礼节的需要,停留在一般的应酬上,其人际关系就很难密切;如果交往缺乏诚意,虚伪的成分太多,其良好的人际关系就很难建立;当然,如果交往频率太低,就会使人产生冷落感,从而造成交往双方感情疏远;同样,如果交往的频率过高,就可能破坏对方的工作和生活秩序,从而引起对方的反感。所以在交往的过程中要把握一个原则:交往的频率要适中,不能过高或过低。把握交往的度,使交往的频率适中,这对人际关系的建立有重要意义。

5. 个人魅力因素

个人的魅力包含许多方面,如外貌、仪表、个性特征(才能、品行、性格)等因素。不过外表的吸引力在刚见面时有重要作用,但在深入了解之后,其作用越来越小。人们更重视的是内在品质——内在的吸引力。只有内在的品质美、性格美才是最重要的。不过,有时非常完美的人并不一定都令人喜欢。阿仑森等人通过实验说明,一些小缺点或错误,会使异常聪明能干的优秀的人更受欢迎,而使一个中庸之才的吸引力降低。如果一个人表现得完美无缺,十全十美,反而会使人感到高不可攀,望而却步。

【心有千千结】

人际关系僵化,无法继续学业

林某,男,20岁,某院校二年级学生。他自认为性格十分内向,孤僻,不善言谈,不会处事,很少与人交往。入大学一年多来,他与班上同学很不融洽,跟舍友曾经发生过几次不小的冲突,关系相当紧张。后来他竟擅自搬出宿舍,与外班的同学住在一起。从此,他基本上不与班上同学来往,集体活动也很少参加,与同学的感情淡漠,隔阂加深。他认为自己没有一个能相互了解,相互信任,谈得来的知心朋友,常常感到特别的孤独和自卑,情绪烦躁,痛苦之极,而巨大精神痛苦无处倾诉,长期的苦恼和焦虑使他患上了神经衰弱症。

五步对抗模式

经常的失眠和头痛使他精神疲惫,体质下降,学习效率极低,成绩急剧下降,考试竟出现了不及格的现象。他的心境和体质也越来越坏,深感自己已陷入病困交加的境地而无力自拔,失去了坚持学习的信心。他开始厌倦学习,厌恶同学和班级,一天也不愿再在学校待下去了。于是,他听不进老师的劝告,也不顾家长的劝阻,坚持要求休学。

点评:小林由于内向孤僻,不愿交往、不善交往,在与同学交往过程中引发人际冲突,与周围同学关系紧张,无法融进新的大学班集体,心理上感到非常孤独、痛苦。进而引起神经衰弱,失眠、头痛,学习效率降低,失去自信。他不仅搞僵了人际关系,而且搞垮了身体,荒废了学业,最终还造成被迫休学的结局。人际关系问题是大学生中存在的最常见的问题,由于社会影响,家庭教育和自身素质的原因,相当多的大学生都存在着不同程度的人际关系不良和心理障碍问题。它十分影响学生的正常学习和生活,妨碍他们的健康成长和顺利成才,是造成留级、休学,退学的主要原因。

资料来源:http://www.nexoncn.com/read/f63c0dbaf75eefda91aa030e.html

四、大学生人际交往的意义

人际交往是大学生个人社会化的过程,也是成长成才的必由之路。在交往的过程中,交往者获得信息,开阔视野,同时通过与他人的相互认知,认识自我、完善自我。良好的人际交往可以使交往双方拥有更多的社会支持系统,双方会有很高的安全感和信任感。大学生人际交往的时间、空间越大,精神生活往往会越丰富、越愉悦;而人际交往不良、不合群的大学生常有更多的烦恼和难以排除的苦闷。如今,人际交往不良已经成为引发大学生心理问题的首要因素。

"人脉"已成为热门词汇。斯坦福研究中心曾经发表一份调查报告,结论指出:一个人赚的钱,12.5%来自知识,87.5%来自人际关系。对于正处于人生黄金时期的大学生来说,培养自己的人际交往能力,建立良好的人际关系对自身的健康成长以及成才、成功具有重要的意义。

1. 有利于大学生正确地认识自我

马克思说过,一个人的发展取决于他直接或间接进行交往的其他一切人的发展。通过与人交往,作用有三:首先,以他人为境,通过与交往的对象比较中,认识自己,看清自己的优缺点;其次,通过交往对象的评价对自己的评价,以及自己与他人的关系来了解自己在他人心目中的地位和形象,并参照别人的评价来客观地认识自己;最后,只有在与人交往的过程中,个体还具有安全感、归属感。因此,人际交往是促进大学生自我认识的基本途径。

2. 有助于大学生健全人格的形成

马斯洛发现,高水平的自我实现者,对别人具有更强烈的,更深刻的友谊和更崇高的爱。奥尔波特也发现,个性成熟的人,都同别人的关系良好。个性成熟的人,他们可以更好地理解别人,容忍别人的缺点和不足,能够对别人表示同情,具有给他人以小温暖、关怀、亲密和爱的能力。大量的事实告诉我们,人际交往对大学生健全人格的形成至关重要,历史上的"狼孩""豹孩""羊孩"等,他们有着人的基因和结构,但由于他们长期脱离"人",尽管后来是回到了"人"的生活,但由于他们错过了人格发展的最佳时期,因此,也就很难成为一个真正意义上的"人"了。

3. 有利于大学生协调和稳定情绪

曾经有人说过:"把一份快乐,告诉另一个人,这份快乐就变成了两份快乐;把一份烦恼,告诉另一个人,这份烦恼就减少了一半。"大学生情感丰富,情绪变化快,特别需要他人的理解、关心和支持。通过交往,与同学间互相沟通、交流,在交往过程中,取长补短;当有人愿意与我们交往,我们将是积极的、愉快的、自信的;当有人愿意倾听我们的苦闷,我们的情绪就更能得到协调和发展稳定。因此,良好的人际关系能稳定情绪,快乐时有人分享,烦恼时有人倾听。

4. 有助于大学生适应新环境

"在家靠家人,在外靠朋友",在大学校园,新建立起来的人际关系,有助于我们更好更快地融入新环境中,研究表明,一个不善于交往的人,在大学的适应期比善于主动交往的人要长。

5. 有利于大学生的成才成长

大学生思想活跃,思维敏捷,但由于缺乏社会经验和知识的局限,在看问题和判断事情上难免会出现偏差。大学生学会与各种不同类型的交往,在心灵上互相沟通,在行为上互相协调,增加他们对事业、对人生和成功的积极看法是很有帮助的。

【心有千千结】

如何克服"小心眼"的毛病?

小翠,女,某大学一年级学生。自述由于自己爱计较,也就是有些"小心眼儿",往往为了一点小事哪怕是同学的一句话生起气来,从而在与同学的交往过程中经常闹别扭,弄得大家都很不开心,自己心里也总是不能平静,总想着那些细枝末节、放也放不下,很是烦恼、为其所累。其实自己也不想这样,但又不知道该如何改变?

点评:有小心眼儿的人,多半是由于神经系统过于敏感,杞人忧天,小题大做,庸人自扰。"小心眼儿"的人往往患得患失、吃一点亏就如鲠在喉;特别计较别人的一言一行,总感到是针对自己的。本案例中的小翠,也认识到了自己的问题,有主动求变的意愿;那么她首先应懂得人际交往的互酬心理,即不要只想到自己的私利,生怕自己吃亏,甚至还想从交往中捞点好处。要明白自己付出多少,也会得到多少。因此应遵守人际交往的宽容原则,学会"待人以宽",豁达大度,只要不是原则性的问题,就不必过于计较;其次,要避免"自我中心",缩小"自我",不要凡事都先想到自己,一旦触及自己就觉得别人是有意针对自己的,即使确是针对你而来的,也不妨"左耳进,右耳出",免得烦心;再次,应充实自己的知识、拓宽自己的知识面、开阔眼界,因为人的“心眼”与其知识修养有密切联系。

资料来源:http://ishare.iask.sina.com.cn/f/37785592.html

任务三　大学生人际交往障碍及调适

一、常见的人际交往障碍

(一)大学生人际交往中的认知偏差及障碍

人际交往中容易产生认知上的偏差,由于各种因素的影响极易陷入人际认知中的心理误区,从而产生对他人的认知偏差。社会心理学研究表明,个体在社会交往中通常受到首因效应、近因效应、晕轮效应、定势效应、投射效应和社会刻板效应的影响。

如何改善你的人际关系

1. 首因效应

所谓首因效应就是指人们往往以初次见面视对方是否有好感而作为进一步交往的标准,并对以后的进一步认知和人际关系起到很大的影响;所谓近因效应是指人们在交往中往往以最近发生的事件作为评价认知他人的标准。

2. 近因效应

所谓近因效应是指在交往中新近获得的信息或印象对以前给对象的评价或印象产生的影响,也称最近印象。这种效应也普遍存在于大学生群体中,如有些同学平时表现都很好,可是最近犯错误了,就很容易给他人留下不好的印象。还有些同学平时表现一般,但一到评优评先的时候,就有意表现自己,以迎合同学们对其的好感。

3. 晕轮效应

所谓晕轮效应是指人们在人际认知交往中,往往根据他人的某个特性泛化到其他一系列特性上去,从而形成“一好百好,一坏百坏”的认知偏差。

4. 定势效应

所谓定势效应是指人们在人际关系活动中,以预定的心理状态去认知他人,以事先具备的有色的眼光看待他人,并以此决定交往深度。

5. 投射效应

所谓投射效应是社会心理学的概念,在这里是指人们在交往中通常将自己所不喜欢的或不能接受的观念、欲望、态度或性格特征等转移到他人身上,从而在无意识中减轻自己的内疚感,进而维护自己的尊严和安全感。

6. 社会刻板效应

所谓社会刻板效应是指人们在认知和交往活动中往往根据已形成的某种概括而固定化的看法来进行评判和交往,从而容易形成认知及交往偏见。

这些心理效应造成个体在人际交往中的表面性和片面性,丧失了对交往对象的全面认知,产生一定的认知偏差。进而产生猜忌、嫉妒、孤僻和羞怯心理,而这些负向心理的产生,严重的阻碍了人们人际关系的健康发展,甚至造成心身疾病。

针对以上五个认知偏差情况,做出以下四个克服的方法:首先,不要带有先入为主的观念,不要戴着有色眼镜看人,不以貌取人,对人要做出合理的判断。其次,看人不要只看片面,要全面客观地去评价人,注意食物个体差异,人事物常常千变万化,不要被一叶障目。再次，不要用停滞的眼光看人，要用发展变化的观点来看待他人，全面观察他人，坚持一切从实际出发，具体问题具体分析，提高自身心理素质，理智地待人处事。最后，对人不要带有成见，观点要随着现实的变化而发生变化，学会及时更新自己的观念和想法，紧追时代潮流。

【心理故事汇】

生日聚会

小冬是商务班学生，12 月 30 日是她的生日，小冬邀请了六名同班同学到她的家里参加她的生日 Party。下午五点钟刚到，小冬家的门铃响了起来，几个同学面带微笑地出现在小冬的面前。

“你家可真难找，怎么住在这个鸟不拉屎的地方。”不请自来的何强强无所顾忌地大声发着牢骚。小冬知道何强强向来说话随便，也不在意。而在厨房里忙着的小冬奶奶想必也听到了何强强的感叹，她走出来，一边招呼大家坐，一边客气地说：“我们家小了点，人一多就挤了些。”

“是呀！你家也太小了，落脚的地方都没有，住着多闷呀。”何强强接着说：“房子太破旧了，也应该退休了。我们的小区那里房子就不错，价格也不贵，一平方米才 3 000 多元。你们家留着钱做什么用呢？”何强强的一席话让林小冬奶奶的脸一阵白一阵红，热情的微笑也慢慢地消失了。原来前年小冬妈得了癌症，在病床上躺了一年多，半年前去世了，家里的积蓄全部花光，哪有钱换房子呀！倒是同来的月月听不下去了，提醒何强强：“你说话不要那么豪爽了好吗？咱们是来做客的。”

何强强咽下唾沫，表示接受。不一会儿小冬的奶奶陆续把饭菜端出来。何强强又说话了：“我想鸡肉、猪肉都有了，就缺海鲜了，菜不在多而在精嘛！”

话一出口，小冬和奶奶的脸色有点难看，但小冬奶奶还是笑着说：“哟，我们今天可真没有准备海鲜，要不，打电话给小冬她爸，叫他带海鲜回家好不好？”

“不了，不了！我这才知道你们家的小冬怎么个子那么小，原来你们家不注意营养搭配，你们看人家月月快超过相扑运动员了……”

“说什么呀，你！”小冬和月月把筷子拍在桌子上，涨红了脸，直喘粗气……

好端端的生日 Party，就这样被何强强这个说话不注意分寸的家伙给搅黄了。

资料来源：作者根据相关资料整理

（二）不良情绪障碍

由于人际交往强调的是人与人之间的情感关系及心理距离的远近，所以情绪情感成分是人际交往中的主要部分，并会影响到认知和行为。常见的情绪情感障碍有：愤怒、自卑、嫉妒、自负、恐惧、冷漠等。心理学家认为，人在愤怒时，体内调动了所有的能量储备，能发出比平时大得多的生理和心理能量，在这种冲动的情绪状态下，人的意识范围缩小，对自己的行为控制能力下降，常做出不明智的举动，这就导致了人际关系紧张，不和谐。自卑的人对自己的能力或品质评价过低，轻视或看不起自己。为了掩饰自己的自卑，常常会夸耀自己的作为，表现出较强的虚荣心，在人际交往中容易让人感到不够真诚，很虚伪，引起交往障碍。当人们在交往中发现自己在才能、名誉、地位或境遇等方面不如别人时，就会产生一种不悦、自惭、怨恨、恼怒甚至带有破坏性的复杂情感，这就是嫉妒。嫉妒实际上是用别人的成绩进行自我折磨，别人却不会有任何逊色。自负在交往中表现出居高临下，自夸自大，只强调自己的感受而忽视他人的感受,影响了交往双方的正常沟通。冷漠是一种个体对挫折环境的自我逃避式的退缩性心理反应。表面冷漠的人事实上内心很痛苦、很寂寞,具有强烈的压抑感。

(三)人格差异障碍

所谓人格,是指人在各种心理过程中经常地、稳定地表现出来的心理特征,包括性格、气质、能力、兴趣、爱好等成分。气质俗称“脾气”,主要指由于先天遗传,加上后天影响形成的特征,是情绪和活动发生的速度、强度、持久性、灵活性和指向性等动力方面特点的综合。如情绪体验的快慢、强弱以及动作反应的敏感迟钝,就属于气质范畴。性格表现在人的态度和行为方面的特征,主要由于后天学习和生活锻炼而形成的,是人格的重要组成部分。当代大学生是家庭和学校的“宠儿”,在人生的道路上还没有经历过大的起伏和挫折,因此,许多大学生自命清高、眼里容不下他人;遇到困难意志薄弱,爱感情用事;对人和事爱斤斤计较,心胸狭隘。这些不良的性格特征不仅容易造成人际交往的障碍,而且还会影响到大学生的身心健康。

二、大学生人际交往障碍的原因

大学生人际交往障碍产生的原因主要在以下三个方面:

(一)认知方面

大学生在青少年期自我意识迅速增强,有了主动交在的愿望,但由于他们刚从紧张繁重的高中迈进大学校园,没有太多的时间和机会深入社会,社会阅历有限,因而人际交往中常带有理想的模型,常出现理想与现实不符的情况,便产生了交往障碍,心里很容易出现创伤。另外,在大学校园里以自我为中心的人不占少数,他们往往过分关注自我,更注重自我需要的满足,容易忽略或否认他人的需要。在人际交往中,主要以自我需要为主,强调他人以自己为中心,希望得到更多的关心和帮助。由于大学生的生活经验的不足和认识事物时的绝对化思维方式,导致人际交往容易受片面信息的影响形成偏见,或者把自己的想法投射到他人身上,以己推人,妄自忖度。

(二)情感方面

情感成分是人际交往中的主要特征,情感的好恶决定着交往者今后彼此间的行为。交往中感情色彩浓重,是处于青年期大学生人际交往的一大特点。情感方面的心理问题具体体现在以下几个方面:自卑心理、嫉妒心理、孤独心理、害羞心理、猜疑心理。

(三)人格方面

我们常常会发现,很多大学生之间闹别扭,既不是因为思想观点上有分歧,也不是由于他们道德方面的毛病,只是因为人格上有差异。由于人的气质、性格等特点不同,表现在人际关系中也有不同的类型。大学生人际交往中的心理问题,大部分也是由于人格偏差引起的。所谓人格,是个体在遗传素质和后大发展相互作用的基础上形成的相对稳定的、独特的心理行为模式,它是个体在各种心理过程中经常地、稳定地表现出来的心理品质,包括气质、性格等。人格的差异可能带来交往中的误解、矛盾与冲突,人格不健全可直接造成人际冲突,造成双方的互相抱怨和不满。

【心有千千结】

社交恐惧症

小 A,女,23 岁。几年前在高中读书时,有次在食堂中遇到一个同班的男同学,互相对视一下。这个男同学学习好，长得也很健美，自己早就对他有好感，但没有说过话。这次面对面的对视，他忽然觉得自己脸红了，怕被同学们看出她对那个男同学的爱慕之情。以后，见到别的男同学她也感到表情不自然，脸红，心情抑郁，沉闷。考入大学后不久，她见了女同学也脸红起来，觉得女同学也看出了她的心思。近一年来，不论是见到熟人、生人、男人、女人，她都感到脸红，心慌，无地自容，好像心里有愧。因此，她尽量避开人，不到食堂吃饭，一个人躲在教室角落里读书，与父母姐姐也很少交往。她曾想到自杀或过隐居生活，感到实在难于控制自己，才想到可能是精神上有障碍了，不得已来求医。

解决与室友的冲突

点评：本案例中的当事人表现出社交恐惧症的典型症状：不敢见人，与人交往时面红耳赤，神经处于一种非常紧张的状态，严重者拒绝与任何人发生社交关系，自我孤立，抑郁消沉。社交恐惧症患者对自己的神态举止和言谈过分敏感，生怕自己在别人面前失态出丑。他们越是害怕，就越是无法控制自己的失态行为，反而在别人面前感到异常紧张，极不自然。他们越是提醒自己不要脸红，越是脸红得厉害，而不自然的面部表情和行为通过更加强了紧张意识，形成恶性循环。以往交往中的受挫经验，消极的自我暗示，会使他们对交往情境形成一种条件反射般的害怕心理，以至于变的神经质。

资料来源：作者根据相关资料整理

三、大学生人际交往障碍的调适

（一）端正认知

要建立良好的人际关系，首先要正确认识自我。通过将自己的现实与自己的过去相比，知道自己是进步了还是退步了，抑或是原地不动；通过将自己的现实与自己的未来目标相比，从中发现自己存在的差距；通过与社会上和自己地位、条件相类似的人相比来认识自己。在比较中认清自己的优势和劣势，长处和短处，达到取长补短，缩小差距的目的。其次要积极悦纳自己。悦纳自己就是要无条件地接受自己的一切：优点和缺点，好的和坏的，成功的和失败的。实事求是地承认自身的价值能够维护自己的自尊心，充分调动积极因素，发挥自己的潜能。而实事求是地承认自己的弱点和缺点，不仅不会降低自己的自信心，伤害自己的自尊心，而且会使自己的自信心和自尊心建立在坚实的基础上，有利于克服自身的消极因素，减少对潜能的自我消耗，使自我力量充分展示出来，进一步增强自信心，提高自我的价值和地位。再次要综合、客观的评价他人，要发展的看人。

（二）调适不良情绪

控制人际交往的不良情绪是大学生心理成熟和健康的重要标志。因此，首先应强化大学生品德和文化修养，培养高尚的情操，形成内在的理智力量，提升情感世界。其次应调控对他人的期望值。每个人都不是完美无缺的，在个性、行为习惯、价值观念和情绪状态等各方面都可能会有优点或不足。如果对他人、对事物所抱期望值过高，势必在需求难以满足时产生不好的情绪反应。在人际交往中，每个大学生都应当正确处理对他人的期望问题，不要求全责备，以免产生失落和不良情绪。第三，大学生还必须具有各种良好的交往品质。如真诚、信任、克制、自信、热情等。

（三）培养良好人格

要培养良好的人格，还要优化自我性格。性格的可塑性较大，有好坏善恶之分。因此，大学生应当积极塑造良好性格，以适应社会的需要。当代大学生的良好性格应该是：温和亲切，谦虚热情；心胸豁达，宽以待人；耿直正派，坦荡真诚等。良好的性格是成功交往的基础，可以通过以下几种途径优化自我性格：一是通过博览群书使少教者变得有教养；使骄傲者变得谦虚；使自卑者变得自信；使心胸狭隘者变得豁达等。二是通过交往发现别人性格的优劣，并从中找到与自己的相似之处，从而调整和改正自己。三是从小事做起。许多人所具有的开朗、正直、坚韧、细致等优良性格都是坚持锻炼的结果，是慢慢形成的，因此我们要从我做起，从小事做起。

（四）学会人际交往的技巧

除了前文提及的五个方法，为了避免或减轻人际交往障碍带来的负面影响，我们还可以从以下几个方面着手：

首先是平等交往。大学生往往个性很强，互不服输，这种精神是值得提倡的，但绝不能高人一头，更不能因同学之间在出身、家庭、经历、长相等方面的客观差异而对人“另眼相看”。

其次要讲究交谈艺术。大学生在人际交往过程中要提高交谈的能力，必须具备有关方面的素质，如良好的语言表达能力、沉着的应变能力、敏捷的思维能力等。

再次要主动大胆地参与交往。人际交往是交往双方积极主动的过程，一方主动而另一方被动势必造成交往难以正常进行。主动大胆地参与人际交往有利于消除胆小、害羞所带来的交往障碍。最后要学会帮助别人。心理学家发现，以帮助或相互帮助开端的人际关系，不仅容易确立良好的第一印象，而且人与人之间的心理距离可以迅速缩短，使良好的人际关系迅速建立起来。

一个没有人际交往能力的人，犹如陆地上的船，是永远不会漂泊到人生大海中去的。心理健康的大学生应当能够建立良好的人际关系，在人际交往中能够掌握基本的交际和沟通技巧，并具有宽容、信任、友爱、诚恳、谦虚、尊敬、忍让等良好的性格特征，同时正确认识自己、把握自己，这样才能做一名交往的成功者。

【心有千千结】

如何与蛮横的同学交往？

小马，大一男生，家在农村，老实、怯懦。因为一件小事得罪了班上一个同学，这个同学不仅家庭条件好，还自恃身强力壮，与同学交往中从不吃亏。“这个最凶的同学就是对上我了，处处与我过不去。他说：‘我就是要你不痛快，你不痛快我就高兴。’他常常把我水壶里的水倒掉，把我的衣服扔一边，晚上还常常故意把我关在宿舍门外……”

点评：在人群中，总有几个特别蛮横、特别难相处的人。对这类人既不能得罪又不能过于亲近，最好是敬而远之，离他远点。可不幸碰上这种人又无法远离他的情况下，与他对着干或者一味地忍让都不能解决问题。本案例中的小马老实懦弱，更不可能与这种蛮横的同学对着干，最好是“无为而治”，不理睬，管他怎样凶，既不对他开战，也不屈服于他。如晚上他故意把小马关在门外，小马只管敲门，一直敲下去，而且越来越使劲，直到宿舍里有人开门。毕竟宿舍里人多，大家都看在眼里；其次，要与宿舍中的多数人搞好关系。有一个人际交往的策略，就是“敌人的朋友，不一定是自己的敌人，不要因为自己与他有矛盾，就同他的朋友也闹矛盾。”要注意自己的意见只能针对这一个人，千万不要拉扯一大片。否则，就会使自己因树敌太多而受到孤立。这种孤立会使自己的心理受到很大的伤害。因此，小马不必生气、不必骂战。有同学来开门后，反而要简短地对大家说声对不起和谢谢。

资料来源：http://ishare.iask.sina.com.cn/f/37785592.html

【心理训练营】

活动一　撕纸

目的：为了说明我们平时的沟通过程中经常使用单向的沟通方式会导致听者总是见仁见智，个人按照自己的理解来执行，通常都会出现很大的差异。但使用了双向沟通之后，又会怎样呢，差异依然存在，虽然有改善，但增加了沟通过程的复杂性。所以什么方法是最好的？这要依据实际情况而定。作为沟通的最佳方式要根据不同的场合及环境而定。

程序：

(1)邀请10名学生站在讲台前，给他们每人发一张纸。

(2)教师发出单项指令，要求全班和这10名同学都不能发出声音。“大家闭上眼睛，全过程不许提问题，把纸对折，再对折，再对折，把右上角撕下来，转180度，把左上角也撕下来，睁开眼睛，把纸打开。”在场的所有学生会发现各种答案。

(3)教师问大家，为什么会有这么多不同的结果(也许大家的反映是单向沟通不许提问题所以才会有误差)。

(4)邀请一名在场的学生上来，重复上述的指令，唯一不同的是这次学生们可以提问题。

(5)教师问大家，为什么还会有这么多不同的结果(希望说明的是，任何沟通的形式及方法都不是绝对的，它依赖于沟通者双方彼此的了解，沟通环境的限制等，沟通是意义转换的过程)。

活动二　变形虫

目的：通过心理游戏“变行虫”，让学生体验沟通的必要性；通过小组交流，让学生感悟人际交往理解、合作的重要性；在体验和分享中学习人际交往的技巧，提高人际交往的能力。

过程：

(1)教师先把13米的绳子两头相结结成一个大圈，这样的大圈准备2~3个。

(2)全班同学分成若干组，每组5人。2~3组同时进行游戏比赛。其他组观摩。

(3)5名同学分别戴上眼罩，教师把事先准备好的大绳圈分别交给他们。

(4)根据教师发出变形指令，如三角形，长方形，正方形，平行四边形……，5名参与者通过合作完成，用时最少的组为胜。

(5)在小组预赛中成绩最优秀的小组出线，参加总决赛，决出团体前三名。在总决赛中教师发出变形指令既可以和预赛相同也可不同。但是难度要适宜，学生可以完成。

(6)在合作过程中，不允许用语言交流。

(7)辅导老师总结评点(如有条件可让组员观看自己比赛时的DV，感受“当局者迷，旁观者清”的道理)并颁发奖品。

注意事项：

长绳的长度以比5个人伸直双臂的总长度多五米为宜，不要太短，也不能太长，否则都会影响游戏的难度。一般以2~3个小组同时开展竞赛为宜，其他小组观摩，保持安静。在“变形”过程中，要求绳子充分展开，不可以收缩部分绳子，减短边长，降低难度。整个游戏存在“领导”与“服从”两种角色，学生之间需要一种协调、服从、合作的过程，教师要耐心等待“变形”过程的完成。

活动三　你听我说

目的:让学生在心理游戏中感受沟通中非言语因素的重要性,在活动的体验中,提高学生倾听能力。

程序:

(1)将学生自然分组,两个人为一组。

(2)要求学生主动选择角色A和角色B。

(3)由角色B向角色A说一件很自豪的事情,例如获得奖学金等。角色A不能做任何的语言上的回应,但是要假装表现出很不屑的样子,可以使用任何的表情和动作。

(4)由角色A向角色B说一件很委屈的事情,如被人冤枉等。角色B可以做语言上的回应,但是要告诉角色A自己有更委屈的经历,总之A说委屈,B要说的比A更委屈。

(5)邀请若干组合分享感受。

(6)由角色A向角色B说刚才的那件很委屈的事情,角色B要做语言上的回应,而且表情动作上都要表现出理解和支持,帮助角色A把委屈的情绪发泄出来。如角色B可以说:"碰见这样的事情,确实很委屈,我能理解。后来怎么样了?"。

(7)由角色B向角色A说刚才那件很自豪的事情。角色A要在言语和动作上表示愿意和角色B分享这种喜悦。

(8)邀请若干组合分享感受。

活动四　优点轰炸

一、活动准备

(1)将全班几十个人分成小组,每组8人左右。

(2)分组具体要求:每组中要既有男生又有女生,既有相互比较了解的,也有彼此不太熟悉的(比如不是一个宿舍,座位不靠近的),以提供更多新鲜体验及沟通机会。每组指定一位组长。

二、活动步骤

(一)放松活动——手指操

目的是舒展放松身体,打破拘谨,活跃气氛。先由教师领做2~3个简单随意的动作,要求全班跟随,以无评判的态度进行模仿。再由各组组长(或随机指定几个学生)轮流上前领做,可以自编动作。

(二)分组活动

1. 自我描述

每组先由一个同学作为焦点,也就是中心人物,用"20个我"进行自我特点的描述,要求每个描述能体现特点,如"我爱打乒乓球","我做事认真","我当众发言会感到紧张",不应是泛泛地描述,如"我有一双黑眼睛",说的人在时间上要紧凑些,不必有过多顾虑,不必进行过多考虑。

2. 优点轰炸

每个组员轮流对中心人物对其优点或所欣赏之处(如性格、外貌、处事方式等)进行称赞,只说优点,态度要真诚,努力去发现别人的长处,不能毫无根据地吹捧,那样反而会伤害别人,被称赞的成员说出哪些优点是自己以前知道的,哪些是未曾意识到的。

要求参加者要注意体验:

(1)被人称赞的感受如何?

(2)怎样用心发现他人的长处及自己的优点?

(3)看样做一个乐于欣赏他人、同时也欣赏自己的人?

3. 重复步骤

每个成员轮流实事求是焦点人物,重复前两个步骤,被戴一次“高帽”。

组长给每位成员准备一张卡片,简要记下组员们对他的称赞(优点),最后作为礼物送给这位组员。

三、注意事项

(1)桌椅适当安排,组与组之间适当拉开距离,而同组成员坐得要紧凑些,注意帮助个别较坐得较分散的同学调整一下,用亲切的态度加以鼓励,以体现人人参与的精神。

(2)每个同学做主角的时间大约 5 分钟,请组长掌握进度,注意请每个同学都要发言,并在卡片上适当记录。时间过半时,气氛往往越来越融洽,老师要态度亲切地巡回询问各组进度,适当提醒。

四、组间交流

老师请各组长代表本组同学简要谈谈对本次活动的感受。也可再请几名同学做补充反馈,表达感受。根据学生表达的焦点做讨论分享。

五、教师小结

【心理测试】

人际关系综合诊断量表

这是一份人际关系行为困扰的诊断量表,共 28 个问题,每个问题做“是”(打√)或“非”(打×)两种回答。请你根究自己的实际情况如实回答,答案没有对错之分:

1. 关于自己的烦恼有口难言(　　)	2. 和生人见面感觉不自然(　　)
3. 过分地羡慕和妒忌别人(　　)	4. 与异性交往太少(　　)
5. 对连续不断地会谈感到困难(　　)	6. 在社交场合,感到紧张(　　)
7. 时常伤害别人(　　)	8. 与异性来往感觉不自然(　　)
9. 与一大群朋友在一起,常感到孤寂或失落(　　)	10. 极易受窘(　　)
11. 与别人不能和睦相处(　　)	12. 不知道与异性相处如何适可而止(　　)
13. 当不熟悉的人对自己倾诉他的生平遭遇以求同情时,自己常感到不知在(　　)	14. 担心别人对自己有什么坏印象(　　)
15. 总是尽力是别人赏识自己(　　)	16. 暗自思慕异性(　　)
17. 时常避免表达自己的感受(　　)	18. 对自己的仪表(容貌)缺乏信心(　　)
19. 讨厌某人或被某人所讨厌(　　)	20. 瞧不起异性(　　)
21. 不能专注地倾听(　　)	22. 自己的烦恼无人可倾诉(　　)
23. 受别人排斥与冷漠(　　)	24. 被异性瞧不起(　　)
25. 不能广泛地听取各种各样意见、看法(　　)	26. 自己常因受伤害而暗自伤心(　　)
27. 常被别人谈论、愚弄(　　)	28. 与异性交往不知如何更好相处(　　)

1. 评分标准

打“√”的给 1 分，打“×”的给 0 分，具体题号如下表所示。

记 分 表

Ⅰ	题目	1	5	9	13	17	21	25	小计	分数
Ⅱ	题目	2	6	10	14	18	22	26	小计	分数
Ⅲ	题目	3	7	11	15	19	23	27	小计	分数
Ⅳ	题目	4	8	12	16	20	24	28	小计	分数

2. 结果、解释与辅导

1）总体评价

（1）得分在 0～8 分之间，那么说明你在与朋友相处上的困扰较少。你善于交谈，性格比较开朗，主动，关心别人，你对周围的朋友都比较好，愿意和他们在一起，他们也都喜欢你，你们相处得不错。而且，你能够从与朋友相处中，得到乐趣。你的生活是比较充实而且丰富多彩的，你与异性朋友也相处得比较好。一句话，你不存在或较少存在交友方面的困扰，你善于与朋友相处，人缘很好，获得许多的好感与赞同。

（2）得分在 9～14 分之间，那么，你与朋友相处存在一定程度的困扰。你的人缘很一般，换句话说，你和朋友的关系并不牢固，时好时坏，经常处在一种起伏波动之中。

（3）得分在 15～28 分之间，那就表明你在同朋友相处上的行为困扰较严重，分数超过 20 分，则表明你的人际关系困扰程度很严重，而且在心理上出现较为明显得障碍。你可能不善于交谈，也可能是一个性格孤僻的人，不开朗，或者有明显得自高自大、讨人嫌的行为。

以上是从总体上评述你的人际关系。

2）各栏小计分数

下面将根据你在每一横栏上的小计分数，具体指出你与朋友相处的困扰行为及其可资参考的纠正方法。

（1）记分表中Ⅰ横栏上的小计分数，表明你在交谈方面的行为困扰程度。

①如果你的得分在 6 分以上，说明你不善于交谈，只有在极需要的情况下你才同别人交谈，你总难于表达自己的感受，无论是愉快还是烦恼；你不是个很好的倾诉者，往往无法专心听别人说话或只对单独的话题感兴趣。

②如果得分在 3～5 分之间，说明你的交谈能力一般，你会诉说自己的感受，但不能讲得调理清晰；你努力使自己成为一个好的倾听者，但还是做得不够。如果你与对方不太熟悉，开始时你往往表现得拘谨与沉默，不大愿意跟对方交谈。但这种局面在你面前一般不会持续很久。经过一段时间的接触与锻炼，你可能主动与同学搭话，同时这一切来得自然而非造作，此时，表明你的健谈能力已经大为改观，在这方面的困扰也会逐渐消除。

③如果你的得分在 0～2 分之间，说明你有较高的交谈能力和技巧，善于利用恰当地谈话方式来交流思想感情，因此在与别人建立友情方面，你往往比别人获得更多的成功。这些优势不仅为你的学习与生活创造了良好的心境，而且常常有助于你成为伙伴中的领袖人物。

（2）记分表中Ⅱ横栏上的小计分数，表示你在交际方面的困扰程度。

①如果你的得分在 6 分以上，则表明你在社交活动与交游方面存在着较大的行为困扰。

比如，在正常集体活动与社交场合，你比大多数伙伴更为拘谨；在有陌生人或老师存在地场合。你往往感到更加紧张而扰乱你的思绪；你往往过多地考虑自己的形象而使自己处于越被动，越来越孤独的境地。总之，交际与交友方面的严重困扰，使你陷入"感情危机"和孤独困窘的状态。

②如果你的得分在3~5分之间，则往往表明你在被动得寻找被人喜欢的突破口。你不喜欢独自一个人待着，你需要朋友在一起，但你又不太善于创造条件并积极主动地寻找知心朋友，而且，你心有余悸，生怕再主动行为后的"冷"体验。

③如果得分低于3分，则表明你对人较为真诚和热情。总之，你的人际关系较和谐，在这些问题上，你不存在较明显持久的行为困扰。

(3)记分表中Ⅲ横栏的小计分数，表示你在待人接物方面的困扰程度。

①如果你的得分在6分以上，则往往表明你缺乏待人接物的机智与技巧。在实际的人际关系中，你也许常有意无意地伤害别人，或者你过分地羡慕别人以致在内心妒忌别人。因此，其他一些同学可能回报你的冷漠、排斥，甚至是愚弄。

②如果你的得分在3~5分之间，则往往表明你是个多侧面的人，也许可以算是一个教圆滑的人。对待不同的人，你有不同的态度，而不同的人对你也有不同的评价。你讨厌某人或被某人所讨厌，但你却极喜欢另一个人或被另一个人所喜欢。你的朋友关系某方面是和谐的、良好的，某些方面却是紧张的恶劣的。因此，你的情绪很不稳定，内心极不平衡，常常处于矛盾状态中。

③如果你的得分在0~2分之间，表明你较尊重别人，敢于承担责任，对环境的适应性强。你常常以你的真诚、宽容、责任心强等个性获得众多的好感与赞同。

(4)记分表中Ⅳ横栏的小计分数表示你跟异性朋友交往的困扰程度。

①如果你的得分在5分以上，说明你在与异性交往的过程中存在较为严重的困扰。也许你存在着过分的思慕异性或对异性持有偏见。这两种态度都有它的片面之处。也许是你不知如何把握好与异性同学交往的分寸而陷入困扰之中。

②如果你的得分是3~4分，表明你与异性同学交往的行为困扰程度一般，可能会觉得与异性同学交往是一件愉快的事，有时又会认为这种交往似乎是一种负担，你不懂得如何与异性交往最适宜。

③如果你的得分是0~2分，表明你懂得如何真确处理异性朋友之间的关系。对异性同学持公正的态度，能大大方方地自自然然地与他们交往，并且在与异性交往中，得到了许多从同性朋友那里不能得到的东西，增加了对异性的了解，也丰富了自己的个性。你可能是一个较受欢迎的人，无论是同学朋友还是异性朋友，多数人都较喜欢你和赞赏你。

【叩响心门】

(1)大学生人际关系具有哪些基本特征？

(2)影响个体社会交往的心理效应有哪些？

(3)人际交往的原则有哪些？

(4)结合你的实际情况，联系本项目内容，谈谈你在与人相处的过程中具体存在哪些问题？并和同学们一起讨论应当怎样提高自己的人际交往能力。

【心理电影院】

片名:心灵捕手

简介:成长于波士顿南区贫民窟的威尔·杭汀(Will Hunting),是位绝顶聪明却叛逆不羁的年轻人。平日除了在麻省理工学院担任大楼的清洁工作之外,便是与三五好友在酒吧喝酒、泡妞、整整哈佛的“聪明小孩”;一人独处之时,就“一目十行”地猎取人文与科学的新知。某天,“随意解答”出了数学系蓝勃教授所留下的数学难题,随即引起学校师生们的惊异;在与他人打架滋事,并宣判送进少年管护所之后,蓝勃教授便费心地将他保释出来,要求他参与数学研讨与接受心理辅导。蓝勃教授期望威尔能重视并发挥自己的天赋异禀,不再恶作剧、耍蠢、吹擂而耗费生命;不过,威尔却毫无不在意,经常耍弄前来为他辅导治疗的心理专家。

蓝勃教授在无计可施的情况下,只好求助与他有“爱恨交织心结”的大学好友尚恩出马,开导并救助前途岌岌可危的威尔。尚恩本着“信任是突破心防的关键,不彼此信任就无法坦诚相待”的信念,以“不以作之师而亦作之友”的心态倾听威尔对知识求问、人际互动、爱情探索、人生信念以及亲情伤害等知性问难与情绪宣泄;日渐抚慰他受创的心灵,帮助他重新拾回对人的信任,并鼓起勇气向女友表达爱意。在此同时,难忘丧妻之痛的尚恩在与威尔彼此“角力互动”的过程中,受到来自威尔莽撞的生命力冲击,亦逐渐开启因丧妻而封闭的心房,重新追寻情感的归宿。

资料来源:http://www.kekenet.com/video/200809/49941_2.shtml

项目八

快乐的学习
——大学生的学习心理与调适

心灵箴言

业精于勤而荒于嬉，行成于思而毁于随。

——韩愈

未来的文盲将不是那些不会阅读的人，而是没有学会怎样学习的人。

——赫伯特·乔耶

项目八 快乐的学习——大学生的学习心理与调适

【心的灯塔】

19 世纪的文盲,是目不识丁的人。

20 世纪的文盲,是不会用电脑的人。

21 世纪的文盲,是没有学会学习的人。

联合国教科文组织于 1986 年就提出了教育的四大支柱,也可以说是教育的四大目标即:Learning to know(学会求知);Learning to do(学会做事);Learning to co-operate(学会合作);Learning to be(学会生存与发展)。

教育部最新颁布实施的新课程纲要中也明确提出:教育的追求,除了学业成绩,还有学习态度,创新精神,动手实践能力,解决问题能力,科学探究的精神以及健康审美的情趣。这就又十分明确地告诉我们,上学,不仅仅是学习书本知识,更不是要追求那个"一百分"。教育不仅仅教学生"学会"知识,更重要的是要教他们"会学"知识。学会和会学,这是完全不同的两个概念。

据资料显示,人类知识在 19 世纪每 10 年增加一倍,20 世纪 70 年代每 5 年增加一倍,而目前已经达到每 3 年增加一倍的速度。要想求得生存和发展,就必须不断更新知识,一段时间不学习,已有的信息和知识就会变得陈旧过时,就有被时代淘汰的可能,所以只有不断地学习、终生学习才能符合时代的要求。法国著名成人教育专家保罗·郎格朗首先提出终身教育的主张。他认为,教育应当是每个人一生的过程,在每个需要的时候,随时以最好的方式提供必要的知识。一个大学生在校学习的知识只占工作所需的 10%,而 90% 的知识需要在工作期间重新学习。面对浩瀚的知识海洋、面对每天都在不断更新的新信息、新技术,如果不善于学习,不会学习,那也只能一筹莫展、无能为力。联合国教科文组织的埃德加. 富尔说:未来的文盲不再是不识字的人,而是没有学会怎样学习的人。为了将来的生存和发展,我们必须学会学习。

学习是学生的天职,也是大学生活的主要内容。学习也是一种十分复杂的心理现象,它不仅与感觉、知觉、注意、记忆、思维等认识过程直接联系,而且还涉及人的情绪、动机、个性和社会化等问题。大学生正处于智力发展的高峰期,记忆力、观察力、思维力、想象力与创造性都有很大的发展。但在具体的学习过程中,也涌现出了这样或那样的问题。但很多同学到了大学,完全放松了,好像大学的学习任务一下子减轻了,没有了高考的压力,没有了千军万马过独木桥的激烈竞争,同学们都轻松了很多。大学的学习不同于高中时期的学习,学习任务更重,学习的广度和深度都有所增加。要求大学生对与专业知识相关的领域需要涉猎,本身的综合素质需要提高,再加上考试、就业、考研等竞争压力,使得大学阶段的学习压力实际上反而有所增加。所以,部分学生也会出现很多心理困惑,如案例当中的学习适应问题、学习目标问题、考试成绩问题,对所学专业不感兴趣问题等,此外还包括学习动力、考试焦虑、课外活动和学习时间的冲突、考研的压力、就业的压力等，甚至有些同学不堪重负而选择了自杀等极端的方式。

任务一 学习心理概述

一、学习的含义

学习是在人类和动物所共有的对环境的一种适应现象。通过学习，动物和人类可以获得经验，并引起行为或者心理结构的变化。动物的学习，如鹦鹉通过训练，可以学会许多人类的词语表达；牛可以学会耕地；警犬可以识别毒品等。而人类的学习现象就复杂得多了，学习的对象可以是某种抽象的知识，也可以是某种具体的行为方式；可以是一些公式、定理，也可以是一些动作技能。不论是哪种学习，都是一个经验的获得和不断累积的过程，同时在这个过程中，人的一些能力会得到改变。所以我们可以把学习看作一种过程，同时也是一种结果。学习首先是一个过程，主体从与客体相互作用过程中学到经验，当然，这种经验可以是直接的，也可以是间接的。比如我们从课本上可以学到的知识就是一种间接的经验。有些经验的获得不是直接来自于书本，而是来自于生活工作中的实践经历，这种经历对我们来说也是一种经验，因为是我们自己的经历，所以是直接经验。经验的获得过程对于主体来说就是学习过程。

激发学习动机

其次，学习过程中主体的某些行为或者心理结构也会发生相应的改变，这种改变是由于获得的经验对学习的主体改造的结果，可以说，学习一旦发生，个体就不再是先前的个体，改变在学习中已发生。一个工人经过培训以后可以在流水线上熟练操作，一个大学生通过 3 - 4 年的学习可以掌握本领域的专门知识并学会运用，一个运动员经过训练可以使自己学会某种专项技能，这些操作技能或者知识的习得皆伴随着某种能力的变化。

综上所述，学习是主体通过与客体交互作用所引起的能力和行为倾向相对持久的变化。

二、大学生学习的特点

大学生的学习和中小学生的学习不同，大学生的学习有自己的特点，主要表现在如下几个方面：

1. 学习的自主性

大学教师课堂讲授要求做到少而精，势必要求大学生课外通过自学掌握更多内容。此外，大学生课余时间较充裕，这就决定了大学生要有较强的自学能力和学习计划能力，合理安排好自己的学习时间。

大学生对学习内容也具有较大的选择性，特别是随着高等教育改革的深化，大学的课程安排更加科学合理，既有公共必修课、专业基础课、专业核心课，还有辅修课程及大量选修课，学生可以根据自己的专长、爱好、兴趣，自由选择。再者，大学生可以控制自己的学习时间、学习方法与学习内容。自学能力已经成为衡量大学生学业拓展能力的重要指标。第二，高校更加重视学习知识活化能力，即知识应用能力，课程设计、毕业实习、毕业设计与毕业论文都体现着知识的运用能力，也充分体现学生的自主性。

2. 学习的专业性和职业定向性

大学生的学习活动是一种以掌握专业知识和技能为特征的社会活动，围绕着如何使大学生尽快成为高级专门人才而进行。大学生进入高校后就有计划地进行深入地专业学习，为今后的工作做准备。尽管高中也分文、理科，但专业性和职业方向上都与大学不同。基于这种特点,专业思想是否牢固以及专业兴趣的大小将直接影响大学生的学习成绩和今后的就业。

3. 学习方式的多样化

大学开放式的教学为学生提供了多种多样的成功之路,除课堂教学外,课外实习、课程设计、科研训练计划、学术论文、学术报告、专家讲授及走向社会的社会实践、咨询服务等都为大学生学习提供了广阔的道路。此外,网络为大学生的学习开辟了一条新途径,大学生的学习方式发生了重要变革,越来越多的学生运用网络来进行学习。

4. 知识的学习与能力、素质的培养并重

大学的学习不仅是学知识、学专业,更重要的是学方法、学策略,发展和提升学习能力。只有"一专多能"者才能适应社会的发展。如今,不少大学生不仅注重提高自己的知识水平,而且还注重提高自己的综合素质包括心理素质。因为他们已经意识到,如果没有良好的综合素质,智商再高,学习成绩再好,也难以适应竞争激烈的社会。

5. 学习的研究性

大学生学习已具有一定的探索性,即对书本之外的新观点、新理论进行深入的钻研与探索。大学学习不仅仅在于掌握知识,更在于探究知识的形成过程与科学的研究方法,了解学科发展前沿、存在的问题及解决的思路。因而许多高校十分注重在教学中增加处于本学科前沿性新理论、新知识,加之知识本身也需要一个过程,因而教师教给学生的通常不是定论,而是介绍各个学派的不同观点供学生参考,学生通过查阅资料、独立思考、切磋讨论来学习,以此提高分析问题和解决问题的能力,这与中学的学习有很大的区别。

【心有千千结】

小明,男,20岁,某大学二年级学生。从小学到中学,小明成绩一般,高考失败后,他进入了某高职高专院校学习。

上大学后,先是兴奋、窃喜,感觉一切都是那么美好和自由自在。没有整日整夜的课程安排,更没有从早到晚的升学压力,小明找父母要钱购买了笔记本,开始了网络游戏、聊天的"自由人生"。早自习时间快到了,因玩游戏而刚睡不久的小明内心不断冒出来一个声音:"再睡会儿吧,多大个事儿啊,不要紧,我待会儿就起来"。久而久之,这个声音像黏上了小明似的,时刻出现在耳边:专业老师布置的课后作业马上就要交了,正在玩游戏的小明似乎听到了那个声音:"再玩会儿,多大个事儿啊,不要紧";辅导员通知全班按时参加运动会团体操表演,小明耳边又回响起了那个声音:"我下次再去吧,下次吧,应该不要紧";班级同学约小明周末环湖骑行,那个声音又在小明耳边作怪:"哎呀外面多热啊,玩会儿电脑多舒服,没事的,这个不参加没事"……

那个总是说这事不要紧那事没事的声音,让小明学习没有了动力,生活也逐渐失去了目标,小明开始过上了"得过且过"的生活,然而接踵而来的事更令他感觉糟糕。班级每月诚信测评,小明一学年下来竟然得了3个C;大学生文化活动德育考核手册,小明的加分栏寥寥无几,排行班级倒数;期末考试成绩公布,小明有三门专业课不及格……

此时的小明追悔莫及,面对班级QQ群里刚刚公布的赴企业实习安排表,他难受却又感觉茫然不知所措……

大学的时光美好却短暂,与高中时充足的学习时间相比,大学生活更加丰富多彩。我们不仅要学习文化知识,还要参加各种各样的实践活动,用于学习的时间和精力确实相对有限,但与此同时,大学生可以自己支配的时间就更多了。部分同学由于自身自制力较差的原因,无法科学的安排好时间,沉迷网络娱乐、游戏人生而耽误了学习。当然,也有部分学生,学习目标明确，刻苦努力，锐意进取，在大学这个展现青春风采的舞台自由施展、展翅高飞，取得骄人佳绩。

资料来源：作者根据相关资料整理

三、影响大学生学习的心理因素

许多研究发现，大学生的学习成绩和智商不是正比关系。如有的大学生虽然智商不高，但学习成绩突出；有的大学生虽然智商很高，但学习成绩平平，甚至较差。对于具备一定智商基础的大学生来说，学习动机、学习兴趣、情绪、态度、意志、个性等心理因素对学生的学习有很大的影响力。这些非智力因素对学习起着动力、定向、激励、强化和调解等方面的作用。因此，良好的心理健康状况，即正常的智力、健康的情绪、健全的意志、良好的个性、正确的自我意识、和谐的人际关系、较强的社会适应能力等，对大学生的学习有很大的促进作用；反之，若心理健康状况差，则会不同程度地影响和妨碍自身的学习。

（一）智力因素

智力是一般的或总体的认知能力，它是影响人的反映效率、反映效果的个性心理特征，表现为人对客观事物的反映深度、广度、速度及准确度。感知力、观察力、记忆力、注意力、思维力和想象力等是智力的构成因素。

一个学生学习的好坏首先同他的智力品质有关。如有的学生善于观察事物的细微之处，却往往忽略了观察事物的整体点；有的学生注意力集中，有的学生难以集中注意力；有的学生善于记住那些形象化的东西，却不善于记忆事物的逻辑关系，而有的学生长于死记硬背，却不善于发挥想象；有的学生思维敏捷而灵活，能举一反三，富于创造性，而有的学生思维缓慢而呆板。这些智力的品质自然会对学生学习的效率乃至成才产生重要的影响。

关于智力在学习中到底起多大作用的问题，理论上一直在争论不休。一般认为，智力越高意味着学习成绩也高，当然这也并非绝对。智力对学习的影响还与学科或任务的性质有关，前已述及，智力是认知能力的综合，因此，和认知过程密切相关的学科或任务受智力的影响较大，阅读、作文等成绩与智商的相关最高，数学和自然科学次之，写字、手工、绘画和体育的成绩与智商的相关最低。另外，智力并不影响学习是否发生，它主要影响学生学习的速度、数量、巩固程度和学习的迁移，进而影响学习的成绩。

此外，加德纳的多元智能理论认为，人的智能至少可分为以下 8 种：语言智能、逻辑—数学智能、空间智能、身体—运动智能、音乐智能、人际关系智能、自我认识智能、自然观察者智能，所有的智能都能够用于发明创造，大多数人都会在一种或多种智能上有出色表现，就像弱智的舟舟也可以成为出色的指挥家一样。

（二）非智力因素

智力的高低，是影响一个人能力的重要因素。但实践表明，一些非智力因素也是影响智力高低的重要因素，而且在某些情况下，它比智力因素显得更为重要。非智力因素是指人的智力因素之外的那些参与学生学习活动并产生影响的个性心理的因素，主要是指兴趣、态度、意志、情感、性格等方面对学习的影响。非智力因素在学习中起着动力、导向、维持、和强化的作用。因此，为了提高学生的学习效率和质量，不但要充分调动和组织学生的智力因素，而且要充分激发学生学习的动机和非智力因素，使学习变为他们自己的需要和愿望。影响学习的非智力因素主要有：

1. 动机水平

动机是在需要的刺激下直接推动个体进行活动的内部动力，它具有下列功能：引起和发动活动的功能；维持活动达到目标的功能；调整行为的功能。所以动机的性质和水平必然影响到人们活动的水平和效果。学习动机是激发和维持学生进行学习活动,并使自己的行为朝向一定的学习目标的内在动力。它既可以使学生的学习活动保持一定的动力和方向性,也可以使学生心理保持一定的激活状态和持久性,对学习效果的获得具有重要的作用。大学生学习动机是直接推动学习的内部力量,也是一种学习的需要,这种需要是社会和教育对学生学习的客观要求在学生头脑中的反映。

2. 兴趣

"兴趣是最好的老师",浓厚的兴趣能推动个体进行探索性的学习,对某一学科有着强烈而稳定兴趣的大学生,会将此学科作为自己的主攻方向,学习中主动克服困难,排除干扰。

3. 意志水平

苏轼说:"古之成大事者,不惟有超世之才,亦必有坚韧不拔之志"。学习是一项艰苦的脑力劳动,要使学习活动坚持下去并取得较好的效果,就必须有复杂而又坚强的意志。在学习过程中,必须通过具体的学习、工作来培养自己的意志,必须通过攻克难关、迎战困难来锻炼自己的意志。只有那些在学习上克服重重困难、勇于攀登高峰者才能称为意志坚强的人。意志薄弱的学生,学习上受到挫折(如考试不及格)时,就会闷闷不乐,产生恐慌或焦虑,进而怀疑自己的智力、能力,感到自卑、失望、消沉,放弃努力,严重影响学习成绩。

人的意志不是与生俱来的,而是随着年龄的增长、体质的增强、知识的丰富、交往圈子的不断扩大而逐步发展起来的。大学生应有意识地培养和锻炼自己的意志。当然,意志的培养不是一蹴而就的,我们必须从最简单的事情入手,逐步学会不劳苦、持之以恒、勇于攀登,才能成为一个意志坚强的人。在学习活动中,我们要不断地克服困难、战胜困难,在困难中磨炼自己,使自己的意志日益坚强起来。

4. 注意水平

注意是心理活动对一定对象的指向,具有指向性、选择性和集中性。注意是人类学习的前提,没有注意,就没有大学生的学习,注意在大学生学习中具有极其重要的意义。在社会生活中,学生对喜欢的、"刺激"的事情总会兴致勃勃地去做,但对不感兴趣但有意义的事情,往往缺乏热情和恒心,这样,他们的无意注意水平尚可,但需要意志来维持的有意注意的发展就相对滞后,而后者对于学习来说是至关重要的。

5. 抱负水平与焦虑水平

大学生常见的学习焦虑有两类:情境性学习焦虑和神经过敏性学习焦虑。前者是由学习中的一些情境性因素造成的。如:学习困难、学习压力大、学习及考试成绩对自己的影响程度等;后者是由受到伤害的自尊心本身引起的、一般没有明确的外在焦虑源,自感没有能力应付,觉得无助。

过度的学习压力和学习焦虑,影响了学生的精神面貌,破坏了应有的学习情趣,损坏了学生的身心健康。有些学生学习能力并不差,学习也不吃力,成绩也不错,但就是觉得"紧张地透不过气来";也有些学生上了考场就紧张,拿到考卷就"脑子里一片空白",出冷汗,回忆困难等。

6. 性格

一个具有优良性格特征的学生,可以保证其具有正确的学习动机、稳定的学习情绪、持久的学习兴趣和顽强的学习意志,提高心智活动的水平,获得大学生学业成功。由于性格既具有稳定性和可塑性,因此我们应当重视大学生良好性格的塑造,改变那些不良的性格。

【心理故事汇】

你在为谁玩？

一群孩子在一位老人家门前嬉闹，叫声连天。几天过去，老人难以忍受。

于是，他出来给了每个孩子25美分，对他们说：你们让这儿变得很热闹，我觉得自己年轻了不少，这点钱表示谢意。

孩子们很高兴，第二天仍然来了，一如既往地嬉闹。老人再出来，给了每个孩子15美分。他解释说，自己没有收入，只能少给一些。15美分也还可以吧，孩子仍然兴高采烈地走了。

第三天，老人只给了每个孩子5美分。孩子们勃然大怒，一天才5美分，知不知道我们多辛苦！他们向老人发誓，他们再也不会为他玩了！

心理点评：你在为谁玩？人的动机分两种：内部动机和外部动机。如果按照内部动机行动，我们就是自己的主人。如果驱使我们行动的是外部动机，我们就会被外部因素所左右，成为它的奴隶。

在这个故事中，老人的算计很简单，他将孩子们的内部动机"为自己快乐而玩"变成了外部动机"为得到钱而玩"，而他操纵着钱这个外部因素，所以也操纵了孩子们的行为。故事中的老人，像不像是你的考试？而钱，像不像是你的成绩、奖学金等各种各样的外部奖励？

一个人形成外部评价体系，久而久之，就忘记了自己的原初动机，做什么都很在乎外部的评价。上学时，忘记了学习的原初动机——好奇心和学习的快乐；工作后，又忘记了工作的原初动机——成长的快乐，上司的评价和收入的起伏成了工作的最大快乐和痛苦的源头。

切记：外部评价系统经常是一种家族遗传，你完全可以打破它，从限制开始培育自己的内部评价体系，让学习和工作变成"为自己而玩"。

资料来源：作者根据相关资料整理

四、大学生学习与心理健康的关系

大量研究表明：心理健康是有效学习的基础，而各种学习的兴趣和自我提高则是心理健康的一种标志。学习与心理健康，两者是相互联系、相互影响、相辅相成的关系。

学会使用问题卡

1. 学习有利于心理健康，心理健康有利于学习

从生物进化的观点看，学习是有机体适应环境的手段。心理学认为，学习是个体的后天与环境接触，获得经验及行为产生持久变化的过程。而学校的学习是指学生在教育情境中和教师指导下，主要凭借汲取间接经验而产生的比较持久的能力或倾向的变化过程，从而使人类适应社会。学习是现代人赖以生存的必要条件，学习能促进人的全面发展。因此，学习对人的心理发展和心理健康是有益的。

学习能促进大脑活动，发展智力，开发潜能。学习活动的过程就是脑运动的过程，勤动脑、善动脑及开展积极的思维活动，可以增加脑部的血流量，使大脑获得更多的刺激，产生更大的活动，保持脑细胞的相对稳定性，促进人的智力水平的发展。每个人都有与生俱来的潜能，但是这些潜能只有通过学习才能得以表现并进一步得到开发。学习能够发现个人的潜

能;学习能够增进或改变自己的潜能;学习能够使自己的潜能充分展现出来,成为显现能力,或表现在学习成绩上,或表现在业余爱好上。

学习能给人带来满足感,带来愉快的情绪体验。乐于学习的学生常常能从学习中找到乐趣,每当学习和工作中取得一些成绩后,就会发现自己的价值和尊严,就会给人带来愉快的、兴奋的积极情绪体验。而当遇到不如意的事情时,若能埋头于学习,把不如意的情感升华为学习的动力,就能忘掉烦恼,并能从学习中取得的成绩得到安慰。因此,大学生积极主动地学习,有利于促进心理健康。

另外,大学生的学习活动还有助于纠正错误的认知观念,发展正确的认知方式;有助于发展健康的情绪和高级情感;有助于培养健全的人格,改善个性品质,提高自身的社会适应能力;有助于建立和谐的人际关系等。

2. 学习要遵循心理活动的规律

就学习本身来讲,学习是人类实践活动的一个重要方面。通过学习这一实践活动认识世界,就必须遵循人的学习心理活动的规律。大学生的学习是掌握知识、开发智能的复杂的心理活动的过程,也是一项艰苦的脑力劳动。如果不遵循这一心理活动规律,则学习会给心理健康带来负面影响。这种现象在大学生中是屡见不鲜的。

在学习活动中,如果学习的期望值太高,学习的目标不切合自身的实际或负荷过重,将会位大学生心理压力过大而引起身体和心理的不适应;如果学习方法不当,则会事倍功半,使学习的积极性受挫;如果学习的内容不健康,则会严重污染大学生的心理,使一些辨别能力差和抵抗力弱的学生受害;如果劳逸结合不当,忽视必要的休息或娱乐,则会损害心理健康。这些有可能伴随学习活动存在的不利因素会直接或间接地影响大学生的心理健康。另一方面,心理健康状况对大学生学习活动的影响也越来越引起人们的重视。

因此,在大学生的学习活动中,重视学习和心理健康的关系,这不仅是大学生健康成长的需要,也是大学生心理学研究的一个重要课题。

任务二　大学生学习能力的培养及潜能开发

一、大学生的智能结构

(一)大学生智能结构的含义

智能是智力和能力的总称。智力属于认识范畴,包括观察力、记忆力、思维力、想象力和注意力等等,它们是掌握知识的必要条件,又是在学习知识的过程中发展提高的。能力则是建立在智力基础上的实践活动范畴,指一个人运用自己的知识和智力进行实践活动的本领。智能结构是由人的内在智力和外化能力构成的多序列、多层次的动态综合系统。当代大学生是跨世纪的一代,肩负着建设有中国特色的社会主义现代化强国的历史重任。大学生合理的智能结构是将来成就事业、造福人类、报效祖国的前提。为此,大学生应具备合理完善的智能结构。

培养学习能力

(二)大学生应具备的智能结构

1. 宽厚的基础知识,精深的专业知识

宽厚的基础知识是指适用于各种专业需要的基础知识,如哲学、外语、计算机、语文、数学、力学、法律以及与本专业相关相邻的各种基础知识。这是大学生必须具备的基本文化素质,也是进行科学研究的前提条件。精深的专业知识是指掌握具有专业特色的学科知识,没有专业特色，就不可能成为专门人才。当今世界科学技术迅速发展，学科综合与学科分化同时增强，基础性与前沿性、专业性与综合性的兼顾研究是时代的要求。现代人应该是广博通才基础上的专家，即“T”型人才。美国有人曾对 1 311 位科学家进行 5 年的跟踪调查，结果“T”型人才取胜。因此，以博促专，以专取博，专博结合是最佳智能结构的基石。

2. 开拓精神和创新能力

作为高文化层次群体的大学生，不仅应具备宽厚扎实的知识基础，而且要具有开拓精神，有寻找知识、创造知识的能力。只有创新，科学才能形成，社会才有发展，历史才会前进。开拓精神和创新能力是当代大学生智能结构的重要组成部分。

3. 一定的组织管理能力

人的组织管理能力，主要包括综合分析能力、表达能力、指挥协调能力、谋略能力、决断能力、应变能力等。市场经济就意味着竞争，竞争对各行各业的组织管理提出了新的要求。人们提出要“向管理要效益”“向管理要财富”“向管理要质量”“向管理要人才”，这都说明了管理的重要地位和作用。组织管理能力是每个大学生都应当具备的基本的生活、工作能力。现代型人才既要懂专业，又要会经营，能管理。

4. 较强的社交能力

社交能力是指人与人之间运用语言和活动交流思想、表达感情、了解需要、实现沟通的一种能力。美国学者卡耐基通过调查分析发现：人才的成功只有 15% 靠他的专业知识，而 85% 靠处理人际关系的能力。交往能力是人生存的一种手段，是人获取信息、协调人际、完善个性的重要途径。现代社会的发展，人与人之间、国家与国家之间需要广泛的联系和协作，越来越强调发挥“合作智慧”的作用，因而，社交能力的强弱就成为大学生走向成功的重要因素。

5. 熟练的基本技能和专业技能

技能是由练习而获得的近乎自动化的动作。如打字、计算、实验操作等。技能从一般意义上讲，是人领会知识、巩固知识和运用知识解决问题的必备条件，是大学生参与竞争的基本功。当然，不同专业的大学生的智能结构存在差异。因而，大学生应该发挥自己的智力优势，建立合乎社会需要、科技发展和个性特点的最佳智能结构，成为基础深厚、知识广博、懂专业、会管理、能社交的复合型人才。

【心理百科】

5R 笔记法

5R 笔记法，又称康奈尔笔记法，是用产生这种笔记法的大学校名命名的。这一方法几乎适用于一切讲授或阅读课，特别是对于听课笔记，5R 笔记法应是最佳首选。这种方法是记与学，思考与运用相结合的有效方法。

学界泰斗的自省

具体包括以下几个步骤：

(1) 记录(record)。在听讲或阅读过程中，在主栏(将笔记本的一页分为左大右小两部分，左侧为主栏，右侧为副栏)内尽量多记有意义的论据、概念等讲课内容。

(2) 简化(reduce)。下课以后，尽可能及早将这些论据、概念简明扼要地概括(简化)在回忆栏，即副栏。

(3) 背诵(recite)。把主栏遮住，只用回忆栏中的摘记提示，尽量完满地叙述课堂上讲过的内容。

(4)思考(reflect)。将自己的听课随感、意见、经验体会之类的内容，与讲课内容区分开，写在卡片或笔记本的某一单独部分，加上标题和索引，编制成提纲、摘要，分成类目。并随时归档。

(5)复习(review)每周花十分钟左右时间，快速复习笔记，主要是先看回忆栏，适当看主栏。

这种做笔记的方法刚开始应用时，可以将一科作为先例进行训练。在这一科不断熟练的基础上，然后再用于其他科目。

二、大学生智力潜能的开发

智力是认识事物的综合能力。包括观察力、注意力、记忆力、想象力和思维力。抽象思维能力是智力的核心成分。智力有潜在智力和外显智力之分。当人的智力表现在认识事物和解决问题的活动上时，显露出来的部分称外显智力。人已具备的在一定的条件下可能被开发利用，但尚未在活动中发挥出来的智力，称为潜在智力或智力潜能。智力由潜在到外显的转化过程，称为智力发展，但通常把外显智力称为智力培养，而把潜在智力的挖掘称为智力开发。大学生要实现智力潜能的开发，应该注意以下两个方面：

(一)大学生应注意合理智力结构的建立

所谓智力结构指的是智力主要是由什么因素构成的。我国著名的心理学家王极盛教授提出了智力结构的5大要素观点，他认为智力结构主要由观察能力、记忆能力、思维能力、想象能力和实践能力(操作能力)等基本能力构成。大学生的智力发展正处在黄金时期，但还有许多潜在因素没有发掘出来，智力开发的潜能很大。

1. 大学生能力结构中的各要素必须充分得到发展，它们是智力发展的基础

智力结构实际包括两大部分，即认识能力部分与实践能力部分。传统的学校教育是重视认识能力部分而忽视实践能力部分的教育，培养出来的学生往往“眼高手低”。大学生应克服传统教育的不足，重视实践能力的培养，使智力结构中的各要素充分得到发展。

2. 大学生智力结构中各要素之间必须协调发展

智力是5种基本认识能力组成的一个动态系统，这个系统的性质与功能既不是某一认识能力的性质与功能，也不是“一捆认识能力”在性质与功能上的简单叠加，而是取决于智力这个系统中各个要素以及由它们组成的整体结构。在这个整体结构中，各要素之间互相制约，互相依存，任何一个要素出现了功能故障必然会影响其他要素功能的发挥。因而大学生必须协调发展智力结构中的5大要素，避免“智能结构畸形”现象，从而发挥智力整体优势，挖掘智力的最大潜力。

3. 大学生必须重视5种要素的个性化的发展

全面发展不等于5种要素都发展到同一水平，每个大学生的智力结构都有自己的特点，当5种要素都发展到一定水平时，其中某种能力可能会获得突出的发展。

【心理百科】

学习动机

当代大学生生活在由计划经济向市场经济转型的年代，受到来自社会、家庭和自身等方方面面的影响较多，在学习中经常出现这样或那样的心理问题，致使学生的学习质量下降，学习效率降低，学习任务不能圆满完成。因此，心理辅导在学习方面的作用就显得异常重要。

(一)什么是学习动机

学习动机是推动学生进行学习活动的内在原因，是激励、指引学生学习的强大动力，它

并不是某种单一的结构。学生的学习活动是由各种不同的动力因素组成的整个系统所引起的,其心理因素包括:学习的需要,对学习的必要性的认识及信念,学习兴趣、爱好或习惯等。从事学习活动,要有学习的需要外,还要有满足这种需要的学习目标。由于学习目标指引着学习的方向,可把它称为学习的诱因。学习目标同学生的需要一起,成为学习动机的重要构成因素。当个体活动指向既定目标时,个体相应的学习动机便得到强化,因而学习活动就会持续下去;相反,当活动背离既定目标时,个体相应的学习动机便得到强化,个体继续活动的积极性就会降低,甚至导致活动的完全停止。

(二)学习动机调适

学习是一个主动探索的过程,因此,要提高学习效率,首先需要做的事情,就是激发学习的自觉性和学习热情。如果一个人缺乏基本的学习热情,那么学习方法再好,也无济于事。

学习的自觉性与学习热情并不是与生俱来的,而是逐渐培养的。具体来说,可以通过以下途径来培养。

1. 明确学习的责任

明确学习的责任是培养和激发大学生学习动机的首要条件。当认识到今天的学习是为了明天的幸福生活,为了生存的需要,为了个人和社会的发展,学习会有责任心和紧迫感——学习是为了自己,是对自己未来负责的行动。只有不断学习的人才有可能在未来的竞争中取胜,才能实现个人的发展和成功。

美国流传着一个笑话,老师问:债权人与债务人有什么区别? 学生回答:债权人记性好,债务人记性差。这虽然是个笑话,但也说明了一个道理,即记忆力与人的责任心关系极大,如果一个人认为某件事关系重大,责任重大,他就会时时惦记着这件事,不会忘记。记忆是这样,对知识的理解、运用也是这样。所以,作为学生一定要首先培养自己强烈的责任感和使命感,一定要真正把学习当作自己人生建造的基础。

2. 培养学习兴趣

通过培养对学科的兴趣,可以激发和增强学习动机。一般在开始的时候,学生往往对所学内容兴趣不大,这时候要靠责任心来控制自己,并需要借用外力如奖惩来激励和约束自己。等到理解了学习的内容,学进去后,就会激发出浓厚的兴趣,同时一种成就感和自豪感也会在心中油然而生,学习就会变成自觉的行为。

值得注意的是,兴趣的敌人是简单重复。在心理学上有一条基本定理,即心理效应递减规律,一个人重复感受同一外界刺激,一开始心理反应比较强烈,以后便逐渐减弱。因此,在学习中一定要注意避免简单重复以往学过的内容。正确的做法是创造新的重复,即同样的一部分内容,每看一遍要有新的收获、新的体验,这样就会保持长期浓厚的兴趣,并且兴趣会越来越大。

另外,过分强制也会扼杀学习者的学习兴趣。因此,制造较为宽松的学习环境,尊重并信任学习者,有助于维护学习者的学习自觉性和学习兴趣。

3. 不断加强自我调控能力

高职学生需要不断加强自我调控能力。掌握较多有效的应对负面情绪的方式,可以保持很好的心情和学习动机,能有效制定与完成学习计划,也可以减少外在环境对自己的影响。但好的环境对人有较大的熏陶作用和约束作用。当置身于浓郁的学习氛围之中时,会受到感染,不知不觉对学习产生兴趣,增强积极的学习动机。

4. 正确的归因

你通常将自己学不好的原因归咎与你的能力、老师教的好坏等不可控制的因素,还是归咎于自己的努力不够、没有好的学习方法等可以改善的因素？将失败归咎于不可控制的因素就会失去信心，失去学习的动力，从而降低学习效率；而如果改变你的想法，相信成败是与个人的努力、学习策略有关的，将有助与提升学习的信心，改善学习方法，增强学习动机，提高学习效率。

5. 探索合适的学习方法

高职大学生的学习进度快、疑难多，学习自立性和探索性强，因此，根据学习特点，要掌握一定的学习技能和学习方法，才能提高学习效率、克服学习困难，保持适度的学习动机。

(二) 大学生应注意非智力因素的培养

心理学家把与智力活动有直接关系的因素如观察力、注意力、记忆力、想象力和思维力等心理特征称为智力因素；把其他的与智力活动有关系的因素如需要、动机、兴趣、情绪、情感、意志、信念等心理特征称为非智力因素。智力因素和非智力因素在智力活动中互相联系、互相制约、相辅相成。在学习和实践中，智力因素和非智力因素之间存在明显的互补现象，非智力因素在一些场合甚至起着决定性的作用。我国学者研究了中外100名科学家、艺术家的传记，发现他们在非智力因素方面具有6个显著特点：勤奋好学和不知疲倦地工作；为实现理想勇于克服各种困难；虚心学习和实践；坚信自己的事业一定能成功；争强好胜，有进取心；对工作有高度的责任感。

非智力因素在大学生智力发展中的作用很大，如果智力因素一般，但非智力因素较好，往往非智力因素能弥补智力因素的某些不足。相反，如果智力因素好而非智力因素较差，则往往会影响智力活动效果，因此，大学生应充分重视自己非智力因素的培养。

三、大学生自学能力的培养

自学是一种以独立学习为主获取知识的活动，要实施这一活动并高效率、高质量地达到活动的目的，必须具备相应的能力——自学能力。自学能力是一个人多种智力因素结合和多种心理机制参与的一种综合能力。培养自学能力除了首先要学会正确选择学习目标之外，还需要学会制订学习计划，学会充分利用和创造自学的环境与条件，学会自学的各种必要手段，掌握自学的方法和技巧。

(一) 学会怎样读书

读书是人类获取知识的一种重要手段，也是自学的主要途径。读书本身又是一种学问。

1. 读书的基本要求

(1) 要有目的地读书。有了目的也就有了方向，沿着方向去努力，才能达到预想的效果。不能今天碰到一本书就看，明天碰到另一本书又去读，毫无目的，这样对于学习不仅无帮助，反而还会影响学习。

(2) 要有选择地读书。学海无涯，人生有限。世界上的书浩似烟海，一个人终生苦读，所读的书也只能是沧海一粟，所以“我们必须学会这样一种本领，选择最有价值、最适合自己需要的读物”（别林斯基语）。选择书籍一靠教师指点，二靠自己筛选。自己筛选应注意选：①名人名家的经典之作；②反映时代特点的最新之作；③内容符合学习目标并适合于自己的优秀著作；④内容覆盖面广，信息密度高，具有独特见解的书籍等等。

(3) 处理好精读与泛读的关系。读书时，有些书要精读，而有些书仅泛读就行了。精读是基本的，真正读懂、弄通几本基本的教材和参考书，对于以后的学习会起到十分重要的作用。精读一般第一步是从头到尾浏览一遍，对全书有一个概括的了解；第二步是逐章逐节反复阅读，边读边想，边记下问题；第三步是抓住重点，深入钻研，逐段逐句推敲；最后一步是进行复习总结和巩固，做读书笔记。泛读的书只要浏览一遍，略知其大意即可，以后需要时再去查阅。有些书阐述中心问题的部分要精读,其他部分则只要泛读就行了。

(4)学会做读书笔记。读书时勤于动笔,养成经常记笔记的习惯,既有利于加深理解书中的内容,更有助于训练、提高思维能力和文字表达能力。

2. 读书方法

读书方法很多,下面介绍一种目前流行的"SQ3R"阅读方法,即五步阅读法(或五步学习法)。所谓"SQ3R"学习法,即在读书时要依次经过浏览(survey)、提问(question)、阅读(read)、复述(recite)和复习(review)五个阶段。

浏览阶段:要求自学者着重阅读书的序言(或绪论)、目录、提要、书中的大小标题、图表、重要注释及附录的参考文献等。迅速浏览全书,了解书的概貌,对全书有一个直觉的、大体的印象,以便确定阅读的计划。

提问阶段:着重针对阅读的重点、难点内容提出问题,有的可以自己对所提出的问题作尝试性解答。

阅读阶段:带着第二步提出的问题深入阅读,尤其对书中专门性术语、关键性文字和重点段落要特别注意,深刻领会。边读边做读书笔记、笔记卡片。若是属于个人的书,可在书中圈点、画线或写提示性批语。

复述阶段:阅读完毕后要进行回忆性复述。方法是合上书本,对书中的问题(主要是前面针对重点、难点提出的问题)给予解答,回忆各章节的主要内容。若发现尚不能解答的问题,则进行重点突破。

复习阶段:在复述的基础上,根据回忆中所发现的薄弱环节和理解、熟练的程度,再对不同的内容进行复习。有的可隔若干天,安排一次或几次重点复习,也可以是系统复习,以利于理解和记忆,巩固阅读成果。

(二)学会积累、整理、分析资料

1. 积累资料

积累资料是进行科学研究与创新的必不可少的准备和基础。邓拓同志说:"古今中外有学问的人,有成就的人,总是十分注意积累的……真正所谓成就,也就是在前人的知识和经验的基础上有所发展,没有积累就什么也谈不上。"

我国著名历史学家吴晗同志也说过:"资料工作和研究工作实际上是一回事,从来没有一个做研究工作有成绩的人是不搞资料工作的。"邓拓、吴晗同志的这些话,高度概括了积累资料的重要。这是因为不管是继承前人的知识,还是探索未来的领域;无论是解决实际问题,还是从事理论探讨,都不能依靠凭空想象,必须占有大量资料,在此基础上,经过精心提炼和加工,才有可能获得成功。而这占有大量资料的过程,也正是积累的过程。有的人在研究中经常能提出一些好课题来,更有的人能挥笔成章,这一切并非天生所致,更非朝夕之功,其奥秘就在于坚持。日久天长,则获益匪浅。善于积累是一条重要的成才之道。

纵观古今中外发展史,大凡在事业上有所建树者,无一不是重视资料积累的。马克思为写《资本论》花了40年的时间,阅读和摘抄了1 500多种书籍,写下了至少有100多本读书笔记。列宁为写《帝国主义是资本主义的最高阶段》一书,曾经对资本主义发展的事实资料进行了多年研究,仅在《关于帝国主义的笔记》中就亲手摘录了不同作者用不同文字所写的148种图书和232篇论文。

2. 资料的整理和分析

积累资料的目的是为了利用和创新。因此,当资料积累到一定数量时,就需要进行整理、分析。这样做一是能增大知识存量——记得多;二是可延长时间——记得牢;三是取用方便——容易找。否则,搜集的资料再多,也毫无使用价值。英国哲学家培根说:我们不应该像蚂蚁,仅仅收集,也不可像蜘蛛,只从肚中抽丝,而应该像蜜蜂,既采蜜,也加工,这样才能酿出最甜的蜂蜜来。对资料只搜集,不整理,搜集也就失去了意义,搜集者最多只能成个收藏家。只有既搜集,又整理,使"死"资料变"活",才能达到"为我所用"的目的。

(三)学会利用图书馆

图书馆是收藏图书资料,供人们阅览、学习的地方。图书资料记载着从古至今人类历史的发展和演变,记载着人类征服自然、改造自然的手段、进程和成果,是人类宝贵的精神财富。人们借助于图书资料,可总结、继承前人在实践斗争中积累的丰富知识和经验,引导自己继续探索新的世界。因此,图书馆常常被誉为"知识的宝库"、"智慧的海洋"等,高等学校的图书馆是大学生自学成才的摇篮。当今信息技术飞速发展,图书馆保存和提供知识信息的方法与手段也日益现代化,除纸质书刊以外,还有大量的音像资料、缩微资料、电子书刊等等,当代大学生更应加倍重视,努力掌握,充分利用。图书馆在一个人的一生中占有极其重要的地位。

大学生在大学期间能充分利用图书馆掌握知识,那么将来他走向工作岗位时,也一定能得心应手。反之,如果不了解图书情报的基本知识,不能高速度地、准确地获得科学情报,将来走向工作岗位后,就可能会走弯路,造成大量的重复劳动。

那么大学生怎样利用图书馆的条件自学呢?根据以往的经验可以从以下两个方面人手:一是掌握查阅书刊资料的具体方法和工具;二是学会使用各种工具书。这方面可阅读有关书籍或向图书馆工作人员请教。

(四)学会利用学习工具

1. 学会利用工具书

工具书是广泛汇集某方面的有关资料,提供信息及信息线索的一类图书。它的功用是解释疑难,指明阅读范围,提供参考资料。工具书种类很多,现将主要中文工具书简要介绍如下:

(1)字典、词典。字典、词典都是注释字、词,按一定次序加以编排,并一一加以解释的工具书。字典、词典种类很多。除普通字典、词典外,还有许多专门性的字典、词典,如成语词典、现代科学技术词典以及各学科的专业词典等。

(2)年鉴、手册。年鉴是系统汇集一年内重要时事和统计资料的工具书,按年度编辑出版。分综合的,如《世界知识年鉴》;专业性的,如《中国林业年鉴》;地区性的,如《山东年鉴》。年鉴多取材于政府公报、文件和报刊记载的报道资料,带有总结的性质。手册是汇集经常需要查考的文献资料的工具书。有综合性的,也有专科性的。它的内容通常包括某一专业的基础知识,以及一些基本公式、数据、标准、规章和条例。

(3)百科全书。百科全书是内容广博、涉及人类一切知识领域的大型图书,它资料精确,释文严谨,文字简明,具有权威性,代表一个国家各个学科的学术水平,如中国大百科全书。

(4)书目、索引。书目是图书目录的简称。索引又名"引得""通检"。它们都是对一种或一批相关的图书文献资料的揭示与记录。

2. 学会利用现代化学习工具

随着科学技术的发展和社会的进步,现代化的学习工具被越来越多地使用。从早期的幻灯(幻灯机和投影仪)、电声(收音机、扩音机、录音机、无线话筒)和电视,到现在的计算机、电子显微镜、语音实验室等学习工具已被广泛使用。特别是随着信息时代的到来,计算机的用途越来越广泛,作用也越来越大,已经成为信息搜集、加工、存储、处理、传递、使用的有力工具,应用于社会生活的各个领域,计算机网络业已成为最现代化的学习工具,如 Intern 网是当前世界上最成功,也是最大的计算机网络。计算机网络为人类提供了非常灵活的学习和工作环境。网络之间的通讯特点一是及时,二是广泛,而且常常是双向的,这样,当计算机 A 发送一个信号给计算机 B 时,B 机即可给 A 机一个答复。

网上学校已经在我国开始出现,并向双向交互方式发展。通过这种互相的通信,人们把家里的终端连接到办公室的计算机上,就可以在家里了解到所需要的情况。通过网络,世界各地的用户可以互相交流所研究的科研成果,探讨各种相关的问题,互相帮助,结识更多的朋友。网络已经成为当今社会获取信息和知识的主要途径,有人形容当代和未来青少年是"网上的一代"。所以说,大学生在自学时,学会使用网络能使其收到事半功倍的效果。

【心理故事汇】

好习惯受益终生

1978 年,75 位诺贝尔奖获得者在巴黎聚会。有人问其中一位:"你在哪所大学、哪所实验室里学到了你认为最重要的东西呢?"出人意料,这位白发苍苍的学者回答说:"是在幼儿园。"又问:"在幼儿园里学到了什么呢?"学者答:"把自己的东西分一半给小伙伴们;不是自己的东西不要拿;东西要放整齐,饭前要洗手,午饭后要休息;做了错事要表示歉意;学习要多思考,要仔细观察大自然。从根本上说,我学到的全部东西就是这些。"这位学者的回答,代表了与会科学家的普遍看法。把科学家们的普遍看法概括起来,就是他们认为终生所学到的最主要的东西,是幼儿园老师给他们培养的良好习惯。

英国唯物主义哲学家、现代实验科学的始祖、科学归纳法的奠基人培根,一生成就斐然。他在谈到习惯时深有感触地说:"习惯真是一种顽强而巨大的力量,它可以主宰人的一生,因此,人从幼年起就应该通过教育培养一种良好的习惯。"联系现实生活中的人和事,再仔细分析一下,就会越发感到那些科学家的话、培根的话确实包含着深刻的道理,尤其是在学习问题上,几乎对于每一个人都适用。如果你渴望获得较好的学习成绩,如果你渴望有效地利用时间,如果你渴望在学术上有所建树,那么就请你尽早养成良好的学习习惯。

资料来源:作者根据相关资料整理

任务三　大学生常见的学习困惑与调适

大学生的学习是繁重而紧张的,它需要生理上、心理上的支持与配合才能顺利完成。在现实的学习活动中,确实有一部分大学生存在时间或短或长、程度或轻或重的学习困难,致使学习效率低,学习效果差,学习任务不能顺利完成。常见的学习心理困扰有:学习动机障碍、学习疲劳、厌学现象和过度考试焦虑等。

学习压力管理,做你自己的心理咨询师

一、学习动机障碍及调适

学习动机的有无和强度对学习的影响至关重要。激发学生的学习动机是学校教育的一项重要任务。作为一名教师,要采取各种方法与手段,培养和激发学生的学习动机,调动学生学习的积极性,不断提高学生的学习能力。动机是激励人们采取行动的心理动因。人的各种活动都源于一定的动机。有关学习理论的研究结果表明,对学习效果起决定作用的是学习者本人。学习活动归根到底是学习者本人的事情,而学习者之间出现的差异除了智力、个性等自然禀赋外,还主要取决于学习者的学习动机是否明确持久。大学生的学习比中学生更复杂、更高级,同时也更依靠自觉和独立的能力。

(一)动机概述

动机是一切活动的原动力,是其源泉,学生的学习动机活动也不例外,所谓学习动机是引起学生学习行为,维持学习行为并使学习行为趋向一定目标的内部动因,学习动机的实质是学习需要,这种需要是家庭、学校、社会的影响在学生头脑中的反映。古今中外很多著名的教育家都非常重视调动学生在学习过程中的主动性。法国启蒙教育家卢梭进过:“形成一种独立的学习方法,要比获取知识更重要。”这说明只有学习者以自己独有的方式,主动、高效地投入到学习中去,才能从根本上提高学习质量。学习的动机对大学教育的影响也是十分的明显的。

大学的学习活动有较强的专业性,独立性和自觉性。这就更需要我们必须具有浓厚的学习兴趣作为推动学习的内部动力,促使我们的学习活动保持一定的强度和力度,当前,在大规模扩招下步入大学的大学生,有相当一部分大学生在不同程度上存在着学习动机缺乏的问题,当然造成这个问题的原因是多方面的。学习动机是影响学习效率的重要变量,大学生学习动机的缺乏直接影响高等教育的质量,高校必须多方齐下。正确的学习动机培养与激发成为高校教育的重要目标之一。

(二)大学生学习动机的现状及存在问题

空虚是进入大学后很多学生的感受。从中学如上弦箭般的紧张生活到无拘束,学生很容易变得像大海上面的没有舵手的小船,不知道何去何从。所以确定自己的目标,对于刚进入大学的同学来说是十分有必要的。学习动力不足的问题不同程度地出现在相当一部分大学生身上。上大学前后的动机落差,自我控制能力差,缺乏远大理想,没有树立正确的人生观,都是导致大学生学习动机不足的重要原因。

随着校园生活的多样化,大学生学习动机的内容呈现出多样化的趋势。它主要包括以下几个方面的内容:

(1)跳出农村,在城市工作。因为有很多农村家庭的子女,尽管家庭并不富裕,但父母仍希望孩子读书,出人头地,这样的孩子往往都很懂事,也很努力学习。他们的目标是争取在城市找个比较合适的工作,走出农村,不辜负父母对自己的期望。

(2)做一个大学生有较高的声誉,能被人尊重,这便成了他们的学习动机。

(3)能够获得一个好的工作,追求较好的物质生活待遇。当今社会科学技术高速发展,对人才的需要越来越严格。特别是一些领域对工作人员的素质有很高的要求,往往这些领域的薪水是比较高的,因此在大学里面学习,提高自己的知识水平,对找到一份好的工作是十分重要的。因此这也成了实现他们梦想的动力,也正是他们学习的动力。

(4)做一个学识渊博的人,以便更好地推动社会的进步。这样的学习动机我们是应该有的,因为国家培养了我们,我们也应该学习更多的知识来回报社会,促进社会的进步。我们要在思想上提高认识,懂得自身素质的提高在建设社会主义国家和夺取建设社会主义小康社会的新胜利的道路上的重要性。把我们的这种想法作为我们学习的动机,并且坚持下去。

(5)报答父母的养育之恩,实现亲人的美好愿望。在我们人生的道路上父母的付出是最多的,我们有义务报答父母的养育之恩。父母对我们的期望也是很高的,我们不能辜负父母的期望。父母含辛茹苦把我们养大,对它们最好的报答就是好好学习,这样的学习动机会让更多的人有所建树。

(6)学业和就业压力。适当的压力也是动力,但是太超前的想这些压力会觉得很累,太多压力有适得其反的作用。竞争是非常的激烈,我们要把这种压力变为动力,让它来促进我们的学习。

上面所说的这些学习动机是促进学生努力学习的重要因素,然而事实上大学生的学习动机有许多的不纯之处,这些不单纯的动机将错误地引导大学生的行为,主要有以下几点:

首先,学习动机过于狭隘。有些学生只想到自己,而忘了曾经关爱过自己的人,没有报恩的意愿,为了自己,什么事都会做,这种不懂得反哺的人,将来对社会也是有百害而无一利的,这样的大学生整天为自己的未来而努力固然好,但有时他们为了自己,而不惜采用不正当的方法而毁了别人的一生,这在大学里是普遍存在的。

其次,学习动机过于低俗。有的学子奉行爱情至上的观点,为了爱情,无视其他的一切,为了它的长存,就会努力学习。在有了一定的物质基础之上,这对学生的未来固然很好,但这样的学生的眼中会无视周围的一切,养育自己的父母,关爱自己的兄弟姐妹,亲朋好友都很有可能会被忽略,这样的人对社会会有很大的好处吗?大学生不应把自己拘泥于一个小的范围,否则,对社会的发展不会有益处。

最后,学习动机过于功利化。从踏入大学的那天起,一些学子就会以金钱为学习目的,为了金钱利益,什么事都做得出来,一学期为了得到什么奖项而努力,有时它是进取的表现,但在一些大学,为了奖项,在努力学习中得不到的话就采用不正常的方法,这样做对有些人是不公平的。在大学就学会了暗箱操作,那到社会上岂不是要让许多务实的人吃亏,对社会来说,这样的人会阻碍社会的发展。

人的动机分两种:内部动机和外部动机。如果按照内部动机去行动,我们就是自己的主人。如果驱使我们的是外部动机,我们就会被外部因素所左右,成为它的奴隶。

如果将外部评价当作参考坐标,我们的情绪就很容易出现波动。因为,外部因素我们控制不了,它很容易偏离我们的内部期望,让我们不满,让我们牢骚满腹。不满和牢骚等负性情绪让我们痛苦,为了减少痛苦,我们就只好降低内部期望,最常见的方法就是降低学习的努力程度。

一个人之所以会形成外部评价体系,最主要的原因是父母喜欢控制他。父母太喜欢使用口头奖惩、物质奖惩等控制孩子,而不去理会孩子自己的动机。久而久之,我们就忘记了自己的原初动机,做什么都很在乎外部的评价。上学时,忘记了学习的原初动机——好奇心和学习的快乐;工作后,又忘记了工作的原初动机——成长的快乐,上司的评价和收入的起伏成了他工作的最大快乐和痛苦的源头。

(三)对策建议

针对当前大学生学习动机的现状及其存在的问题,以下从学生方面给出一些建议和对策。

从学生来看,大学生的学习动机是推动他们学习的内部动力,它驱使大学生的学习活动朝着一定的目标前进,大学生应从以下几个方面来培养和激发自己正确的学习动机:

1. 要树立正确的价值取向

许多学子们的学习动机都是根据自己的想法来取得的。大学生并没有完全踏入社会,社会经验远远不足,许多事情都是以个人意志来做的,而人生观、价值观对大学生们影响几乎是决定性。正确的价值取向会给他们以正确指导,从而导致正确的做法。同样,错误的价值取向会给他们错误的指导,从而导致错误的做法。有些大学生做事,或许很个性,但却不一定是正确的,所以树立正确的人生观、价值观是十分必要和重要的。

2. 拥有自信心，树立正确的自我概念

自我概念是一个复杂的动态的学习者个体拥有的关于他自身存在的而且与他的性格特点相一致的主观评价和意识的全部。自我概念的最主要含义是自我形象。自我形象指每个人对自己的学习能力及其在别人心目中的地位的主观评价和意识。自我概念与师生关系，同学间关系以及他自己的性格特点都有密切关系。如果一个学习者从老师、同伴那儿得到良好反馈，他会更加自信，他会有更加强烈的动机去取得更大的成绩。Williams & Burden 认为学生的学习动机特别受到学生自我评估的影响。学习者的自我概念会对他的课堂表现产生很大影响。学生个体应努力消除对自己的自我形象持消极否定态度的错误观点，全面地了解自己，乐观地寻找机会参加各种学习活动。

3. 确立学习的短期目标和长期目标

学习目的有远期与近期之分，远大的学习目的是建立在社会需要基础之上的，例如："为实现中华民族的伟大复兴而学习。"近期学习目的是与学习的具体活动或具体教学要求相联系的，如准确理解某个词义的含义就是课堂教学要求的反映。大学生在学习过程中，既要有长远的明确目标，又要有短期具体的学习目的，后者是有效完成学习任务，从而成功地达到远大学习目标的关键。

4. 注重培养自己的学习兴趣

学习兴趣不仅具有促进人的学习作用，而且在学习过程中还会使人伴有愉快的情绪体验，有利于促进人产生进一步学习的需要。兴趣是最好的老师，有了兴趣，可以说就有了很好的动机，培养学生的兴趣可以从这几个方面来入手：

（1）学生可以通过找课本中有用的、切合实际的、易与现实联系到一起的东西去读，使自己对这些东西感兴趣，才会想去学习。

（2）组织一些第二课堂活动。第二课堂活动可以使学生面对实际问题，运用所学的知识解决实际问题，并从中体验成功的喜悦和学习的快乐，这是提高兴趣的重要途径。

5. 正确面对挫折和失败

在人的成长道路上，失败与挫折就像预先为人设下的激流险滩，只有通过它，才能到达成功的彼岸，当遇到挫折或失败时，要挺住，不气馁，敢于承认和正视挫折的存在，要有与挫折抗争的精神，学会在失败中奋起，在挫折中成长。

总之在众多影响学习成效的因素中，学习者的学习动机至关重要。因此，对学习动机的研究应成为教育的一项重要任务，以保证学习者自主学习能力和可持续发展能力的培养。影响学习动机的因素是复杂的，可以说学习动机的激发与保持是项系统过程，需要广大教师、教学管理者和学习者的通力合作。

二、学习焦虑及调适

学习焦虑是指大学生由于不能达到预期的目标或不能克服障碍的威胁，致使自尊心、自信心受挫，或失败感、内疚感增加而形成的一种紧张不安、带有恐惧的情绪状态。心理学研究表明，学生在学习过程中，保持适当的焦虑是必要的，有一定的紧迫感，可以增强学习的效果。但过度的学习焦虑会对学习产生非常不利的影响。

（一）学习焦虑的表现

学习压力大、精神长期高度紧张、思维迟钝、记忆力减退、注意力不集中、情绪不安、精神恍惚、学习效率下降。有的学习焦虑者尤其怕考试，在考试前后精神紧张恐惧，心烦意乱、无精打采、肠胃不适，有的还考试怯场，在考试时情绪过分激动、恐慌、心跳加快、呼吸急促、出汗、头昏、烦躁、记忆受阻、尿急、思维迟钝等。严重者全身发抖，两眼发黑，甚至晕倒。有些学生在家长、亲友、老师等多方面因素影响下，为自己确定了过高的学习目标或抱负，虽竭尽努力但仍然与目标甚远，造成心理压力很大，出现严重学习焦虑。

（二）大学生学习焦虑的成因与对策

1. 表层原因与对策

大学生的学习焦虑往往由这些原因引起，这些原因既是大学生学习焦虑心理产生的原因，同时也是大学生学习焦虑的具体表现。主要体现在以下五个方面：

（1）学习适应不良引发学习焦虑。

大学的学习生活与中学的学习的差异很大，许多学生因为适应不良产生焦虑情绪。

首先，从学习环境看，中学有固定学习场所，而大学的学习场所几乎都是流动的。

其次，从教学方面看，中学和大学在教学内容、教法、师生关系方面均不同。中学教师所传授的内容基本上均来自于中学课本，一般采用“满堂灌”式的授课方式，而且课后辅以大量的习题来巩固课堂所学知识，师生接触频繁，关系亲密；大学教师所讲授的内容很多都是自成体系，在课堂上往往会阐述自己的观点，课本有时仅仅起参考书的作用，教法灵活，不拘一格，而且多采用讨论、论文的形式来探讨问题，允许学生发表己见，无标准答案的限制，师生见面通常是在上课之时，平时鲜有往来，师生关系较为淡漠是个不争的事实。

再次，从学习目的来看，中学生学习的唯一目的就是考大学，考一个好大学，目的非常明确，师生齐努力，向着唯一的目标前进。进入大学以后，很多学生没有确定起新的目标，学习生活一下子迷失了方向，加上学不得法，于是彷徨、苦闷、厌学、逃避、焦虑心理由此产生。

最后，从管理方式上看，中学的管理模式是“抱着走，喂着吃”，管得宽、细、严，学生很被动，只要服从管理即可。因此中学生在学校、教师、家长这样严格精细，面面俱到的管理模式下，一般都非常重视学习，都能按照要求努力地学习，而大学生活相对来说较为自由和宽松，学什么、怎么学几乎都由学生自己决定和把握，需要学生充分发挥自身的主动性和积极性。

另外，大学生活丰富多彩，在宽松的氛围和诱惑颇多的现实中，许多大学生便放弃了需要艰苦付出才能有所收获的学业，沉迷于诸多如恋爱、上网、玩乐等活动中不能自拔，但清醒、冷静之后又为腹内空空而倍感焦虑。

针对上述原因，拟从以下几方面入手解决这些问题：对于一般的学习适应问题，各高校应重视对学生的入学教育，学生自身也应重视从教师、同伴、学长处学会取经，了解大学学习的一般情况，本专业设置等，以便尽快适应大学的学习生活，确立学习目标。这种适应一般在开学三周后就能顺利完成。当然，适应存在着个体差异，快慢因人而异，同时也受客观因素的影响如专业、师资、学校等。但一般说来，这类问题在大学新生中较为普遍，解决起来相对容易。

（2）学习疲劳引发学习焦虑。

学习疲劳会引起学习焦虑，而引起学习疲劳的原因有二。

首先，身体的疲劳。具体表现为学生总是觉得困乏、疲倦，总有一种想休息的感觉。造成这种疲劳的原因大都与大学生不良的生活习惯和学习习惯有关。如有些宿舍熄灯之后有宿舍“卧谈”的习惯，往往一人挑头，众人附和，一谈便至半夜或凌晨，缺乏睡眠，导致困乏。解决的唯一办法是严格遵守学校的作息制度，做到起居定时，松弛有度，养成良好的生活习惯；还有一种疲劳与学生在学习上遇到的具体困难有关。譬如有些学生不会听课，在课堂上总想将教师说的每一句话都记下来，大量的书写造成手指、胳膊酸痛，异常疲倦，头脑也困顿不堪；还有些学生不会合理安排学习时间、学习进程，经常用大量的时间学习同一门课程，结果整天都在学习，学习效率却异常低下，自身也觉得疲惫不堪，焦虑倍增。解决这种疲劳最好的办法是学会科学、合理的学习方法，养成良好的学习习惯。

其次，心理的疲劳。这种疲劳表现为没学习先觉着累，不愿意学习，不想学习，提起学习就觉得烦、急，情感上对学习产生严重的抵触情绪。究其原因主要在于对学习本质的认识不清，仍旧认为学习就是为了考得高分，而大学的高分对学生的吸引力远不如中学时期大，学习动力不足，导致厌倦学习，解决的唯一办法是使其明确学习的内涵及其对人生的重要意义。

(3)学习与其他活动的矛盾引发学习焦虑。

大学生大多已年满18周岁，身心发展水平日趋成熟，除了学习活动之外，他们的其他需求也与日俱增，其中很多学生都有强烈的情感需求，恋爱也是大学生活的主旋律之一。另外，社会高速发展的脚步和对高素质人才的需求同样也波及到了象牙塔中的莘莘学子。为了尽快地适应社会，许多大学生纷纷兼职、打工以便锻炼自己，为日后更快更好地融入社会提前做准备。学习、恋爱、打工、兼职、考试等诸多事情齐集于当今大学生身上。他们哪一样都想做好，但无奈时间有限、精力有限，因此许多人经常疲于应付，顾此失彼，为处理不好学习与其他活动的矛盾关系而焦虑万分。解决这一问题的重要策略是分清轻重缓急，做到主次分明，抓住问题和矛盾的主要方面。另外还须认识到学习和其他活动之间往往并不总是原则性的动机冲突，它们有时其实是一致的，以学习带动其余活动，反过来，其余活动也可以检验和促进学习活动发展、深化。只要找准学习和其他活动的契合点、联结处即可。

(4)学习与就业、前途不一致引发学习焦虑。

尤其是所学专业知识就是为了日后步入职业场所准备条件、提供人力资本。学习倘能直接达成这一目的，则学习活动便顺利、刻苦地进行。而一旦所学专业是自己所不愿的，想到所学知识不能为未来的职业、前途提供直接的充分的保证，焦虑之感便油然而生。解决这一对矛盾的最佳策略是转变观念，重新进行人生定位。人生其实是个大舞台、大职场，每个人都在其中扮演不同的角色，角色随着职业的改变而变化。但有一些角色是固定的、永恒的。譬如学生的角色就是：现在的学生、未来的职业角色（如教师、医生等）、社会的一员。一般学生最易忽略的便是最后一个角色——社会的一员，如果能时刻提醒自己永远都是社会的一员，那么任何知识都是有用的，只不过知识在发挥作用时有些具体的差别罢了，如直接作用或间接作用，及时作用或延缓作用等，作为社会的一员，需要多方面的知识，所谓技多不压身。从这一角度看，任何学习、任何知识都与自己的未来密切相关，都是为自身的未来提供条件，累积资本。

(5)个人期望值过高，学习压力过大，导致焦虑产生。

大学校园既是学习的场所，也是实现人生抱负、梦想的地方。许多学生为自己的大学生活制定了宏伟的计划：考级、考研、完善自身。总之目标远大，面面俱到，鱼与熊掌皆想得，并且一口想吃成个胖子，但这种不切合实际，盲目，贪多求全，空有一腔热情却脱离实际情况的做法一旦无法如愿以偿时，焦虑产生自是必然的结果。解决的良策是既需高瞻远瞩，规划人生、设计人生，又要立足现状，了解社会、了解自身，制定出具体、切实、可行的目标，切忌好高骛远。

2. 深层原因及对策

“上课太烦”是目前流行在大学校园中的一股“灰色情结”，虽不是所有大学生学习心态的写照，但也从一个侧面反映出弥漫在大学校园中的一种不良情绪。60分万岁重新成为一些学生的口头禅。大学生真的不愿意学习，真的对学习那样深恶痛绝吗？事实绝非如此。透过这种无奈现象的背后，是大学生不知怎么学、学什么和对学习本身的迷茫，由此产生的学习焦虑深深地藏在大学生的内心深处。上述分析仅仅揭示了这一问题的表面现象，那么透过现象之后的本质是什么呢？只有抓住本质，才能根本性地解决问题。引起大学生学习焦虑的本质因素首先是目标确立问题，其次是对学习本质产生的认知偏差。

（1）目标定位问题。

人生需有目标，目标可以起导向和动力的作用。但是不同的目标所起的动力作用是不同的，只有那些真正被主体接纳，对主体而言是意义重大而深远的目标才对主体的行为起长远的导向和巨大的推动作用。中学时期学生的目标单一、明确，这一目标引领学生顺利地进入大学，而且中学老师为了使学生努力学习有意无意之中对学生进行了误导，给学生呈现了理想化的大学。学生进入到现实中的大学时，理想和现实的巨大落差使学生倍感失望，加之大学完全不同于中学，学生在丧失了旧目标，没有确立新目标之时，不知道为什么学习，怎样学习。中学时以学习为全部生活的思维定势使得他们在失去了以学习为目标的生活时忐忑不安，倍感焦虑。缺乏目标引导的生活顷刻之间变得迷茫起来。因此，确立新的目标，直接成为影响大学生学习态度、学习效果甚至整个人生的重要因素。

一般而言，大学生在目标定位问题上存在着这样几种情况：一是无目标，活得糊里糊涂，虚掷光阴；二是目标模糊，不确定，在学习中的表现是人云亦云，别人干什么就跟着干什么，有盲目跟风的倾向，这种不考虑实际情况而制定的目标起不到真正的导向和动力的作用，反而在遍尝失败之后倍感沮丧，充满了失败感，学习焦虑感更重；三是目标大而空，无法实现，或过于急功近利，注重物质，忽视精神，目标同样不能起真正的推动作用。自身日渐变得不自信，觉得撼不动学习这座巨山，可见，不恰当的目标非但起不到导向和动力的作用，反而会成为前进道路中的绊脚石，起阻碍作用。

那么，真正能够起导向和动力作用的目标到底是什么，又如何制定呢？人的目标是和人的需要、动机、兴趣等密切相连的，美国人本主义心理学家马斯洛曾经将人的需要由低自高分为不同的层次，它们分别是：生理需要、安全需要、归属和爱的需要、尊重的需要、自我实现的需要。

最底层的需要发生得最早、最强烈，但也最容易获得满足，这种需要是为了生存而必需的，层次最低，所起的动力作用很有限。如果将这种需要确定为人生追求的目标，将会因目标层次过低而导致动力不足。而位于最顶层的自我实现的需要其核心是追求人生的最高境界以实现人生信仰为目标，它较难实现，但所起的推动作用却是巨大的，可以成为人终生奋斗的目标。如果将目标定位为实现人生的信仰，体味人生的最大价值所在，追求获得人生最大意义的创造性人生，这样的目标才能真正起到明确的定向和巨大的推动作用。当然，人生信仰的追求对每一个个体而言，并没有标准答案，但却是有规律可循的。

个体在进行目标定位时，以人生信仰的实现作为终极目标，为了实现这一目标，可分阶段、分步骤地制定具体、切实、可行的小目标，每一个小目标的实现都是向终极目标的步步靠近，最终是为了实现终极目标，这样的目标催人奋斗不止。

（2）对学习的本质、内涵理解的过于狭窄、单一，致使学习焦虑产生。

教育心理学认为，学习可以被分为广义和狭义两种。广义的学习泛指人和其他动物为了生存而获取经验的所有活动和过程。狭义的学习专指人类的学习，而更狭义的学习则指学科知识的学习，课本知识的学习，甚至仅仅狭隘地理解为关于考试知识的学习。对学习本质的广义、狭义的理解将导致学习内容、方法、模式、态度等的迥然不同，如果将学习的本质理解为广义的经验累积和获得的过程，学习的最终结果是为了生存、为了发展，那么学习的范围便天宽地阔，可以说学习活动充满了人生的时时、处处，人生处处皆学问，人人皆可为师长,学习充满了乐趣,个体在学习过程中充分体验到快乐,享受到成功。而倘若只狭隘地将学习的本质理解为课本知识甚至只是考试知识,这种学习范围狭小,只要学会课本知识即可。学习过程无聊、无趣、机械、呆板,完全是中学应试模式重现,必将导致学习者对学习的厌倦、逃避,学习焦虑的产生在所难免。因此,正确地理解学习内涵,站在实现人生目标的高度上,将广义和狭义的学习结合起来,才是真正明白了学习的真谛,这种学习将使主体发现学习自身的乐趣,学习的目标就是人生的目标,在实现一个个学习目标的同时,也就是向人生的终极目标奋进的时候,学习是人生的一种享受,一个过程,而决不仅仅是一种谋生的工具、手段。总之,从广义的角度来理解学习,则学习内容广博,学习方法灵活、多样,学习过程充满探索,以提高、修炼自身整体素质作为学习的最终目的,从而拥有幸福人生。

综上所述,引起大学生学习焦虑的原因有表层和深层的因素,其中表层因素既是原因又是具体表现,深层原因是决定性的根本原因。二者密切相连,相辅相成。前者是现象,后者是本质。在实际的教育过程中,既要看到现象,更要抓住本质,开阔学生的人生视野和社会视野,以实现人生信仰为学习的最终目标,站在人生的角度来全新认识学习,才可变学习焦虑为学习动力,使学习成为学生获得幸福人生和健全理想人格的工具。

三、意志薄弱及其调适

荀子曾言"骐骥一跃,不能十步;驽马十驾,功在不舍;锲而舍之,朽木不折,锲而不舍,金石可镂";说明顽强的意志、持之以恒的毅力是取得成功的必备条件。有的同学意志比较薄弱,在学习上遇到一点困难就轻易放弃。遇到难题不是独立思考,而是先急于求人帮助;订了学习计划也不能执行,一次没考好就从此一蹶不振等,这些都是意志力薄弱的表现。只有意志坚强的人,才能战胜学习中的一切困难,取得学习的成功。

(一)意志在学习中的重要作用

意志是人为了达到一定的目的,自觉地组织自己的行动,并与克服困难相联系的心理过程。意志具有目的性、调控性、战胜困难和自觉性等基本特征,是人在实践活动和学习活动中积极主动性的表现。积极的意志品质如自觉性、目的性、独立性、果断性、坚定性、坚韧性、毅力、恒心、自制性、纪律性、英勇性、果敢性等优良的意志品质,能给人以力量、鼓舞人的斗志,使人具有勇敢顽强的精神,战胜前进道路上的一切艰难险阻,不达目的誓不罢休。所以坚强的意志是人们搞好工作和学习不可缺少的心理品质。

顽强的意志是提高工作和学习效率的一个重要的心理条件。意志活动在克服困难的过程中,全面动员个体的知识、技能、能力、情绪和体力来战胜困难,达到预期目的。意志活动常常表现出个体的体力和脑力活动的紧张性。由于紧张性使个体保持着充沛的精力和体力,充分调动和发挥各种智力因素和非智力因素协同作用,从而提高了人的工作和学习的效率。

(二)学习意志薄弱的原因

当代大学生为什么容易出现意志薄弱呢?从成长历程来看,原因主要存在于家庭、学校和个体自身三个方面。

1. 家庭教育的忽视

现在的大学生大多数是独生子女,在家庭中处于中心地位,父母、祖父母的关怀集于一身,加之物质生活条件日益改善,家长舍不得让孩子受任何艰苦,于是,很容易就忽略了孩子的意志培养。

2. 学校教育的影响

虽然学校教育对学生的意志发展提出了一定要求,也采取了一些培养措施,但是从总体上来看,学生仍旧是处于被动地位,他们服从老师的指示、接受老师和家长的督促,即使表面上行为符合了教育者的要求，而内心却并不一定真正理解、接受这些要求。一旦有机会脱离了老师与父母的管制，他们就会敷衍了事或放弃对自己的责任。此外，学校教育存在的弊端也是一个重要原因，以考试为中心的灌输式、指令式的教学，让学生只懂得机械地服从老师的指示，把学校里的一切事情仅仅当作必须完成的任务，或者单纯地把完成任务作为获取表扬和荣誉的手段，很少有可能与老师、家长交流自己的感受与想法，从而未能深刻领会教育的要求对自己的身心发展的重要意义，也就不能把学习转化为自觉的行动。

3. 大学生自身问题

首先是依赖心理，总指望能有人来帮自己做、帮自己想，自己就可以少出力、少费脑筋。其次是侥幸心理，认为求学期间也没有什么大不了的事，只要学习成绩交代得过去就行了，加上自我感觉个人的智力、家庭的条件都还不错，前途大约不成问题；再次，是有畏难心理，只想稳稳当当、舒舒服服，不愿面对挑战与磨炼。因此也就缺乏勇气去追求较高的目标，或者对成功只停留在幻想当中。最后，当不少大学生逐渐认识到自己的意志品质不佳，妨碍了自己进一步发展时，却苦于没有好的办法帮助自己消除各种意志障碍。因为“冰冻三尺，非一日之寒”，长期以来形成的依赖、被动、盲从、畏缩、动摇、放任等习惯，要把它们转变成独立、主动、自觉、进取、坚定和自制，并非可以一蹴而就。要达到这个目标，必须经过思想观念的彻底转变以及行为方式的重新建立。

【心有千千结】

李楠是一位高职院校的学生，入校以来觉得自己的大学生活很无聊乏味，几乎大部分时间在寝室，不是上网玩游戏就是玩手机或睡觉，因为觉得寝室太吵，在寝室搞不好学习，也想过到图书馆自习，但是到了图书馆却经常看时间，上课能认真听讲不到 10 分钟。曾试着改变过，但只能维持几天。觉得自己对同学有种依赖，希望有人陪自己一起去吃饭，上自习。觉得上大学挺没意思，特别是这高职院校。学校开的物理，毛泽东思想和中国特色社会主义理论体系概论等课没什么用。有时也对自己的一天做过计划，但是几乎没执行过，似乎做事想一出是一出，经常将事情搞得一团糟，往往火烧眉毛才去做，觉得自己是一个懒惰的人，希望咨询师给他一些建议，怎么合理制定大学生活学习计划，即怎么去执行，若不能完成坚持该怎么办，如何去改去那些陋习。

李楠同学因为生活无规律、学习没动力，没有一个正确的学习观而前来咨询的。学习兴趣不足，成绩不理想，就是由于学习观不正确，学习方法不科学造成的，需要很多的时间执行学习任务，自我监控能力很差，反映了该学生时间价值感较低。

资料来源：作者根据相关资料整理

（三）学习意志的调适

人的意志力不是与生俱来的，而是后天在社会生活过程中逐渐形成的。在这里我们介绍一些培养学习意志品质的方法。

1. 从解决学习上的小问题开始

培养意志应该从小事做起，不要以为是小事就不屑注意，恰恰是小事能反映一个人的意志，可以从解决学习上的一些小问题开始锻炼自己的意志。如遇到一道较难题目的时候，先克制想放弃的念头，反复思考解决的方法，或给自己下死命令不完成就不能离开教室等。从小事做起，从现在做起并持之以恒，这样才能培养自己的意志品质。

2. 完成一些有一定挑战性而又力所能及的学习任务

任务过于简单，过于容易，激不起克服困难的力量，没有锻炼意志的价值；而过于困难，无论如何努力也无法成功，则打击了自己的自信心，同样锻炼不了意志。为了培养锻炼意志，应有目的地去完成一些力所能及而又有一定的难度的任务。例如，在大学期间，外语水平一般或较差的学生，应将自己的外语学习的目标确定为通过四级，这样的任务就比较恰当，而外语基础好的学生，则应将目标确定为通过六级或参加托福考试。所以，确定恰当的目标，进行有一定难度的任务，可以达到锻炼意志的目的。

3. 坚持参加体育锻炼

体育锻炼是锻炼意志品质的好方法，如长跑，如果没有一定的意志力是很难坚持跑下来的，爬山、游泳、足球、俯卧撑、跳绳、篮球、围棋等等，都对培养人的意志力有良好的效果。

【心理百科】

学习中的心理效应

一、U 型记忆——系列位置效应

第一，加拿大学者默多克给被试者呈现出一系列无关联的词，如：肥皂、氧、枫树、蜘蛛、雏菊、啤酒、舞蹈、雪茄烟等。首先被试者按照一定顺序学习这些词，然后让他们自由记忆，想到哪个单词就说出哪个单词。结果发现，最先学习的单词和最后学习的单词其回忆成绩最好，而中间部分的单词会议成绩最差。

第二，平时表现：我们对事，对学习，最清晰的记忆就是事情的开头和结尾，学习内容的开始和末端，清晨起来和晚上临睡前学习有时竟有过目不忘的神效，这就是系列位置效应。

第三，系列位置效应告诉我们：

(1) 学生要重视一节课的开头和结尾。上课前准备好学习用具，不要让上课的前 10 分钟在找练习本的过程中度过，也不要让快下课的后 10 分钟在想象课后如何玩耍中度过。

(2) 背诵文章、单词时变换开始位置。

(3) 每次学习时间不宜过长。学习时间过长，中间部分就相应增多，学习效率就会下降。

(4) 合理安排学习材料的顺序。同一学习材料学习时间不要过长，前后两段时间中学习的材料要不一样，这样可以避免材料之间的相互干扰。

二、不要等墙倒塌再来造墙——遗忘曲线

第一，研究表明：如果两组学生学习一段课文后，甲组学生不久后进行一次复习，乙组不予复习，一天后甲组保持 98%，乙组保持 56%；一周后甲组保持 83%，乙组保持 33%。

第二，遗忘规律：遗忘进程是不均衡的，在记忆的最初，遗忘很快，以后逐渐缓慢，到了一定时间，几乎就不再遗忘了，也就是记。遗忘的规律是“先快后慢”。

第三，科学地运用遗忘规律：及时复习，学习之后要立即复习，并且以后要再复习几次，但复习的时间间隔可以逐渐增加。改变平时不复习，临考前开夜车、加班加点复习的坏习惯。

三、迈好眼前的一小步——高原现象

第一，常常有高考生问个不休：在开始复习阶段，我感到学习效率高，收效大，进步也快，但随着复习的进一步深入，虽然与原先同样甚至更努力地学习，却觉得自己所获得的知识越来越糊涂，原来记得的概念、定理，在头脑中也不再清晰。有时一点都学不下去，直走神，一点办法都没有。从而使得成绩停滞不前，甚至下滑。这就是我们所说的“高原现象”。

如：在学习英语的过程中你是否有过同样的停滞不前的经历呢？研究表明：词汇量的多少明显影响到我们阅读能力的高低。但是当掌握的词汇量达到 3 500 ~ 4 500 时，就会出现第一次高原现象，平均滞留时间为 8 个月左右；达到 6 500 ~ 7 500 时，出现第二次高原现象，平均滞留时间为 12 个月左右；当词汇量达到了 9 000 ~ 10 500 时，第三次高原现象出现了，平均滞留约18个月。

第二,正确对待高原现象:

(1)在学习方法方面,学习开始阶段所用的方法,到高原期不一定合理,所以当到了高原期,学习者要尽早探索适应该阶段的学习方法。

(2)在个人意志方面,学习者学到一定程度时,会感到非常疲劳,学习动机会下降很多。这时就需要坚持,保持强劲的动力系统。遇到困境时,具有攻克精神和百折不挠的勇气,有顽强的意志力,才能克服高原现象。

(3)在个人知识方面,知识基础不牢的学生容易遇到高原现象。知识基础不牢的学生在学习上"欠债"太多,故而克服高原现象的一个重要方法就是丰富自己的各种知识,打下牢靠的知识基础。

(4)高原现象并非是极限,并非是不能再进步的代名词。学习是一个过程,经历从开始阶段、迅速提高阶段、高原期以及再次提高阶段的循环往复。突破了高原现象,往往会收到创造性成果。

四、小考挺好的,大考就砸锅——詹森效应

现象:有的学生平时考试成绩非常好,但一到大考,成绩就下来了,这是什么原因呢?——詹森效应。

如何避免詹森效应呢?

(1)摒弃心中的非理性观念。许多考试焦虑、紧张的学生经常对自己或别人说:"我在重要考试中必须不惜一切代价保证成功。""如果我在重要考试中失败,我就会很没有价值,别人就会看不起我,我会很没面子。""如果考不好,我的前程算是毁了。"这些话纵然能增加他们考好的决心,但也容易引起焦虑,不利于正常水平的发挥。要避免詹森效应,平时就应矫正自己这些不正确的想法,养成以平常心对待考试的习惯。

(2)加强整合训练,提高考试策略。平时小考针对的是部分知识,大考往往着眼于前后知识乃至各科知识的综合应用。

(3)家长保持平常心。

四、学习疲劳及调适

学习疲劳是指因一定的紧张程度或连续时间的学习而引起学生生理和心理方面产生变化,使学习效率下降,甚至处于不能学习的状态。学习实际上是一种极其繁重的脑力劳动,其剧烈程度丝毫也不低于体力劳动。如果不合理地安排学习,长期学习负担过重,用脑过度,就会造成大脑的机能损伤。

学习既包括身体的活动,也包括精神的活动,因此,学习既受生理疲劳的影响,又受心理疲劳的影响,但主要是受心理疲劳的影响。心理疲劳与生理疲劳不一样,它不是由于能量的消耗引起的,而是由于心理的原因引起的。它主要表现为对学习感到怠倦、情绪不安、精神涣散、厌恶、反应迟钝、注意力不集中等,随之而来的是学习积极性及效率下降,严重者可表现为学习困难、学习无兴趣。

(一)学习疲劳产生的原因

造成大学生学习疲劳的主要原因是学习方法不当。大学生的学习方法与中学生相比发生了很大变化,但有些大学生对此认识不足,他们认为,只要自己刻苦努力,功到自然成,不用去讲究什么学习方法。还有些大学生不会学习,不会听课,不会合理安排时间,白天时间抓得不紧,晚上很晚才睡,中午也不休息,又不愿意参加文体活动,把自己搞得疲惫不堪。也有些大学生平时学习抓得不紧,无计划、无目标、贪玩,到期末考试时,才临阵磨枪,搞突击战术，导致心理上过度的紧张和疲劳。

（二）学习疲劳的调适

1. 端正学习目的，培养学习兴趣

人有了明确的学习目的，学习就有了动力。人在做自己愿意做、喜欢做的事情时疲劳通常会来得晚一些、更轻微一些，并且能够保持较高的活动效率。如看电视里的文艺节目时，能连续集中注意四五个小时而毫无倦意；而如果做自己不愿做的事，很快就会疲倦、厌烦。如果对学习不感兴趣，进行强迫性的学习，大脑皮层的有关区域往往会呈现抑制状态，出现视而不见、听而不闻、有口无心的情况。只有激起自己的求知欲，对探求学习内容的本质和规律有强烈的兴趣，才能让大脑功能处于最佳状态。

2. 建立合理的作息制度，保证充足的睡眠

充足的睡眠可以使疲劳得到消除，这是因为身体活动所消耗的物质可以在休息过程中由营养物质的运输得到补充。一般认为，大学生每天睡眠时间不应少于 7 ~8 小时。防止大脑疲劳，应保证有足够的睡眠时间。这是因为睡眠是休息的最重要、最基本的形式，是保护脑的重要条件。另外，应当注意掌握好休息时间的长短。休息时间太短，疲劳不能得到彻底的消除；但是，休息的时间太长也有负作用，它不仅会造成时间的浪费，而且还会使注意力减退而影响学习效率。

3. 要科学用脑

大学生在学习过程中要注意保护大脑，按照大脑活动的规律合理运用脑力于最佳的工作状态，最大限度地发挥大脑的功能。大脑皮层功能定位学说告诉我们，要使大脑皮层各个区域经常交换着工作，以防止某一区域的脑细胞疲劳。大脑皮层在做某一工作时，相应部分的脑细胞就处于兴奋状态，其他部分的脑细胞则处于抑制状态。因此不同性质的学习内容互相轮换，动静配合，可使大脑皮层保持较长时间的工作能力。如学习数学后听听音乐，看看小说；学习外语记忆单词后，看看电视或画册，都可使大脑左右两半球工作起来效率更高。

科学用脑还包括科学合理安排用脑时间。如果每位大学生都能并利用好自己的生物节律，在脑细胞处于兴奋状态时去从事较困难的学习任务，而在脑细胞处于抑制状态时去完成较容易的学习任务，那么就可能避免学习疲劳，大大地提高学习效率。同时，大学生还应当养成正确用脑的良好习惯。有的同学半夜两点钟起床去教室自修；有的同学一天坐着看书十多个小时；有的同学明明是疲乏至极，还是硬着头皮学，这些都是不符合用脑规律的。因此，用脑活动应该在脑细胞兴奋的状态下进行，如果在体乏力竭、脑细胞出现保护性抑制时，刺激脑神经，虽精神是可嘉的，但效率不高。

此外，保证充足的睡眠时间和坚持体育锻炼，也可使头脑清醒，精神振奋，疲劳消解，预防脑衰老。锻炼不仅可以使大脑在紧张工作时得到积极性休息，还可丰富生活内容，使人精神愉快、脑力充沛，提高学习效率。

4. 要注意大脑的营养

生理学研究表明，大脑所消耗的能量几乎占全身能量的 20%。所以，大脑需要大量的营养来补充，方能保证脑的灵敏度和持续能力。丰富的蛋白质、脂类、钙以及足够的维生素及磷、锌等一些微量元素，是使大脑得以健康发育，充分发挥其功能的物质基础。因此，大学生一日三餐既要吃饱，又要吃好，合理搭配食物，注意膳食平衡，不偏食、挑食和吃零食，使营养全面、充足。有的同学习惯于不吃早饭，导致头晕目眩甚至昏迷。有的同学有吸烟、饮酒的癖好，也会影响大脑皮层的健康，因为脑细胞对尼古丁和酒精很敏感，吸烟会使思维活动减缓，饮酒会使精力分散。

5. 要创设良好的学习环境

整洁的学习环境，清新的空气，适宜的温度、湿度和光线可以使人心情舒畅，学习效率得到提高，而且不易疲劳。如学习环境要保持安静，防止噪声及其他影响学习效率的声音干扰；学习时应保证足够的光线，避免光线过暗或过亮，出现视觉疲劳；保证学习环境中的空气新鲜和适宜的温度与湿度，不在空气污浊的条件下学习，以免引起胸闷或呼吸困难等症状。

五、注意力涣散及其调适

注意是将心理活动指向和集中于一定的事物。对学生的学习来说，注意力的好坏是至关重要的。注意力涣散的学生经常对学习感到厌烦，对什么都不感兴趣，注意力维持时间很短，上课时，目光游移不定，心思不定，不知自己在想什么，也不知老师在讲什么，无法把注意力集中到课堂上来，这样的同学是不可能搞好学习的。

（一）注意在学习中的作用

人们周围的现实世界充满了各种信息刺激，人的大脑只选择其中重要的刺激给予知觉，而忽略其他一些无意义的或不重要的刺激。这种指向某一类信息的心理就是注意。一个人同时注意几件事的能力是极为有限的，只有高度的专注才能适应高效率学习的需要。有人做过这样的实验：被试者在注意力高度集中时背课文，只需要读 9 遍就能达到背诵的程度；而同样的课文，在注意力涣散时，竟然读了 100 遍才能记住。可见，注意力与人的学习效率和工作效率有着非常密切的关系。

（二）注意力涣散产生的原因

1. 学习动机不强

具有良好的学习自觉性、对学习具有浓厚兴趣和对学习采取积极主动态度的学生，往往较易控制注意力，能够专心致志，并在学习过程中表现出良好的注意稳定性和紧张性。如果缺乏学习动机，没有学习兴趣和欲望，就会对学习产生厌烦，也就不可能专心致志地学习。

2. 个体情绪因素

当我们处在心情沉闷、心绪烦乱的时候，自然是很难集中注意力的。如果我们对某门学科、某位老师特别喜欢，每次一到学习这门课或是这位老师上课的时候都会让我们感到心情愉快，这个时候自然就会集中注意力去认真学习了。由此可见，学习时若能心情愉快，那么注意力就很容易集中了。

3. 个体生理状况

一般来说，身体健康和精力充沛的人，往往容易保持稳定的注意力。人在病中或非常疲倦的情况下，注意力常常是很难集中的。此外，过分紧张地加强注意往往导致过度疲劳，反而影响注意力，这在临考复习期间的一些同学身上很容易看到。

4. 环境因素影响

外界环境的干扰也是致使注意力分散的因素。如不规则的响声，刺耳的噪声，嘈杂的人声等，都会使人感到烦躁，而人对这些烦躁的东西又无可奈何，于是注意力很难集中于应该注意的事情。

（三）注意力涣散的调适

1. 目标明确化、量化

首先，将大目标明确化、量化。对学习，工作不感兴趣时，往往只要能够明辨目标便能产生注意力。

2. 愉快经验

如果在学习、工作上体验到成功的滋味后，便可拥有愉快的经验，这种愉快的经验会鼓舞我们的斗志,从而接受不愿意做的工作和学习。

3. 限制时间

对自己并不喜欢的工作设定一个完成期限,终了时间一到,就会强迫你去完成它,这样可以集中精神完成不感兴趣的工作。

4. 注意力训练

训练自己能在各式各样的环境条件下,专心学习或工作。一旦确定了要干的事,就有计划有目的地集中注意力,去做好该做的事,不受无关刺激的影响和干扰。

六、大学生厌学及调适

(一)厌学

厌学是指学生对于学习感到厌倦的心理现象,是学生对学校的学习生活不能满足自己需要而产生的一种不满意、不愉快、厌烦学习生活的情绪体验。具有厌学心理的学生是指那些对学习认识存在偏差、情感上消极、行为上远离学习活动的学生。

(二)当代大学生厌学现象

1. 盲目被动学习型

这是当前大学生厌学现象中表现程度较轻的一部分,这类大学生的特点是能坚持正常学习,但是不具备经过主动选择而确立起来的明确的学习目的,学习的动力不是来自大学生个体的内部主观因素,而是来自于外部的某种原因,即被考试的杠杆所驱使,为了应付考试而学习。这部分人平时能坚持听课学习,完成作业,把学校和老师规定的硬性学习任务完成,但缺乏积极主动的学习精神,采用实用主义的学习方式,考试考什么就学什么,超过考试范围的就厌学,因此,对教师的要求也是你考什么你就讲什么,我就学什么,典型的为学习而学习,为考试而学习。这部分大学生在学习上始终不能进入积极主动状态,从而对学习总是采取一种应付态度,信奉“学不在深,及格就行,60 分万岁,61 分浪费”。

2. 不思进取厌学型

这种类型的大学生,从表面上看,虽然也能坚持正常的上课和学习,但是这些人在课堂上根本不务正业,上课无精打采,把课堂当作“自由市场”,学生在课堂上自由活动,各取所需,教师讲教师的,学生干自己的。表现好的在课堂上看外语、写实验报告、做作业,不好的干脆在课堂上看小说,看娱乐性、消遣性课外读物或杂志。要么带着随身听听音乐,要么在课桌下面玩手机,要么干脆就睡大觉,任大好年华“付睡流”。

3. 吃喝玩乐逃学型

这一类大学生往往表现为没有远大理想,把进入大学视为人生理想的终点而放弃追求。读大学的目的仅仅是为了混一张大学文凭,对学习没有任何兴趣。有的人由于受中学应试教育的影响,不能很好地把握大学的学习规律,不适应大学的学习生活,听不懂课,不会记笔记,不会做作业,自尊心、自信心受挫,受失败感的驱使,索性放弃学习,以玩为主,患有严重的厌学综合征,讨厌考试,厌恶学习,小病大养,无病呻吟。逃课成了这一部分大学生的选修课,想来就来,想走就走,把大量宝贵的时间浪费在吃喝玩乐、闲谈聊天、进酒吧、进歌厅影厅、上网聊天、谈情说爱上。为了消除寂寞,广撒爱情之网,坠入爱情之河。一些人因谈情说爱,整天无心顾及学业,三十六计“逃”为上。

4. 考试作弊侥幸型

不知从什么时候起,社会上各种考试作弊的陋习也侵入到了大学的校园,使大学校园考试腐败之风日渐严重,已成一大公害。尽管大学生中考试作弊现象只是少数,但仍有一部分身经百战的大学生不断上演作弊丑剧。这部分人平时根本不学习,上课不听,作业不做,书也不看，只等期末考试之前让老师划重点、划范围。只要考试能过关，可以不择手段，在考场上搞小动作，夹带纸条、抄袭别人；利用手机短信息作弊；雇用枪手代考；通过其他老师走关系或请客送礼，甚至花钱向主考老师买分；实在不行就等补考，认为补考一般好过关。

5. 忙忙碌碌当官型

当前在高校大学生中活跃着一批“当官族”，这些人根本不把学习当主业，却醉心于当干部。一些大学生从入学开始就把主要精力用在当官上，千方百计，托人找关系也要弄个一官半职的。在这些人看来，当学生干部要比学习更重要，因为当干部可以出风头，出名儿，全面公关，广交朋友，既可以锻炼工作能力，还美其名曰：提前锻炼，增强社会适应能力。学习对他们来说是一种负担，而对当官他们却有着一种强烈的欲望。跑官、要官现象比较普遍，有的学生家长为子女当学生干部托人说情走后门。这些高校中的学生干部，整天忙忙碌碌，陷于事务之中，把干“工作”当主业，把学习当副业。有时课可以不上，但会不能不开，这已成为高等学校的普遍现象，对其他同学造成了极坏的影响，是大学生厌学的一个重要根源。

（三）当代大学生厌学现象的诱因

关于当前我国大学生厌学现象产生的原因，多数人认为这都是高校扩招惹的祸。扩招后高校的规模扩大了，大学生人数增多了，但学生素质降低了，学生质量下降了。还有一种说法是独生子女这一代不行了。其实，造成大学生厌学之风得以蔓延的原因是多方面的，也是复杂的，我们不能片面的报怨高校扩招，埋怨学生不好，不能把所有的原因都归咎于学生。这与当前我们的教育管理、教师教法、学校小环境、社会大环境、管理体制等方面都有密切关系。

1. 从社会方面来看

大学生的厌学现象与“应试教育”有一种必然的联系，是“高考后遗症”带来的恶果。由于长期的“应试教育”，青少年学生从上小学开始，就面临着升学的重重压力，为了能上一个重点初中、重点高中，他们必须培养自己的“考试能力”，取得高分。上了重点高中之后，又面临着一个更大的目标——上重点大学。经过这长达十几年的“久经考验”，学生的个性被扼杀了，兴趣被压抑了，天赋被埋没了。这种残酷、激烈的升学竞争，已经把学生的学习激情消耗殆尽，学习的耐力熬到了极限。所以，一部分学生一旦上了大学，就会立即放松自己，以调解身心，缓解高考的疲劳，一些人感到需要好好睡一睡、歇一歇了，放松学习在所难免。

2. 从国家教育政策上看

我国高等教育的扩招政策，使我国的高等教育由“精英”式教育转向“大众”化教育，为多数中学生打开了上大学的方便之门，使“千军万马挤独木桥”的局面得到了极大的改善。特别是近年来大学升学率的提高，使一些原本升学无望的学生有机会侥幸进入大学，如“三校生”（高职、中专、技校生）和民办生，这些人由于高考成绩较低，基础较差，不适应大学的学习和生活，因学习落后而失去信心，产生厌学心理。而有些成绩优秀的学生，由于某种原因未能进入理想的重点院校或热门专业而失去信心，学习动力也不足。扩招中出现的只管宽进不管严出的倾向，使一些学生产生了上大学容易的错觉。我国高等教育存在的一个严重的弊端，就是对跨入大学校门的学生在学业上的要求过于宽松，不管学好学坏都一样，都能拿到文凭，照常毕业，有失教育公平。中国的大学文凭成本太低，大学生对获得大学文凭没有后顾之忧。入学之后，对于一些大学生来说，比较普遍的感觉就是，无论怎样“混”，只要不去碰为数不多的几条“高压线”，不犯严重错误，都能拿到大学文凭，如期毕业，学习动力当然不足。

3. 从目前社会方面看

大学生就业问题出现的偏差,也是导致大学生厌学的原因之一。

其一,由于某些体制上的原因,一些地方,特别是一些大、中城市在大学生就业问题上实行地方保护主义,往往以户口为由"包生源",排斥外市籍大学生,使他们失去平等就业的机会。就业上的不公平待遇,挫伤了这部分人的学习积极性,反正总要回原籍的,外乡人学得再好也无用,学习上不必太认真。

其二,择业取向上的偏差使一部分学生看到,许多人就业后所从事的职业与他们原来所学的专业并不对口,有的甚至没有任何联系,许多人毕业后是一边工作又一边重新学习,于是,一些人从中受到"启示",现在学多了也没用,将来还要重新学,学点就行。

其三,在我们的社会当中,"关系"还在起着相当的作用,还存在着依靠某些权势、走关系、搞交易、行贿受贿等腐败现象,一些没知识、没学历的人,只要有"条子""票子""门子",照样可以找到称心的好工作,而一些没"关系"、没"门子"、没"票子"的真才学子却失业在家,就职无门。这使一些没权、没势、没关系的大学生失去了学习的积极性,学习劲头不足,而一些有"关系"的大学生因为就业不愁,也不重视学习。

4. 从学校自身的因素看

一是教育改革迟缓,适应不了教育发展的形势。高校扩大招生本来是国家发展高等教育的一项基本国策,但现实中有些高校不从本身实际出发,盲目扩招,只重视从规模上上层次,校际之间盲目攀比,结果是学校投入的增加赶不上扩招的速度,校舍规模不够,教学设备严重不足,教师严重缺编,有些专业课根本开不出来,只能应付了事,使学生由"希望"到"失望"。

二是教材内容陈旧,缺乏新意,教师教法老套陈旧,方式死板,缺少现代化的教学手段。现行的教学方式大多都是"常规"式的"满堂灌",教师是"牛不喝水强按头",学生是"忍无可忍生厌烦"。

5. 没有掌握大学的学习规律,不适应大学的学习生活

很多人进入大学后,一下子从中学的"手拉手,抱着走"变成了"大撒手,自己走",完全失去了原有的学习压力,没有认识到大学学习具有要求高、难度大、创造性、自主性、自觉性强的特点,缺少自律性、主动性。对大学新生的调查结果是,大学新生进校后的第一感受就是感叹大学自由,大学生活轻松,学习没有中学紧张、劳累。这就使一部分大学生深感读大学如此轻松自在,轻轻松松同样都能拿到毕业文凭,何乐而不为呢?

(四)消除大学生厌学情绪的对策

大学生厌学虽然主要取决于主观原因,但笔者认为,教育是一个十分复杂的社会系统工程,影响大学生学习的原因涉及学校、社会、家庭等方方面面,因为大学生生活在现实社会当中,他们的成长与发展受到诸多因素的影响。因此,要彻底消除当前大学生厌学的现象,就应该从多方面入手,通过各种渠道,采取多种对策,实行综合治理,才能收到明显效果。

1. 努力创新教育观念

自从我国高等教育实行扩招以来,高等学校的教育体制、教育结构都发生了重大的变化,特别是我们的人才培养模式发生了改变。我国的高等教育担负着为国家社会主义现代化建设培养各级各类人才、发展科学、服务社会的重要职能。现代知识经济社会,要求高等学校必须转变过去那种以系统知识为中心的人才教育观,树立创新教育观念。把教育的立足点从掌握基础知识向培养知识创新、技术创新能力方面转变,增强大学生的创新意识,培养大学生的探索精神。坚持以人为本,张扬大学生的个性,训练大学生的思维能力,全面提

高大学生的素质。

2. 全面深化教育改革

首先,改革教学内容。高校教学要彻底摒弃本本主义,破除对教材书本理论的迷信,高等教育不要固定教材,不能“一本教材一本经念到底”。抛弃陈旧的过时的教材内容,广泛吸收反映时代进步的最新知识、最新科技成果,提倡大学生独立思考,独立探索,学会综合运用实践知识,提高创新能力。

其次,改革教学方法。高等学校要改变“灌输式”“注入式”的教育形式和传统的“三中心”(“以课堂为中心”“以课本为中心”“以教师为中心”)的传授方法。高等学校的课堂教学应该是“教无定法”“学无定律”。要转变教师观念,打破教师“权威”,运用科学研究性质的教学方法进行课堂教学,教师与学生以民主、研讨、互动的形式进行交流学习,以研究型教学为主,使大学生在课堂上就能学习科学研究和科学探索的方法,提高创新能力。

再次,改革考试考评方式。必须改革过去以知识掌握为中心的考试制度,建立多元的大学生评价体系。对大学生这一特殊社会群体来说,考试不一定是有形、有标准答案的书面知识。主要应考评学生运用和创新知识、分析和解决问题的能力,让学生在思考、探索中不断提高自己的认知水平。所以,在考试内容上要减少以再现书本知识为主的考试内容,多一些没有标准答案的知识,加强对大学生理解知识、应用知识、特别是综合性、创新性应用知识能力的考核。

3. 加强大学生的理想和信念教育

大学生厌学的一个重要原因就是把进入大学视为人生理想的终点站而放弃追求,因而缺乏学习的内驱动力。实践证明,大学生成功、高效的学习都伴随着强烈的理想动机,理想层次越高,抱负越大,学习的内动力就越强。只有这样,大学生才能深刻认识到自己肩负的历史使命,才能真正明确学习目的,端正学习态度,真正树立一种勤奋、严谨、拼搏、创新的良好学风。我们的任务就是教育大学生树立远大理想,明确自己的使命,帮助大学生树立“天下兴亡,匹夫有责”的崇高理想,牢记自身的责任,珍惜大好时光,提升自我价值,确立爱国之心,坚定报国之志,掌握报国之能,使自己成为社会主义现代化建设的有用人才。

4. 优化管理,严格把关

高教政策要创新,高教制度也要创新。在教育管理上,必须改变过去那种“游戏人生”“游戏大学生活”同样可以拿到大学毕业文凭的局面。要严格管理,严格把好大学生的毕业关。对于那些上大学不务正业、贪玩厌学、无所作为、混文凭的大学生,应严格实行淘汰制,要有一定的淘汰率。不能让“混子”学生轻轻松松地毕业,绝不能让他们轻而易举地拿到大学文凭,要让每一个大学生都懂得,上大学,拿文凭,是要付出艰苦努力的。

七、考试焦虑及调适

在大学里,考试仍然是大学生面临的重要刺激源之一。大学考试虽然不像高考影响那样严重,但是考试种类多,如期末专业课考试,各种竞赛活动,英语等级考试,计算机等级考试等,仍然给大学生带来了很多压力,使其产生考试焦虑。

(一)考试焦虑的原因

1. 客观因素

造成大学生考试焦虑的客观因素主要有:一是考试本身。如考试的重要性、难易程度、竞争程度等。越是重要的考试,越容易产生考试焦虑;题目越难,越容易产生考试焦虑;竞争程度越激烈,越容易引发考试焦虑。二是学生的学业期望。一般而言,学业期望越高的学生,对学习投入的精力越多,越看重学业成绩,因而对考试失败的恐惧越高,越容易产生考试焦虑;而那些学业期望较低的学生,满足于60分,一般不会产生考试焦虑;而当学业期望较低的学生面临学业失败时,也可能会激发其考试焦虑。三是知识掌握程度。我们经常说:"难者不会,会者不难",考试的难易是相对的,现在有一部分学生上课不认真,下课不复习,推崇考前一周效应,平时学习不努力,临阵磨枪,匆忙上阵,面对考题,感到任务太难,便产生考试焦虑。四是考试压力的传递。学生间的相互影响也会造成考试焦虑。如一些学生将考研作为重要的人生目标,考前以发誓言、写战书等方式激励自己的斗志,人为制造紧张气氛,使部分学生感到考研失败可耻,整天笼罩在失败的恐惧之中。

2. 主观因素

造成考试焦虑的主要因素有五方面:一是个性气质特点。那些敏感、易焦虑、过于内向、缺乏安全感和自信心、做事追求完美的学生在考试中容易出现考试焦虑。二是考试经验。大学生多数在中学时代都有考试成功的经验,而进入大学后,偶然的考试失败会加剧这部分学生的考试焦虑,将过去考试成功归于题目容易、运气好,而将大学的考试失败归结为自己不聪明、能力差,就会对自己失去信心,因而面临考试就会紧张焦虑。三是知识掌握与复习准备。如果复习准备不足,对考试没把握,自然会产生考试焦虑。四是对考试外在价值的过分重视,考试成绩与大学生学业荣誉如奖学金,政治前途如入党,学业前途如研究生保送等密切相关。因而,大学生会对考试成绩看重,特别是学业成绩优异的大学生,恐惧考试失败的心理压力更大,更容易出现考试焦虑的症状。

(二)考试焦虑的表现

1. 担心他人对自己的评价不利

例如,"如果考得不好,人们将对自己的能力产生怀疑""如果考得不好,意味着自己并不像原来所想象的那样聪明"等等。

2. 担心对个人的自我意象增加威胁

例如,"重大考试之前或考试期间,我常常会想到其他人比自己强得多""如果我考得不好,且不说别人对我有什么看法,就是自己也会失去信心"等等。

3. 担心未来的前途

例如,受"一般来说,考试成绩好的人将来必定会在社会上取得更好的成就"等说法的左右。

4. 对考试准备不足

例如,"对考试后果的担忧,在考试前妨碍准备,在考试期间干扰答题""考试前,我常常感到还需要充实一些知识""我似乎从来没有对应试进行过完全的准备"等等 。

(三)考试焦虑的调适

1. 改变对考试的不合理认知

意识到自我认识和评价是造成考试焦虑的关键,明确考试只是衡量学习好坏的手段之一,考试成绩不能全面反映一个人的学习能力和知识水平,更不能决定一个人的前途和命运,不把考试成绩看得太重;相信人可以用理智和意志来控制和调节情绪。

2. 调整抱负水平

学会恰当地估计自己的能力,既相信自己的能力水平,又能实事求是,不作过高的期望。降低过高的学习目标,保持恰当的学习压力,重视学习的过程而不是考试的结果。

3. 认真学习和复习

平时学习做到刻苦勤奋,考试时就会"艺高胆大",充满信心;考前全面复习,尽量熟悉考试题型、时间、地点、要求等,做到心中有数,胸有成竹。

4. 劳逸结合

科学用脑，讲究方法，注意营养，劳逸结合，睡眠充足，维护神经系统的正常机能，保证充沛的精力、清醒的头脑和良好的身心状态，这些都是防止考试焦虑的有效途径。

【心理训练营】

活动一　画房子

目的：培养学生在习惯上要学会突破自我，克服思维定势。

程序：

(1) 先用右手画一间房子，然后伸出你的左手，画出一样的房子（左撇子左手画后右手再画）。

(2) 小组内交流：你做到了吗？为什么？

活动二　金鸡独立

目的：培养学生的学习定力。

程序：要求学生在一分钟内，用一只脚站立，手不扶物，你感觉怎么样？

活动三　应答自如

目的：在巨大压力的情况下，人们往往大脑短路，通过这个游戏可以使得学生的创造性得到良好的训练，让大脑迅速地活跃起来。

程序：

(1) 把每 4 个人组成一个组，在组内任意确定组员的发言顺序，两个组构成一个大组进行游戏。

(2) 让小组确定的第一个志愿者出来，对着另一个组喊出任何经过他脑子的词，比如：姐姐，鸭子，蓝天等等任何词。

(3) 另一个小组的第一个志愿者必须对这些词进行回应，比如：哥哥，小鸡，白云等。

(4) 志愿者必须持续地喊，直到他不能想出任何词为止，一旦你发现自己在说“哦，嗯，哦……”。你就必须宣告失败，回到座位上，换你们小组的下一位上。

(5) 哪个小组能坚持到最后，哪个小组即获胜。

讨论：这种给大脑巨大压力的做法对于你思考问题是否有帮助？

注意事项：本游戏的关键是要学生在一个快速、紧张的氛围下进行，一旦有人回答速度变慢，开始有“嗯，哦”出现，立即宣布他被淘汰了，判其离场，这样才能保证游戏的成功。

活动四　学习动机与学习成绩体验

活动形式：游戏、讨论。

活动目的：通过活动，让大学生了解学习动机之间与学习成绩之间的关系。

活动准备：20 个气球。

活动时间：30 分钟。

活动过程：

(1) 请 20 名自认为有学习障碍的大学生参加吹气球比赛，并规定游戏规则：谁的气球吹的最大而且不破。然后评选出将气球吹得最大的同学。

(2) 吹气球比赛。

(3) 交流：请参加比赛的大学生谈谈自己吹气球的感受，并结合自身的经历谈谈对动机与成效关系的看法。并让他们分成若干小组，进行小组讨论，谈谈自己在平时学习中是否存在着由于动机过强或过弱影响学业成绩的情况。由组长向全班同学汇报本小组讨论结果的要点，与全体同学分享收获。

通过吹气球的游戏，讨论以下问题：

(1)大学生的学习行为是否受动机支配？

(2)学习动机与学习成绩的关系如何？

【心理测试】

学习方法测试

(一)问卷

指导语：下面25道题，每题有3个备选题，请根据自己的实际情况选择，每题只能选择一种结果。A. 较符合自己的情况；B. 难回答；C. 不符合自己的情况。

(1)喜欢用笔勾出记下阅读中不懂的地方。

(2)经常阅读与自己学习无直接关系的书籍。

(3)在观察或思考时，重视自己的看法；在遇到问题时，对自己的看法很有信心。

(4)对老师将要讲的课会做很充分的预习，并且会预先做一些练习。

(5)遇到问题，我喜欢和同学们一起讨论。

(6)为更好地理解老师的课程，我会对笔记等内容进行整理。

(7)听老师讲解问题时，眼睛注视着老师。

(8)我喜欢利用参考书和习题集。

(9)对于学习中的要点，我会很注意归纳并写出来。

(10)我不经常查阅字典、手册等工具书。

(11)我对作业和考试中的错误会进行修改，并根据试卷分析自己错误的原因。

(12)我认为重要的内容，就格外注意听讲和理解。

(13)阅读中若有不懂的地方，非弄懂不可。

(14)在学习的时候会经常联系其他学科内容进行学习。

(15)在动笔解题以前，先做全面的审题，有了设想后，采取解题。

(16)阅读中认为重要的或需要记住的地方就划上线或做上记号。

(17)经常向老师或他人请教不懂的问题。

(18)喜欢讨论或向他人请教不懂的问题。

(19)我很注意别人好的学习方法，并努力学会。

(20)对需要记牢的公式、定理等反复进行记忆。

(21)经常观察实物或参考有关资料对其进行学习。

(22)听课时做完整的笔记。

(23)我有专门的错题本。

(24)如果实在不能独立解出习题，就看了答案再做。

(25)我经常制订学习计划，但不一定按照计划来做。

(二)计分方法

以下是有分值的结果，只要你的选择与下列结果吻合，可以得1分。请对照你的选择统计你的得分。结果为A，分值为1分的题目编号是：1、2、3、4、5、6、7、8、9、11、12、13、14、15、16、17、18、19、20、21、22、23。

结果为B，分值为1分的题目编号为：无。

结果为C，分值为1分的题目编号为：10、24、25。

(三)结果解释

分值高于20分,说明你的学习方法还是比较理想的。这一测试主要是针对学习方法的测试,看是否善于总结,对知识的掌握是否扎实,学习是否主动自觉,对知识的涉猎是否广泛等等。所谓“尺有所短,寸有所长”,在某个方法上掌握得出色,不代表在其他地方做得都是完美。因此如果你的成绩一直比较理想,很可能得益于你所掌握的适合自己并且有正确的学习方法。在以后的日子里,你不仅要继续保持,还要继续发挥学习中的积极主动性。如果这部分的某些题目中没有得到较好的分数,很可能说明你在某各环节上做得不好或者做得还不够到位。

若低过此分,则说明还有些地方没做好,需要进行改进。

自测后提醒:此问卷仅作为了解自己的参考,若有疑问,请咨询专业人员。

【叩响心门】

(1)结合自身实际情况,谈谈大学生学习有哪些特点?

(2)什么是学习动机?

(3)怎样培养大学生的自学能力?

(4)大学生常见的学习障碍有哪些,如何克服它们?

【心理电影院】

片名:《风雨哈佛路》

简介:该片讲述的是利兹的人生经历:父母吸毒、8岁开始乞讨、15岁母亲死于艾滋病、父亲进入收容所、17岁开始用2年的时光学完高中4年课程,获得1996年纽约时报一等奖学金,进入哈佛学习,一个真实、努力的女孩的人生经历。利兹无疑是特别的,同时也是幸运的。但是与她有着共同经历的克里斯却没有她这份幸运,上帝无疑也是公平的,你付出了多少,上帝会回馈给你同等的,甚至更多的幸运!

《风雨哈佛路》不仅是一部励志影片,同时也是一部心理学电影,我们在为利兹悲惨命运感叹,为利兹努力不屈震撼时,也不禁感到疑惑,为什么只有利兹,难道仅仅是因为她如此聪明,因为她如此艰难的家庭条件吗?具有同样的社会背景,同样的命运起点还有克里斯,两个最初的好朋友最后拥有了不同的人生。这与她们各自的人格特征有着密切联系。下面是用心理学的相关知识对该电影的相关分析。

从阿德勒的自我心理学来看:阿德勒认为每个人生来就带有不同程度的自卑感,自卑感具有普遍性,这种普遍性的自卑感就有可能成为推动我们所有人心灵活动的动力,即人格动力。利兹是带有自卑感的,当伊娃老师让她来学校上课的时候,她没有对老师说实话,只是在逃避去上课,她说:“我不知道应该对她说什么。我也不知道对别人说什么,我的家不是一个能出正常人的地方。”虽然自卑感是一种不如他人的消极的、不愉快的感受,但并非完全是消极的。相反,当一个人有强烈的自卑感时,他往往会力图发展自己,做成某些事情,以自身的发展和成功来克服自卑感。这时,自卑感就成为推动人积极向上的动力。利兹正是这样,她知道自己的家庭环境,她讨厌周围人异样的眼光,但同时,她有着强烈的自尊,她会看在垃圾堆里找到的百科全书,当伊娃老师不让她考试时,她说她可以考试,即使没上过课,但那些问题她可以做对。她的自卑推动着她的努力,在进入戴维老师的学校时,她对“A-”这个分数很在意,她想做到更好,想得到“A”。

这就是阿德勒的追求卓越理论了，阿德勒认为人的一切行动都受追求卓越的向上意志所支配，人类行为的根本动力是追求卓越。追求卓越可以激励人去追求更大的成就，使人的心理得到积极的成长。利兹付出了2年的努力，拼命地努力，换取了班里的第一名、去波士顿旅游的机会、得到去世界第一学府上学的机会。这个正是由于追求卓越的动力造成的。她用自己的努力来换取未来。

从弗洛伊德的精神分析来看，自我是人格中理智的，符合现实的调节者。自我是来帮助本我的，并根据现实的可能性力图满足本我的要求，在本我与现实、本我与超我之间起调节作用。现实条件不允许暂缓甚至否定本我欲望的满足，以求得与现实的协调。超我是理想的自我，具有一定的道德标准，限制自我的需求。自我通过调节人格内部之间的力量，人与环境之间达到一种平衡，实现人格的整合与统一。对利兹来说，本我需要得到家庭的温暖，可是那样的环境确实不能够像正常人一样的生活。利兹幼时的自尊情结、流浪的生活以及后来母亲的去世，这一系列的事情，激起的力比多要求及时发泄，但是超我的反精神发泄作用禁止其内心孤独的满足，而利兹寻找到的另外的突破口便是通过努力而获得另外一种生活。于是，利兹用学习来填补内心的孤独与无助，靠努力生存而获得升华。利兹战胜了自卑感，通过自我逃避，延迟满足需要，在母亲去世的重创下，她艰难地，却也是幸运地解决了早期发展所存在的各种心理矛盾和冲突，她成功地克服了“自我同一性混乱”，形成了较好的自我同一性。她找到了自己理想的奋斗目标。

“我必须成功，别无选择。”这是利兹自信的宣言，也是她努力奋斗的根源。利兹是特别的，也是幸运的，她没有像她姐姐那样生活，也没有像克里斯那样生活，她选择了一条艰苦却又幸福的路。

就这样一路走下来，利兹成功了，她确实很聪明，也确实很努力，其实每个人都有相当的潜力，只是看你会不会去开启它。利兹是幸运的，他收获的也正是她所付出的。越努力越幸运，只要你舍得付出，幸运又怎么会不光顾你，这就是人生，没有人能主宰你的人生，除了你自己！

资料来源：http://www.chinadmd.com/file/3wtu6rivv3itzeviotrzcuzs_1.html

项目九 ▸▸▸

浪漫国度
——大学生恋爱心理辅导

心灵箴言

爱本质上是给予而非获取。

——弗洛姆

人的需要涉及给予和接受爱，我们必须懂得爱，必须能教会爱、创造爱、预测爱。

——马斯洛

项目九　浪漫国度——大学生恋爱心理辅导

【心的灯塔】

教育部于2005年颁布了新《普通高等学校学生管理规定》和《高等学校学生行为准则》,新规定取消了一些涉及学生婚恋的强制性规定,最显著的是撤销了原规定中“在校学习期间擅自结婚而未办理退学手续的学生,作退学处理”的条文,新规定对学生能否结婚不再作特殊规定。就此,教育部有关负责人解释,这并不意味着提倡大学生结婚。这两个新版的规定于2005年9月1日起正式实施。据教育部在70多所高校进行的调查,目前多数高校对在校生能否结婚已不作要求,且并未出现有关管理问题,到目前为止,已经有多所高校在校学生结婚的例子。

我国《婚姻法》规定:“结婚年龄,男不得早于22周岁,女不得早于20周岁”,2002年12月,教育部高校学生司司长瞿振元曾明确提出:大学生可否结婚应由高校说了算,但前提是学校的规定不得与国家法律相冲突。

在新规定出台之前,高校管理者对大学生谈恋爱,表面上持“不支持,不反对”的态度。如今新规定出台后,对大学生能否结婚不再作特殊规定,从另一层面上说,恋爱问题达到了公开化的程度,随之而来的是大学生恋爱中出现的各种各样的心理问题也越来越多。

任务一　恋爱心理概述

一、什么是爱情

从古至今,爱情是一个永恒的话题,马克思主义的爱情观认为:“爱情是人的自然属性和社会属性的统一”。爱情的自然属性是指爱情以性心理和性生理的正常发展为基础;爱情的社会属性是指以男女双方相互关心,相互欣赏和倾慕为基础,双方自愿结合为一体而且具有排他性的情感。男女双方培育爱情的过程则称为恋爱(be in love)。关于什么是爱情,说法不一,精神分析学派、奥地利精神治疗专家弗洛伊德认为:“爱情是性本能的表达与升华。”古希腊哲学家苏格拉底认为:“爱情是爱一切的善,是一种动人的欲望。”英国哲学家休谟认为:“爱情是人的自然本性,是‘美貌、肉欲、好感’三种情感的结合。”德国哲学家黑格尔认为:“爱情是男女双方心灵和精神上的统一。”

心理学家眼中的爱情是什么模样

(一)爱情的特征

1. 平等互爱性

爱情是一种人际关系,是一种特别的亲密关系,是人与人之间相互吸引的最强烈形式,也是人与人之间最强烈的依恋、亲近和向往。这种人际关系还体现在平等互爱、对别人不强求、对自己不强求的对等基础上，平等互爱是爱情的基础。

2. 专一排他性

爱情是人性的组成部分。爱情是以双方彼此尊重和信任为基础，男女双方彼此尊重是爱情的基础，忠诚与信任是爱情的保证，专一和排他性是爱情的核心。

3. 强烈持久性

常言道："死生契阔，与子成说""执子之手，与子偕老"。持久性是爱情转变为亲情的前提。

4. 纯洁严肃性

纯洁严肃性体现在道德的纯洁和完全的承诺信任，纯洁严肃是爱情的保证。

5. 社会感情性

个体性心理发展到一定程度时对异性个体产生的有性吸引力和浪漫色彩的高级社会情感，爱情是一种高级社会情感，性爱是其构成成分之一，但性爱不等于爱情，人区别于动物在于人具有高级的社会情感，而动物则只有低级的社会情感。爱情既受到社会法律和道德的约束，也包含经济和价值利益的交换。

6. 正常生理性

男女之间最大的区别在于生理的差异，而爱情正是基于男女两性之间生理差异的基础上发展起来的情感，当生理基础出现不正常时，爱情可能出现变异，因此爱情是以正常的生理发展为基础。

爱情是性心理发展到一定阶段的产物，爱情是个体自我意识和性心理发展到相对成熟时自然而然产生的，而在未成年异性之间所产生的相互吸引现象，不能算是爱情，只能算是爱情前期的性心理发展。

(二)爱情结构说

爱情结构说分别包括认知成分、情绪成分和动机成分。

1. 认知成分

认知成分包括了对爱情的含义、爱情的意义、爱情的价值、爱情的道德责任、择偶观的认识，也包括了对自己与恋爱对象的匹配性，如时间、空间、家庭环境、社会环境等方面进行理性的思考。认知是维系爱情持久性的根本因素，它决定了双方对爱情的承诺和守约。

2. 情绪成分

恋爱中情感唤起表现为喜欢、倾慕、激动等情况，爱情的情绪成分是指在恋爱过程中所体验到的酸甜苦辣，幸福或仇恨等复杂的各种情绪。

3. 动机成分

是指爱情行为背后的动机，包括性驱力、异性容貌的吸引、对方的地位、外表、家世、钱财、权利等社会资源对自己需求的满足或互补性等，在恋爱动机的驱使下，个体会热情地追求心仪的异性。

二、爱情的生物性与社会性

爱情一直是哲学、宗教、心理学、美学、文学与社会学中引起激烈争论的话题。爱是什么？爱的动力源是什么？著名的性学家霭理士认为，"爱情的动力和内在本质是男子与女子的性欲"。正如马克思与恩格斯所说的："任何一个人类历史的第一个前提无疑是有生命的个体的存在，因此第一个需要确定的具体的事实就是这些个人的肉体组织，以及受肉体组织制约的他们与自然界的关系……生命的生产，无论是自己生命的生产(通过劳动)，或他人生命的生产(通过生育)，立即表现为双重关系：一方面是自然关系，另一方面是社会关系。"这里存在着两个问题：一是究竟有没有不是产生在性欲基础之上的男女之间的爱情？二是一个人在没有尝到禁果之前,能不能体会到爱情?即使最崇高的爱情也有肉体的基础。即使最纯洁的狂热崇拜也是对妇女产生的,它不自觉地力求占有肉体,力求得到这种最紧密融合的自然标志。

(一)爱情的生物性

在远古时代,人们对一个人的性要求坦率、单纯而自然,甚至出现过生殖器崇拜,把它看成是永世长存的神赐,古代人在膜拜时并不面红耳赤。人的精神活动取决于他的器官的生理机能,两方面的健康是紧紧相连的。女性对男性及男性对女性的欲求本身不是内在本能的简单的、初级的生命冲动。因为人的心理现象是一种复杂的、细腻的而又自相矛盾的东西,它具有相对的、内在的自我评价的性质。但是,性欲是一种强大的力量,如果失去控制,它就可能变成灾难;与此同时,不能把爱情的性欲基础绝对化,爱情中性的吸引力和精神的吸引力之间的关系有其内在的辩证法,爱情中的精神成分具有相对独立性。因此,爱情是基于生物学基础,但人类在爱情中的精神基础占有绝对优势。

(二)爱情的社会性

人类的爱情之所以被讴歌,而且成为人类永恒的情结,是因为爱情的社会性。作为万物之灵的人类,爱情的社会性的内涵非常丰富,主要表现在七个方面:

(1)爱情包含着理性而有目的的交往。动物身上只有条件反射,而人具有在劳动和社会关系中合乎规律地发展起来的意识,他能够根据一定的原则和准则来权衡并且调整自己的行为,这就使复杂的性关系具有高尚的精神。人类的爱情是有意识的,没有意识就没有爱情。这一点表现为预见、认识和按一定目的调整自己的行动,而且表现为富有幻想和殷切地渴望获得个人幸福。爱情从来既是令人激动的回忆,又是明确的期待。

(2)爱情是同一社会结构中人的道德意识,是与人的善恶观、对道德和不道德的认识联系在一起的。只有人才能把道德带进两性关系,他一旦爱上一个人,就承担了尊重这种亲昵的友谊,并且把他看作最大的幸福而珍惜它的义务。当一个人体会到真正的爱情时,就会表现出自我牺牲精神与巨大的道德力量。

(3)爱情作为在男女关系上的一种特殊的审美感而发展起来的,爱情创造了美,使人对美有了新的领悟。爱情创造的美丽带着永恒性,我们所说的"情人眼里出西施"正是爱情特殊的审美趋向。在恋人眼中,对方身上所折射出的美丽是其他人无法理解也无法感受的,而这种美不仅表现在外表的吸引,更是心灵深处一种深沉的发自内心的一切对美的鉴赏力的持久的迷醉。

(4)爱情作为一种社会现象,爱情的力量包括生理的力量与精神的力量,使恋人走到一起。爱情引导一对男女去建立牢固的共同生活,去建立婚姻和家庭形式的关系。"参与爱情的只有两个人,要诞生新的生命"。爱情以生理力量为基础,但其精神力量才是爱情中永恒与不竭的动力源,特别是当热恋的激情退却时,真正的爱情在平实生活中靠的是爱情双方精神的力量维系爱情,使之在平凡的生活中依旧光彩照人。

(5)爱情的思想内容和社会——心理内容决定于社会发展的水平,男女之间的相互作用不仅是生物作用,还是精神作用。志同道合曾经是革命年代崇高爱情的代名词。当历史进入21世纪时,爱情价值观的多元化显然与我们社会文化的多元化紧密相关。如同"不在乎天长地久,只在乎曾经拥有"注重爱情的即时性而忽视其永恒性。

(6)爱情的社会成分自然也存在于选择性的欲求对象的过程中。选择和中意的标准不单是生物性的,而且是社会——心理的,在选择对象时,无论男女都不仅注意到由遗传决定的生物特点(眼睛、头发、体形、气质等),而且考虑其纯社会评价(社会地位、物质条件、教育程度、道德水准、志向等）。如果说爱情的最初的迷醉是从生物特点开始的话，那么持久的爱情靠的是社会评价。人类的爱情更多地依靠理性的选择，即在生物学基础之上的更多的社会标准的审视。

（7）调节两性关系的手段是动物所不具备的羞耻感。与美感相对应的是，人类爱情的社会性有其特有的羞耻感，即表现在爱情表达方式与性行为的选择上，也表现在爱情受挫后引起的心理反应。特别是单相思与失恋，羞耻感经常是爱情的伴生物。

三、爱情产生的生理心理基础

生理成熟为大学生恋爱提供了物质基础，但心理与社会性成熟是恋爱的一个必要准备。恋爱作为大学生情感发展历程中的重要体验会对大学生产生积极或消极的影响。

（一）爱情产生的生理基础

爱情产生的生物学基础是生理的成熟。

青年期是童年与成年之间的一个发展过渡期。一般认为它处于 12、13 到 18、19 至 20 岁，青年期始于青春期，个体在此期间达到性成熟并具备了生殖能力。青年期的早期征兆之一就是青年人身高与体重的急剧增加。女孩一般发生在 9.5 ~ 14.5 岁之间，男孩一般发生在 10.5 ~ 16 岁之间。

青年期的第一性征以生殖所必需的器官，在女性为阴道、卵巢、子宫；男性为睾丸、前列腺与精囊。这些器官的不断发育导致了性成熟。女性成熟的基本征兆是月经，男性成熟的基本征兆是尿液中首次出现精子。第二性征是和性器官无直接关系的性成熟征兆。包括生理变化、皮肤变化、声音的变化以及阴毛、鬓毛、腋毛和体毛的变化。

伴随着生理的成熟常常会带来心理上的变化。其中身体的早熟与晚熟会影响青年的心理。早熟的男孩平衡、自然、放松、受同伴的欢迎，较多成为群体中的领导；而晚熟的男孩常常觉得自己能力不足，被拒绝、被支配、有依赖心，缺乏安全感，攻击性强，反抗父母，而且较少想到自己。早熟的女孩子敏感、害羞、心理变化微妙。生理的成熟个体差异较大，大学生整体上性器官与性功能完全成熟。

（二）爱情产生的心理基础

身体的成熟一定会带来爱情吗？答案显然是否定的。中国人经常谈到的某个孩子“懂事早”特指其心理上的成熟程度。尽管生理的成熟也受到社会文化与环境的影响，但心理的成熟更多受社会文化与环境的影响。大学生的心理是社会环境综合影响的结果，从校园到校园如此简单的人生经验，使大学生的社会经历显得单薄甚至有些单纯，但大众传媒特别是网络，又使大学生与社会紧密地联系在一起，其影响是双向的：一方面，社会文化成为大学生心理成长的催化剂，太多的传媒关注大学生，使他们的心理如同雨后春笋急剧成长；另一方面，社会经验的短缺使他们的成长或多或少带有不现实性，或者说，象牙塔中的心理成长还带有相当的书院气息。个体的成长永远不可能脱离社会环境而存在，只有在社会多种因素的碰撞中，积极的因素占优势，大学生才会呈现较高的心理发展水平或达到理想状态，否则就会出现迟滞、消极或扭曲的状况。这一点需要引起高度重视。

大学生的心理发展主要有以下几方面：

一是自我意识进一步加强。恋爱是大学生强烈自我意识的重要表现途径，爱情是成长中重要的自我证实与自我实现。在恋爱这个特殊时期，恋人眼中的评价占有绝对优势。在大学生自我意识逐步形成与完善的时期，个体在恋人眼中成为最重要的“镜中我”，这将影响着自我意识的完善与发展。一般而言，自我意识发展水平较高的学生，有着正确的自我评价，在爱情中能够把握自己，了解自己，也容易把握爱情；而自我意识发展水平较低的学生，自我、自尊与自信的建立相当程度上依赖于恋人的评价，当拥有爱情时认为自己是世界上最幸福的人，而当爱情远去时，容易自我怀疑、自我否定甚至自我抛弃。因此，自我意识是大学生心理发展的重要方面。

二是性意识进一步强化。与中学时代的朦胧相比，大学生对异性的好感变得清晰而直接，他们会使用多种策略与异性相处，特别是对于自己钟情的异性，大学生大胆而策略地表达自己的爱情。在中国传统文化中，性意识的表达不被积极倡导，性的冲动与对异性渴慕的冲突不被重视。值得重视的是，性意识的发展带来性驱力的增强，如果对其进行正确的引导，合理的抑制与适当的满足是个体心理发展的重要前提。值得重视的是，与大学生性意识的发展相伴随，受不良社会文化的影响，大学生在性上采取的宽容甚至情感消费主义对大学生日后的婚姻爱情生活将会带来消极影响。

三是自我控制力加强。自我控制能力是心理发展的重要指标。大学生抽象思维能力的空前发展与自我控制能力的提高，使他们在爱情面前能够克制自己的欲望和感情，正确分析个人的行为及其利弊，做出恰当的选择。在恋爱中，特别是当面临爱情、考研、就业等多种选择时，绝大多数学生能够根据自己的现实情况做出判断。

四、爱情的理论

迄今为止，心理学家、行为科学家都没有能够客观地解释人类的爱情。人们常常将亲密的情感分为两种：伴侣的爱和罗曼蒂克的爱，前者由相互关照并从共同度过的时光产生了感情；罗曼蒂克的爱有以下特点：一是存在于文化概念中，二是存在生理唤醒，三是存在与文化相适应的爱的对象。

（一）斯腾伯格（Sternberg）的爱情三角理论

爱情三角理论为下图所示。

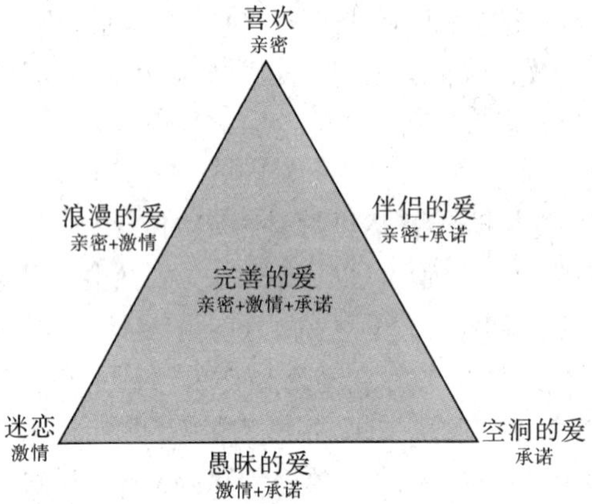

这个理论认为：爱情包括亲密、激情、承诺三种成分。亲密是两人之间感觉亲近，温馨的一种体验。简单说来，就是能够给人带来一种温暖的感觉体验。属于爱情的情感成分；激情是指强烈地渴望与伴侣结合，促使关系产生浪漫和外在吸引力的动机，通俗地说，就是见了对方，会有一种怦然心动的感觉，和对方相处，有一种兴奋的体验。一种强烈的、爆发性的和相当短暂的情绪体验，如狂欢、暴怒、痛哭等，也就是与性相关的动机驱力，属于爱情的动机成分；而承诺则包括短期和长期两个部分，短期的部分是指要做出爱不爱一个人的决定，长期的部分是指做出维护这一爱情关系的承诺，包括对爱情的忠诚，责任心。也就是结婚誓词里说到的“我愿意！”，是一种患难与共、至死不渝的承诺，属于爱情的认知成分。

激情，亲密和承诺三大要素组成了七种不同类型的爱情：

第一种是喜欢式爱情（喜爱）：只有亲密，在一起感觉很舒服，但是觉得缺少激情，也不一定愿意厮守终生。没有激情和承诺,如友谊。

第二种是迷恋式爱情(痴迷的爱):只有激情体验。认为对方有强烈吸引力,除此之外,对对方了解不多,也没有想过将来。只有激情,没有亲密和承诺,如初恋。

第三种是空洞式爱情(空洞的爱):只有承诺。缺乏亲密和激情,如纯粹的为了结婚的爱情。此类“爱情”看上去丰满,却缺少必要的内容,金玉其外,败絮其中。

第四种是浪漫式爱情(浪漫的爱):有亲密关系和激情体验,没有承诺。这种“爱情”崇尚过程,不在乎结果。

第五种是伴侣式爱情。伴侣的爱(伴侣的爱):有亲密关系和承诺,缺乏激情。跟空洞式“爱情”差不多,没有激情的爱情还能叫爱情吗?这里指的是四平八稳的婚姻,只有权利、义务却没有感觉。

第六种是愚蠢式爱情(愚昧的爱):只有激情和承诺,没有亲密关系。没有亲密的激情顶多是生理上的冲动,而没有亲密的承诺不过是空头支票。

第七种是完美式爱情(完美的爱):同时具备三要素,包含激情、承诺和亲密。只有在这一类型中我们才能看到爱情的庐山真面目。前面列举的六种都只是类爱情或非爱情,在本质上并不是爱情,只有第七种才是爱情,而我们在现实生活中碰到的类爱情和非爱情的情形实在太多,以致把具备三要素的爱情基本当作是一种超现实的理想状态。

另外一种类型是无爱:三个因素都不具备。很多包办婚姻属于这种类型。

(二)约翰李的爱情彩虹图

加拿大社会学家约翰李将男女之间的爱情分成六种形态:情欲之爱、游戏之爱、友谊之爱、依附之爱、现实之爱及利他之爱。

第一种,情欲之爱。情欲之爱建立在理想化的外在美,是罗曼蒂克、激情的爱情。其特点是一见钟情式,以貌取人、缺少心灵沟通、热烈而专一,靠激情维持。

第二种,游戏之爱。视爱情为一场让异性青睐的游戏,并不会将真实的情感投入,常更换对象,且重视的是过程而非结果;不承担爱的责任,寻求刺激与新鲜感。

第三种,友谊之爱是指如青梅竹马般的感情,是一种细水长流型、稳定的爱。这种爱情以友谊为基础,在长久了解的基础上滋长着,能够协调一致解决分歧,是宁静、融洽、温馨和共同成长的爱情。

第四种,依附之爱者对于情感的需求非常大;依附、占有、妒忌、猜疑、狂热、在恋爱中情绪不稳定。这种爱控制对方情感的欲望强烈,将两人牢牢地捆在爱情这条绳索上。

第六种,现实之爱者则是会考虑对方的现实条件,以期让自己的酬赏增加且减少付出的成本的爱情。这类爱情理性高于情感,受市场调节的现实主义态度。

第六种,利他之爱带着一种牺牲、奉献的态度,追求爱情且不求对方回报。自我牺牲型爱情是无怨无悔,是纯洁高尚的。

(三)爱情依恋理论

爱情依恋理论将爱情与童年依恋联系研究。婴儿时期与人建立的依恋关系,会使个体形成一个持久且稳定的人格特质,这项特质在个体在与异性建立亲密关系时自然流露出来。Hazan 和 Shaver 将成人的爱情关系视为一种依恋的过程,分三种类型:

一是安全依恋:与伴侣的关系良好、稳定,能彼此信任、互相支持。绝大多数人的爱情属于安全依恋。

二是逃避依恋:害怕且逃避与伴侣的亲密。法国电影《天使爱美丽》中的艾米丽就属于这类。

三是焦虑/矛盾依恋:时常具有情绪不稳、极端反应的现象,善于忌妒且希望跟伴侣的关系是互惠的。《过把瘾》的男女主人翁就属于这类。

在 Hazan 和 Shaver 的研究中发现,三种不同的爱情依恋风格在成人中所占比例分别为:安全依附约占 56%,逃避依附约占 25%,而焦虑/矛盾依附约占 19%,与婴儿依附类型的调查比例相当接近。

Bartholomew 和 Horowitz 以上述爱情依附风格理论的概念为基础,发展出一种四类型的爱情依附风格理论,他们以正向或负向的自我意象和正向或负向的他人意象两个不同的向度来分析,得到四种类型的爱情依附风格:

安全依恋:由正向自我意象和正向的他人意象所造成。

焦虑依恋:由负向自我意象和正向的他人意象所造成。

排除依恋:由正向自我意象和负向的他人意象所造成。

逃避依附:由负向自我意象和负向的他人意象所造成。

(四)爱情阶段理论

Murstein 主要探讨亲密关系如何发展,注重爱情的阶段性。Murstein 提出的 SVR 理论认为亲密关系的发展,依双方接触的次数多寡分为刺激、价值和角色三阶段。

第一,刺激阶段:通常双方第一次的接触即属于刺激阶段。在这个阶段中,双方彼此间互相吸引,主要建立在外在条件上,例如被对方的外貌或身材所吸引。

第二,价值阶段:一般而言,双方大约第二次至第七次的接触,便属于价值阶段。在这个阶段中,彼此情感上的依附,主要是建立在彼此价值观和信念上的相似。

第三,角色阶段:通常双方大约第八次以后的接触,便开始属于角色阶段。在这个阶段中,彼此对对方的承诺,主要建立在个体是否能成功地扮演好在此关系中对方对自己所要求的角色。

虽然 Murstein 认为亲密关系包含刺激、价值、角色三阶段,但在亲密关系的每个阶段中,这三种因素对关系都有影响;只是在每个阶段中,各有一个因素是最主要的影响因素。从整个关系的发展历程来看,刺激因素一开始占较高的比重,之后随着接触次数的增加而逐渐上升,但是所增加的幅度很小,最后会趋于一个平稳的水准;价值因素虽然一开始时的比重较低,但关系发展至价值阶段的时候,这个因素的比重会迅速提高,不过在角色阶段时,其比重也会趋于平稳,且最后平稳的水准所占的比重,也比稳定后刺激因素所占的比重高;同样的,角色因素一开始最低,到角色阶段则会超越其他两个因素,且随着关系的继续发展,其比重也会不断地往上提升。

(五)投资模式理论

Rusbult 的投资模式以社会交换论的观点来看亲密关系的发展,认为亲密关系中的双方,在此关系中互相有所得失,并以一种理性且公平的评估方式,衡量自己在此关系中的付出与收获,再以此评估为基准,决定其对关系的应对方式。在这类理论中,Rusbult 的投资模式是其中较重要的一种。

Rusbult 认为男女亲密关系中的承诺,是由满意度、替代性及投资量等因素所共同决定。根据投资模式的预测,当亲密关系中的个体,对关系有较高的满意度、知觉到较差的替代性品质以及投资了较多或较重要的资源时,便会对此亲密关系做出较强的承诺,也就是较不易离开此关系。简单来看,可用一个方程式加以说明:满意度 - 替代性 + 投资量 = 承诺。

满意度:亲密关系中的个体,对于他在此关系中所得到的报酬及所付出的成本,会评估相互抵消后的实际结果。随着关系的长期发展,彼此的相互依赖性会随之提高,而开始将伴侣的结果和整个关系的结果也并入实际结果的计算,如与伴侣一起分享他的成功或共同分担他的痛苦。此外,个体也会依据过去曾有的亲密关系及有关的经验(如与家人和朋友所讨论、比较的结果),形成一个自己对目前关系所应得结果的预期水准。最后个体会将在关系中获得的实际结果与此预期水准相比较,而产生对此亲密关系的满意度:当实际结果愈好,预期水准愈低则满意度愈高。

替代性:替代性指的是对放弃此亲密关系的可能结果的好坏判断,可能结果包括发展另一段亲密关系、周旋在不同的约会对象间,或是选择保持没有任何亲密关系的单身状态等。个体考虑替代关系的因素既包括特定的喜欢对象,也包括不特定的对象,以及个体对自己能否离开此关系的能力的主观知觉与客观评估。此外,个体的内在倾向与价值观也会影响替代性的主观知觉。例如当个体觉得有自信、有价值、有高自尊及有强烈地自主性需求时,通常会知觉自己有较佳的替代性品质,而较容易离开此亲密关系。

投资量:投资是指个体在亲密关系中,所投入或形成的资源。投资与报酬或成本最大的不同有两点:第一是投资通常不能独立地从关系中抽取出来,而报酬与成本可以;第二是当关系结束时,投资无法回收,而会随着关系的结束一并消失。因此投资会增加结束关系的成本,使个体较不愿也不易放弃此关系。从另一个角度看,则是增强了个体对此关系的承诺。

个体投资在亲密关系中的资源可分为两类:一是直接投入的资源,如时间的投入、情绪能量的释放、个人隐私与幻想的揭露及为对方所做的牺牲等;二是间接投入的资源,如双方彼此的朋友、两人共同的回忆及此关系中所特有的活动或拥有物等。此外,在长期亲密关系中所形成两人一体的认同感,长期相处下来所建立的默契与思想上的相似,以及彼此互补的一些记忆与信息等,也是会随着关系结束而立即失去的投资。个体所投入的资源层面愈广、重要性愈高、数量愈多,则表示其投资量愈大;当个体在此关系的投资量愈大时,对此关系的承诺也愈强。

承诺:此模式中所指的承诺,是指会使个体设法维持这份关系及感觉依附在此关系中的倾向。因此承诺的定义包含两个部分:行为的意向与情感的依附。当个体对一份亲密关系做出承诺后,他想维持并依附关系的倾向会促使个体做出种种有助于维持此关系的行为:例如与他人作一些适应性的社会比较,并选择性地加以解释;对于对个体具有吸引力而易破坏现有关系的替代对象,尽量拒绝与其接触或相处的机会;采取有效的方式,处理有关忌妒与第三者介入的问题;自愿为此关系做一些付出与牺牲;当对方做了某些糟糕或不合己意的事时,采取顺应而非报复的方式解决。

五、爱情和友情的关系与区别

(一)爱情与友情的区别

爱情和友情有一定的关系,但两者之间也有很大的区别。常言道:爱情的空间很大,大得可以容纳得下所有的委屈;爱情的空间又很小,小得容纳不下第三个人,只要第三个人出现,就会让人感觉窒息。友情就不存在的这种情况。正常的爱情是两个人之间的事,但友情可以是两个人以上,它不具有爱情的自私、独占和排他性。

爱情是异性之间的强烈的依恋、亲近和向往的情感。爱就是罩住对方的心,爱情具有亲密、情欲和承诺的属性,能够与对方分享自己的私生活。爱情是人性的重要组成部分,狭义上爱情是指情侣之间的爱,广义上的爱情还包括朋友之间的爱情和亲人之间的爱情。在爱的情感基础上,爱情在不同的文化也发展出不同的特征。如东方文化中爱情较为保守,西方文化的爱情开放、热烈。

友情本意是指诚挚的友情,也泛指与人们接触较亲密的朋友之间所存在的感情,是人们愿意为朋友付出一些或全部自己所有的思想。友情通常情况下大于亲情。友谊不论地方的远近，不论时间的长短，心总是在一起的，因此洪湖上有句话“真正的朋友，是在你困难你的时候能出手帮你一把”，朋友体现在互相帮助，而不是互相利用。

爱情有情欲，爱情常与性联系在一起，但友情就没了，友情可能上升为爱情，爱情可以直接超越友谊，发展成爱情，这种爱情很有可能被外表所欺骗，因此未有友谊而有爱情的爱情是不牢靠的，一见钟情便是这种形式。由友谊发展为爱情的爱情是持久的，也是最有基础的。

【心理百科】

男性与女性之间存在纯友谊吗?

电影《当哈利遇上莎莉》(When Harry met Sally)有一句经典台词:“在两人各有所爱的时候，男人和女人或许可以成为朋友，但很快他们就会质疑为什么要与只能做朋友的人交往。”实质上，男性和女性之间的确存在纯友谊。大部分人都曾经与异性有过亲密的友谊，这种关系在大学生之间更是司空见惯。然而当他们一旦离开校园，许多人不再会维持亲密的异性友谊。为什么会这样呢?

男性和女性成为亲密朋友的原因和他们接近同性朋友的目的一样:“我们都需要他人的陪伴，共度美好的时光，开心快乐的交谈”。在这样的友谊里，人们还会获得尊重、信任和支持。与异性朋友交往时，人们要比与同性朋友交往时更开放、更有创造性、更有表达能力等。

然而，异性间的友谊还会遭遇同性友谊不会碰到的障碍，例如，是继续保持彼此友谊，还是发展成为爱情呢? 不同于爱情，友谊是不具有排他性的，而且不包括性含义，双方是彼此平等的伙伴关系。所以，异性友谊需要学会把握超越友谊的亲密程度。实质上，多数情况下人们不会把异性友谊转变为爱情，他们会尽力保持柏拉图式的伙伴关系。人们不愿意冒着失去宝贵友谊的风险，而贸然将友谊转变为爱情。

如果异性朋友有了自己的爱人，这段友谊可能会受到影响。在亲密关系之外，还有能够提供陪伴守候、关心爱护的人，这会让爱人感受到不舒适甚至是敌意。因此，有了爱人的男性和女性不太可能像单身男女那样拥有亲密的异性友谊，这正是人们在离开校园后异性友谊不再那么普遍的重要原因。

(二)爱情与喜欢的区别

爱情与喜欢的区别主要表现在如下几个方面:

(1)依恋。恋爱的双方在感到孤独时，会强烈地想与对方长时间待在一起，让对方来陪伴和安慰，而喜欢的双方没有这种依赖感。

(2)利他。恋爱双方会高度关怀对方的情感状态，觉得让对方高兴、快乐和幸福是自己义不容辞的责任，对于对方的不足，有时也高度地包容和理解。即使是以自我为中心、自私自利的人，在恋爱中也会表现出某种理解、宽容和包括。

(3)亲密。爱情是专一的，排他的。异性之间的喜欢大多与性无关，而爱情则掺杂了性爱的因素，恋爱双方不仅有高度的情感依赖，而且还有身体接触的需求，有很多边缘性行为的出现。性是爱情的基础，是爱情是核心成分。

(4)喜欢表现为一时出现的情绪感受，是一种单纯的情感体验；爱情表现为长时间的相互了解，经常与许多相互冲突的情绪有联系。

(5)爱情有较多的幻想，喜欢则不是由对他的幻想唤起，而是由他人的现实评价唤起。喜欢不像爱情那么狂热、热烈、迫切，而是表现得较为平静、宁静和客观。

如何准确地把握友情和爱情的界限? 有一个简单的办法可供参考。

如果你们有意无意地总想两个人在一起，又总想逃避开朋友和熟人，则说明你们的关系已经从友情偏向了爱情，起码已经在爱情与友谊之间摇摆。

如果你对自己的异性朋友，有一天突然感到有一种欲求相见而不能的焦虑、不安，说明已经到了与对方不愿意分离的地步，而在正常情况下是绝对不会有这种感觉的。

如果你对异性的打扮、长相和服饰突然产生了极大的兴趣，如评价对方哪种打扮漂亮，哪种姿势优雅，那你已经离开了友谊了轨道。

因此，划清爱情与友情之间的界线，消除自己心理上的苦恼可以避免不必要的纠葛和麻烦。

任务二　大学生的恋爱类型与心理特点

一、大学生恋爱的表现形式与类型

（一）大学生恋爱的表现形式

1. 单恋

单恋也称单相思，是指一方对另一方倾慕的情感苦于不被对方知道，或者明知道对方不爱自己，自己却深深地爱着对方，从而造成一厢情愿或对恋爱渴望的现象。

爱情是一场精确的匹配游戏？

【心有千千结】

某女大学生对任课的一位青年男老师爱慕不已，每次上课她都会心情特别激动、心慌、心跳加快，有时男老师点名让她回答问题，她就脸红，不知所措。下课后总是想着这位老师。明知道这位老师是已婚之人，亦终日思念，无心向学。

资料来源：作者根据相关资料整理

往往会出现关注、亲吻、幻想、错觉等心理倾向。单恋分无感单恋和有感单恋。无感单恋是对方并不知道你在爱他（她），常发生在性格内向的人身上，这类人爱对方却又觉得对方高不可攀，只好把感情深藏在心中，不予表露，自我折磨。对于无感单恋者，如条件成熟，不妨大胆地向对方表白你的爱，也可创造条件接触对方，从中试探对方，也许对方会有意于你。有感单恋则是指对方知道你对其有意思，但对方有可能越是知道你喜欢她（他），她（他）就越是躲着你，犹如“抽刀断水水更流，举杯消愁愁更愁”，使你无从入手。

【心理百科】

得不到的就是好的？

有什么能拆散彼此相爱的人呢在莎士比亚的经典名剧《罗密欧与朱丽叶》中，罗密欧与朱丽叶相爱，但由于家族世仇，他们的爱情遭遇到双方家庭的百般阻挠。但是，两人之间的感情并没有因为家长的干涉而有丝毫的减弱，反而愈加深沉，最终双双殉情。这种现象被称作“罗密欧与朱丽叶效应”。

究竟是什么原因让那些被“棒打的鸳鸯”关系更加紧密呢？认知心理学家费斯廷格（L. Festinger，1957）提出的认知失调理论（cognitive dissonance theory）认为，当我们有两种想法或信念在心理上不一致的时候，就会产生紧张感，为了减少这种不舒服的内心感受，我们就会调整自身的想法。也就是说，如果你是自愿做出某种选择时，你会喜欢你所选择的对象，也就不存在认知失调；但如果你并不乐意接受某种选择，内心就会产生不舒适感、产生心理抗拒，你就会做出完全相反的选择。所以，当外界压力要求人们放弃自己的爱人时，由于心理抗拒的作用，人们反而变得更加坚定，并增加对爱人的喜欢程度。但是，当这种爱情阻力消失的时候，苦恋的彼此反而失去了曾经的热情，双方或许要面临分手的结局。

2. 热恋

大学生的热恋表现为热烈，有些甚至轰烈，热恋期间总希望对方多陪自己，即使短暂的分开也会让对方有“如隔三秋”的感觉，由于受到荷尔蒙影响，热恋中的男女自制能力差、冲动、过激，他们常做出一些令平时的自己难以想象、令朋友匪夷所思的事。热恋期过后是磨合期，磨合期间有时会因鸡毛蒜皮的小事生气，甚至吵架，出现这种情况，只要稍微冷静思考一下大家都包容下对方，都有不对的地方，不要一味地放大别人的错误缩小自己的毛病，多沟通，让大家都明白对方的想法，不要什么都憋在心里，是谁错了就要说出谁错了，坦诚相待，热恋期中的吵吵闹闹也是不可或缺的一种调味料。

3. 网恋

网络恋情意指两人透过网际网路发展出的恋爱情谊，是网际网路之后所产生的新的人际关系。特殊之处是两人的关系前期并没有涉及现实生活。

对于网恋，不同的人对它的看法也是不同的，有人避而远之，唯恐不小心掉进网恋的陷阱让自己受到伤害；也有人觉得无所谓，认为如果遇到自己喜欢的人，在网上来场精神恋爱也不错；还有人认为网恋虽然美丽浪漫，却总是太虚无，美丽过后太痛苦，想尝试却又害怕，于是多了一份暧昧的感觉。

4. 三角恋和多角恋

三角恋是指一个三个人的群体在同一时期中，陷入了类似以下的状况：其中两人爱上同一个人，或一个已有伴侣的人正好爱上群体中的另一个人等。

三角恋，是多角恋的一种。同时与两名伴侣有恋爱关系即称之为脚踏两条船。当这三者彼此的恋爱关系皆存在，则三角关系即正式成立。另外，若是发生在婚姻关系成立之后，则也可以称之为婚外情。三角关系也可发生在同性伴侣之间，与异性伴侣没有分别。同时和一个以上的异性谈恋爱称多角恋爱。

在现实生活中，一女两男或一男两女的三角恋爱关系，在恋爱中是很难形成“等边三角形”的。这种关系是道德观念缺失的一种表现，也是畸形的恋爱。因此，处于三角恋或多角恋的大学生，应综合权衡，理智地选择一个，让自己从不健康的竞争中解脱出来，否则将会影响到同伴的正常交往，也会给多方造成伤害。

5. 失恋

失恋是指恋爱一方中止恋爱关系后给另一方造成严重的心理挫折，或由于各种因素双方不得不中止恋爱关系后给双方带来一种严重的心理创伤。失恋对于任何一个真正在乎爱情的人来说，都是一个不小的打击。但是恋爱不等于婚姻，只有经过恋爱的过程才能确定双方能否步入婚姻的殿堂，如果发现性格、兴趣、爱好、价值观、人生观等存在差异而分手，就意味着原本的相处存在着矛盾。

【心有千千结】

一位失恋的男生来到心理咨询室寻求帮助：我的女朋友莫名其妙地和我分手了，这对我来说是一个沉重的打击。多日来，我想不明白，情绪低落，心烦意乱，没有一点心思去学习。我想找她问个明白，可她总是躲着我，或是含糊其辞，不正面回答我。同学们都劝我不要自寻烦恼，忘了这事，可是我却怎么也忘不了，失恋的痛苦像恶魔一样，无情地折磨着我的心。

资料来源：作者根据相关资料整理

(二)大学生恋爱的类型

1. 理想浪漫型

这种类型的恋爱者追求浪漫、追求完美、追求对方百分百包容自己、有些大学生甚至希望对方每天给自己一个惊喜,他们把爱情想象得非常完美、非常理想,对恋爱之路将会遇到的困难和挫折估计不足或者根本不去想象可能会出现的各种情况,他们往往更多的是追求恋爱的快乐感觉。

2. 现实功利型

这种类型的恋爱者较为现实和功利,如看重对方的家庭状况、父母和主要亲戚从事的工作、家庭背景等,关注对方家庭对自己的前程仕途是否有帮助,对自己的经济是否有资助,他们往往把爱情功利化、物质化。在大学校园这种类型的占的比重不大,但出来工作后,通过介绍人进行的相亲活动,现实功利型的占绝大多数,有些相亲对象直接就看对方的物质条件如何,能达到自己要求的愿意迈出见面的第一步。

3. 互爱互助型

这种类型的恋爱者在学习或工作相互帮助,相互尊重、相互欣赏中产生感情,进而确定恋爱关系,他们完全没有任何功利的动机,没有任何外在因素的干预,由于志趣相投,他们注重思想上的沟通和情感上的共鸣,能处理好精神满足和生理冲动自控。

4. 情欲慰藉型

这种类型的恋爱者受性心理和性生理发展、发育的影响,将性与爱对等起来,错误地认为"有爱必然要有性,有性才能爱",因为他们在外界性刺激的影响下,包括性电影、有性情节的小说,性图片等,追求性刺激,认为恋爱是为了满足自己的性欲,只享受性带来的快乐和愉悦,不对爱情的本身承担任何的责任,他们忽视爱的内涵,爱情的道德责任意识淡薄,逢场作戏,玩弄异性常常是这些人的不良行为。

二、大学生恋爱心理的特点

(一)恋爱认知与评价上的特点

1. 对大学谈恋爱抱平常心态

谈恋爱还是大学生在爱情方面的心理素质和心理承受能力的一个重要途径。它最终会走入每个大学生现在或将来的生活,甚至在某个阶段扮演生活的主角,在大学期间谈恋爱,把握准爱情的脉搏,为此后的工作和事业打下坚实的心理基础。大学生对恋爱现象的看法持平常的心态,认为不容回避,也无须视之为猛兽,高呼猛打。

2. 对爱情真正内涵的理解比较模糊

在大学生群体中进行"何谓爱情"的调查,结果显示,相当部分学生对爱情的真正内涵的理解比较模糊,有些认为爱情就是男女间你情我愿的事情,不需要在乎结果,只注重过程;有些认为爱情是大学的必修课,不恋爱一场枉读大学几年;有些认为爱情不需要强硬的物质基础,只要心有灵犀就行。

3. 多数同学对性行为持慎重态度

大学期间的校规、社会舆论和大众习俗并不赞成大学生的婚前性行为。恋爱中的男女大学生独处时常会产生强烈的相互吸引,相互爱抚、接吻、性交等满足性欲的性行为,但这些行为与他们所接受的传统教育和道德责任相违背,在他们内心可能会引发道德焦虑,产生性的身心需求与社会规范和道德责任两者间的矛盾。

【心理百科】

爱情中的心理效应

除了在人际关系中曾提到的首因效应、近因效应、晕轮效应等，在爱情中还有许多有趣的心理效应，例如：

在求爱过程中，如何让心上人接受自己呢？登门槛效应(foot in the door effect)，又称得寸进尺效应，是指一个人一旦接受了他人的一个微不足道的要求，为了避免认知上的不协调，或想给他人以前后一致的印象，就有可能接受更大的要求。例如，男性在追求女性时，不能在认识之初就提出要与对方共度一生，总是通过与对方吃饭、看电影、逛马路等小要求来逐步实现的。与登门槛效应相反，留面子效应(door in the face effect)，又称以退为进效应，是指人们拒绝了一个较大的要求后，对较小要求接受的可能性增加的现象。例如，一位男性向心仪的女性表白，对方可能因为不太了解或存在误会而拒绝，此时就可以尝试着与对方从朋友做起。

人们在面对他人求爱时所表现出的犹豫不定、迟疑不决的现象就是布里丹毛驴效应(Bulidan donkey effect)。“布里丹之驴”是以14世纪法国哲学家布里丹的名字命名的悖论：一头饥饿至极的毛驴站在两捆完全相同的草料中间，但是它始终犹豫不决，不知道应该先吃哪一捆才好，结果活活饿死了。例如，有些人在被他人特别是被多个人追求时，可能会左思右想、不知所措，以致既耽误了自己又伤害了别人。

在经济学中有沉没成本(sunken cost)这一概念，是指已经付出且不可收回的成本。人们在恋爱过程中的那些情感付出、时间消耗、精力投入、金钱开支等点点滴滴，都会随着爱成往事而覆水难收，变成沉没成本。所以，当无法继续或维系一段感情时，人们的内心会变得非常纠结，不愿意让之前的努力就此付诸东流，所以会当断不断，反受其乱。

(二)恋爱动机上的特点

1. 满足性心理的需要

大学生年龄一般在20至24岁之间，这个年龄界限按青年心理学划分，已跨过青春期并进入成年期，其生殖系统发育趋于成熟，性激素的分泌影响生理平衡，因而对性的体验十分敏感。此时的大学生正由青春期的“异性疏远”走向青年期的“异性接近”，因而在异性吸引、彼此产生好感的基础上，大学生处于理智与感情矛盾的旋涡中，在理性认识上认为自身应该保持贞操或希望对方要遵守传统理论道德，但在爱的激情下，又不愿受传统观念束缚，压抑自己的性欲。他们往往会认为，既然真心恋爱了，有性行为也是迟早的事，因此，有些大学生男女的恋爱则表现在满足性心理的需要。

2. 满足情感的需要

现在的大学生大多是独生子女，在其恋爱过程中常常显示出依赖心理，缺乏独立意识，在家依赖父母，在校依赖，而这种依赖就发展成为爱情对象，以解决空虚的心理。

3. 满足从众心理的需要

受从众心理的影响，大学生在共同的校园里学习、生活和交往，加上思想观念的相似性，促使他们在恋爱问题上表现出明显的从众趋向。恋爱对象的出双入对常令他们羡慕和向往，在好奇心驱使下而跃跃欲试。看到恋爱的同学生病有人照料，生日有人陪伴，委屈有人安慰，便萌发孤独感和攀比心，甚至低人一等的自卑感。在这种群体氛围的影响下，不少本不打算谈恋爱的，为表现自己并非无能，也盲目效仿，寻求异性朋友。

4. 注重恋爱过程，轻视恋爱结果

现在相当一部分大学生不以婚姻为目标，在谈恋爱时并没有全身心投入，恋爱的动机和目的多种多样，如抱着只重视过程，将恋爱当作一种感情体验、一种消遣，那其实质只是强调爱的权利而否定爱的责任的一种自私的观念和行为。

5. 注重爱情，轻视学业

很多恋爱中男女在步入爱河之前，都强调恋爱不能影响学业，但由于恋爱是两个性格各异、生活习惯不一的人，在生活、学习、情感方面均需要磨合，爱情带给恋爱双方愉悦之余，也有带给双方情感的痛苦和误解，久而久之则影响学业，出现“主观上学业第一，客观上爱情至上”的情形。

任务三　大学生常见恋爱心理问题及调适

一、单恋（单相思）应对方法

正确对待单相思，彻底摆脱由此带来的痛苦，应对方法如下：

树立正确的恋爱观

第一，要端正认识。爱情是很重要的，但它毕竟不是生活的一切，人生更重要的是对理想、对事业的追求。对于暗恋的对象，要学会准确地观察和分析对方对自己的情感和感觉，避免“表错情”而带来痛苦的情绪体验。

第二，要自我安慰。以“酸葡萄”心理和“甜柠檬”心理进行自我安慰。“酸葡萄”心理即“吃不到葡萄，就说葡萄是酸的”，否定对方的好处，尽力寻找对方的缺点。“甜柠檬”心理，把目前的境况的好处扩大化，以求得安慰。

第三，要适当宣泄。若把单相思的痛苦、忧伤闷在心中，势必影响情绪和心理健康，因此，要通过一定的方式进行宣泄，如找朋友、家人宣泄心中的怨恨、不满、苦恼，以淡化对方在心中的地位。

第四，要积极转移。通过扩大自己的生活圈子及人际交往，转移自己的注意力，具体表现：一是环境转移，尽可能离你痴心所爱的人远一点，使空间距离变大，感情淡忘；二是感情转移，如果确定对方不爱你，把感情转移到别的事物上，分散情感的注意力。

二、失恋应对方法

第一，要倾诉。失恋后，要把自己不愉快的情绪向好友倾诉，倾诉是一种很好的情感宣泄方法，如果感情受挫很严重，自身无法调节的，则建议寻找专业的心理咨询老师辅导，以尽快走出失恋的阴影。

第二，要转移注意力。在符合道德和法律的前提下，做些自己平常喜欢做的事情，转移自己的注意力，不让自己无所事事时为失恋痛苦、伤心。如打打球、跑跑步、逛街、购物、听音乐等都是很好的方式。

第三，要改变自己的认知。“不要因为一棵树而失去了整片森林”“天涯何处无芳处，何必单恋一枝花”经常有人用这些话安慰失恋的人，实际上是改变认知。

第四，升华。把时间和精力放到工作上、学业上，力求用工作、学业的成功实现自身价值获得心理的快慰，促使感情升华。

三、恋爱中的变态嫉妒心理

恋爱中的嫉妒心理分为自然性嫉妒和变态性嫉妒。自然性嫉妒体现在羡慕、吃醋，而变态性嫉妒体现在猜疑、敌意和报复，变态性嫉妒一方面常导致对方焦虑不安、紧张恐惧、抑郁愤怒等消极情绪,从而对工作、生活、学习带来严重的影响,另一方面,可能是导致对方轻生或他杀等校园恶性事件的发生。

变态性嫉妒应对方法：

第一,要明确恋爱双方是完全平等的。心理学家认为,变态性嫉妒主要是从占有心理中产生的,因此,如果能以平等的心态对待恋人,尊重对方的人格,明确恋爱双方是完全平等的,对克服嫉妒心理有一定的帮助。

第二,要正确理解排他性与专一性。爱情是排他的,专一的,这种专一性体现了对爱情权利和义务应承担的道德底线,无数的案例告诉我们,爱情中自私成分越多,嫉妒心理就表现得越强。排他不代表不与别的异性朋友接触,正常的异性接触是必要的。

第三,要用理智战胜情感。理智感强与弱对调节嫉妒心理有很大的关系,理智感弱的人,会因为一点点小事醋意大风,相反,理智感强的人,即使因嫉妒而产生怀疑,也能冷静思考、正确对待问题,不会因为嫉妒而对爱情产生裂痕。因此,为了克服变态性嫉妒,学会理智的思考和对待问题十分重要。

四、培养健康恋爱观

具有健康恋爱观的人,应该具备表达爱的能力、接受爱的能力、拒绝爱的能力、鉴别爱的能力、保持爱情长久的能力、解决爱的冲突的能力。

(一)表达爱的能力

单恋、暗恋他人,是缺乏表达爱的能力。表达爱需要勇气、需要信心,表达爱情的方式是多种多样,如眼睛传达、关爱行动、书信传情、爱情信物……正确地表达爱更需要技巧,让对方知道你对他(她)的感觉和情感,就算被拒绝了,也算是对自己有个交代,这比苦苦单相思要强得多了。

(二)接受爱的能力

当期望的爱到来时,我们要勇敢地接受,这是接受爱的能力的表现。有些人,明明心仪追求自己的对象,但故意装“清高”,或故意考究追求者的耐性,设了很多障碍或者故意刁难;还有些人,性生理和性心理都已成熟,到了谈恋爱的年龄段,但思前顾后,把今后两个人在一起可能会出现的问题想象得严重,不敢勇敢地接受爱,最后错失恋爱的良好机会。

(三)拒绝爱的能力

对他人尊重,态度明确,表达时言行要一致。对于自己不喜欢的追求者,要勇敢地拒绝,不要害怕拒绝后对方会不会对你有看法,正确地拒绝爱比开始一段不该开始的恋情要理智。

委婉而坚定地拒绝不想要的爱情,但记住:你可以拒绝一个爱你的人,但不要伤害一颗爱你的心。

(四)鉴别爱的能力

鉴别爱的能力,即能较好地分清好感、喜欢和爱情。好感就是你对对方有一种说不出来的好奇,他几乎为你做任何事情,你都不会生气,哪怕不是那么合理的,这就是好感!喜欢发生在好感以后,你心里有一种欲望,想知道对方的更多,或是你开心、伤心、难过都会想到他(她),就是喜欢!喜欢是好感的升华,就像有了喜欢才有了爱。

(五)解决爱的冲突的能力

爱需要包容、理解、体谅,在恋爱的过程中,少不了误会、摩擦、磕磕碰碰,当我们的爱出现了冲突的时候,需要用建设性的方式去解决冲突,而不是无理取闹或者因为一点小误会就断送了幸福的爱情。

（六）保持爱情长久的能力

要保持爱情的长久，需要智慧、耐力、持之以恒和付出。善于交流，欣赏对方，是爱的重要源泉，爱要保持自己的独特性，也尊重对方的独特性，爱要宽容，爱要学习处理恋爱与学业、与其他人际交往的关系等，将爱情作为发展的动力，爱需要学习和培养，每个人都有爱的能力。

【心理百科】

为什么相爱容易，相守不易？

有这样一个故事：台湾音乐人陈升在1999年举办了一场名叫"明年你还爱我吗"的跨年演唱会。这次演唱会的门票提前一年预售且仅限情侣购买，支付一人的价格就可以获得两个座位。但是，一份情侣票包括男生券和女生券两部分，双方各自保存属于自己的那张券，两张券在一年后合在一起才能生效入场。演唱会门票很快就销售一空，很多年轻人想要证明自己的爱情："一年算什么""我们要在一起一辈子呢"……等到演唱会开始那天，场内专设的情侣席位还是空出了许多。很多人会不禁问道：爱情为什么难以持久？

爱情随着时间而减弱有几个原因：首先，如前所说，爱情会让恋爱中的人产生审美错觉。幻想（fantasy）对爱情起到促进作用，但是幻想会随着时间的流逝和经验的积累而逐渐变弱。当彼此间长时间朝夕相处、无话不谈后，爱情变得越来越现实。其次，新奇（novelty）也可以为爱情关系注入兴奋和力量。爱人之间的初吻比后来成千上万的亲吻更加激动，一切变得熟悉和习以为常，爱情倦怠感就会产生。最后，爱人之间不可能永远保持紧张的激动状态。唤醒（arousal）会随着时间逐渐消失，大脑中也无法再产生足够多的多巴胺。

另外，在印度进行了一项有趣的研究（Gupta 和 Singh，1982）：研究者让印度斋浦尔（Jaipur）地区的50对夫妇完成一份鲁宾的爱情量表。结果发现，结婚五年以上的自由恋爱的夫妇会觉得彼此之间"有爱情"的感觉越来越少了，而包办婚姻的夫妇则会在新婚后随着时间的推移而报道出更多的爱情体验。还有研究者发现，在日本和中国，自己选择伴侣的女性更多地感到快乐。这是由于相对于北美，亚洲社会似乎较少强调个人感受，而更多地注重现实社会。亚洲人不太倾向于自我关注（self focused）和个人主义（individualism），因为这种方式从长远来看会损害一段感情，并可能导致分手。

五、培养健康的择偶观

关于大学生的择偶观，黄希庭教授对884名大学生进行了调查，发现择偶标准排在前十位的因素和所占比例分别是：性格（87.3%），品质（87.1%），健康（80%），能力（65.5%），兴趣（60.1%），才华（58.9%），相貌（57.9%），聪明（52.6%），学历（52.1%），理家（45.2%）。

所谓择偶观是指一个人对选择配偶的总的看法或价值取向，包括一个人对爱情的看法、对配偶在家庭中的作用、地位的看法，对择偶的动机、对配偶条件的看法。不管是恋爱，还是婚姻，都与个体的择偶观有密切的关系。

经过社会学家们的研究，对择偶现象进行归纳总结，得到了如下这些择偶理论：

（一）"郎才女貌"理论

女性注重"才"，即重视对方的学历、职业和才能、经济实力；男性注重"貌"，男性更偏爱选择容貌好、温柔贤惠的对象。这种理论在报刊、网络的征婚启事上得到最好的印证，是当代最流行的择偶模式。

（二）"资源互补"理论

社会交换论者认为每一个人都愿意选择能给自己带来更多幸福的人作终身伴侣。该理论认为择偶对象倾向于选择能提供或补充自己某种需要的资源，如经济、关爱等的对象。互不相识的男女之所以在某一群体中选择愿意交往的异性，是因为他们通过比较，会考虑以交往的收益与成本相抵消后的盈余。如对方能否给自己创造最大的价值？对方能否帮助自己的生活上、事业上更加顺利在走下去？如果收益和盈余超过自己的期待值，对方就成为追求的对象。相反，如果收益和盈余低于自己的期待值，交往将进行不下去。

婚姻是什么？当然，我们可以把它简单粗暴地归纳为一个经济契约。一男一女，他们交往到了一定的地步，他们决定，不如一起集资过日子吧，这样，你看电视的时候，他也跟着你一起看，你们就能省下一个电视和一份电费，买个空调一起吹。等时机成熟，你俩还能一起生个孩子，一起赚钱把他抚养成人。女方如能在今后的生活上"旺夫"，让男方的事业步步高升，男方可以赚很多的钱，从物质上给予女方满足和虚荣；女方在主内的同时，愿意做丈夫的坚强后盾。或者，对方的家庭背景、学识、能力可以为自己，为这个家创造最大的财富，他们始终进行着"资源互补"，将日子过得红红火火。

（三）"门当户对"理论

俗话说："木门对木门，竹门对竹门"，即为该理论的通俗写照，该理论认为择偶对象倾向于选择家庭背景、地位、教育程度、经济水平与自己家庭相当的对象。他们认为物质和社会条件比感情因素更能保证婚姻的稳定，这种理论在传统中国择偶观中最为根深蒂固，最具影响力。

（四）"男高女低"理论

该理论认为女性偏爱选择受教育程度、职业阶层、工资待遇、薪金收入高于自己的对象；而男性倾向于选择社会地位比自己较低的女性，认为这种是符合"男主外，女主内"的习惯做法，但也有人认为这种"男高女低"的模式是中国男权主义思想的典型表现。

（五）"志趣相投"理论

该理论认为择偶对是倾向选择籍贯、年龄、种族、教育、信仰、价值观、角色认同与自己相似的对象，可分为"趣缘型""业缘型""地缘型"等，一般认为，这种恋爱对象或配偶生活和谐，幸福指数高。

上述五种理论中，能有"郎才女貌"的一对，固然是好，但在择偶时，我们要清醒地认识到现实，不是所有的男人都是那么有"才"，也不是所有的女人那么有"貌"；"资源互补""门当户对""男高女低"等理论均较物质化、教条化，择偶时，视觉感观和物质固然重要，但志趣相投，性格相似才是最重要的。

【心理训练营】

活动一　组装爱的能力

爱的能力是一种综合素质的融合，它是在爱的过程中一系列能力的各个组成部分。具体而言，爱的能力应该至少包括以下五个方面，请你发挥自己的想象力，填好这些空白处。

（1）爱的能力包括____________________的能力。

（2）爱的能力包括____________________的能力。

（3）爱的能力包括____________________的能力。

（4）爱的能力包括____________________的能力。

（5）爱的能力包括____________________的能力。

活动二　我的另一半

在人成长的过程中，爱情是我们生命中很重要一部分。就学生而言，无论你已经拥有爱情,还是即将去拥抱爱情,都需要对自己选择的对象的条行进行认识,你可以根据你的择偶标准写出自己选择恋人的六条标准。

活动方法:8~10 个同学为一组,请每位同学写下你喜欢你异性应具备的六项特征。

第一项:________________

第二项:________________

第三项:________________

第四项:________________

第五项:________________

第六项:________________

小组分享,每组选一名代表发言。

【心理测试】

测试一下你的恋爱观

请选出最符合你的一项。

(1)你打主意和对方建立恋爱关系时所依据的条件是

A. 各有所长,但总是相等的。

B. 我比对方优越。

C. 对方比我优越。

D. 没考虑。

(2)你对恋爱日程和起始的时间安排是

A. 懂得了人生的真谛和爱情的内涵,又确定了事业上的前进方向和出发点。

B. 随着年龄增长,自有贤妻与佳婿的光临,“月下老人”总有有空的时候。

C. 早下手为强,越早越主动。

D. 还没想过。

(3)你认为恋爱最终达到的目的是

A. 结为情投意合的伴侣。

B. 成家过日子,养儿育女。

C. 满足情欲的需要。

D. 只是看着恋爱好玩儿,下步没想什么。

(4)(男答)你是个小伙子,你对未来妻子首先考虑的是

A. 善于理家,进得厨房。

B. 容貌漂亮,出得厅堂。

C. 人品好,能体贴、帮助自己。

D. 只要爱,其他无所谓。

(女答)你如果是个姑娘,你对未来丈夫首先考虑的是:

A. 潇洒有风度。

B. 金钱权势占优势。

C. 为人正直、待人和蔼可亲,有上进心。

D. 只要他爱我,其他都不考虑。

(5)你希望同你的恋人的结识是这样开始的

A. 青梅竹马,一往情深。

B. 一见钟情,难舍难分。
C. 在工作和学习中逐渐产生感情。
D. 经人介绍。
(6)你认为巩固爱情的最佳途径是
A. 设法讨好对方。
B. 努力使自己变得更完美。
C. 对恋人诚恳,言听计从。
D. 无计可施。
(7)恋爱的过程是互相了解、互相适应和培养感情的过程,你希望恋爱的时间是
A. 越短越好,最好是“闪电式”。
B. 时间长些。
C. 时间拖得很长。
D. 自己无所谓,听对方的。
(8)你认为了解恋人的最佳途径是
A. 自己精心设计某些场面,对恋人做无休止的考验。
B. 诚挚的交谈,细心的观察。
C. 通过朋友。
D. 没想过。
(9)当你在恋爱过程中遇到一位比恋人条件更好的异性对你有好感时
A. 说明真相,更忠于恋人。
B. 对其冷淡,但保持友谊。
C. 讨好对方并瞒着恋人和其来往。
D. 感到困惑,不知如何是好。
(10)你原以为恋人很理想,随着时间推移发现恋人也有缺点和不足时,你怎么办
A. 动用对方能接受的方式帮助对方改进。
B. 因事先没想到而伤脑筋。
C. 嫌弃对方,犹豫动摇。
D. 不知如何是好
(11)恋爱进程不是一帆风顺的,你对恋爱中出现的波折认识是
A. 最好不要出现。不过,即使出现也是件好事,是对双方的互相了解和考验。
B. 有点儿难过,认为这是不幸。
C. 疑心丛生,打算分手。
D. 束手无策。
(12)当你倾慕某异性并开始对他(她)展开追求时,发现他已经另有所爱,你怎么办
A. 静观其变。
B. 千方百计“切入”。
C. 抽身止步,成人之美。
D. 没想过。
(13)当你们的爱情小舟在行驶中由于对方的原因搁浅时,你怎么办
A. 千方百计缠着对方。
B. 毁坏对方名誉。

C. 说声再见,各奔前程。

D. 不知所措。

(14)当你的恋人背信弃义,甩掉你以后,你怎么办

A. 只当自己瞎了眼。

B. 你不仁,休怪我不义。

C. 吸取教训,重新开始。

D. 悲愤痛苦,不知所以。

(15)当你多次恋爱都未成功,随着年龄的增长成了“老大难”时,你将怎么办

A. 一如既往,宁缺毋滥。

B. 随便找一个结婚。

C. 检查一下择偶标准是否切合实际。

D. 自认命不好,对再恋感到绝望。

一、评分表

选项 题目	A	B	C	D
1	3	2	1	0
2	3	2	1	0
3	3	2	1	1
4	2	1	3	1
5	2	1	3	1
6	1	3	2	0
7	1	3	2	0
8	1	3	2	0
9	3	2	1	0
10	3	2	1	0
11	3	2	1	0
12	2	1	3	0
13	2	1	3	0
14	2	1	3	0
15	2	1	3	0

二、结果解释

1. 得分在 35 ~45 分:恋爱观正确

这是你进入情场的最佳入场券。进场以后也可能会有点儿曲折,这种曲折只不过是你实际目标的暂时困难,你最终会寻觅到称心如意的恋人。

2. 得分在 25 ~34 分:恋爱观尚可

你在情场上虽不至于有大的失误,但一时也难以得到真正的爱情。爱情是圣洁的,为了你的幸福,最好把恋爱观再校正一下,变“尚可”为“正确”后,再跨入情场不迟。

3. 得分在15~24分:恋爱观需好好端正

这是因为你的恋爱观有不少问题,这些问题使你辛勤撒播的爱情种子难以萌发,即使萌发了也难结甜蜜之果。如你已进入情场,劝你及早退出来,改进恋爱观后,不愁爱情之树不枝繁叶茂。

4. 得7个及以上0分:你的恋爱观还没有确定

如你的年岁尚小,切不可匆匆跨入情场,以防色狼的袭击。如年龄已长成,也要读几本指导婚恋的读物,待爱情观确定以后再跨入情场为宜。

【叩响心门】

(1)什么是爱情?

(2)大学生恋爱的表现形式与类型有哪些?

(3)大学生常见的恋爱心理问题调适的方法有哪些?

(4)如何培养大学生健康的恋爱观?

【心理电影院】

片名:《律政俏佳人》

简介:艾莉-伍兹过着无忧无虑的生活,可以说她是应有尽有。她是一个来自热带夏威夷的女孩,女大学生联谊会会长,在她 大学的日历上她是“六月小姐”,是一个天生丽质的金发碧眼美女。

艾莉正在与学校中最酷的男孩华纳恋爱,并一心一意想做他的新娘——华纳-亨廷顿三世夫人。但是,有一个问题使华纳对艾莉的求婚欲说还休,那就是:艾莉除了金发碧眼的美貌外实在没有什么可吸引人的。

在洛杉矶艾伦-斯班林街对面长大对于某些人来说可能意味着什么,但对东海岸贵族出身的华纳一家人来说什么也算不上。因此,当华纳打点行装前往哈佛法学院与一个预备班的旧情人团聚时,艾莉明白了自身的不足。她也竭尽全力考进了哈佛大学,决定要赢回华纳的心。但是法学院与她以前的舒适环境——池边的草地、林荫道实在是天壤之别。艾莉有生以来第一次必须进行一场战斗——为了她心爱的人、为了她自己、也为了那些每天都无休止地承受着羞辱的金发碧眼美女。自从选择律师的职业以后,艾莉积极刻苦进取,并用正义与社会中的种种丑恶现象做斗争,最终在一次法庭上的精彩审问不仅使案件水落石出,也一举成名,华纳-亨廷顿三世再次向她说爱,但被她婉言拒绝,她要开始属于她自己的新的生活。影片在轻松和幽默中告诉我们“做最好的自己才是获得爱的前提”,为爱情应该“投资自己的一切”,而不是“牺牲自己的一切”。

简评:更不要轻易恨一个人或定论一个人,很可能最终的转机来源于那个敌人。相信直觉,很多时候它比事实还准确。很多人最难忘的,就是自己一心一意为一个目标努力的日子。彼时的激情,哪怕隔了很久再回想起,依然会觉得周身都充满了力量。那是我们的光辉岁月。

资料来源:作者根据相关资料整理

项目十

神秘地域
——大学生性心理辅导

心灵箴言

人少，则慕父母；知好色，则慕少艾；有妻子，则慕妻子。

——《孟子·万章》上

青年男子谁个不善钟情？妙龄女郎谁个不善怀春？啊！这本是人性中至圣至神……

—— 歌德

项目十　神秘地域——大学生性心理辅导

【心的灯塔】

大学生性心理的健康教育问题，早在 1985 年上海召开的全国高校性教育讲习会上已得到重视，当时，与会代表对性教育的反映非常迫切，对大学生中出现的性问题表示担忧。调查结果反馈：重庆报告在大学生中经常或有时为性问题烦恼的占 53%，经常或有时梦见性活动的约 70%；另有报道称，大学生的性犯罪比例有较高的上升趋势，成为大学生违法犯罪的三大问题（打架、偷窃、性犯罪）之一。

大学生中性爱矛盾是一个无法回避的现实，应引起重视。由于封建传统习俗的影响，涉及性爱问题为数也不少，困惑更大。由于学生在心理上承担的压力过大，有的因极端痛苦而走上了绝路。各高校普遍反映：由于恋爱而造成的心理冲突，以至影响学习与心身健康的已不乏其人，性变态病例也有相当数量。

大学生对恋爱的欲望和追求，是青年性心理发展的必然产物。既不羞耻，更不是罪恶。但他们需要获得正确的、科学的性知识，去选择自己理想的恋人，这会促进大学生的性心理的健康发展。有调查表明，大学生在对自己恋爱的追求是胆怯的，心情是矛盾的。因此，要破除封建意识的束缚，在大学生中因势利导地开展性科学知识的教育十分必要。从性生理、性心理、性伦理等方面进行教育，帮助大学生克服性爱中的困惑，进行正常的人际交往（包括异性间的交往），树立正确的性价值观。性心理健康是大学生心理健康发展的重要标志。

任务一　性与性心理概述

一、什么是性

性（sexuality）是一个非常广泛的概念，广义的“性”是将人以男女两性划分，区别对待，以及男女之间的关系、联系和发展规律等，只要是人，就有性的归属、性的差异和性的活动。“性”可以折射回人的各种生理和心理现象，包括社会现象和发展历史。从生物学角度来看，性是人类的本能之一，是整个人类得以生存和繁衍的基础。从社会学角度来看，人类的性不仅是生命实体的存在状态，同时也被赋予了精神和文化内涵。

十本好看实用的心理自助书籍

二、什么是性行为

性科学研究按照性欲满足程度的分类标准，将人类性行为主要分成两种类型：一是核心性性行为，即两性性交行为。性交是性行为的最直接目的和最高体现。一般说来，人们在性交以后，就满足了性的要求。性交需要生殖器官的参与、刺激、兴奋。从生物学角度上解释，性交的目的是为了生殖繁衍。二是过程性性行为，如接吻、拥抱、爱抚等。这是性交前的准备行为，如接吻、爱抚等动作。这些动作的目的，是为了激发性欲，实行性交。性交后还要通过这样一些动作，使性欲逐渐消退，作为尾声，这也属于过程性性行为。性行为是特殊的社会行为，是由人的社会属性所决定的。

三、人类性行为的特点

1. 持续性

每个人都与性行为有关，每个人都是性行为的产物。同时，正常情况下，每个人都有性要求，绝大多数人都要结婚、都要发生性行为，但性行为不单单是为了生育目的，当人们完成了生儿育女的任务后，仍然需要性行为，因此性行为具有持续性，即非生育目的。

2. 普遍性

性行为和人类生活有很大关系，因为性是生物繁衍的基础，性活动是人类基本活动之一。“食，色，性也”，除了吃饭以外，性要求是人类第二自然本能，人们在满足性要求的过程中获得极大的愉快。不仅如此，性行为又是延续后代的必要手段，它和每一代人的身心健康、社会发展都有密切联系。

3. 长期性

性问题是伴随人们一生而存在的。现代科学证明，人从幼儿时期开始就有性意识，这种性意识到青春期时迅速增强，结婚以后付诸实践。即使到了七八十岁，多数人还有性意识、性要求和性行为，只是表现形式和中、青年时期稍有不同而已。

4. 隐秘性

性行为的隐蔽性是由性行为的排他性和害羞性引起的。在原始社会，实行群婚杂交，性行为说不上什么隐蔽性。以后，随着私有制和一夫一妻制家庭的出现，妇女隶属于男子，而且只能归一个男子所有，于是对妇女的贞操要求严格得无以复加。性行为不仅不能涉及第三者，而且不能让第三者看见，这样就表现出性行为的隐蔽性。性行为的隐蔽性发展到畸形的程度，就产生了性神秘感。社会发展到今天，科学的曙光已经冲破了封建色彩的性神秘感，但性行为作为个人私生活的一部分，仍不失其隐蔽性。

5. 圣洁性

性行为虽然源自人类的性要求，但其绝不只是个人的私事，绝不只是满足寻欢作乐的要求。其对意义的追求，要对对方负责，对后代负责，对社会的发展负责，具有很强的圣洁性。

6. 排他性

人与群居动物不一样，对性行为是具有排他性，不允许有第二个人进入其中，具有心理上的独占性。

7. 伦理与法制性

性行为是高尚的，要合乎道德，具有伦理与法制性，有些性行为是低下的、不合乎道德的，有的甚至是严重的罪恶，低俗或违法的性行为有伦理底线甚至是要受到法律的制裁。

正因为性行为具有以上这些特征，人们对性抱有如此矛盾的态度、认识上相差如此悬殊也就不奇怪了。人们常常看不清它的普遍性和重要性，而认为它是不需要研究的。人们常常看不清它的严肃性，以为这只是个人的私欲。人们常常看不清它的长期性，以为这只是青年人的事，而否认了老年人的正常性要求。由于性行为的隐蔽性，有些人认为这个问题是不能公开研究的。由于性行为的对立性，有些人把正常的性行为混同于黄色、低级和下流。于是，长期以来，性科学研究就成为一个“禁区”，在性问题上存在着许多荒谬而愚昧的观念。

四、性心理的发展

根据精神分析学派弗洛伊德的学说，心理发展的动力主要来自于性本能，而追求性欲的满足就是心理发展的内驱力。弗洛伊德把机体性需要的心理能量称之为利比多(libido)，认为人在不同的年龄阶段，利比多投放到人体的不同部位，因此，人在不同年龄段性心理发展有所区别(见表10.1)。

表10.1　性心理发展阶段表

阶段	年龄段	主要表现
口腔期(婴儿期)	0~1岁	快感满足和安全主要通过吸吮母亲的乳房而获得，当然，这一行为也是为了满足对食物的需要
肛门期(儿童早期)	1~3岁	快感区转移到了肛门区，求取满足所需的肌肉动作从吸吮变为排便
性器官期(学前期)	3~5岁	性别认同开始形成，对自己和他人的生殖器格外好奇，一方面喜欢展示自己的裸体，另一方面对别人的生殖器好奇，对两性差异兴趣浓厚
潜伏期(学龄期)	6~12岁	兴趣开始转移到学校、游戏同伴、体育运动等，通过以上活动获得勤奋感，具有乐于学习、富有好奇心，有坚强的毅力等特征
生殖期(青少年期)	12~20岁	对性产生依赖和独立的矛盾冲突，体现在对性别角色和性别认同的矛盾冲突迅速膨胀，可能会由此产生一种惊慌失措的情绪体验

1. 口腔期

弗洛伊德认为，这一时期性表现的三大特征是："性快感的来源同身体中维持生命不可缺少的寻食功能密切相关；它尚不知有性的对象，是一种'自体享乐'；它的性目的受快感区的直接控制。"这一时期最大的心理危机是断奶，婴儿在断奶期的过渡情况如何，将会影响到孩子今后对自己、对他人的信任感，影响其今后在接受爱与拒绝爱的态度。

2. 肛门期

1~3岁的孩子，很重要的一个生活技能训练就是排便，父母过分关照孩子，任何事情愿为代劳，不注重引导和训练孩子排便，孩子的自律性发展和适应环境的能力将受到抑制。精神分析学说认为，那种故意控制大便的孩子是顽劣的。他们将粪便憋住不排，其潜意识是在于用来刺激肛门区，以达到自慰的目的。

3. 性器官期

3~5岁的孩子尽管性别认同开始形成，对性器官产生兴趣，孩子此时的羞涩心、厌恶感和道德感尚未建立起来，对父母异性一方产生爱恋情结，这一时期要加强引导教育，使孩子的性心理正常发展。

【心理百科】

恋母情结和恋父情结

恋母情结(Oedipus complex)，中文翻译为"伊谛普斯情结""俄狄浦斯情结""伊底庇斯情结"。在精神分析中指以本能冲动力为核心的一种欲望。通俗地讲是指男性的一种心理倾向,就是无论到什么年纪,都总是服从和依恋母亲,在心理上还没有断乳。所谓"情结"是指情感上的一种包袱。

来源于古希腊罗马神话与传说。传说底比斯国王拉伊俄斯受到神谕警告:如果他让新生儿长大,他的王位与生命就会发生危险。于是他让猎人把儿子带走并杀死。但猎人动了恻隐之心,只将婴儿丢弃。丢弃的婴儿被一个农民发现并送给其主人养大。多年以后,拉伊俄斯去朝圣,路遇一个青年并发生争执,他被青年杀死。这位青年就是俄狄浦斯。俄狄浦斯破解了斯芬克斯之谜,被底比斯人民推举为王,并娶了王后伊俄卡斯特。后来底比斯发生瘟疫和饥荒,人们请教了神谕,才知道俄狄浦斯杀父娶母的罪行。俄狄浦斯挖了双眼,离开了底比斯,四处漂流。

恋父情结(Electracomplex)也称"爱列屈拉情结"。指女孩亲父反母的复合情绪。相传古希腊神话,爱列屈拉公主因母亲与其情人谋杀了她的父亲,故决心替父报仇与其兄弟最后杀死了自己的母亲。弗洛伊德借此来说明儿童性心理的特征。认为小女孩对父亲的深情专注,潜意识中有一种取代母亲位置的愿望。特别是到了性器期发现自己没有男性生殖器,故埋怨并妒忌母亲占有父亲的爱。

朱智贤主编的《心理学大词典》这么释义:"女儿亲父反母的复合情绪。弗洛伊德把小女孩对父亲的深情专注,想把母亲置诸一边,取代她位置的愿望,即'爱父嫌母'的潜在愿望,称为恋父情结。"

4. 潜伏期

6~12 岁的年龄正值读小学,小学生如果在这一时期社会化过程产生不良,会导致个体出现自卑感、消极、学习不知应、防卫意识过强、性别角色认同障碍、依赖性强、缺乏主动进取精神等。

5. 生殖期

弗洛伊德认为,"男女性特征的明显分化始自青春期。分化的结果对以后人格的发展,与别的因素比较起来,有着决定性的影响。"因此,这一时期的青少年,要帮助他们建立自我认同感,成为一个独立的人,接纳自己,避免他们认同混淆和认同危机,从而导致认同失调。

五、影响性心理发展的因素

1. 生理因素

性心理的发展首先有其生理物质基础,男女不同性别间、城乡孩子间都会因生理发育早晚不同而产生不同的性心理。相对而言,女孩较男孩发展要早,城市的孩子较农村的孩子发育要早,女孩和城市孩子的性心理发展早比男孩和农村孩子的早、要复杂,她们表现出来的更早熟,对性的问题探讨更早。另外,遗传基因、脑内分泌的促性腺激素和性腺所分泌的性激素对性心理都具有不可忽视的影响。

2. 家庭教育因素

父母对性的态度和父母对待孩子性别的态度对孩子性心理发展产生很大的影响,父母对性持保守态度的,孩子往往会趋于保守,有时甚至比较无知。父母对待孩子的性别态度直接影响着孩子今后对性别的认同,同性恋或异性癖的部分案例中,与父母对待孩子的性别态度有很大的关系。另外,个人在儿童期和成年期内所经历的某些偶然事件,必定也会对性的发展产生一定的影响。

弗洛伊德认为,在家庭和社会境遇中,"个人在儿童期和成年期内所经历的某些偶然事件,必定也会对性的发展产生一定的影响。"

3. 社会因素

不同的风俗习惯、对性持不同的态度、不同民族的性观念、性道德、性开放程度不一，对本民族成员的性观念和性行为亦具有深刻的影响。如对待手淫、避孕、堕胎、同性恋等与性有关的现象，世界上不同时期、不同民族的文化具有不同的态度。

4. 传媒

调查表明，当代大学生里想看“性交细节描写”的文艺作品或光碟的人数比例还高达64%～78%。这提示当代大学生的性观念在相当程度上受到传媒和文艺作品的影响。随着现代科学技术的快速发展，互联网、电视等媒体传播人们对性的态度和看法越来越开放，黄色书刊和三级片光碟等不良的性刺激，常常是导致一些青少年性犯罪的诱因。

六、男女性心理的差异

1. 在认知方面的差异

女性在认知方面的特点是对性的认知比男性要感性，女性需要被对方关心、了解、尊重和认同；男性则表现为被信任、被赞赏、被肯定、被接受、被感激。

2. 在情感方面的差异

女性在的情感方面的特点是情感外向、情感细腻、敏感、多疑；男性则对对方的情感表现为情感内向、粗心大意、有时对女性所表现出来的情感会不理会或忽略，无意中可能会伤害到女性。

3. 在行动方面的差异

女性在行动方面的特点表现为较被动，等待心理较强，不主动表白的占多数；男性则表现为主动，攻势猛，只要他们认准的对象，会通过努力追求对方。

4. 在思维方面的差异

女性在思维方面的特点是凭直觉、喜欢变化、喜欢分析、易依赖和顺从别人的意见；男性在思维方面的特点是讲逻辑、喜欢抽象、喜欢综合、遇到问题时喜欢静思解决方法。

5. 在性格方面的差异

女性在性格方面的特点是爱叨唠、对缺点爱用放大镜挑剔、有恒心、较勤奋、较柔顺；男性在性格方面的特点是：现实、豁达、沉默、忍让、妥协、冲动、粗暴、勇敢、果断、刚毅。

七、大学生性心理的特点

大学生处于青年发展中后期，虽然性心理和性生理已基本成熟，但由于经济还未独立，还要依赖家人给予支持和资助，因此，他们的性心理发展与成年人是有所区别的。

1. 跃跃欲试的心理

恋爱中的男男女女所表现出来的各种行为，对未恋爱的个体会产生直接的视觉影响，他们卿卿我我、恩爱、甜蜜的表现，让很多单身的大学生跃跃欲试，于是他们就开始对追求的对象大胆展开攻势。更多的是以师兄的身份给予低年级的师妹从生活上、思想上帮助，然后水到渠成地结束单身生活。

2. 无知好奇的心理

对异性的爱慕还具有生理的本能性和朦胧性的特点，在对性冲动的自制性，对性的审美情趣，性爱的技巧等多方面还存在着知识的盲区，他们对性器官和性生理过程仍充满着无知的好奇感

3. “偷吃”禁果后的恐惧心理

大学生谈恋爱后，有些恋爱对象触动了“雷区”后，尤其是女同学，小则担心自己的“贞操”问题，大则担心自己的“怀孕”问题，她们由此带来紧张恐惧感。

任务二　大学生性心理问题及调适

一、健康的性心理标准

健康的性心理,即对自己的生理性别的认同与悦纳,具有与生物性别一致的社会性角色行为。正确的性行为来源于健康的性心理,健康性心理的标准主要包括:

1. 能正确认同和接纳自己的性别

性别的认同,也称性别的同一性,即男性和女性对自己的性别意识。一个女性在心理上认同自己是“女儿身”,一个男性在心理上认同自己为“男子汉”,就是性别的认同。如果心理上的认同与生理上的性别相背离,选择同性作为性爱对象,就出现了性别认同的紊乱障碍。同性恋和异性装扮癖的人,是不能很好地认同自己的性别,有些接纳不了自己性别的,可能会做变性手术,这些都是不健康的性心理。当然,不同的国家对变性手术可能会持不同的观点。

2. 与同龄人的性心理发展水平相当

个体的性心理发展比同龄人超前或滞后均属于不正常,个体的性心理发展和性爱对象的正常发展应该是同步的;成年后能将性爱指向异性,如果指向同性,则为同性恋,随着性心理和性生理的成熟,个体能与同性和异性和谐相处。

3. 有正常的性欲望伴随性器官和生理的成熟,有与年龄变化相一致的性欲和性反应,如观看有关性的电影和书籍的情节,常会有性反应,个体要能进行有理智的情感实现与控制。

4. 具有较强的性适应能力

能正确认识和处理自己的性行为带来的后果,并能有社会责任感,尤其是发生婚前性行为的。

5. 性行为符合社会文明规范

性行为不是肮脏的,它是爱情发展到一定程度的必然结果,性行为要符合社会文明规范,在婚姻前提下的性生活符合男女平等、科学、卫生的原则。

二、常见的性心理障碍

(一)性别角色偏差

1. 易性癖

易性癖的特点是个体性器官解剖结构正常,但个体固执地认定自己属异性群体,不承认现有的性别,并极力寻找改变性别的方法,希望通过变性手术,企图使自己的体征和性功能与异性相一致。

女性致病的原因可能是在家庭中,受不到应有的尊重和爱护,孩子在成长过程中看到父亲或哥哥在家里的地位明显优于女性,因此孩子就模仿男性,做些男性应做的事情,在家里表现出勇敢、刚强等特征,并有可能受到家里的肯定,久而久之,造成孩子不愿承认自己是“女儿身”;男性致病的原因可能也与家庭有关,如父亲对母亲和孩子的态度不够亲密,甚漠不关心,促成了母亲与儿子之间形成了一种过于亲密的依恋状况,母亲的女性气质和意识被儿子慢慢学会,另外,男孩形体上某些特点与女性相似,引来身边人的不恰当的评价,这些评价反过来对男孩的心理造成暗示,孩子在儿童期表现出异性角色行为时,父母没有及时的纠正。

2. 易装癖

易装癖的特点是由穿戴异性的衣着产生快感或达到性欲满足,多见于男性。易装癖与易性癖的不同之处在于易装癖者不仇视、不否定自己的生殖器,他们愿意做一个有男性生殖器的"女人",他们并不一定认为自己就是女人,而只是通过身着女性服装来获得男人的性满足。

虽然他们在过去和现在均有过一定程度的男性意识和气质的发展,但在儿童期可能因为某次性快感偶然与异性服饰有关,或者是由于在令人羞辱的气氛中被某个女人强迫穿上女性服装的经历。

(二)隐匿性性变态

1. 摩擦癖

摩擦癖又称挨擦癖(frottage,frotteurism),表现为在公共场所,特别是人多的地方主动向对方靠近,甚至用自己生殖器与对方的身体摩擦,可伴有射精或者手淫来达到性的满足。这种性变态患者主要为男性,他们通常在拥挤场合进行,故也称挤恋。

致病的原因可能由于患者在儿童或青少年时期性心理发育受阻的基础上,性快感体验来自于与异性身体接触的偶然机会,他们成年后仍用儿童式的性行为来获得性快感性满足,以致发展成一个摩擦癖者。另外一原因可能与家庭教育有关系,如有一男性患者,从小随母亲生活单亲家庭里,母亲管教严格。长辈婚姻的不幸,使他性情孤僻,不愿与同龄女孩接触,对性生活有明显反感。成年后仍回避与相识异性接触,有明显的害羞反应,也是由于偶然通过在公共汽车上或人多的地方与陌生异性拥挤而产生性兴奋和性快感,发展为摩擦癖者。

2. 露阴癖

露阴癖指在公众场合,在异性面前公开暴露自己的生殖器,以引起异性紧张、恐惧的情绪反应,患者在异性的惊恐、尖叫声中获得性快感。这是一种比较常见的性变态行为,以男性患者居多,男女之间比例为14:1。

致病的原因仍可能由于患者在儿童或青少年时期性心理发育受阻的基础上,性快感体验来自于偶然亮出自己的生殖器产生的性快感后,发展成一个露阴癖者。

3. 窥阴癖

窥阴癖也称窥淫癖,窥阴癖是一种男性千方百计要窥视妇女阴部来获得性满足的性心理变态。这类患者中有些人可不顾细菌、肮脏,藏身于粪窟内,或在女厕所墙上挖洞偷看,或用反光镜从男厕所一边进行窥视。有些则是在浴室或寝室窥视妇女脱衣、裸浴。窥视时常伴性兴奋、手淫、阴茎勃起。

窥阴癖病因尚未完全阐明。心理分析学的解释方式认为,年轻人随着性心理和性生理的发育,他们好奇而偷看异性裸露或窥视他人性行为,并非罕事,但这种行为往往能被自己的性经历所替代,所以并非此症。窥阴癖者往往性格有某方面的缺陷,他们与女性在一起时感到怕羞、笨拙,或正常的性行为出现障碍,所以才窥视。行为主义派则认为是在偶然窥视得到性兴奋所产生的条件性强化。

4. 恋物癖

恋物癖是指患者把无生命的物品,或把异性身上的非性感部分作为依恋对象,以引起性兴奋的性变态行为,患者往往对异性的贴身物,如内衣、丝袜、手帕、头发等产生依恋,恋物癖通常开始于青春期,多见于男性。

恋物癖产生的原因不同的人有不同的看法和解释,有人认为是一种习得的结果,大部分患者都与环境影响和性经历有关最初性兴奋出现时与某种物品偶然联系在一起但经过几次反复形成一种条件反射有时只一次深刻的印象也可造成心理上的固定阴影，这类情况多是在青春期出现；也有人认为性知识缺乏、好奇和意识方面的某些问题也是形成恋物癖的原因。

（三）攻击性性变态

1. 施虐和受虐狂

指虐待或加害他人的行为，患者通过向性对象施加肉体和精神折磨，或者反过来，让性对象对自己进行肉体上的虐待和精神上折磨，以获得性快感的过程。外在行为的表现有：鞭打、电击、火烫、掐拧、钳子夹，要求对方抽打、咬自己身体的某个部位；或将性对象捆成痛苦之极的姿势；让性对象跪地爬行，以此虐待性对象来获取性快感。

2. 恋童癖

“恋童癖”是以儿童为对象，获得性满足的一种性变态。患者以男性多见，女性极为罕见。受害者为10～12岁之间的女孩或男孩，也有小至3岁以下的。学术上，“恋童癖”产生于19世纪末，但在西方公众话语中的出现，则基本上是从20世纪70年代末才开始的。90年代以后，随着打击网络恋童癖色情犯罪的热潮，它逐渐成为公众话语中最为重要的一个伦理话题。

3. 恋尸癖

恋尸癖，是指通过奸尸获得性的满足，自认为比活人还好，此种病人多见于与尸体有职业性接触的人，如太平间、殡仪馆的工作人员。这种人常不止一次地溜入停尸房，并大胆去触摸女尸的阴部及乳房以获得快感。也有人为此不惜掘墓奸尸，这种人时常四处打听哪里有少女或少妇死去，以便去奸尸。

三、大学生常见的性心理困惑

1. 自慰（手淫）

手淫本身是无害的，它对身体不会带来任何损害和不良后果，从性生理和性心理发展的角度来看，手淫是性机能发展成熟后为了满足性欲、缓解性冲动和性张力、消除由于禁欲而引起的性饥渴和性烦恼的一种手段，它不涉及他人的隐私，是安全的，合法的，合乎伦理。

据统计，美国有92%的人有过自慰，在我国，1986年对西安地区的548名学生的调查中发现，男生的自慰率为48.18%，女生的为32.97%，平均初次年龄在13.47岁；同时，对重庆地区的1 754名中学生进行调查，结果显示男生的自慰率为32.8%，初次年龄在14.67岁，女生的为24.3%，初次年龄在13.39岁；调查中还显示，大部分男性和不少的女性都有过自慰的经历，特别是对于青年大学生来说，自慰是相当普遍的事情，而且绝大部分都能健康地成长起来，并且能正常地结婚和生育，没有显示有什么不良的后果。

如果频繁地手淫，则会造成阳痿早泄，严重的则会对前列腺造成很大的损伤，如引起慢性前列腺炎症，最重要的是对个体的成长和发育有着很大的影响，如降低体质和抵抗力。手淫对于未婚青年来讲是一种正常现象，一般在1周1次左右的手淫行为，是不会影响身体健康的，过度的手淫对人的身体健康非常不利，手淫并非不可克制，只要有坚定的信心是可以克服和戒除的。

2. 性梦

性梦是青春期成熟的正常心理现象，它不受意识支配、无法控制、无法预防。性梦的内容丰富多彩，有谈情说爱、有发生性行为、有接吻或拥抱的。这种幻想可以随心所欲地编，编写得不满意可以重新再编，演得不理想可以重新再演。性梦发生在青春期的男女中较为普遍,尤其是在求爱与被求爱的阶段,求爱者或被求爱者自然而然地在性中出现,并出现了与性有关的内容。据国外相关资料报道,性梦的发生率男性高于女性,男性的性梦出现在青春期居多,而女性则出现在青春后期。男性的性梦常伴有遗精,女性则伴有性器官的充血,有时还伴有自慰现象。据调查,男性梦中的情人常为不认识或仅仅见过面的女性,很少梦见他所爱的人,并且梦醒后一般不能回忆起梦的细节;女性则能回忆起梦的内容,并可能影响自己的行为和情绪。这在具有癔症性格特点的女性更为明显,历史上有相关的案例说明这一点。

性梦发生的原因有很多,如白天的性经历、劳累过度、底裤勒得太紧刺激到生殖器。对于性梦想我们要正确对待,不管性梦多么离奇或梦境是否伤害到他人,它毕竟是梦,不必为性梦的内容而耿耿于怀,毕竟大部人都有过性梦的经历,但如果性梦过于频繁,过分沉溺其中,而且影响正常的工作、生活和学习的话,可能会成一种性变态,即“白日梦”,此时就需要引起重视了。

【心理百科】

智商较高者性梦内容会更丰富

每个人都会做梦,但有一类梦却让人羞于说出口,那就是——性梦。近日,刊登在英国《性学期刊》上的一项研究指出,性梦是一种很正常的现象,智商较高的人性梦会更丰富。

核查者发现,对正处于青春期的男人来说,大学文化程度的人性梦比中学文化的人多5倍,性梦内容也更加丰富多彩。由于聪明的人想象力更丰富,性梦当然也就更出色。

研究还发现,男人在20岁左右,女性在40岁时,最轻易做性梦。女性多梦见接吻、拥抱及做爱;男人多梦见做爱、遗精,所以俗称“女性梦交,男人梦遗”。男人梦中出现的多是陌生人,而女性梦中出现的多是她们所熟悉的人。

一般来说,性梦没有什么害处,相反,还对人体有好处,它是一种安全无害的开释人体性欲的方式。但假如性梦影响到了第二天正常的生活,就要引起留意了,必要时应咨询睡眠科医生。

3. 性幻想

性幻想与性有关的虚构想象,又称性想象,是一种普遍存在的性心理现象。每一个人都会有性幻想,性幻想的内容大部分是以追求欢乐的性爱活动为主,但也有少数人会幻想成被强奸或受性虐待。从精神分析学角度来看,有两种解释,第一种是指在传统的性压抑思想影响下,女性往往会对性行为存在着罪恶感或羞耻感,假如在性幻想中把自己想象成是主动并乐意追求性生活的,就会引起自我的焦虑或内疚;如果把自己想象中弱者,如幻想成自己被“强奸”,就可允许自己既享受到性快乐,又可为自己找到辩解的理由。第二种是指潜意识中的攻击本能与性幻想结合起来,如果指向自身,则构成受性虐待的幻想;如果指向性对象,则构成虐待性对象的幻想。

4. 边缘性行为

边缘性行为是初级的性行为,是指两性之间由性吸引而产生的一系列亲昵性行为和动作。如在两性交往中,具有性吸引倾向的谈话、握手、拥抱、接吻等,恋爱中的眉目传情、拥抱、接吻等,夫妻间伴有性色彩的亲昵动作(不指性交)等,均属于边缘性行为。大凡情感好、恩爱的夫妻,在他们的日常生活中均会有大量的边缘性行为,夫妻间的性生活是否和谐,边缘性行为也起了重大作用。

青少年进入青春期后，性生理发育已基本成熟，都已具备性活动和生殖的能力，人要想进行正常的性生活，还需要经过一个恋爱过程。人区别与动物，雌雄动物相遇，如果正值发情期，只要双方吸引，一般都会发生交配行为，没有什么阻碍和干涉。为了维护一夫一妻制，人类社会把性行为和婚姻紧紧地联系到一起。必须先结婚，确定了社会关系，然后才能合法地过性生活。从恋爱到结婚会有很多边缘性行为的出现。

5. 婚前性行为

婚前性行为是指没有配偶的男女之间，在未履行结婚登记手续的情况下发生的两性关系，这是一种违反婚姻与性相统一的法律原则的婚外性行为。在未发生婚前性行为时，恋爱双方是相互平等、自由选择的关系，可发生之后情况则有所不同，双方关系上的变化体现在：双方的吸引力逐渐减弱，女方再选择机会减少，男方对女方开始萌生猜疑。心理上的变化体现在：增加女性的心理压力、担心今后万一分手后怎么办。身体上的伤害体现在：意外怀孕后流产，由于营养和休息没保证，留下后遗症，更严重的由于多次流产，造成婚后不孕或自动流产。

对婚前性行为持肯定态度的人认为，只要恋爱中的男女两相愉悦就可以发生性关系或者在一起生活。受传统性道德的约束，中国大多数人对婚前性行为持否定态度，但在实际生活中婚前性行为却大量存在。据了解，婚前性生活体验的上升趋势具有世界性，自20世纪60年代以来，西方各国婚前性行为现象泛滥，未婚母亲和非婚生子女增多，成了严重的社会问题。

发生婚前性行为的原因有很多，如沐浴爱河，情不自禁；为了牢固恋爱关系，显示对爱情的忠贞；或是抵不住对方压力，发生关系；相信自己的爱情能走入婚姻的殿堂；或纯粹是为了追求情欲的快乐。

【心理百科】

婚前性行为的危害

婚前性行为会导致感情变味。相爱的人之间保持一种朦胧、神秘、含蓄、神圣的美感，具有极强的吸引力，而婚前性行为很容易破坏这种感觉，两人的关系迅速发生了质的飞跃后，就会产生零距离。零距离容易因为小事而起摩擦，频繁的冲突，会使彼此不珍惜感情；猜疑和不信任会横亘在二人中间，长此以往，双方都会想：你这样轻率地与我云雨，也会与其他的人调情。尤其是男生受传统思想影响，会认为主动的女人不值得珍惜。

婚前性行为会使婚后生活质量下降。婚前性行为多数是在爱情没有成熟的条件下进行的，时间一长会发现对方并不适合自己，但交往了几年，物质、精神都耗费了许多，往往只好勉强维持关系。但这样的爱情已没有了昔日的光彩和美好，婚后或是在后悔中生活，或容易产生第三者，或者最终选择离婚。

婚前性行为给女生造成巨大的身心伤害。很多大学生由于对性好奇，不知道如何保护自己，不慎怀孕后，不敢去医院做人工流产；有的甚至不知道自己怀孕，两三个月后明白时，已不能做早孕人工流产，只能做大月引产。无论是早孕流产还是大月引产，给女生带来的身心伤害都很大，个别严重的已引起终身不孕。

婚前性行为也会带来性疾病的传播。一些大学生在卫生条件很差的地方发生性行为，往往引起生殖疾病。更严重的是，据联合国人口活动基金会称，全球每天大约有6 000名年轻人染上性病艾滋病，15～24岁的人占了一半，女性更容易受到艾滋病病毒的感染。女大学生一定要慎重对待婚前性行为。

四、大学生性心理的调适

1. 大学性压抑和性焦虑的应对方法

(1)要加强性生理、性心理的教育,树立正确的性观念,学习和掌握一些性知识,正确对待自身的性生理和性心理现象。

(2)树立正确的人生观、价值观,加强计划性,合理安排作息,把主要精力集中到学习和工作中,努力提高自我,升华自我,取得理想的学习成绩和工作效果,努力展现自我,充实自我。

(3)要积极参加各种有益于自身身心健康的校园文化活动,使自身的能量得到有益的释放。

(4)要力求避免过多的性刺激。

2. 大学生常见的性心理困惑的调适方法

(1)关于手淫。克服手淫习惯的方法通常有:一是不看色情书籍和音像,避免过多的性刺激;二是不要过多的性幻想,尽量将工作和生活的节奏安排恰当;三是多做有氧运动,以释放性冲动;四是做一些自己感兴趣的事情,转移对性的好奇和心理依赖;五是转移注意力,多接触积极向上的健康事情。

(2)关于性梦。梦,我们是避免不了的,但梦来源于现实,来源于生活,由于性梦与白天的性经历、劳累过度、底裤勒得太紧刺激到生殖器有关,因此避免性梦过于频繁,则要注意劳逸结合,穿合适的内衣内裤入睡;对于性梦的内容,不必耿耿于怀,毕竟你的梦没有伤害到任何人。

(3)关于性幻想。首先要从转变观念和看法做起,性幻想是一种普遍的心理现象,通常是无害甚或有益的。它替代不能实现的性追求而获得部分性心理满足,还可以作为性兴奋的“心理春药”,但是,如果过分沉溺于性幻想的白日梦,而影响了正常生活、工作和学习,甚至幻想过分离奇并坚信是真实的,就属于病理性幻想或妄想了,可能是精神分裂症或其他精神疾病的表现,就要尽快寻求精神科医生的帮助了。

(4)关于边缘性行为。一般的边缘性行为,如握手、拥抱、接吻等,如果双方感情发展到一定的程度又都能接受则不为过。但是如果双方之间,某一方不愿意而另一方强加给对方,是不正确的。作为女生,在观察对方出现的边缘性行为时,要看他的态度,要看他是否设想处地为你着想,你应当充分尊重你个人的意愿。如果两个人一见面就亲热过度,男方对女方非得要求以性交作为目的,女方就必须提高警惕,千万别上当受骗。只有互相理解,达成共识,爱情才会愉快而富有情调,这样将来产生的爱情婚姻也会是完整美满的。

(5)关于婚前性行为。马克思说过:“真正的爱情是表现在恋人对他的偶像采取储蓄、谦恭甚至羞涩的态度,而不是表现在随意流露热情和过早的亲昵。”因此,要充分认识到婚前性的危害及发生婚前性行为后带给双方的心理压力,只有把危害和弊端考虑好了,才能在现实生活中,有目的地克制自己与对象发生关系。

任务三　树立正确的性价值观

目前,中国大学生的性观念主流是好的,但一些错误的观念却是危险的。一方面,一部分大学生的性观念表现极为开放。中国传统的性道德提倡性行为的含蓄美,反对婚前性行为、婚外性行为、性混乱等不良性行为。但是,随着经济、文化的发展,社会的进一步开放,使得人们有更多的机会接受来自外界的性观念和性信息。当今的大学生把性看得很随意。据首都师范大学性健康教育中心对中国近30所大学1万多名在校大学生关于性行为的看法的调查,赞成婚前性行为的男大学生为57%,女大学生为26.7%。由此可见,相当一部分大学生存在着极为开放的性观念。

另一方面,一些大学生在极为开放的性观念中又包含着封建的落后的性观念。最为明显的表现就是大部分男性大学生都看重女生的贞操。据调查,有16.8%的男大学生认为贞洁对女人很重要,对男人无所谓。另外,当对方告知和别人有过性关系会立马终止恋爱关系的大学生占26.8%,可见,一些大学生尤其是男大学生在自己性观念开放的同时又对别人抱以封建的不科学的观念看待。很显然,这种双重标准的存在,使得大学生们的性观念是矛盾和冲突的。

性观念主要有三种看法:①认为性观念是一种心理观念,是一种经过社会文化锻造的心理观念;②认为性观念的核心问题是对性的道德评价,因此性观念主要是道德观念;③认为对性观念的内涵要作综合性理解,包括对性的总的认识和看法,对性生理、性心理、性行为、性道德和性文化等的总认识和看法,如择偶观、恋爱观、婚姻观、性别角色、性与爱的关系、性交体位的转换、手淫遗精、生育观、老年人与性的关系看法等。中华性医学词典对性观念的解释为:"系指社会的性意向,即社会人群对'性'的心理倾向。"

性价值观主要包括:

(1)性道德内容。性道德教育是一个古老而全新的课题,也是一个必须跨越的禁地。个体性道德的形成与发展,一般要经过三个时期,即性道德的他律时期、性道德的自律时期和性道德的价值目标形成时期。要让学生正确理解性爱,性爱是一种高级的心理现象,是一种复杂、圣洁、崇高的感情交流,是高尚的道德情感和道德关系,更是一种特定的社会现象,它是经过社会文明所净化的美好感情。培养学生高尚的性审美观,在深刻的道德认识基础上,把两性交往过程中所需要的仪表、风度、气质等方面的"外在美"与更深沉的"内在美",和各自的理想、信仰、事业、情操、丰富的知识等结合起来,形成最高意义上的性心灵美、性气质美和性仪表美。

(2)性态度、性责任。大学生的性态度随着恋爱及性的自由化而不断变化,他们对性所持有的性态度千奇百怪,对婚前性行为的态度也不再持强烈反对的态度,相反认为只要真心相爱即可。从心理学的角度上说,态度对个体的行为有决定的作用,因此我们在进行性心理与性健康教育的时候也不能忽视了端正大学生的性态度,并能使其对自己的性行为具有责任心。另外,也不能忽视对性的厌恶态度的纠正。

(3)恋爱与性。大学生谈恋爱已经屡见不鲜,大学生恋爱不可避免,但恋爱与性的问题却是大学生应该明确的问题之一,因此,这部分主要是让学生清楚恋爱与性的关系,懂得如何正确对待恋爱中的性。

时代的进步,带来性观念的不断变化,那么究竟什么是性观念,也许还有不少人搞不清楚。

目前,我国社会大量出现的婚前性行为和婚外恋现象,已对我国家庭道德建设和青少年的健康成长造成严重干扰,这是和性观念的过于宽松和"自由"有着密切关系的。

如何宣传推广当代中国健康的性观念,我国性学专家认为一要有科学精神,二要有文明标准,三要发扬中国优秀文化传统,立足于中国国情。

合理的性观念要既符合中国国情,又代表时代潮流的倾向:

(1)对性的坦荡而纯真的肯定,确认它在人一生中的位置。"食、色,性也","饮食男女,人之大欲存焉",这直率而朴素的人性论,充满了朴素的人道主义精神。即在任何年龄段都不要把性，以及与性有关的性行为视作"淫秽""下流"的东西。

(2)严肃对待婚姻，不把婚姻当儿戏，对婚姻契约高度重视，其目的是加重婚姻契约的神圣和庄严性。婚前恪守贞操，婚后不再搞婚外恋，婚前慎重决定是否能和恋人过一辈子，婚后则不轻言离婚，这对家庭稳固、子女教育、社会安定都有一定的积极意义。

(3)对男女忠贞爱情的歌颂，是对人类真善美感情的肯定和追求，是确认爱情是婚姻关系的基础。牛郎织女、孟姜女、梁山伯与祝英台、白蛇传等中国著名民间传说都是以歌颂男女忠贞爱情为主题，成为我国传统性观念的优秀遗产之一，也是值得国人崇尚的优良性道德。那种灵与肉、性与爱分离；消费爱情追求肉欲的观念是不值得推崇的。

(4)确认性保健作为人生身心保健的重要形式，重视房中养生。把性生活与保健相结合，是中医性医学的理论基础之一，形成中国性观念的一大特色。老年人延长两性生活的能力，维持均衡、规律、有节制的性生活，对于延年益寿大有裨益。

(5)重视养生、胎教和优生优育的观念，也是祖国医学的传统优秀遗产，对提高民族素质大有帮助。

树立正确的性观念，正确看待性及与性相关的活动和行为，树立正确的恋爱观和婚姻观，是夫妻和睦、家庭幸福的前提和条件，应该引起全社会的高度重视。

一、错误的性价值观的产生原因

困扰大学生的性心理问题有很多是生理和心理本身所造成的，但更多的则是知识性和社会性的。

(一)对科学的性知识了解欠缺

长期以来，我国性教育奉行一种"无师自通"原则，处于封闭、薄弱、滞后状态，许多学校的性教育成为"空白地带"，大学生获得性知识的主要途径是图书、杂志、影视作品或是通过朋友交谈。有些大学生由于受传统观念影响，认为性是羞涩、忌讳的，只能意会不可言传，认为谈论性是庸俗、下流，把性是视为"禁区"，所以对性知识了解不多，也很肤浅。许多大学生喜欢涉猎书刊、影视、网络中有关性的描写，由于文学作品的渲染性、夸张性，特别是"黄色"出版物的腐蚀性，使有些人对性知识的了解出现"误区"。多数大学生往往只对性生理知识感兴趣，对性心理知识知之甚少，不了解性现象的心理机制，不掌握性心理的发展特点，不懂得进行自我心理调适，在性心理发展中存在许多"盲区"。所有这些，都使得一些大学生不能坦然面对自身出现的性现象，不能有效调控性冲动与性压抑，不能清醒地认识性行为失当的危害，带来了种种困惑和问题，这是引发性心理困惑的直接原因。

(二)社会性心理发展不成熟

大学生从校门走出又走入校门，涉世不深，社会经验不足，对性的社会性需要缺乏深刻认识，对涉及性行为的婚姻、经济、法律、道德规范等缺乏深刻体验，而且在生活上尚未独立，没有自主的经济来源，没有能力负担起家庭的重任。

性生理与性心理发展的内在冲突，尤其是个人性生理发育日渐成熟而社会性心理发展不成熟所产生的矛盾冲突，使一些大学生在面对性需求或性压抑时烦躁不安，在交友与恋爱中情绪起伏波动，在性行为上缺乏道德规范。社会性心理发展不成熟，是一些大学生性心理困惑与问题的根本原因。

(三)性观念的矛盾与冲突

大学生性观念的形成，主要来自两种观念的影响，一是通过家庭教育受到我国传统性观念根深蒂固的影响，二是通过多种途径受到西方国家"性自由、性解放"思潮的冲击。在两种性观念的冲突中，有些大学生徘徊于矛盾中：坚持传统性观念，感到情感上太压抑；推崇开放性观念，担心有违道德习俗，存在迷惘、困惑的矛盾心理。有的受多元化价值观念影响，在两种观念的矛盾中开始分化，性观念发生渐变，呈现多元化倾向，其中不乏带有不健康、不成熟的成分。缺乏科学、健康、稳定的性观念，容易导致性心理上的困扰和性行为"盲动"。

例如，在婚前性行为上，有的不能将性爱建立在稳定的爱情基础上，或是为了追求自己爱慕的异性，或是出于对异性的好奇与神秘，或是为了解除自己的孤独与苦闷，结果使自己陷入了困扰之中。性观念的矛盾与冲突，这是导致性心理困惑的主要原因。

(四)受到色情文化不良影响

社会文化熏陶对青少年的心理发展有着重要影响。随着我国社会的转型，色情文化大肆泛滥，社会上屡禁不止的淫秽书刊、淫秽录像、黄色网页、色情场所等，对一些青少年产生了强烈的诱惑和刺激。有些大学生在色情文化面前，缺乏抵制能力和鉴别能力，偷看淫秽录像，迷恋黄色网站，出入色情场所，喜欢追求性感刺激，并试图尝试和模仿，这就容易在色情引诱下出现性行为失当，给身心带来种种伤害。不能自觉抵制社会上不健康思想文化的影响，对色情文化丧失鉴别力，也是一些大学生性心理困惑与问题的重要原因。

二、树立正确的性价值观的方法

虽然困扰大学生的性心理问题多种多样，有些甚至很难解决，但如果经过仔细分析，导之以正确的方法，还是能够圆满解决并顺利通过大学学业的。

(一)掌握科学的性知识

作为大学生应该对"性"有一个科学的认识。性是一门综合性的科学。它包括性生理学、性心理学、性社会学、性伦理学、性美学等。大学生们应当努力学习和掌握性科学知识，避免性无知，消除把性仅仅看作是生物本能的片面认识。

(二)培养健康的人格

"性是人格的完成"。性，不仅仅决定于生物本能，而且一个人对待性的态度，反映了一个人人格的成熟。人自身的尊严感和对他人是否尊重，都会在两性关系中充分体现出来。

1. 要自爱自信

认同自己的性别角色。性别角色意识是一个人社会化成熟与否的重要体现，是心理健康的重要标志。世界是两性的和谐统一。男性和女性在生理和心理上各有自己的特点，各有自己的性别魅力。现代社会的大学生应当在生物生理、社会心理和文化、经济、社会参与以及政治上，进行合乎科学、合乎道德、合乎时代要求的全面角色认同。尽管现在社会上对同性恋存在着各种不同的看法，但人们对同性恋所引起的社会适应困难的看法是相当一致的。因此大学生应当接纳和欣赏自己的性别角色，发展出适应时代要求的优秀个性特点。性别角色的认同和胜任是现代人成功适应和发展的重要心理基础。

2. 要对性行为负有社会责任感

如果性行为只停留在手淫、性梦等方式的自我宣泄上，并不会影响他人。但是如果性行为涉及另一个人，那么便涉及许多社会责任。性行为可以给另一方造成心理和肉体上的伤害，可能产生第三个生命。这将意味着影响另一个人的生活，也将影响你自己的生活。每一个成熟的大学生都应当了解个人性行为给他人、自我和社会带来的后果。尊重他人，尊重自我，对自我的行为负起责任。大学生要增强自己的性道德和性法律意识，用道德和法律规范自己的性行为。

3. 要培养良好的意志品质

大学生自我控制性心理能力的大小，在一定意义上是由个人意志品质的强弱决定的。意志作为达到既定目的而自觉努力的一种心理状态，具有发动和抑制行为的作用。尽管有的青年人有很强的性冲动，尽管在外界性刺激的情况下，人会急于寻求性的满足。但是，人不同于动物，人有意志力，人可以抑制和调整自我的冲动。那些放纵自己的人往往缺乏坚强的意志品质。鲁迅先生曾经说过："不能只为了爱—盲目的爱，而将别的人生的意义全盘忽略了。"为了自己长远的幸福和个人成功的发展，应当努力培养自己良好的意志品质。

（三）进行自我调节

每一个大学生都应该懂得：每个人都应该尊重任何一个他人的存在价值；每个人都应该以希望他人如何对待自己的方式去对待他人；每个人发展自尊与自重都应该建筑于良好的人格标准基础上，即责任心、诚实、善良，并对自己的道德能力有信心。性欲是正常的和健康的，而且，性欲是可以控制的。

1. 悦纳自己的性体像

(1)积极改善——对可塑造部分。男生的可塑部分为体型、吸引力，要想体型健美，可大强度、长时间坚持锻炼，如举哑铃等器械锻炼（健身房）、砖头、杠上运动（户外运动）；增强吸引力，从完善内在入手，宽容、大度、智慧、幽默等。女生的可塑部分为粉刺、雀斑、肥胖，去斑、去痘到正规医院、美容院寻求帮助，最好用中药调理，减肥最好方法是运动减肥；药物减肥、开穴减肥容易反弹，副作用大。

(2)乐观悦纳——对不可塑造部分。个子矮改变的可能性较小，年龄小、发育晚者除外（忌吃药等、适宜喝奶、运动、充足睡眠）。接纳现实：穿衣服省布料；甜柠檬心理：浓缩的是精品；适合生存：男一米六多、女一米五多。

阴茎、乳房大小、形状受父母先天遗传影响很大，很难改变；虽然现在美容技术越来越高，但风险大，不太值得。事实证明：它们的大小对婚恋生活没有什么影响，不必太在意。

2. 克服遗精恐惧和月经焦虑

(1)克服遗精恐惧。首先是正视遗精，顺其自然。实际上，精液由精子和黏液组成，一次排放的几毫升精液中99%是水分，其余是蛋白质、糖等，其营养物质对人体微乎其微，无须为此感到焦虑紧张。此外，遗精不但对身体没有消极影响，而且在某种程度上还有积极意义——可以缓解性驱力的紧张，使生理平衡。遗精没有规律，也没有绝对的标准。一般讲，年轻健康的未婚男子一个月遗精4～5次是常有的事，有些人在一段时间内几个月都不发生遗精，也很正常，既来之则安之，顺其自然。其次是充分准备、清洁卫生。平日可在床头准备些卫生纸或小毛巾，以备"应急"使用；一旦发生遗精，要及时清理，并清洗内裤、床单和性器官，以保持卫生。再次是睡前平静、"被服轻松"。睡前不看色情的书刊、录像，避免穿太紧的内裤，盖太重的被子。另外要多参加文体活动，丰富自己的兴趣，减少或转移性刺激。

(2)克服月经焦虑。首先要了解自己经期的规律和特征，提前预备经期用具，同时，对自己情绪上的不稳定要有心理准备。其次要注意活动适当，经期不要参加过于激烈和容易疲劳的活动，可从事令自己高兴又运动量不大的活动，如听音乐、会朋友等。再次要避免不良暗示，例如，有的女生担心自己经期睡不好，全身无力，结果果真如此，这是消极心理暗示起的作用，如果能给自己积极的暗示，可有效改善经期的情绪（我调节能力强，月经对我没什么影响）。

3. 正视性幻想与性梦

一是不必把性幻想、性梦当回事，不必为此而自罪自责；二是平时把自己的精力集中于学习工作的其他有意义的活动中。

4. 正确认识手淫

(1)树立正确态度。手淫是"标准的性行为的一种"只要适度，对人体健康并无害处。

一般讲，手淫后自觉有一种欣慰感，体力充沛，精神愉快，工作、学习不受影响，是适度的表现。反之，如果不管时间和体力情况，不断追求手淫的心理感受，常感到疲劳，影响了正常的学习和生活，则为过度，就需要进行克制与调节了。

(2)形成良好习惯。平时不穿紧身内裤，经常清洗外阴，清除包皮垢，减少外部刺激，在睡前不看或少看与性有关的书刊和影视节目，避免形成性兴奋灶，产生新的手淫欲望。

(3)塑造健全个性。努力塑造开朗个性，广泛培养兴趣，培养自己关注集体、关注他人，从而减少自我关注，可减少手淫。

(4)作息时间规律。作息时间要有规律，养成晨起锻炼习惯，使充沛的精力得到释放。不贪床恋床，对防止每天清晨男性特有的阴茎晨间勃起或快速入睡有极好的效果。

总之，对待手淫"不以好奇心去开始，不以发生而懊恼，已成习惯要有克服的决心，克服之后就不再担心"。

5. 慎施婚前性行为

(1)与恋人是否发生性关系要特别慎重。有学者曾对大学生初次发生性关系的原因进行了调查，发现原因很复杂，有好奇心、对方吸引、心理上的满足、酒精作用、孤独、为维持恋爱关系等原因，其中，男生出于爱与女友发生性关系的仅仅占25%，女生则占44%。想想看，如果好奇心满足了、孤独感不再有了，结果会怎样？你能接受吗？

(2)了解婚前性关系的不良影响。①影响爱情的健康发展。先恋爱后结婚，是因为双方需要经过恋爱这个"缓冲带"来相互认识了解、发展感情，慎重择偶，再行结婚。如果过早地婚前性交，就会造成无序发展，当两性关系只关注在肉体上逐步缩短彼此的距离时，两人在个性、适应、价值观等更重要层面的沟通就会松弛下来，阻碍恋人间的思想交流和感情发展，从而影响爱情的稳定性和完善性。②影响身体健康。由于目前中国在校大学生基本上一个未婚群体，大学生的性交行为在性质上是不合法的，也是违背道德的，因此只能是偷偷摸摸，这对身体的影响一是不洁，容易引起疾病；二是匆忙中不能安全避孕，容易造成怀孕；三是怀孕后，偷偷地去做人工流产，时有并发症发生；四是流产后不敢正常休息和调养，容易遗留种种慢性炎症。所以，婚前性交对女性身体健康造成的危害尤大。③影响心理健康。从中华民族的传统道德和法律上来看，性交只是法定夫妻的权利，绝不是任何男女之间都能发生的。因此，婚前性交不受法律保护，属于一种不法行为，也是不道德行为。④影响性健康。婚前性交通常伴随着恐惧心理，害怕被人发现，因而被迫采取"速战速决"的战术，这种做法对男女双方都不利：男子容易形成习惯性早泄，女子由于经常体验不到性快感，而出现性高潮缺乏。此外，在进行婚前性交时，当事人往往来不及对时间和地点加以选择，因而很容易出现意外。⑤影响婚后夫妻关系和家庭稳定。恋爱中的男女通过不断深入的了解、交往、如果彼此不满意，是可以也应该分手的。但如果未结婚而发生了性关系，生米煮成熟饭，为顾及名誉，有的人会心不甘情不愿地勉强结婚了事。这样的婚姻由于基础脆弱，日后发生婚外恋的可能性极大，离婚也就没什么稀奇的了。⑥发生婚前性行为的女子，如果能与男方结婚，并能亲密无间地生活，则随着时间的流逝，其心理会逐渐恢复平衡。但如果被男方抛弃，则会对她的一生产生重大影响，留下难以磨灭的阴影。

因此，为了获得幸福美满的婚姻生活，必须对婚前性行为的不良后果有足够的认识，增强自律。

(3)要学会拒绝。大学生尤其是女生应当懂得在生活中坚守必要的原则，你没有义务去满足他人的所有要求，尤其不能满足他人那种不合法、不讲理的私欲。千万不要将"性"误解为"爱"，或将"爱"缩减为"性"。

(4)为选择负责。尽管知道婚前性行为有诸多不良后果,但总有一些人会由于种种原因偷吃禁果。一旦出现这种情况,老师的建议是:为自己的选择负责。

男生的正确做法是:①加倍珍惜——女孩的爱与性多数是关联的,她不会轻易把自己最宝贵的东西给一个人,既然她把自己的所有都给了你,希望能倍加珍惜,互相包容,携手人生。②注意安全——注意卫生,以防生病;做好避孕准备,以防意外怀孕。③周密呵护——一旦避孕失败,要及时采取措施,72 小时以内口服避孕药可预防怀孕;如果意外怀孕,要陪同女友到比较正规的医院做手术,术后身体虚弱,因此,要精心照料,保证必要的卧床休息和营养补充;孕期女性的情绪会发生很大变化,容易产生抑郁情绪,因此,男性要主要帮助女友调节情绪,以免压力过大,产生抑郁情绪。

女生的正确做法是:①别埋怨。如果意外怀孕,忌讳埋怨自己与男友,无济于事,还会身体受伤的同时,使双方的心灵受伤。②要振作。性毕竟只是我们生活的一个方面,而不是全部。不要因为青春期的性失误毁坏了你的整个生活。③可求助。如果遭遇意外怀孕、人工流产而无法排解压力,可主动寻求心理咨询教师的辅导。

【心理训练营】

观看一部与性心理有关的影片,讨论男女之间性的异同,以小组讨论的形式,各小组派一名代表上台发言、分享。

【心理测试】

性观念心理测试

题号	题目	选项 1	选项 2
1	你喜欢看黄色电影吗	是	否
2	你认为电视检查制度过于严格吗	是	否
3	你不赞成同性恋吗	是	否
4	你认为只要两情相悦就可发生性行为吗	是	否
5	你厌恶报刊、杂志上刊登出来的裸体照片吗	是	否
6	如果不会有人看见,你会在自己的家的庭院里进行裸体日光浴吗	是	否
7	即使有人看见,你会在自己的家的庭院里进行裸体日光浴吗	是	否
8	看见邻居做日光浴,你会感到尴尬吗	是	否
9	你曾经有裸泳过吗	是	否
10	你喜欢到海滩裸体吗	是	否
11	你厌恶电视上的裸体镜头吗	是	否
12	你厌恶色情服务业吗	是	否
13	如果没有在家,光身子从卧式和浴室走出来,你会感到尴尬吗	是	否
14	如果家里有人喜欢裸体走动,你会感到尴尬吗	是	否

1. 计分标准

上述各项选“选项一”，即答“是”计 1 分，答“否”计 0 分。

2. 结果解释

（1）得分在 4 分以下：在性观念上，你跟得上时代的潮流，你能够以开放的眼光来看待性，任何观念都能自在地接受。

（2）得分为 5 ~9 分：你有些性压抑的倾向，但还不算太强烈，很多时候，你仍能够以开放的眼光来看待性问题。

（3）得分为 10 ~14 分：你是个观念非常保守的人，这与从小父母对你的家庭教育有关，家庭观念中有认为性是一件龌龊的事情，认为将自己的身体暴露在外是可耻的，一个有教养的人不应该以性作为公开的话题。

【叩响心门】

（1）大学生性心理的特点是什么？

（2）性心理的发展分几个阶段？

（3）大学生常见的性心理困惑是什么？

（4）大学生性心理的调适方法有哪些？

【心理电影院】

片名：《成为简·奥斯汀》

简介：情窦初开的简·奥斯汀对聪明狡黠的爱尔兰年轻律师汤姆一见钟情。遭到双方家人反对，两人必须做出决定。汤姆提议私奔，甚至一度出逃，导致的后果很显然将会是灾难性的。简的家庭经济状况不好，私奔她将面临贫困和蒙羞。汤姆在爱尔兰的家庭同样指望他能够出人头地。如果他们选择了逃跑，所有的一切都将毁于一旦：家人、朋友和财富。他们做出了理性选择，从此两人便再没有相见。他们的感情升华。简·奥斯汀用她的文字、聪明与智慧照亮了整个世界，爱情故事也成为她毕生最伟大的著作，汤姆后来成为爱尔兰大法官。他们的感情成为了现实生活中的传奇。电影清晰告诉我们激情、性爱不是爱情的全部，唯有基于独立、理性基础上的感情才可能永存。）

资料来源：https://baike.so.com/doc/4070095 -4268668.html

项目十一

打造绿色的网
——大学生网络心理健康

心灵箴言

不能制约你自己的人,不能称之为自由的人。

——毕达格拉斯

网络,那是薄冰上的行走,泡沫上的舞步。

——佚名

项目十一 打造绿色的网——大学生网络心理健康

【心的灯塔】

互联网雅俗共赏,内容丰富,影响面广,新知识多,传递速度快,观点开放,气氛轻松,正以其强大的阵容冲击着大学生的思想观念和精神世界,大大改变了大学生的生活、学习和恋爱的方式,已成为大学生学习、交往、娱乐的重要平台,并逐渐形成一种特定的网络文化。这种文化构建的网络虚拟世界,正以独特的魅力、超乎想象的刺激性强烈吸引着追求刺激、张扬个性、知觉敏锐的当代大学生,他们始终表现出极高的认同感和参与热情。教学楼、图书馆、实验室、宿舍等大学生学习和生活的方方面面,都已融入了网络的元素。大学生以与Internet有缘的"网络新生代"自居。调查显示,2012年网民中20~29岁的年轻人所占比例为最高,约为30.4%,比去年增长0.6%。这个年龄段包括大学专科以上学历的学生。可见大学生一直是网络用户的主力大军。

网络"一半是天使,一半是魔鬼",甚至有人把网吧称为贩卖"电子海洛因"的场所,它在很好地满足大学生身心需要的同时,也给大学生的身心健康带来了巨大的负面影响,诸如网络成瘾、网恋引发的现实问题等。因此,如何正确地看待网络,合理利用网络的优势,维护网络心理健康,对大学生而言,迫在眉睫。

任务一 网络心理概述

到目前为止,人们从很多角度对互联网展开了大量研究,本节从心理学的角度研究网络文化下大学生的网络行为和心理,网络对大学生人际交往的影响等。

现实和网络中表现不一的人往往会感受到压力

一、网络文化的内涵

(一)网络文化的定义

网络文化是随着计算机互联网而产生的一种新的文化现象,它以计算机及其附属设备作为物质载体,以上网者为主体,以虚拟的网络空间为主要传播领域,以数字化为基本技术手段,为人类创造出一种全新的生存方式、活动方式和思维方式。今天网民不仅可以通过网络了解世界、学习和购物,而且可以在网上聊天交友、谈恋爱、开会交流,甚至玩游戏、赌博等,互联网改变了网民的学习、工作、生活和娱乐的方式。

(二)网络文化中人际交往的特点

1. 交往角色的虚拟性

我们经常说:"在网上没有人知道你是一条狗。"网络交往不同于现实交往中面对面的打交道,在网络这个无所不有的"虚拟世界"里,招之即来,挥之即去,看得见听得见却摸不着,你可以随心所欲地塑造一个假我或完美的自我,如改变自己的姓名、性别、年龄、相貌、社会地位、教育背景、贫富等因素，甚至冒充某人和别人交往，在人际交往中给“欺骗”造成了可乘之机。只需轻敲键盘，你就可以隔着“面纱”以某种虚拟的角色与他人交流，对他人做任何你想做的事，而且没有任何人会对你的行为进行监督，虚拟的网际关系圈使你获得了强烈的安全感。当你疲乏厌倦时，电脑一关，一切都回到了现实，似乎感觉什么也没有发生过。交往角色的虚拟性让一些大学生错把现实中的仇人当成亲密爱人在网上爱得死去活来。

2. 交流的快捷实时性

互联网上传递信息是“一触即发”，超越了时空的限制，吃饭、等车、排队、坐公交车、蹲洗手间、上课无聊、无所事事等等，生活中随便一个空隙，都能顺手来几句，发一个微博进行现场报道或打开微博实时了解；“老死不相往来”、终生难得一见的人们瞬间可以变成近在咫尺的网络好友；聊天室实现了网络的“同步交流”；贴到 BBS 上的信息几乎随传随贴，博客或微博上的内容可能会在瞬间被无数个网友同时收听或转贴出去，速度之快远远超乎你的想象。在网上什么都可以快得让你无法接受，相识快、相恋快、相见快、网婚快、离婚也快。你可以在网上尽情地浏览、下载、冲浪，在第一时间获得所需要的信息资源，真所谓“一网在手，我便拥有了整个世界”。

3. 交往主体的平等开放性

开放是互联网的生命力所在，网络文化是全世界高度开放共享的文化，它没有所有者，没有政府机构的监督和管理，没有等级特权，没有贫富贵贱，任何草民或弱势群体只要会上网打字，就能获得自由平等的话语权或畅所欲言的交际空间，其中微博就是自己能全权掌管的独家“出版社”。在网上你可以自由地发表自己的见解，如对某一重大事件的看法等，也能与任何一个网民，如某一明星、富翁或乞丐等进行交谈。现实生活中社会地位的高低丝毫不影响网络上的民主与自由，影响他人的真正决定性因素是沟通技巧、思想的新颖性、网络语言熟练性、网络风格幽默性等。

4. 交往主体个性化

网民可以最大限度地参与信息的制造和传播，个性意识逐渐增强。网络呈现出的分散性、自主性和匿名性等特点正是网民生活个性化的体现。网络是基于资源共享、互惠互利的目的建立起来的，网民有权利决定自己的身份地位、上网时间、地点、做什么、怎么做；网民既是听众，又是讲演者；既是作者，又是读者，形成发布—接收双向或多向互动。网民可以同时在网上和多个网友交流互动，发表自己的见解，这种多向交互式的传播方式极大地调动了网民的积极性，增强了网民的主体意识，网民可以主动、自由地选择自己喜欢结交的网友，拒绝接受自己讨厌的信息。

由于网络具有隐蔽性，网民的交往动机呈现多样性。其中异性效应在网上交往中表现得很明显，交异性网友者多达65%。不少人上网聊天、浏览、追求休闲娱乐和精神享受的同时，抱有相机觅友和调情的目的；有的是为了满足好奇和“成功”心理的驱使，戏剧般地把自己塑造成各种各样的人，而且不定期更换角色，以此显示自己“欺骗”的高超才能；有的为了追求快乐和刺激，甚至扮演异性去“谈恋爱”等。网络为人的个性发展提供了广阔的空间和平台，使个性能够获得极大的张扬。

5. 人际情感的疏远性

网络的全球性和发达的信息传递手段，使人际交往超越了时空障碍，同时也使现实社会中人与人之间的情感更加疏远，心理距离越来越遥远。如同在一个大学宿舍里，一边在电脑上学习、娱乐，一边在网络上交流乐此不疲却和舍友说不上两句话的现象经常发生，有些甚至发展到视而不见的地步。网络大大解放了我们的体力负担，却给我们的内心增加了不少压力。网络一方面让我们与世界对话以加强沟通，却在另一方面更让我们紧闭心扉，出现人际淡漠，形成沟通障碍。只有当你懂得让网络稍作休息，同时抬头看看身边的亲朋好友，它才能为你所用，而不会为它所累。

6. 感觉经验的丰富性和有限性

网络世界是一个综合计算机三维技术、模拟技术、传感技术、人机界面技术等一系列技术生成的丰富、逼真、刺激的三维感觉世界，集文本、声音、图像、动画等形式于一体，达到了时空交融、文化融合、视听兼备的综合性艺术效果，营造出温暖的情感接纳氛围。当前网络视频与音频技术不断提高，多媒体的聊天环境、视听会议和网络电话不断出现，能使我们的感官获得丰富逼真的体验。但是人们在网上视听相结合的感官体验与现实相比仍然大打折扣，不能很好地分辨出对方声音或表情的细微变化。而且绝大多数人只是通过纯文本进行交流，看不到别人的面部表情和身段表情，不能通过察言观色来直接了解对方，使网络交往带有很大的不确定性。虽然视听会议既有效又简捷，但人们始终隔着电脑这层面纱，依然无法进行体势语的交流，比如，握手、点头、拍肩、拥抱等，而这些又恰恰是促进心灵沟通、建立良好人际关系的最有效方式。

7. 网络交往的滞后性

网络交往存在一个交流时间的滞后问题。用QQ或聊天室聊天，基本实现了网络的"同步交流"，但与面谈相比，难免会经历几秒或更长时间的回复延时。而对于电子邮件等异步交流的方式，你有可能会在几小时、几天甚至更长时间后才去回复。可见网络交往有时间差，存在思想上的"延迟地带"，一方面，一旦出现文化冲突或误解，这种延迟性允许人们有思考的空间，可以利用文字、丰富多彩的表情符号等多种形式相结合的非直接表达来跨越因文化冲突或误解导致的沟通障碍，这也给阅历肤浅的大学生们提供了锻炼和反思的机会；另一方面，网友在等待回复过程中，由于不确定性，即使时间很短，感觉也会很长，而且时间越长越会产生更多的猜疑，引发更大的误解，反而不利于人际关系的良性发展。

8. 交往的弱社会性和弱规范性

网络人际交往缺乏必要的约束机制，网民必须"自己管理自己"，容易使一些缺乏自制力的人暂时摆脱现实社会诸多伦理道德和行为规范的约束，过度放纵自己的行为，从而造成非人性化的倾向。网络社交的过度随意会导致现实交往中出现严重失范的行为。

二、大学生的网络行为和心理

（一）大学生的网络行为

大学生是互联网的忠实追随者。那么，大学生上网都做些什么呢？调查表明，大学生的网络行为主要有以下几种：

1. 网上学习

有的大学生充分利用网络免费下载丰富多彩的学习资源，包括最新研究成果、科教视频等，学习变得更加轻松便捷，学业水平得到了很大的提高；有的大学生通过远程教学，享用最好的学校、师资和课程，通过电子图书馆，阅读世界上任何一家电子图书馆的藏书，开阔了视野；有的大学生积极参与有关教育、学习方面的论坛进行讨论学习和交流经验，还有的利用微博和同行交流，收听同行资深人士的微博，从而学习兴趣大增，受益匪浅。调查发现，65.4%的大学生认为网络为自己求学、科研等提供了方便，46.6%的大学生认为上网"有助于专业课学习"；但也有调查发现，真正进行网上学习的大学生比较少，不到20%；至于如何把网络与自身的专业学习、人生规划、兴趣爱好等结合起来，很多大学生则是一片茫然。

2. 网上娱乐

网上娱乐已成为大学生休闲娱乐的新时尚。有调查显示56.3%的大学生花大量时间体验网上冲浪的乐趣，在网上看电影、追电视剧、玩网络游戏、打牌、听音乐、下棋、购物，甚至以谈网恋为乐等。其中游戏网站是大学生经常光顾的地方，有的大学生一打游戏就是七八个小时，甚至想方设法逃课以至荒废了学业。调查显示，大学生玩网络游戏的比率达19.1%。

3. 追求刺激

互联网是包罗万象无所不有的世界，满足了大学生追求刺激的心理。有的大学生喜欢在网上寻求刺激，宣泄心中的郁闷和不满，如玩网上惊险游戏、浏览色情网站、实施网络犯罪等，还有的大学生为了看到更刺激的画面，不惜省吃俭用花高价上收费网站。

4. 搜索引擎

查阅收集各类信息、看新闻了解国家大事和世界风云，是大学生上网的主要目的之一。有的大学生认为世界每天都在变化，而上网可以使我们始终走在时代的最前沿，如果不上网，就会落伍许多，跟不上时尚。互联网的开放性，使得互联网如同一个信息的聚宝盆，无所不有。这些取之不尽、用之不竭的网络资源赋予了网络无穷的魅力，很多大学生经常上网寻奇觅宝，搜索自己所需要的信息。中国社会科学院对大学生的一项调查表明，大学生查阅信息的比率达69.9%；还有的大学生上网找工作。

5. 网络交往

网络交往作为新型的人际交往方式强烈地吸引着大学生。网络交往是虚拟的角色交往，使交往双方都没有任何心理负担，而有一种为所欲为、肆无忌惮的心理。有的大学生"白天带书上课，晚上带钱上网"。在网上聊天交友成为大学生上网的主要目的之一。大学生经常使用的网络交往工具有E-mail、聊天室、OICQ、微博、微信等。E-mail作为一种方便快捷、费用低廉的通讯方式很受大学生欢迎；各种各样的聊天室是大学生漫游网络的第一个驻足之所，也是他们随后经常光顾的地方；电脑或手机QQ聊天成了大学生的家常便饭，使用者达77%。有关调查资料表明：武汉大学生仅以网上聊天为重要目的者占84%。

此外，上课低头用手机刷新微博的现象也非常普遍。微博是一种通过关注机制分享简短实时信息的广播式的社交网络平台。从2007年中国第一家带有微博色彩的饭否网开张，到2009年，微博这个全新的名词，以摧枯拉朽的姿态扫荡世界，成为全世界最流行的词汇。曾有这样一个笑话，一个外国人对朋友感叹中国人的手机都有一个特殊的功能，就是检测饭店里的饭菜是否有问题。他的朋友很是费解，问为何有这样的说法，那外国人说，因为他看见在饭店吃饭之前，大家都拿着手机对着桌上的饭菜不停地拍摄，拍完也不吃饭，好像在上网查询什么，那不是检测是什么？微博最大的特点是：信息发布和传播的速度快。例如你有100万听众，你发布的信息会在瞬间传播给100万人。大学生大大小小的事情都在微博上现场直播，既宣泄了痛苦，分享了快乐，又拉近了与粉丝们的距离。

还有，大学生上课低头用手机刷微信，发朋友圈的现象也非常普遍。微信是腾讯公司于2011年初推出的一款通过网络快速发送语音短信、视频、图片和文字，支持多人群聊的手机聊天软件。用户可以通过微信与好友进行形式上更加丰富的类似于短信、彩信等方式的联系。微信不存在距离的限制，即使是天南地北的好友，也可以使用微信对讲。可见微信是一款非常具有时效性的跨平台的手机交友软件，深受90后大学生的喜爱。大学生平时都玩微信，在微信上也有自己的朋友圈子，微信的确能非常方便地帮助使大学生找到志同道合的朋友，当然，还包括男女朋友。通过微信，大学生把自拍及自己当下的生活状态及时上传朋友圈，获得好友的点赞，实现了图文并茂的实时沟通。

【心有千千结】

2011 年,李军以优异成绩考入某重点大学学习。在刚到大学学习之初,他充满了抱负和希冀,但是后来才发现达不到自己预期的期望。虽然学习不顺利,但在网络游戏技术上进步很快,在游戏中他找到成就感和满足感。在与同学和老师的交往中,也失去了中学时期的中心位置,感觉受到了冷落。在网络中他却交到了很多的朋友,网络让他摆脱了现实的孤独寂寞。一段时间之后,他对网络的使用和游戏有强烈的渴求和冲动感,与同学交流渐渐减少,性格变得内向,时有自卑感,情绪低落,甚至与家长对抗,对数学知识、体育运动和其他事物兴趣下降,出现一系列的心理问题,并经常逃课,彻夜不归。经同学和班主任劝告,一段时间内停止网络游戏,但出现周身不适、心烦易乱、易激动、上课注意力不集中、睡眠障碍等现象,后来他再次沉迷网络和游戏,网络已经成为其逃避问题或缓解不良情绪的途径。

为什么李军会出现网络成瘾的问题呢?作为当代大学生,我们要怎样对待这日新月异的网络信息技术,防止大学生在网络中迷失自我呢?

从上述案例中可以看出,李军在现实社会生活中缺乏成就感,交际圈和交往的期望值未能达到预期效果。已经深深陷入虚拟网络世界中,也就是虚拟社会。虚拟社会的技术平台使人们的活动具有了完全的自控权,而且不用考虑自己的行为会给现实生活带来什么负面影响,这正是虚拟社会吸引人的独特之处。网络虚拟社会的时空无形化、主体多元化、身份隐蔽性、行为自主性、交流互动性等特点,容易给人一种放松的身心体验,李军在这样的虚拟社会中找到了现实社会所不能满足他的成就感和期望值,让他突破了现实的种种不满和局限,摆脱失落的情绪。

资料来源:作者根据相关资料整理

(二)大学生的网络心理

在大学生形形色色的网络行为中所表现出的或隐藏的种种心理现象引起了人们广泛的关注,大学生的网络心理可分为积极的心理需求和消极的心理需求。

1. 积极的心理需求

(1)强烈的求知欲与好奇求新心理。互联网信息海量,而且查询下载简便快捷,能使大学生在第一时间获得最新的最需要的集文字、图像、声音等于一体的超乎想象的丰富资源,涉及社会生活的方方面面,政治、经济、文化、科技等无所不包。通过互联网大学生可以博览群书,可以到世界各地去"旅游"以了解各国的文化风情;可以通过网络学习和掌握各种知识和应用技能,直接访问有关领域的资深人士或专家学者;可以随意搜索各种类型的信息库,畅游各个数字图书馆,还可以围绕某些焦点话题与他人展开广泛而激烈的讨论。所有这些正好迎合了大学生强烈的求知欲、对信息的高度敏感、追求时效化、好奇求新等个性特征,而且还进一步强化了大学生的猎奇心理和求知欲望。

(2)娱乐放松的需要。网络成为最受大学生欢迎的娱乐放松胜地。大学校园里娱乐设施相对较少,生活单调乏味,无法满足活泼好动、精力旺盛的大学生的娱乐放松需求;而且当代大学生面临许多压力和挫折,如新生环境适应不良、学习不顺、人际关系紧张、失恋、生活窘迫等,他们吃不香,睡不好,时常感到压抑和烦恼。为了维护大学生的心理健康,他们需要让心情充分娱乐放松,而网络给大学生提供了一个良好的释放压力、缓解紧张的场所。

网络媒体把文本阅览、画面浏览和声音聆听融为一体,将大学生的各种感觉如视觉、听觉、触觉,甚至味觉和嗅觉全方位打开,让他们获得多感官的刺激,体验到心跳、狂热、眩晕、紧张等微妙的现实生活中无法感受到的身心变化,从而获得满足感与愉悦感。网络传媒的这些特征正好和大学生的渴望浪漫、喜欢惊险刺激、喜欢玩的心理特征相匹配。故上网冲浪成为他们娱乐放松的重要形式。

(3)自由平等与自我价值感的需要。网络自由平等的氛围适应了当代大学生对开放性和多元性的追求。在网络虚拟世界里,种种现实社会的规范和限制都不存在,为大学生提供了自由选择的沟通平台,提供了尽情展示自己思想、情感和才华的公平舞台,实现了真正的自由平等。大学生可以毫无顾忌地畅所欲言,轻松自如地做任何想做的事。在网上,大学生可以体验或扮演不同的角色有利于发现真实自我以及心理冲突,如美丽文静的女孩可能变得很泼辣,且满嘴的土话;粗犷剽悍的男生也可能变得乖巧可爱,含羞带涩。大学生还可以自主探索和尝试完全不同的生活,增强多种社会角色的全方位认知体验,所有这些正好满足了大学生特别渴望认识自我,认同自我,接纳自我的自我意识发展需求,个性得到了极大的张扬,人的主体性、创造性得到了充分发挥,自信和自尊得到很大的提升,满足了自我价值感的需要。如一个大学生网民的话:"我的成绩不理想,很自卑、但自从上网之后、我发现无论是游戏、交友还是在 BBS 上发帖,我都很容易取得成功,这让我体会到了自己的价值。";还有新浪网上有个歌舞爱好者专门的聊天室,许多爱好唱歌、跳舞的人可以进去交流,大家在里面学习唱歌、舞蹈,相互交流,井然有序,如果有人违反了管理条例,出现不文明的行为,会被"踢"出去。在那个聊天室里,有歌唱老师、舞蹈演员,也有普通的歌舞爱好者和初学者,大家都是平等的,无论是谁,如果你想一展歌喉、舞姿,你可以"排麦"(点击歌曲,排队等候),轮到你,你就能向大家展示自己了。

(4)情感倾诉与宣泄的需要。一方面,大学生对事物体察深刻;另一方面,他们的价值观念不够成熟,情绪情感表现为丰富性与波动性并存,起伏变化快,网络功能的多面性和网络交往的隐匿性满足了大学生丰富而不稳定的情感的倾诉需求。通过上网来寻求人与人之间的以相互关心、尊重和理解为核心的人类大爱和归属感,是一种潜藏在大学生内心深处极为深刻和迫切的上网动机。据调查,聊天内容中,情感交流占46%,话题主要关于爱情和友情;无主题闲聊占35%。很多大学生不愿把心事告诉身边的亲朋好友,或者怕他们担心,或者没有足够的安全感和信任感。在互联网上,相比学校和家里,大学生们可以更安心地发表自己的真实高见,抒发自己的爱与恨,甚至透露自己的隐私,而不必担心会受到批评或承担任何责任。平时对学校、老师不敢提、无处提的意见可以贴到 BBS 上去,平时对异性同学埋藏心底的情感终于可以在聊天室里淋漓尽致地抒发。在线交流、尽情地大喊大叫或到对抗游戏里冲杀一番满足了倾诉与宣泄的需要,大学生的郁闷、追求、快乐和抱负等都可以在这里得到尽情地倾诉和宣泄。

(5)自我成长与人格完善的需要。有的大学生将自己现实生活中一些失败的经历或不成熟的方案发到网上,集网络的智慧查找原因并在网友的帮助下得到改善。网络的虚拟性,使大学生完全没有后顾之忧,可以在网络世界中模拟真实生活中的行为、训练自我表达方式、学习人际交往甚至谈恋爱等,即使失败了可以重来若干次也不会遭到其他人的笑话,网络会绝对地宽容和无条件接纳你,让你完全没有心理压力,直到你的行为或人格完善到令自己满意为止。大学生还把网上取得的各种成功经验迁移到现实生活中,尽可能减少网上和网下的差异,从而更好地塑造、提升和完善现实人格,并切实培养大学生幸福的能力。

2. 消极的心理需求

(1)盲目追求感官刺激的性宣泄。大学生在性心理方面,表现为性需要与性压抑的矛盾冲突。他们往往会出于冲动好奇的心理不拒绝色情、暴力信息,进而发展到欲罢不能地寻找这些信息以获得感官刺激来解决他们的性压抑。随着大学生性意识的增强,每个大学生都会在心里产生对异性的倾慕和追求,想象自己成为什么样的男子或女子,但是由于繁重的学业和对早恋的敏感,家长或学校盲目阻止孩子进行正常的异性交往,否定孩子正常的性意识,也从来不引导他们进行合理的表达或转移注意力,从而造成他们时常感到无法忍受的性压抑,再加上从小性教育的缺失或相对滞后,使很多大学生面对性需求不知所措。

网络的出现,似乎让大学生终于找到了一个性宣泄的"安全"出口,他们在网上瞒着父母"放肆"地谈情说爱;放心大胆地浏览黄色网站,从而满足他们性宣泄的需要。调查数据表明,84.3%的大学生登录过色情网站,其中95%的大学生点击色情网站的同时还伴有自慰行为。"性"是搜寻引擎中被检索的最常见的关键词之一,网络色情已成为举世关注的道德问题。

(2)逃避现实的解脱心理。存在这种心理的大学生一般心理耐挫能力比较差,一遇到挫折就选择逃避。如在学习上,新生由于好奇和进入大学的喜悦使他们刚开始很有耐心地坐在教室听课,但面对老师的授课不知所云,几节课下来便产生了厌学心理。又因开学初期课堂管理不规范为逃课上网提供了便利。还有的大学生是存在性格缺陷,比如有的大学生因性格内向孤僻而不敢交往,而戴上"面具"置身虚拟网络中无疑就给予了他们很大的勇气,而且学习与就业的压力、社会与家长的高期望值所造成的心理压抑与郁闷,在网络上一扫而光,实现了最大的解脱。同时,复杂的社会也会使思想和人格不成熟的大学生感到难以应付;在自我意识方面,大学生表现为理想自我与现实自我、自律意识与放纵意识的冲突。他们自尊心过强,往往不愿面对现实而逃避到虚拟的网络世界中隐身倾诉和求助,互联网成了他们逃避现实、寻求解脱的最好的场所。有一项对897名本科学生(其中女生413人,男生484人)上网情况的随机调查显示,大学生上网聊天的占50%,上网玩游戏的占45%,他们通过网络游戏、QQ聊天等形式,在虚拟的网络世界中感觉良好,纷纷在网上寻找逃避现实困难的"麻醉剂"。

(3)虚拟的自我实现的需要。马斯洛的需要层次理论指出,在人的基本需要满足以后,还有一个更高级的需要即自我实现的需要。自我实现的需要就是"人对于自我发挥和完成的欲望,也是一种使他的潜力得以实现的倾向"。在当今的高考制度下,考试成绩是评价学生的唯一标准。在中小学,有的学生即使没有特长也可以凭借其优异的成绩获得老师的青睐和同学们的关注。

新生中有一部分在中学成绩比较优秀,由于高考失利使他们考上了并不理想的大学。一入学就决心要加倍努力在大学崭露头角,重建自信,但由于心理素质差等种种原因始终不能如愿。这类学生从前的优势地位丧失了,无法适应从"优等生"到"普通生"的角色转变,深感绝望和无助,心理严重失衡。此时,"无所不能"的网络成为他们实现自我的理想王国,网络特有的平等、自由、快速、虚拟成功的感觉,足以让他们在这块"虚拟的沃土"上快速地找回从前的优势地位,轻松地以"理想自我"自居,通过虚拟的补偿满足了大学生急功近利的心理,体验比从前更加"辉煌"的自我,满足自我实现的需要。比如有的大学生在网上轻松地实现从小梦想成为的侠客、将军,可以在模拟战争中指挥千军万马搏杀疆场;有的大学生通过网络游戏体验前所未有的成功感;还有的贫困大学生内心很自卑,现实中又不想努力奋斗,就跑到网络世界中扮演大富翁、银行行长、企业家、大老板等。

三、网络对大学生心理发展的影响

网络在大学生日常生活和学习中无处不在,每个大学生的心理及行为方式都或多或少地受到了影响,主要有以下几方面的影响:

（一）网络对大学生认知发展的影响

大学生正处于信息敏感、思维活跃的时期，一方面很快被网络这个丰富现成的资源宝库所吸引，兴奋地吸收着网络无所不包的营养，这大大拓宽了大学生的视野，高效优化了自身的知识结构，有助于培养广泛的兴趣爱好；网络注重网民参与性的信息传播方式，改变了大学生传统意义上的静态的被动认知模式，大大调动了大学生的学习热情和自主性以达到乐学的境界；在网络“知识快餐”的冲击下，大学生的求知欲望愈发强烈，思维变得更活跃更敏捷；网络还是一个打破传统线性思维束缚的环境，有助于激发大学生的想象力，培养创造性思维。

但另一方面，大学生正处于思维发展的关键期。面对网络铺天盖地、丰富实用的信息资源，大学生直接快速浏览或下载，不需要他们再动脑筋去思考和总结，他们倾向于注重对事物的感知，而非理性的分析，因此其逻辑思维发展空间变得相对狭窄，因此他们往往拥有很强的形象思维能力，而想象力和逻辑思维能力却较差，看待事物易于情绪化，认知事物流于肤浅，难以把握事物的本质。另外，大学生在头脑中堆积过多未经消化、似是而非的信息会导致大学生出现思维混乱的现象；长此以往会阻碍大学生认知中对信息的准确选择和内化过程，影响了良好判断能力的形成。网络环境下的大学生几乎什么都知道，但往往知其然也不知其所以然，并且容易催生“信息崇拜”或“信息焦虑”心理。所有这些，影响了大学生形成系统牢固的认知结构。

可见，过多使用互联网，尤其是使用搜索引擎可能会影响我们创造性思维的发展。现在的大学生往往同时关注很多东西而无法集中于一个，而且进行深入反思的时间越来越少。而反思不仅能帮助我们有效减压，也是我们保持与周围世界联系的重要渠道。我们太过依赖现代科技互联网，我们的大脑会不会退化呢？至少创造性和想象力会大大减弱。心理学家玛吉·杰克逊曾说过：“我们确实需要让科技稍作休息，从中走出来，提醒自己为何人。”

（二）网络对大学生情感发展的影响

大学生正处于情绪情感丰富而又不稳定的阶段，其情感的发展变化与外界环境息息相关。网络世界正好为内心敏感、情绪易波动的大学生创造了一个安全自由的情感表达和宣泄的空间，虽然是虚幻的，却解决了大学生心理闭锁与交往需要的发展矛盾。大学生在网络世界里通过微博、游戏、论坛、QQ 聊天等各种方式尽情宣泄自己的情感而不受约束，确实起到了恢复情感平衡、避免情感异常的作用。

但是从另一方面来看，当大学生的一些不良情绪情感在网络中得到宣泄并得到其他网民理解时，或者是通过一些不良的网络方式进行发泄时，其不良情感可能反而会得到强化，而且由于大学生缺乏社会经验及情感经历，很容易轻信网络导致大学生的情感发展误入歧途，如有的深陷网恋无法自拔，甚至被网友欺骗。一旦被骗，大学生就容易丧失对社会和生活的信心，对人产生严重不信任感，情感变得冷漠或焦虑，甚至出现社交恐惧，精神崩溃。可见，网络在解决大学生心理闭锁与交往需要的发展矛盾时又极易使大学生迷恋网络，使其社会性情感滞后发展，出现情感更趋于冷漠的现象。

（三）网络对大学生个性心理发展的影响

大学生“最怕和别人不一样，但更怕和别人一样”，这是大学生追求个性自由、崇尚个性张扬的心理体现。大学阶段是大学生个性品质形成和发展极为重要的阶段，网络恰好创造了自由发展的空间，大学生可以随心所欲地在论坛中发表自己独特的见解并收获他人的认可；对网上热点问题、现实生活中的重大事件，大学生喜欢进行思考并及时发表自己的评价；可以对自己的网页和网络形象进行个性化设计，吸引众多的人来访以强化自我认同；还可以在网络游戏中扮演和体验各种角色等等，以上种种都折射出大学生强烈的个性光芒。有63.8%的调查对象承认“网络带给了我更大的发展空间”，说明大学生充分肯定了网络对个性发展的积极意义，有些大学生的人格倾向性出现良性发展。但有些大学生为了展现自我而在网络中过于张扬，甚至自我中心，比如为了充当“高手”而故意编造损害他人利益的数据，或是发布恶意网站、散播网络病毒等过激行为。这大大影响了大学生个性心理的健康发展，有可能导致大学生异常人格的形成。

另一方面，大学生在网上往往改头换面出现，网上网下判若两人，甚至不停变换多种相差悬殊的人格身份。比如，一个在网上侃侃而谈、倍受欢迎的大学生在现实中可能是个沉默寡言、性格内向孤僻的人。那么网上虚拟人格和网下现实人格面临一个统一和转化的问题，如果转化顺利，个体的两个或多个人格就会出现良性互动，现实人格将会变得更加丰富和完整；如果多重角色之间的冲突达到一定程度或角色转换过频时，就会出现严重心理危机，导致双重或多重人格障碍。这种双重或多重人格不利于人的身心健康发展，会出现诸如否定自我、过度依赖网络来逃避现实生活出现的挫折，从而导致对现实生活的更加不适应。还有，在网络世界里，大学生经常无法准确辨别信息的真假，总是对网上的信息持怀疑和犹豫的态度，而这种态度会不自觉地带到现实生活中，长此以往，容易使他们形成多疑和不信任的偏执性人格障碍。

网络社交并不等同于也无法取代现实生活中所必需的人际交往，现实生活中的人际交往才是个体适应环境和社会、胜任社会角色、形成丰富健全人格的基本途径。

(四)网络对大学生性心理发展的影响

我国目前性心理健康教育滞后于现实需要，来自于老师和家长的科学性知识微乎其微，大学生的性知识主要来源于互联网。只要你一打开网页，随时随处都可能蹦出一些甚至大量集淫秽文字、视频、图像、声音于一体的低级庸俗的黄色和暴力信息，这些性知识科学性极差，难以监控和筛选，而且色情信息和色情服务在某些国家的道德上是允许的，能够毫无障碍地在世界范围内传播。调查发现，互联网上非学术信息中47%与色情有关。大学生处于性成熟和旺盛发展的青春期，对色情内容特别好奇和敏感，但性心理还不成熟，加上涉世不深、追求刺激、喜欢娱乐、自制力较弱等特点，只要稍不留心，就可能误入其中而不能自拔。

网络的色情、暴力信息极易误导可塑性极强的大学生的人生观、价值观和恋爱观等，严重者可能会导致性变态，甚至性犯罪。可见，大学生缺乏科学性教育，面对网上大量随手可得的不健康的性信息、性观念，易使大学生的性心理出现严重畸形发展。有调查显示，60%的大学生是无意中接触到网上黄色信息的，而经常沉迷于网上黄色信息的大学生90%以上有性犯罪动机或行为，甚至出现了性变异。

(五)网络对大学生道德心理发展的影响

道德需要通过“自律”发生作用，要求个体能够自我控制。大学生正处于好奇心强、自控能力弱的时期，而且“慎独”“内省”“克己”“知行统一”等优良品格在我行我素的网络世界里完全失去了重要的意义，大学生在网上更容易放纵自己而做出道德失范的行为。网络交往主体和情感的虚拟化，使交往主体的责任心淡化了，并对传统的道德价值观形成了强有力的冲击，伦理道德观念趋于淡漠，大学生在是非善恶的判断和选择上容易趋向折中主义和相对主义。网络交往角色的虚拟性使大学生对别人进行言语攻击或说谎骗人而不需要担负任何责任，使大学生在交往中缺乏真诚、守信和责任感，进而导致大学生在网上缺乏信任感和安全感。随意交往、自得其乐、为我所用、不计后果的观念在网上大为流行，这容易助长大学生的个体本位和自我中心的思想，严重影响了大学生道德心理的健康发展。调查数据显示，有45.9%的大学生承认自己在网络上曾向朋友撒过谎或用另一身份结交朋友。

此外,互联网经常会非法潜入一些“黑客”等从事破坏社会规范的活动。有的大学生对网络犯罪不以为然,认为盗窃、入侵等网络犯罪也不过是轻轻敲击了几下键盘、点击了几下鼠标而已。互联网成为犯罪分子开拓的犯罪新领域,网络犯罪有愈演愈烈趋势,成为网络社会的公害。调查发现有12.8%的大学生承认自己做过网络黑客,进行过如攻击他人电子邮箱、传播病毒、潜入他人网站偷窃资料、修改破坏他人网页、散布不良信息等行为。这些说明大学生在网络伦理观念上需要加以引导,我们要充分利用好网络,它也是磨炼和考验大学生道德意志的重要场所。

(六)网络对大学生人际交往的影响

大学生正处于一种渴求交往、渴求理解的心理发展时期,良好的人际关系是他们心理正常发展、人格健全和寻求安全感、归属感、信任感的必然要求。在现实生活诸多困扰大学生的问题中,人际关系问题是最令人烦恼的。由于人际关系的社会复杂性和大学生心理的不成熟性,常会使部分大学生在现实交往中时常产生挫折感,表现出不同程度的人际交往障碍,如多疑、害羞、闭锁、社交恐惧等。网络作为一个虚无的东西却承载着那么多大学生的社交圈,身处其中并成长起来的大学生又受到了哪些影响呢?

1. 积极影响

网络交往拓展了大学生交往的手段和范围,对大学生的人际交往起着有益的补充和推动作用,在一定程度上提高了现实人际交往能力和效率。由于网络空间的全球性,实现了“朋友遍天下”的梦想。大学生可以通过多种交往方式,如QQ聊天、视频等结交到世界各地不同层次不同背景的朋友,了解在不同的文化背景、不同年龄层的人的价值观、道德观和人生观;网络交往还有助于大学生对社会角色和角色期待的了解,网络交往互动平台给大学生提供了角色实践的场所,可以反复实践,深刻理解和体验各种不同的角色,了解角色冲突和交往技巧,把握好现实生活中的角色定位,尤其为性格内向孤僻、不善言辞、社交能力较弱的大学生打开了方便之门;网络交往减少了大学生对现实人际关系的依赖,增强了自主性和独立性;大学生具有渴望交往又害怕现实交往、渴望真情又怀疑真情的矛盾心理,网络的匿名性和虚拟性解决了这个矛盾,使大学生敢于敞开和面对真实的内心世界,学会了情感表达和宣泄;网络交往是直面内心的精神交往,容易被人理解和接纳,激发了大学生的美好想象和交往热情,而且缓解了面对面交流给大学生带来的心理压力,让人感到安全和温暖,大学生在网络交往中会比现实人际交往表现得更加从容、机智与幽默,网络人际关系可能更加和谐、单纯和广阔,对大学生成长有着一定的积极作用。

2. 消极影响

网络交往是一把双刃剑,它对大学生人际交往产生积极影响的同时,也带来了很多消极影响。

(1)人际关系疏离和沟通能力下降。网络交往可能使大学生的人际关系更加疏离。网络交往与现实社会中人与人面对面的富有情感的互动交流相去甚远。有的大学生乐于在网上交友,而对现实中的人际接触却避而远之,最终使他们与亲朋好友的感情趋于冷淡,生活情趣淡化,心灵枯燥而空虚,对社会的认识发生扭曲,慢慢失去了对现实生活的感受力和参与感。一份针对90后大学生的调查表明:在网络环境下长大的90后,人际交往主要靠电话、短信、网上聊天等方式,传统的聚会、信件等沟通方式则不受青睐。尽管他们拥有多个QQ群,上百个好友,而且时常与网友们畅聊心事,但仍有77.4%的大学生感到缺少知心朋友,时常感到莫名的空虚和无助。还有一项民意调查显示,大部分网友在网络上所结交的朋友很少是用心深交的，这样的人际关系十分肤浅和脆弱，大学生其实成了“孤独的电脑人”。

此外，依赖网络社交会降低人际沟通能力。神经科学家加里·斯莫尔在最新的研究中发现，那些从小就经常上网的人，善于进行复杂推理、理性的思考和决策；而长大后才接触网络的人，能更准确地识别他人的表情，善于与人沟通，建立良好的人际关系。

(2)人际交往障碍。大学阶段是大学生人际关系形成的重要时期。频繁触网使大学生容易产生人际交往障碍。网络交往和现实交往大不相同，人与人之间面对面交往的机会大为减少，取而代之的是人与电脑的频繁接触，对现实生活中的人际沟通缺乏耐心，造成了他们的现实人际关系障碍和角色错位。虚拟的网络交往难以形成真实可信、安全可靠的人际关系，容易使大学生人际情感逐渐冷淡化，趋向于社会分隔化和个人孤立化，其孤独感会越来越强，交往能力也随之下降，继而产生对现实人际交往的焦虑、逃避、恐惧以及孤僻、压抑、冷漠等心理健康问题。这样的大学生在现实生活中难以正常学习，更容易丧失信心，从而加重内心的恐惧、烦躁和焦虑情绪，最终导致身心疲惫，出现各种相应的心身症状，诱发心理疾病的产生。

(3)人际信任危机。由于技术的原因，现在没有也很难做到进行严格的审查，也不可能对所发布的信息进行逐一核实，互联网上充满了真真假假，很难辨别。网络虚拟化的人际交往方式，使许多大学生往往抱着游戏的心态进行网上交往，致使网上的人际信任危机甚高于现实社会。大学生在网上聊天时所打出的文字交流大多是经过刻意加工过的，甚至是直接从网络上搜索复制的甜言蜜语，交往的心理也是经过包装的，这种“网交”无论持续多长时间，网友之间也很难明白对方的“真心实意”。真假难辨，就算是真的，也很少人会相信。所谓网友“见光死”就充分体现了这一点。

任务二　网络心理问题及调适

许多大学生因迷恋网络产生了许多心理问题，如网络成瘾（Internet addiction disorder，IAD）、网恋等，严重影响了大学生的网络心理健康。

一、网络成瘾及其调适

网络成瘾综合征（Internet addiction disorder，IAD）最早是由美国精神病学家 Goldberg（1986）提出，并由美国纽约市心理医生金伯利·杨将其引入心理学研究领域。网络成瘾问题已经成为一个严重的社会问题并引起了心理学家的高度重视，但网络成瘾自提出之初就颇受争议，这包括如何称呼、界定网络成瘾以及对网络成瘾本质的认识，至今尚无统一的定论。

网络沟通的技巧

金伯利·杨认为 IAD 是指无成瘾物质作用下人们上网行为冲动失控，是一种类似于赌博的强迫行为，表现为由于过度使用网络而导致个体明显的社会、心理功能损害。这一概念的提出很快引起了临床心理学家的关注，临床上称为病态性网络使用（Pathological internet use，PIU）。专门研究上网问题的精神治疗师弗里希·戈赫特认为，大学生沉溺于网络其实不单是道德上的缺陷，而且是一种心理问题，是一种心理不健康的表现，网瘾就是个体长期沉溺于网络而不能自拔的一种心理反应，患者没有理由、无节制地花费大量时间和精力在互联网上，持续聊天、浏览和玩游戏，以致影响生活质量，降低工作和学习效率，损害身体健康，并在生活中出现心理障碍、人格障碍、交感神经功能部分失调。国内最早的专项研究是钱铭怡教授关于大学生网瘾的研究，抽测北京 12 所高校的近 500 名本科生，结果显示，大学生中存在一定比例的网络成瘾者，在被测者中占到6.4%。目前很多最新的调查数据显示，大学生是网络成瘾的高发人群，成瘾发生率在10%左右。

【心有千千结】

网络的旋涡

大一新生谈某从小聪颖好强，写作和音乐方面都较突出 她父母对其期望很高，但教育方式较专制，强迫她报考了自己不热爱的专业。由于她个性自负、任性、叛逆，又体弱、敏感，与他人相处总感到难以沟通，孤独抑郁，喜欢上网聊天。上大学后空闲时间比较多，她更变本加厉，久而久之，发现自己的记性不太好使了，每天起床后情绪低落、头昏眼花、双手颤抖、疲乏无力，可是，只要一上网，就像“吸毒”一样，立刻精神起来了，现在身体消瘦、面色蜡黄，平时基本上不学习，经常心情不好、吃饭不香，觉得活着没有意思，常常想到死。

资料来源：作者根据相关资料整理

（一）网络成瘾的症状和类型

1. 网络成瘾的症状

网络成瘾初时只是精神上的依赖，渴望上网，而后可发展成为躯体上的依赖，需要不断增加上网时间，从上网行为中获得愉快和满足。具体表现为：

（1）精神方面。上网时容光焕发，精神极度亢奋；下网后情绪低落、思维迟钝、眼光呆滞、表情木讷、无愉快感、兴趣丧失、萎靡不振，出现焦虑、烦躁、抑郁、孤独、忧伤、精力不足，终日沉浸在迷幻、恍惚的状态中等；如每天都要有固定时间在网上度过，否则寝食难安。

（2）躯体方面。下网后生物钟紊乱，出现失眠、紧张性头痛、头昏眼花、双手颤抖、疲乏无力、食欲下降、体重减轻、多汗、视力下降、眼痛、怕光、暗适应能力降低等，如不上网聊天时，手指常不自主地运动，似乎依然在敲打键盘。

（3）行为方面。上网时间失控，能连续待上十几个小时不休息，欲罢不能，而且不断延长，无法抵挡网络的诱惑难以自拔，忽视现实生活的存在，出现自闭，根本不愿回到现实社会中来，不愿与“真人真事”来往与接触，行为孤僻，丧失正常的人际关系，原先生活规律被打破，形成新的“昼伏夜出”的畸形生物钟，有自杀的意念和行为。

2. 网络成瘾的类型

（1）网络交际成瘾。一些“网虫”过度卷入网络人际关系中，每天将大量时间花费在网络聊天、写微博、收发电子邮件上，甚至24小时随时用手机QQ聊天，一有信息就立马打开来看，对网络交际产生强烈的心理依赖。网络交际成瘾主要分为交友成瘾和网恋成瘾两种。在大学生当中，已经出现了找“虚拟情人”建立“虚拟婚姻”，过着“虚拟幸福生活”的现象。

（2）网络色情成瘾。在色情网站上流连忘返，对成人聊天室和网上色情作品上瘾。如强迫性地使用成人色情网站以获取网上色情图片等。

（3）网络信息收集成瘾。无节制地上网浏览信息，强迫性地从网上收集、浏览无用和不迫切需要的信息资料，与强迫性物品收集为主的强迫症类似，而实际上他们并没有那么多的时间对收集来的信息作处理，甚至根本不会去看，仅仅是收集而已。

（4）网络技术成瘾。痴迷于钻研网络技术而且技术比较高，如各种各样病毒制造者、网络黑客利用网络技术以毁坏、盗用别人的各种信息为快乐，以从中获得经济利益为目的而乐此不疲，日久成瘾。最典型的例子就是黑客攻破别人的网站。对于大部分黑客而言，他们攻破网站不是为了金钱，而是为了满足个人的好奇心，获得满足感。

（5）网络赌博或购物成瘾。指强迫性的网上赌博、网上购物或网上交易活动。

(6)网络游戏成瘾。这是最早引起人们注意的网络成瘾障碍,成瘾者长时间地沉迷于网络游戏而不能自拔。

网络游戏会让人上瘾其中一个原因是因为它拥有逼真的场景、血腥的场面,极具趣味性和挑战性,如果战胜了对方或闯关成功,可以收获自信和肯定,获得成就感和心理满足感,对于现实生活中总是受到批评或遭遇挫折而倍感失望的大学生来说具有不可抗拒的吸引力,不愿放弃那些他们认为来之不易的“战利品”,网吧成了他们的第二个家而感到温暖;同时网络游戏还不乏暴力成分,能满足大学生的攻击欲望和强大的控制欲。大学生通过网络游戏麻醉和欺骗自己,以忘记现实生活中的烦恼和痛苦的事情(如考试挂科、留级、失恋、长辈的唠叨等)而获得短暂的放松、快乐和虚拟的成功,这是大学生逃避现实的自卑表现。此时,如果父母或他人强行阻止,不但不能使他们退出,还会激起他们的愤怒,引发排斥和逆反心理,甚至出现反抗行为。敌意是在对抗中形成的。就像拔河,对手以多大的力量对抗,某种程度取决于我们的行为。

(二)网络成瘾的危害

1. 角色混乱,社会功能严重受损

大学生因过度沉溺于网络中多种虚拟角色,随意变换,缺乏对自我客观而全面的认识,很容易迷失真实的自我,他们不自觉地把网上的虚拟角色或网络游戏规则应用到现实生活中,经常与现实发生矛盾,与人发生冲突,出现严重的角色混乱,造成现实生活、学习、人际关系等严重适应不良。

2. 道德感弱化,精神异常

在网络虚拟世界里,网络成瘾者可以躲避现实社会中师长对他们行为的监督,他们成了绝对自由的人,很容易做出道德失范的行为而不以为然,如有的大学生为了能上网,不惜花掉自己的学费、生活费,或者向朋友借款,经常骗父母的钱,甚至丧失人格和自尊,严重者导致偷窃、抢劫等违法犯罪行为。

此外,网络上很多信息是英文版的,网络文化实际上仍受西方文化和价值观的主导,大学生所受的传统道德教育受到冲击和挑战,伦理道德观念趋于淡漠,导致思想、情感、行为等发生异化。如四川一青年网络成瘾,沉迷网络3个月就将父母给他做生意的5万元全用来购买了网络游戏“传奇”的装备,他感到无颜面对父母,竟荒唐地选择毒杀父母。一审法院以故意杀人罪判处他死刑;还有个来自北京的19岁女大学生在网吧连续呆了七天后竟然不认识自己的生父。

3. 荒废学业

网络是心灵的“海洛因”,是导致一些自制力差的大学生荒废学业的“罪魁祸首”。一份针对北京市4所正规高校的调查表明,一所招生规模在5 000人左右的大学每年约有50人左右退学,其中80%的退学大学生都和网络成瘾有关,主要表现为长时间沉湎网络导致旷课或者所“挂”科目过多;据华东理工大学在2000年对237名退学试读和留级学生调查,有80%以上的大学生是因为迷恋网络游戏和看碟片而导致成绩下降;北京某高校曾发生过两个专业90多名学生中竟有超过1/6的大学生因沉迷网络而导致多门考试不及格而退学的事件。

4. 危害身心健康

网络成瘾会严重影响大学生的身心健康。大学生白天上网冲浪、晚上上网看电影追电视剧、半夜依旧在聊天、甚至24小时微博不断……这是部分大学生的真实生活写照。曾有网迷说:“真想把网络这玩意儿注射到我的血管里去!”在他们眼中,网络就像空气一样重要,一刻也不能少。有的大学生上网后恋恋不舍,饭不吃觉不睡。目前,大学生由过度使用互联网导致睡眠时间严重不足、睡眠质量大大下降的垃圾睡眠现象很常见,它和垃圾食品一样是影响大学生健康的两大杀手。

网络成瘾由于长时间盯着电脑屏幕,眼睛容易干涩、疲劳,导致视力下降,植物神经功能紊乱,体内激素水平失衡,机体免疫功能降低,腰背和颈肩容易产生僵硬感,引发心血管疾病、胃肠神经官能症、紧张性头痛、注意力不集中、智力严重衰退,出现强迫症、焦虑症、抑郁症等神经症和人际关系障碍,甚至可能猝死。如 2003 年,武汉某大学学生唐某上完课后,直奔网吧打游戏,连续上网 5 小时后,突感头痛,口吐白沫,"脑死亡"离开人世。南京某大学的一位辅导员告诉记者,他们学校附近有十几家网吧,他经常半夜到网吧去找夜不归宿的上网学生。由于很多网吧违规通宵经营,一些学生白天睡觉晚上上网。还有的大学生因网络成瘾加剧了抑郁症的严重程度而义无反顾地选择自杀,网络成瘾已成为引发有心理危机的大学生自杀的一个重要诱因。

5. 引发犯罪

网络虚拟社会遵循的行为规范、道德标准和价值观念与现实世界有极大的差异。随着网络的普及,存在网络技术成瘾的大学生的信息犯罪也越来越严重。目前网上犯罪主要有四类:"逆流""黄潮""黑客"和"蛀虫"。"逆流"就是境内外反动势力利用互联网进行反动渗透,直接涉及国家安全和人民的利益;"黄潮"是指通过网络闲聊色情话题,交换裸体照片,剪贴黄色镜头的影片等方式大肆传播黄色淫秽信息;"黑客"是指对计算机信息系统进行非授权访问的人员;"蛀虫"是指利用计算机技术和知识牟取非法利益的违法犯罪行为的人员。南京某大学的一位辅导员说:"前不久我的一个学生因为半夜在网吧上网跟社会青年发生争执,被打伤了。"江西某理工学院计算机系四年级学生王某为筹钱上网而实施入室抢劫,结果致人死亡,最终被法院判处死刑。

6. 导致人格障碍

网络成瘾大学生长期"生活"在网上,严重脱离社会现实,易形成孤僻、冷漠、自私、敏感、偏执、多疑等诸多不良的人格特征,引发各种人格障碍,如网上的人际信任危机易导致敏感多疑、过分警惕和充满敌意的偏执型人格障碍;虚拟的网络使好奇、叛逆的大学生还易产生双重或多重人格障碍,他们塑造出自己所希望拥有的或者截然相反的人格特征,并以此虚拟角色进行网络交往,可以完全想象自己真的是另外一个人一样。如各种人格化的网名,什么白雪公主、白马王子、蜘蛛侠、黑剑客、无敌枪手等。

【心理故事汇】

重点大学的大二学生小志,因为逃课、多门科目挂科,现在不得不面临被休学的境况。是为什么让"优等生"小志放弃了几年苦读而来的机会呢?原来小志迷上了网络,并沉迷其中。

两年前,小志以优异的成绩考上了这所重点大学,成了左邻右舍眼中的榜样。小志的父母对小志的要求极为严格的。在严格的教育下,小志的学习成绩一直名列前茅,最后顺利考上了大学。进入大学后,小志发现周围比自己优秀的同学比比皆是,有的是省状元,有的多才多艺,而自己曾经的学习优势也不再是优势,小志有些失落,不过这时的小志还是积极上进的,依然努力学习,不知道是学习方法不对还是同学们也都很用功,小志的学习成绩并不突出,这让小志的情绪变得消沉,对学习也不再像以前那么上心,开始和室友打起了曾经不屑一顾的网络游戏。不久,小志就沉迷游戏之中,在游戏一次次的通关中,他似乎找到自己曾经失去的能力。后来,他发现网吧的机子更适合玩游戏,便去网吧打游戏,功课的事情抛之脑后。上课让同学们帮着签到,考试的时候临时突击一下……小志的游戏装备越来越高级,关过得越来越顺利,但是逃课的记录也越来越多,甚至考试前,还是别人提醒他,不然他连考试都会错过。终于,小志为他的网络游戏狂欢付出了代价,学校给他发了休学通知。

案例主人公小志"从优等生到被休学",一个优秀大学生这样的沦落蜕变,令人嘘唏惋惜。小志蜕变的原因是多方面的,首先父母运用单一评价体系来对待他,他们认为只要孩子学习成绩好,上好大学就可以;如果学习成绩不好,其他再怎么好,也没有用。他们恰恰忽略了孩子的其他方面的需要,包括发展和父母的依恋关系,以及和同伴的关系等等。

在高中阶段,由于"学习"的优秀,小志并没有感受到其他方面的不足带来的压力,进入大学后,"学习"这一单一方式已经远远不能满足他个人发展的各种需要,加上小志未能及时建立起新的发展方式,便由学习转向互联网这一单一选择!

让我们有感而发的是,小志这样的故事,在现在的大学校园里,绝对不是个案,一个又一个的"小志"不断地在我们的身边"复制"着相似的经历。许许多多的大学生被一种叫作"网络成瘾综合征"的网络心理疾病牢牢地抓住。网络成瘾综合征是一种病态的强迫性的网络使用行为。有许多的大学生因为沉溺于网络游戏、网络聊天、网上赌博,或观看、下载和交换色情作品等,耗费了大量的时间,耽误了自己的学业,影响了人生的命运,甚至敌对了与父母的亲情。

资料来源:作者根据相关资料整理

(三)网络成瘾的原因

大学生的网络成瘾就像吸毒一样,上网时精神亢奋,下网后烦躁不安;有的大学生为享受网上"乐趣"而不惜支付巨额上网费用;有的宁可荒废学业也要与电脑为伴。究竟是什么原因驱使大学生不惜做出这样的行为呢?大学生网络成瘾的原因是多方面的,既有主观原因也有客观原因。具体如下:

1. 主观原因

(1)个人特征。

据英国大不列颠心理学会的调查结果:年龄在20到30岁之间、受过良好教育、性格内向的年轻人是IAD的易患人群,其中忧郁特质和焦虑特质人群对IAD易患性最高。大学生正好处于这个年龄范围之内,而且大学生还处于身份认同感(或自我同一性)和亲密爱情关系发展的重要阶段,很多大学生总是把现实理想化,因此不能在现实社会中很好地解决这两个问题。大学生常常对现实状态感到失望,产生焦虑或陷入抑郁的状态,于是转向网络寻求虚拟的成功感和完美的快感。

网络心理问题的调试

有研究指出,网络成瘾者基本上性格偏内向,而且在现实社会交往中往往处于弱势地位。我国学者慈明亮认为网络能提供给大学生补偿现实社会中挫折所导致的心理创伤的机会,这个机会对经常受挫或处于交往弱势的大学生来说具有巨大的吸引力,因为这类大学生往往社会焦虑比较严重,急于寻求社会的认同和赞许,而网络能够满足他们的这种需要,迅速缓解焦虑。他们在网上交往游刃有余和获得成功后的愉悦感与现实社会里屡屡受挫形成鲜明的对比,造成一种暂时性的网上成功者的高大形象,有强烈的满足感和轻松感,以致迷恋网络脱离现实社会许久而不自知,甚至认为只有网络才是自己的救世主,"天生我才必用于网络也”。调查发现一年级的大学生比高年级的大学生上网的频率更高、人数更多,主要是因为大一新生刚从高中进入大学,产生一种久违而渴望的放松感,而且独立性、自制力和耐挫力都比较差。

还有研究认为有些大学生对网络趋之若鹜的一个很重要的原因,就在于网络能轻便、快捷、廉价而且可以重复无数次地满足大学生的各种心理需求,尤其是在现实生活中难以获得或需要大量付出才能满足的需求。如性需要、情感交流需要、自我认同或归属感的需要等等。

(2)认知 - 行为模式。

加拿大学者戴维斯(A · Davis)将 IAD 作为病态网络使用(Pathological Internet Use, PIU),并将其区分为两种类型,一类是特殊的 PIU,另一类是一般的 PIU。在此基础上,他提出了 IAD 的认知-行为模式(见图 11.1)。图中模型的中心因素是非适应性认知,它位于 PIU 病因链近端,是 PIU 产生的充分条件,Davis 认为 PIU 的认知症状先于情感或行为症状出现并且导致了后两者。有 PIU 症状的个体在某些特定方面有主要的认知障碍从而加剧个体网络成瘾的症状。该模型揭示 PIU 还受到情境线索(如强化作用)、网络的压力以及个体易患素质的影响,它们位于 PIU 病因链远端,是 PIU 形成的必要条件。个体易患素质是指当个体具有抑郁、社会焦虑和物质依赖等素质则更易发展出病态网络使用的行为。此外,当个体接触网络就会被无所不有的网络应答所强化,形成条件反射,起到了情境线索的强化作用。如计算机的声音,敲击键盘的触觉等都能引起条件反射。

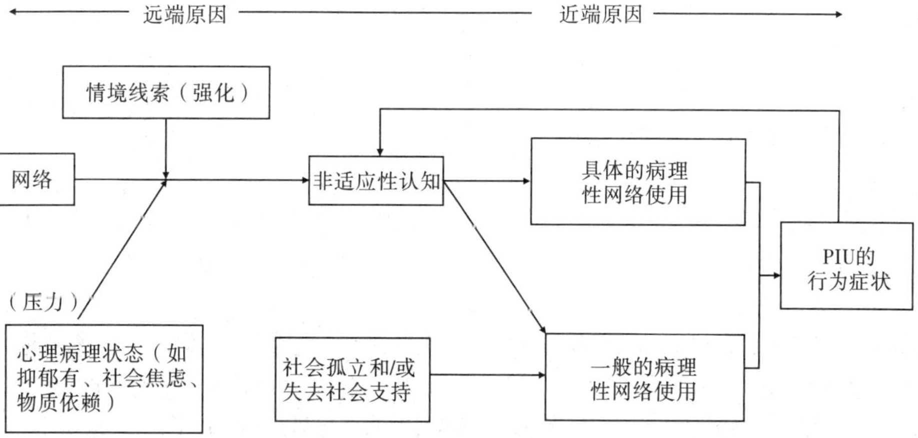

图 11.1　戴维斯关于病理性网络使用的认知-行为模式

2. 客观原因

(1)网络的特点。

网络的快速多向交互性、交往方式的虚拟性、信息资源的极大丰富性和多媒体等各种强大的功能特性使网上交流更轻松自由,使网上做事或交友更容易获得成功和快感,是受到大学生青睐的重要原因。网络已经成为大学生日常生活、学习、恋爱、人际交往甚至求职择业的重要手段和载体,成为某些大学生痴迷的一种学习、生活和娱乐的方式,甚至完全取代了现实生活。

互联网没有白天黑夜、上课下课等条件限制,全世界的网民可以不受任何条件的约束相聚在这里,而且是人机对话而非人面对面交往,显得相当自由轻松,实现了真正的无拘无束,甚至可以进入一种梦境般的意识状态。当大学生坐在电脑前体验网络的精彩时,他们的意识形态随之发生变化。通过阅读电子邮件或通过文本与他人交流时,大学生之间的内心世界就会产生激烈的碰撞。在梦幻般绚丽多彩的网络世界里，大学生可以不断更换装束、头像打扮成不同的角色，可以飞檐走壁、肆意地创造或毁灭事物，可以直接访问有关领域内的资深人士或专家，可以同时享用世界各地的文化和知识，这些经历都超越了现实，还在这个过程中宣泄了对现实的不满和郁闷。网络空间的这些收获和梦境般的意识形态，对于处在个体社会化关键时期、相对缺乏社会生活经验、人际交往能力、信息处理能力、自我控制能力以及鉴别能力的大学生来说，具有不可抗拒的强大吸引力，而且这种带来无限快感的状态还很容易重复获得体验，大学生便在欲罢不能地享受这些快感的过程中渐渐失去了时间感和控制感，自我迷失了，或者受到网络游戏闯关后“高峰体验”的强化以及不良诱导，最终导致网络成瘾。

(2)环境的影响。

互联网的普及和发展，对世界政治、经济、军事、文化、社会等领域产生了重大影响，也极其深刻地改变了大学生的学习和生活方式，成为学习和生活中不可或缺的重要组成部分。作为现代大学生，不懂网络无疑是放弃了通向未来世界的钥匙。由于从众心理的驱使，出现了“忽如一夜春风来，千个万个微博开”的人人“微博控”的现象。当问及一些大学生为什么痴迷网络游戏时，很多学生的回答是，平时朋友在一起会大聊特聊网络游戏，如果你没玩过就没有共同话题，感觉被时代抛弃了，很孤立，丧失了归属感。为了避免在朋友面前尴尬，也会去玩上两手，久而久之就迷上了。在大学校园里，上网成为一种潮流和时尚，大学生交往时的谈资笑料往往也来源于网络。因此，虽然有的大学生本身对网络比较陌生，也不是非常感兴趣，但为了能够和身边朋友保持一致，或者为了赶潮流不受孤立，也开始学习上网。大学的学习和生活方式以及环境的特殊性，使大学生有大量的空闲时间上网，而且没有了高考的压力和父母的监管，又无法适应大学繁重的学业，厌倦大学枯燥乏味的业余生活时，很容易使大学生迅速迷恋网络引发网瘾问题。

(四)网络成瘾的调适

矫正网络成瘾需要社会、学校和个人的三方面配合。我们可以引导大学生采用以下方法进行调适：

1. 树立科学网络观

Internet 的出现，宣告着人类信息时代的真正到来，它消除了大学生跨地域沟通的障碍，拓展了大学生的交往空间，大大地提高了大学生的生活和学习效率，深刻地改变着人与人、人与社会的关系，给大学生带来了一个全新的时代。网上图书馆、电子商场等新生事物的出现，使大学生的学习和生活方式发生着深刻的变革。但是，互联网是一把双刃剑，网络世界既是一个充满自由、开放、平等的世界，也是一个充满诱惑与陷阱的危险之地，大学生需要树立科学的网络观。

首先，大学生要认识到，尽管网络很先进，但它毕竟是人类发明的一种工具，我们是使用这一工具的主人，而不是网络的奴仆。网络资源是人类社会不可缺少的财富，我们要很好地利用它来成长自我、幸福生活。网络实质上还是人类认识世界、创造幸福的一种手段。如果它不能给我们带来幸福，我们就要换其他的手段和工具去创造，而不是执着于它。除了网络，还有书籍、报刊、广播、电视等媒体帮助我们增长知识、了解世界，不能用上网的快感取代读书独有的快乐。毕竟网络并不是解决一切问题的灵丹妙药，据专家估计，网络上真正有价值的资料不超过20%。

其次，应该认清网络社会并非真实的社会，而大学生在学校里的学习、生活、恋爱以及人际交往是一种活生生的充满情感的现实世界，“海市蜃楼”终将散去，大学生是现实的人，无法也不可能长时间生活在虚拟世界当中。网络世界只是现实世界的调剂和补充，有了它，现实生活可以变得更丰富，但它始终在一个次要的地位上，更不能和现实世界混为一体。因此，无论网络具有多大的优势，都不可能取代传统的社交方式。无论你在网上待多长时间，终究都要从网上回到网下的现实生活中来。纵使你不想回来，你的亲朋好友也会呼唤你、期待你赶快回来。网络游戏的成功无法替代现实中真实的让人羡慕和认可的成功，虚拟的情感宣泄与满足也并非能得到真正而永久的快乐和幸福，还应该认清网络带来快感的同时也会给自己带来自酿的苦酒。

大学生只有树立正确的网络观，才有可能合理地使用网络资源，准确把握自我，认清自己的真实需要，处理好现实社会与虚拟社会的关系，避免网络成瘾的产生。

2. 弄清网络成瘾的原因，增强改变的动机和信心

网络成瘾者往往有某些需求或困难在现实中无法解决而产生心理上的痛苦，而虚拟的网络世界恰恰可以减轻他们的痛苦和焦虑，并满足其内心的需求（成就感、认同感或异性交往）才具有如此大的吸引力而让其欲罢不能。因此，要充分了解成瘾大学生的现实生活和学习情况，认真分析他们上网的动机，他们希望从网上得到什么，实际又得到了什么，失去了什么，同时现身说法让他们深刻认识到网瘾对身心健康的巨大危害，进而一起制定战胜网瘾的措施。克服网络成瘾是一个长期而艰难的过程，没有良好的意志、品质和强烈的动机，很难戒除或容易反复发作。成瘾者一定要有强烈改变的愿望，坚信自己有自我调节能力，离开网络，换个环境，也许就能不药而愈。而这当中，亲朋好友自始至终真诚的关心、支持和陪伴很重要，是网络成瘾者信心的重要来源。

3. 加强自律与自我管理

真正的救世主只有一个，就是自己。大学生只有自律才能既充分实现其自尊、自主与自由，又能培养强大的自制力，养成良好的"慎独"习惯。在网络社会里，一方面由于其信息量十分庞大，各种文化理念与价值观激烈碰撞，各种论断又莫衷一是，各色诱惑比比皆是；另一方面由于网络具有极大的隐蔽性和虚拟性，在"匿名效应"的驱动下，人性之"恶"便无所顾忌地暴露出来。父母老师根本无法监督和管理，此时完全靠大学生的自我约束和管理能力。如不加约束，带来的危害将无法想象。

4. 完善个性，培养健康的心理防御机制

有研究表明，网络成瘾与人格因素（个性因素）有关，一定的人格倾向使个体易于成瘾，网络只是造成的媒介之一。因此，要不断完善自己的个性，培养广泛的兴趣爱好和较强的社会适应能力，学会合理宣泄，正确应对挫折，培养健康的心理防御机制，尝试用有益于身心健康的兴趣爱好和休闲娱乐方式转移注意力。比如，爱好文艺的同学可以尝试加入大学生艺术团参加校内外各种演出；爱好体育的同学可以打打球、下下棋等等，减少对网络的依赖。

5. 积极求助心理咨询和治疗

网络成瘾者在上网时体验到的满足感和愉悦感使之倾向于过度上网而导致身心健康受损，而且大多敏感、退缩，除非内心感到无法忍受的痛苦或者严重影响个人生活，否则极少主动求助心理咨询与治疗。因此对于诊断为 IAD 的大学生，如果在个人、亲属不能控制和有效调节的情况下，就要注意及时、有效地开展心理咨询和治疗、必要时辅以药物治疗，以防止严重化。据 2005 年 5 月专门设立的网络性心理障碍住院病房的北京军区总医院的报道，药物介入后治疗成功率可达 85%。临床工作者认为对比较严重的网络成瘾患者使用药物会达到比较理想的效果，用适量的抗焦虑或抗强迫药物会有效缓解生理症状。网络成瘾者取得他

人，特别是心理咨询机构的帮助将是克服网络成瘾的有效途径。老师、家人和朋友会让你感受到家庭和社会的温暖和支持，会采取各种办法把你从网络虚拟世界中拉回到现实中来；心理咨询人员会根据你的成瘾程度，从专业角度对成瘾行为采取必要的心理干预和治疗，如目前用于网络成瘾的心理咨询与治疗的方法主要有认知行为疗法、厌恶疗法、森田疗法和团体心理辅导等。大量研究表明，认知行为疗法对于治疗IAD的效果较好。

二、网恋及其调适

（一）网恋的概念

尽管“网恋”一词在学术界还有一定的分歧和争议，但在现实生活中早已“深入人心”：即网民通过互联网络谈恋爱。在一个搜索引擎内输入“网恋”一词，各种信息汹涌而来。那么什么是网恋呢？所谓网恋，顾名思义就是通过网络平台谈恋爱，它是超越时空的限制进行超大范围的挑选，从相识到相爱。究竟如何理解“网恋”现象呢？网恋是不是虚幻？网恋有没有真情？网恋会不会成功？要证明没有，至少先要证明：①世界上没有互联网；②上网的不是人；③人是没有感情的；④从来没有人成功过。能证明吗？不能。

网恋与社会生活中的真恋具有完全不同的性质，有着截然不同的游戏规则。当然，从网恋转变为真恋且最后幸福美满的例子也有。但在大多数情况下，网上恋人的见面都意味着“最后的晚餐”，即“见光死”。按照YAHOO公司在欧洲作过的调查，网友的单独会面有80%以上的可能会使双方失望，另有70%以上的可能会停止或逐渐停止交往。网恋给人心灵最大的冲击是它对爱情过程的高度浓缩和虚幻性。一场历时几年的传统爱情，在网络上往往是速成的，可能几天之内就完成它的产生、发展、升华和死亡的过程，或是突然不了了之，你见不到他/她会觉得特别失落、失望进而产生很多误解。因此，没有良好的心理承受能力和充足的心理准备，是极容易受到伤害，甚至诱发自杀。

（二）网恋的心态

网恋的成功率很低，可为什么很多网友仍然乐此不疲呢？在网上谈情说爱的人大致有以下6种心态：

1. 超越型

现实生活中的爱情往往带有许多功利主义的色彩，或者受传统观念的约束，而网络则完全可以营造出现实无法比拟的浪漫纯真爱情，如痴如醉，梦幻一般，让人心醉。许多理想主义者想在网络上寻找这种超越一切世俗的纯真爱情，慰藉内心深处孤寂的心灵。带有此种心态的人往往很容易在网络上坠入爱河而不能自拔。

2. 超脱型

现实生活中爱情往往不可避免地要考虑婚姻问题，这在一定程度上限制了某些人对情感、美好生活的向往。而在网上可以爱得死去活来，且不必谈婚论嫁。

3. 游戏型

有些人好奇，只是想在网络上体验一下交友的感觉。他（她）们既无意真诚地爱一个人，也无意对自己的言行负责。他（她）们追求的只是一种感觉。带有此种心态的人往往觉得很潇洒，“脚踩几只船”的现象很常见，尤其对女孩子伤害很大。一个女大学生怀着美好的愿望，千里迢迢去和网恋的“朋友”见面，发现对方竟是一个比她年长40岁的老头……

4. 实用型

由于网络具有影响广、时效快、方便简捷等优点，不少单身的年轻时尚男女将网络视为寻找终身伴侣的一种手段，认为网络是一种很实用的工具。带有此类心态的人首先会主动摆出自己的条件和要求，并表示“非诚勿扰”，因为他们不想浪费时间。

5. 自恋型

法国思想家拉康认为，网恋其实是自恋，因为在网恋的过程中，网民会有一个类似于“镜像阶段”的错误认识：将“网”中之像认为是真实之像、自己喜欢之像，混淆了真实和虚幻的区别。网恋也具有现实恋爱的很多特征，比如深入地沟通和了解，生理上的唤起等。这种感情持续一段时间后，就会迫切想见面。但多数网民见面往往意味着关系的终结。这是因为，未见面之前双方深深“爱”着自己心目中的那个人，爱着自己建构出来的理想中的他（她）。其实，就是爱着自己。见面之后，发现对方不是“自己”了。

6. 恶作剧型

有些人为了展现自我，在网络上以勾引异性为快感。当他们成功地勾引到一个异性，使对方爱上自己时，就悄悄地退出了。对方越是痴情，他们越是有快感。更有甚者，以利用对方的痴情骗取财色为卑鄙目的。

（三）网恋的危害

1. 形成不正确的恋爱观

网恋只是寻找幸福爱情的一种方式，健康的网恋终究要从网上回到现实，要面对一个活生生真实的人并可能和他（她）携手共度一生，但很多大学生忘记了这一点而痴迷于网恋本身。一所重点师范大学的一间女大学生宿舍居住着7名女生，她们都在谈恋爱，其中就有6人是网恋。而且，这些大学生都敢于向班主任、家长、同学等公开自己参与网恋的身份。大学生网恋不仅具有比例高、公开化的特征，而且轻率、速成的程度令人瞠目结舌。有些大学生同网友聊过一次天后便一见钟情，相见恨晚；有些第一次“接触”便敢说“我要爱你到天明”“我要娶你”，并迅速谈起了网恋甚至确立婚姻关系。一个年仅16岁但有过数次“网恋”经验的男孩语出惊人：“我网恋很久，女友很多，遗憾的是‘老婆’是美是丑不知道，是男是女也不知道。我觉得网上比起现实生活新鲜、刺激。”还有一些网络文章的标题，如“大四女生网上标价出售爱情”“网络爱情公寓，火爆网上同居，18天便结成夫妻”等等均体现了很多大学生在网恋过程中亵渎了高尚的爱情，恋爱观发生了很大的变化，有很多大学生因此不再相信大学生里有真爱，甚至对现实中的爱情和婚姻很绝望。

2. 引发精神问题

调查表明，有一些大学生中午、晚上不休息，加班加点谈网恋，不仅严重影响学习，而且一旦失恋，性格容易变得孤僻，甚至造成人格分裂、精神异常。如有一个20岁女子网恋失败，从四楼跳下，生前已经怀孕40天；“女大学生与网恋男友见面失贞，情绪低落自杀身亡”；还有的大学生网恋回来后总是魂不守舍，东西丢三落四，睡觉还说梦话，说什么“明天继续聊”“我们是夫妻，不能反悔的”等。

3. 加重经济负担，诱发犯罪

网恋本是浪漫的事，但却偏偏也和钱息息相关。发短信、打电话、见面样样都要花很多钱。这对于没有稳定收入的大学生来说无疑是个不小的经济负担，如“痴情男孩陷入网恋，雇佣私家侦探寻找网上女友”；还会诱发犯罪行为，如“少年怀揣三十元约见网恋女友，无钱吃饭竟抢出租车”等等。

4. 容易上当受骗，招来杀身之祸

大学生“网恋”“网婚”现象已经非常普遍，在网上，变性交友、多角恋爱等不负责任的行为经常发生，由此引发大学生一系列感情纠葛，一些大学生落入网络陷阱，被骗或遭到意外伤害。如某大学一年级学生鲁某，结识了一位网友，对方自称是北京电影学院舞台设计师一年级的学生。两人互留了电话。网上交往一段时间后，对方提出见面，并要求履行网上承诺奉献初吻为理由，将女生骗至郊区一个地方，将其强奸，并在事主不备的情况下，将事主书包内的手机、钱包盗走。后经公安调查，对方根本不是什么大学生，而是一个无业游民。

（四）正确对待网恋

到底网恋是真实的还是虚幻的？这是一个仁者见仁、智者见智的问题。“不识庐山真面目，只缘身在此山中”，就连当局者也说不清楚。专家认为，进入网络时代后，无形的网线开始取代月老的红线，许多未曾谋面甚至远隔重洋的单身男女，通过网络相识和相恋，不足为怪，但切忌把网上爱情视为生活的唯一追求。虽然时代在变，追求美好爱情的方式在变，但务必时时提醒自己网恋只是一种恋爱方式，并不是最好的，更不是唯一的，而且一不小心有可能还会受到无可挽回的身心伤害，大学生要常用网恋引发的一些悲剧警醒自己，作好自我保护。

由于大学生心理并不成熟，一般情况下不要选择网恋这种方式来追求幸福的爱情。网络和现实一样并不存在理想化的白马王子或白雪公主，要想得到幸福的爱情，首先要相信现代的、纯真的、柏拉图式的爱情童话一定有，但不一定在网上；第二，一定要付出真心和努力，即使你选择网恋这种方式；第三，如果你选择了网恋，千万要时刻保持清醒的头脑，用你智慧的心眼去辨别是真爱还是欺骗，同时不要太沉溺于网上虚拟的恋情。如果沉溺其中的大学生要客观地分析自己网恋的动机，认识到网恋的虚幻性，明确绝大多数网恋“见光死，不见光也死”的必然后果，同时尝试在现实生活中，在同学、朋友中寻找一位志同道合的终身伴侣，通过感受现实生活的乐趣、爱情的甜蜜来彻底摆脱网恋的困境。

三、其他网络心理问题

（一）网络恐惧

大学新生特别是来自经济落后地区的农村学生，接触互联网比较少。当他们进入大学面对色彩斑斓的网络界面，看到层出不穷的各种电子书籍、电脑软件，看着周围同学熟练地使用网络自由地浏览、聊天自己却有很多不懂时，倍感恐惧和迷茫。害怕别人嘲笑自己是“网盲”，害怕自己被五花八门的网页和软件弄得眼花缭乱而使学习远远落后于同学，“无能感”和对网络无知的恐惧感油然而生。还有的大学生虽然比较熟悉计算机操作和网络使用，但还是担心自己会跟不上网络的快速发展，怕掌握不了新的网络技术而被无情地淘汰。

（二）网络孤独

网络孤独症是指部分大学生依赖网络进行人际交流，从而沉溺其中，远离周围的伙伴，变得越来越孤僻。我国的相关调查显示，在上网的大学生中，有20%的大学生有情绪低落和孤独感，12%的大学生与家人、朋友疏远关系。大学生上网并不能通过获取大量信息、网上娱乐、网上人际交往来战胜孤独感，甚至加重了原有的孤独感，或反而因为触网而引发了孤独感。研究发现，过频的网络交往容易使大学生漠视、疏远现实生活中的融洽人际交往，引发心理孤独感与压抑感。美国斯坦福大学学者诺曼尼曾经指出：国际互联网会制造一个充满孤单者的世界。Kraut 等人对 93 个家庭的 169 个用户的研究发现，互联网的使用会造成网民社会卷入的减少以及心理幸福感的降低，表现出孤独感和抑郁感的增加。

一些大学生（女生居多），由于性格内向、自卑、敏感，不愿意或不善于与他人交往，厌恶社会上那种虚情假意的人情往来。当互联网走进他们的生活时，他们感觉眼前一亮，尤其青睐网上交往的匿名性。他们终于找到一个安全广阔的平台宣泄自己的不良情绪，讲述自己的“心情故事”，从网友那里得到了支持和理解，大大释放了压力和紧张。可下网后他们发现莫名的孤独感依然挥之不去。而且，由于现实中人与人之间的交往中 80% 的信息是通过身体语言的方式，如眼神、姿势、手势等传达的，而网络所能给的只能是键盘、鼠标和显示器所造就的书面语言甚至是直接复制的网络语言，这对于那些善于通过身体语言来解读对方心理的大学生来说无疑形成了沟通障碍，“无所不能”的网络反而增加了他们的孤独感和压抑感。

（三）网络强迫

现在很多大学生情不自禁地成了“微博控”，“今天你‘织围脖’了吗?”成了微博控之间每天的问候。有些大学生每天要发10条以上的微博才感觉舒服，经常毫无原因地打开微博，欲罢不能地反复刷新微博，哪怕每次刷新看到的都是一些无聊的回复，甚至垃圾信息也在所不惜；有些大学生强烈关注自己微博上的粉丝数，甚至去淘宝上批量买粉丝来超越其他同学；有些大学生只要登录微博就会保持高度兴奋，他在宿舍玩微博的时间远远多于学习的时间，就连去趟洗手间也要带上手机看微博。还有的大学生总是有信息危机感，总是担心自己每天接收到的信息不够，以至于每天不停地浏览信息即使并没有什么收获，每天晚上睡觉前都强迫性地多次打开网络浏览最新信息，大大影响了睡眠质量。

（四）网络自我迷失和自我认同混乱

大学生阶段是自我意识发展的关键时期，大学生随时随地都强烈关注自我，而网络的无处不在和独特的魅力，必然对大学生的自我发展产生巨大的影响。在网络世界中，由于匿名性而隐去了身份，现实社会中的道德规范在虚拟世界中消失了，大学生在网上自由自在毫无约束地塑造多重人格表现自我，出现了网络自我迷失，而且把社会自我抛得越来越远，甚至企图借助网络在现实社会中凸显自我，将自我凌驾于社会之上，网络黑客，网络犯罪就是这方面的典型表现。还有些大学生希望在网上创造一个美好纯净的交往和学习环境，以促进自我的健康发展。然而网上却充斥着黄色暴力的图片、脏话、无聊的帖子和庸俗的话题，大学生正深受其害，使他们在对社会产生失望不满之后又对网络产生了既失望又依赖的矛盾心理，自我认同出现混乱，长此以往，就会出现过分的、扭曲的自我。

【心理训练营】

爱在指间

1. 训练过程

将团体成员分成相等的两组，一组成员围成一个内圈，再让另一组成员站内圈同学的身后，围成一个外圈。内圈成员背向圆心，外圈同学面向圆心，即内外圈的成员两两相视而站。成员在辅导员口令的指挥下，做出相应的动作。当辅导员发出“手势”的口令时，每个成员向对方伸出1~4个手指：①伸出1个手指表示“我现在还不想认识你”；②伸出2个手指表示“我愿意初步认识你，并和你做个点头之交的朋友”；③伸出3个手指表示“我很高兴认识你，并想对你有进一步的了解，和你做个普通朋友”；④伸出4个手指表示“我很喜欢你，很想和你做好朋友，与你一起分享快乐和痛苦”。

当辅导员发出“动作”的口令，成员就按下列规则做出相应的动作：①如果两人伸出的手指不一样，则站着不动，什么动作都不需要做；②如果两个人都是伸出1个手指，那么各自把脸转向自己的右边，并重重地跺一下脚；③如果两个人都是伸出2个手指，那么微笑着向对方点点头；④如果两个人都是伸出3个手指，那么主动热情地握住对方的双手；⑤如果两个人都是伸出4个手指，则热情地拥抱对方。每做完一组“动作—手势”，外圈的成员就分别向右跨一步，和下一个成员相视而站，跟随辅导员的口令做出相应的手势和动作。以此类推，直到外圈的同学和内圈的每位同学都完成了一组“动作—手势”为止。

2. 辅导员引导成员进行经验分享

(1)刚才自己做了几个动作？握手和拥抱的亲密动作各完成了几个？为什么能完成这么多(或为什么只完成了这么少)的亲密动作？

(2)当你看到别人伸出的手指比你多时,你心中的感觉是怎样的？当你伸出的手指比别人多时,心里的感觉又是怎样的？

(3)从这个游戏中你得到什么启示？

3. 辅导员点评

在人际交往中,我们有一个共同的倾向——希望别人能承认自己的价值,支持自己,接纳自己,喜欢自己。但是任何人都不会无缘无故地喜欢我们、接纳我们。别人喜欢我们也是有前提的,那就是我们也要喜欢他们,承认他们的价值。也就是说人际交往中喜欢与讨厌、接近与疏远是相互的。一般而言,喜欢我们的人,我们才会去喜欢他,愿意接近我们的人,我们才会去接近他;而对于疏远、厌恶我们的人,我们也会疏远或厌恶他。因此在人际交往中,应遵循交互原则。对于交往的对象,我们应首先主动敞开心扉接纳、肯定、支持、喜欢他们,保持在人际关系的主动地位,这样别人才会接纳、肯定、支持、喜欢我们。

4. 成员分小组进行讨论

人际交往中可以通过哪些方式来主动表达对他人的接纳、喜欢和肯定？

5. 辅导员小结

与人主动交往的方式,如主动与人打招呼,主动帮助别人,主动关心别人. 主动约别人一起出去玩,等等。

【心理测试】

网络依赖度测试

这个测试是给那些怀疑自己已经开始网络成瘾的网友进行评价所准备的。如果你有兴趣,根据自己的实际情况对以下 20 个叙述进行选择。

(1)你发现你待在网上的时间会超出预计时间。

A. 罕见　B. 偶尔　C. 较常　D. 经常　E. 总是

(2)由于上网时间太多,以至于忘记了要做的事情。

A. 罕见　B. 偶尔　C. 较常　D. 经常　E. 总是

(3)你觉得上网的愉悦已经超过与伴侣间的亲昵。

A. 罕见　B. 偶尔　C. 较常　D. 经常　E. 总是

(4)你会与网上的人建立各种关系。

A. 罕见　B. 偶尔　C. 较常　D. 经常　E. 总是

(5)你的亲友会抱怨你花太多的时间在网上。

A. 罕见　B. 偶尔　C. 较常　D. 经常　E. 总是

(6)由于你花在网上的时间太多,以至于耽误了学业和工作。

A. 罕见　B. 偶尔　C. 较常　D. 经常　E. 总是

(7)你宁愿去查收电子邮件,也不愿去完成必须做的工作。

A. 罕见　B. 偶尔　C. 较常　D. 经常　E. 总是

(8)上网影响了你的学习或工作业绩和效果。

A. 罕见　B. 偶尔　C. 较常　D. 经常　E. 总是

(9)你尽量隐瞒你在网上的所作所为。

A. 罕见　　B. 偶尔　　C. 较常　　D. 经常　　E. 总是

(10)你会同时想起网上的快乐和生活的烦恼。

A. 罕见　　B. 偶尔　　C. 较常　　D. 经常　　E. 总是

(11)在你准备开始上网时,你会觉得你早就渴望上网了。

A. 罕见　　B. 偶尔　　C. 较常　　D. 经常　　E. 总是

(12)没了互联网,生活会变得枯燥、空虚和无聊。

A. 罕见　　B. 偶尔　　C. 较常　　D. 经常　　E. 总是

(13)被人打扰时,你会恼怒或吵闹。

A. 罕见　　B. 偶尔　　C. 较常　　D. 经常　　E. 总是

(14)因深夜上网而睡不着觉。

A. 罕见　　B. 偶尔　　C. 较常　　D. 经常　　E. 总是

(15)睡觉时你仍全身心想着上网或幻想着上网。

A. 罕见　　B. 偶尔　　C. 较常　　D. 经常　　E. 总是

(16)你上网时老想着再多上一会儿。

A. 罕见　　B. 偶尔　　C. 较常　　D. 经常　　E. 总是

(17)你尝试减少上网时间,但却失败了。

A. 罕见　　B. 偶尔　　C. 较常　　D. 经常　　E. 总是

(18)你会掩饰自己上网的时间。

A. 罕见　　B. 偶尔　　C. 较常　　D. 经常　　E. 总是

(19)你选择花更多的时间上网,而不是去和别人出去玩。

A. 罕见　　B. 偶尔　　C. 较常　　D. 经常　　E. 总是

(20)当你外出不能上网时,你会感觉到沮丧、忧郁和焦虑,但一上了网,这些感觉就消失了。

A. 罕见　　B. 偶尔　　C. 较常　　D. 经常　　E. 总是

评分标准

选择 A 计 1 分,选择 B 计 2 分,选择 C 计 3 分,选择 D 计 4 分,选择 E 计 5 分,

请把你选择的各项分数加在一起,合成一个总分。对照以下不同分数段的解释,自我评判自己对网络的依赖程度。

24 分 ~49 分:你是一个一般的上网者,只是有时会上得多些,但总体上仍能自我控制,尚未达到沉溺的程度。

50 分 ~79 分:你由于上网似乎开始引起了一些问题,你应该谨慎对待上网给你带来的影响以及对家庭其他成员带来的影响。

80 分 ~100 分:上网已经给你和你的家庭生活带来了很多问题,你必须马上正视并予以解决。

【叩响心门】

(1)你如何看待网络人际交往?

(2)网络成瘾的危害有哪些?你会采取什么方法预防网络成瘾?

(3)请评估自己是否存在网络心理问题,如果有,如何进行自我心理调适?

(4)试想网络成瘾的原因有哪些?

【心理电影院】

片名：网络少年

简介：青年女教师索拉拉不但调离报告被教导主任吴奇平“强行拒绝”，还被安排在初一·三班这个“钉子班”作班主任。她的男朋友靳阳光得知这个消息后埋怨索拉拉太逞能。

初一·三班是个特殊的班，班里有很多电脑网络“高手”。其中尤以娇生惯养的宋欢欢、天姿卓越的耿小乐、常常和父亲发生争执的倔强的向大伟、内心叛逆但却始终被母亲“领导”着的蓝洋最为突出。面对这一个个“钉子户”，同样身为“高手”的索拉拉和孩子们约在网上“一决高下”。耿小乐趁索拉拉应付全面进攻的时机悄悄进入索拉拉的电脑系统程序，修改了鼠标指令。这次"失败"让索拉拉见识到了孩子们的天才。

靳阳光所在的“亚太金融中心”网站数据遭到盗取，靳阳光约索拉拉一同上网查证，但一心忙于教学的索拉拉似乎无暇顾及，这令靳阳光更加的隐隐不悦。索拉拉要成立网络小组，分别派出了不同的任务。在孩子们各自进行自己的任务时，索拉拉还带领大家通过网络寻找到了特殊的治疗方法治好了贫困学生赵长锁的母亲的旧疾。而团队的力量亦令长锁能够继续学业。网络像一个能源反应堆，把孩子们越来越紧密地聚合在一起……

当“好好学习，不要上网”成为老师们的口头禅的时候，有多少人想过网络对于孩子们的意义？当“就是网络游戏把我们家孩子的成绩拖垮的”等诸如此类的认定扎根在家长的头脑中的时候，有多少人想过自己究竟已经有多久没有像朋友般地与自己的孩子讨论过学习与未来。“数字时代的生存工具是孩子们永远无法弃离的”，《网络少年》在家长和老师们对网络与网络游戏的一片骂声中很公允地道出了这样的观点。有时候错的并不是网络，并不是网络游戏，更不是孩子。《网络少年》用一帮少年精彩的成长轨迹向家长和老师们发出这样的问句——“你们是不是也应该好好检讨一下自己呢？”

我们的孩子都很聪明，他们有着自己的理想，他们有着大人们无可比拟的才华。其实如果有家长像朋友那样陪着孩子，告诉他们怎么正确地看待网络与网络游戏，也许下一个比尔·盖茨将出现在中国……

资料来源：https://baike.so.com/doc/5417159-5655304.html

项目十二

体会生命价值
——大学生心理咨询和心理危机干预

心灵箴言

一种美好的心情，比十服良药更能解除生理上的疲惫和痛楚。

——马克思

人生不是一支短短的蜡烛，而是一个由我们暂时拿着的火炬；我们要把它燃得十分光明灿烂，然后交给下一代的人们。

——萧伯纳

项目十二 体会生命价值——大学生心理咨询和心理危机干预

【心的灯塔】

中国的高校心理咨询经过十几年的发展，已经进入了常规化阶段，心理咨询师的队伍也不再是单纯的政工队伍组成，队伍中具有心理学专业或专业背景的教师逐步充实到心理咨询工作中来。高校心理咨询工作，从功能来看，强化了心理咨询的教育、发展功能，弱化了其医疗功能。尽管目前我国高校的心理咨询也存在着一些问题，但各高校心理咨询与健康教育工作取得的成效是显著的。

但很多同学对心理学了解不够，对心理咨询也存在很多误解，给心理咨询工作也带来一定的挑战，如：来自北方农村的小容考到了南方的一所大学，满心欢喜的来上学，但是，自入学后，却觉得有很多的不适应，除了气候、饮食的差异外，关键是学习上跟不上老师讲课的进度，找不到合适的学习方法；生活上适应不了舍友的作息习惯，感觉舍友对她冷冷的……为此感到十分苦闷。看到学校心理咨询中心的宣传海报后很想前去咨询，但同时又很担心会被同学认为自己“有病”，从而更加疏远自己，只好作罢。结果学习上和生活上的问题依然持续，消极的情绪天天困扰自己，无法排解，变得郁郁寡欢，上课也难以集中精神……

小容对心理咨询的看法是不正确，那么，应该如何解决我们的心理问题呢？

生命安全高于一切、生命价值高于一切、生命成长高于一切。越来越多的研究表明，大学生群体中存在轻视和浪费生命现象，是由于他们缺乏生命意识、无视生命意义与价值、缺乏生命意义感造成的。无意义感、无聊感是大学生的日常学习和生活中普遍存在着，这种生命意识淡薄的现象严重影响大学生身心健康发展。

任务一 心理咨询概述

一、什么是心理咨询

（一）心理咨询的定义

关于什么是心理咨询，国内外不同学者给心理咨询下的定义各不相同，概括起来有：美国著名的心理学家罗杰斯认为：心理咨询是一个过程，其间咨询员与当事人的关系给予后者一种安全感，使他可以从容地放开自己，甚至可以正视自己的过去曾否定的经验，然后把那些经验融合于已经转变了的自己，做出统合。

被误解的心理咨询

香港学者林孟平对心理咨询的定义：咨询是一个过程，在这过程中，一位受过专业训练的心理辅导员，与当事人建立一种具有疗效功能的关系，协助对方认识自己、接纳自己，进而欣赏自己，克服成长中的障碍，充分发挥个人的潜能，使人生有丰富的发展。

我国学者钱铭怡将心理咨询定义:咨询是通过人际关系,应用心理学方法,帮助来访者自强自立的过程。她指出,对心理咨询的理解必须依据四点:

第一,咨询是人际关系,有良好的人际关系才可能达到帮助来访者的目的;

第二,咨询是在心理学有关理论的指导下的活动;

第三,咨询是一个过程,往往不是一次会谈就能解决问题;

第四,咨询是帮助来访者自强自立,而不是包办解决来访者的各种问题。

概括起来,我们认为心理咨询可定义为:"心理咨询师运用心理学的原理和方法,帮助来访者发现自身的问题和根源,从而挖掘来访者本身潜在的能力,来改变原有的认知结构和行为模式,以提高对生活的适应性和调节周围环境的能力"。这个含义包括以下几个方面:

(1)心理咨询解决的只能是心理问题。心理咨询的工作对象正常的,解决的是来访者的心理问题,尽管来访者的问题往往复杂的,可能包括了学习问题、人际关系问题、经济问题、法律问题等,但心理咨询师主要关注和处理的是涉及心理层面的问题,对来访者进行心理方面的调适。通过咨询师运用适当的心理学原理与技术,帮助来访者澄清自己的问题,正确评估自己的行为意义,做出有效的选择,最终达到帮助其自己解决生活中的其他问题。

(2)心理咨询的根本目的在于让来访者学会自助。心理咨询不是由咨询师直接向来访者提供解决问题的建议,而是通过咨询师的帮助,使来访者获得心理成长,即使以后碰到类似的问题也能自助解决。

(3)心理咨询是一个特殊的助人过程。心理咨询的过程包括咨询师和来访者之间建立良好的人际关系,通过会谈或心理测验评估来访者的心理问题、与来访者商定咨询方案、选择合适的干预策略和技术、实施干预、最后评估咨询效果、结束咨询等阶段,但这与日常生活中人们之间互相聊天、谈心不一样,它必须在经过专业的学习和训练后才能开展的。

【心理百科】

心理咨询和心理治疗的关系

1. 工作任务不同

心理咨询的任务主要在于促进成长,更多的是强调发展模式,帮助来访者发挥最大的潜能,为正常发展消除障碍,重点在于预防。而心理治疗侧重于弥补病人过去已经形成的损害,解决和改变发展结构中存在的障碍。

2. 对象和情境不同

心理咨询主要以轻中度个人适应与发展等心理困扰、心理问题的正常人群为主,一般在学校、单位、心理咨询机构等情境中开展工作。心理治疗的对象针对的是患有心理障碍和心理疾病的病人,是在临床和医疗情境中开展工作。

3. 工作方式不同

心理咨询运用多样化的方式介入到来访者的生活环境中,比如参与他的直接环境,联系来访者的家庭成员、亲友,可以采取电话咨询,设计、组织各种学习班和团体活动。而心理治疗更多的是面对面地进行成对会谈。

4. 解决问题的性质和内容不同

心理咨询具有现实指向性,大多涉及的是关于学习辅导、培养教育、职业选择、生活和工作指导等意识层面的问题,因此,多采用认知的方式和论理的途径。心理治疗倾向于解决内在的人格问题,更多的是与无意识打交道。

(二)心理咨询的基本原则

1.保密原则

保密原则是指未经来访者同意,咨询师不能以任何方式向其他人或机构透露来访者的咨询信息,包括来访者的内心秘密、心理测试资料等均在保密范围内。

当然,保密是相对而言,下列两种情况则为保密例外:一是有明显自杀意图者,应与其教师、家人等有关人士联系,但尽量将范围控制在最小;二是存在犯罪型人格障碍或精神病患者,为避免自己和他人受到伤害,应及时告知相关人员,做好预防工作。

2.理解支持原则

理解支持原则是指咨询师对来访者的语言、行动和情绪等要充分理解,不以咨询师自己的价值观为准则,不以道德的眼光批判对错,也不得以任何方式向来访者强行灌输某一价值准则,要帮助来访者分析原因并寻找出路。

3.感情限定的原则

咨访关系的确立是咨询工作的能否顺利开展的关键,是咨询师和来访者心理的沟通和接近的首要一步。但这也是有限度的,在咨询关系确立以后,原则上禁止咨询师与来访者在咨询室以外有任何接触和交往,也不能将自己的情绪带进咨询过程中,不得对来访者产生爱恨等感情。假如咨询师和来访者关系过于亲密,会使来访者过于了解咨询师私生活和内心想法,阻碍来访者的自我表现,也容易导致咨询师说话时有所保留,从而失去客观公正地判断事物的能力。

4.时间限定的原则

心理咨询必须遵守一定的时间限制。面谈咨询一般规定每次50分钟(初次接受咨询的时间可以延长至90分钟),电话咨询原则上以30分钟为限,原则上不能随意延长咨询时间或间隔。

5.“来者不拒、去者不追”的原则

这一原则要求到心理咨询室求询的来访者必须出于完全自愿,这是确立咨访关系的先决条件。没有咨询愿望和要求的人,或是被他人强迫前来咨询的人,咨询效果不一定显著。咨询师不会去主动找他(她)并为其心理咨询,只有自己感到心理不适,为此而烦恼并愿意找咨询人员诉说烦恼以寻求咨询师的心理援助,才能够获得问题的解决。心理咨询室的大门向任何人都是永远敞开的。

6.重大决定延期的原则

心理咨询进行期间,由于来访者情绪过于不稳和动摇,原则上应规劝其不要轻易做出诸如退学、转学、调换工作、退休、离婚等重大决定。在咨询结束后,待来访者的情绪得以安定、心境得以整理之后再做出的决定,往往后悔或反悔的比率较小。就此应在咨询开始时予以告知。

(三)心理咨询的对象

心理咨询的对象是有心理困扰的正常人,要解决的是一般心理问题、严重心理问题以及神经症等类别的问题,如果问题超出了心理咨询的范围,如严重的心理疾病,就需要转介到相关的精神卫生机构接受治疗。心理咨询的服务对象如图12.1所示。

一是处于浅灰色区的群体,即在学习、工作和生活中遇到各种心理压力,引起矛盾冲突而产生适应及情绪障碍者。

二是深灰色区的患者,包括各种神经官能症患者,人格障碍和性心理障碍。

三是精神病康复期。

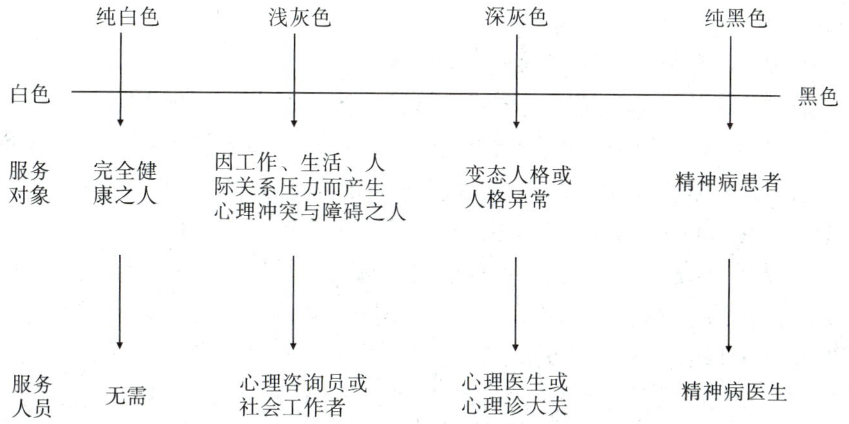

图 12.1　心理/精神状况及服务人员

二、心理咨询的功能

（一）常见的对心理咨询功能的误读

1. 只有存在心理疾病或精神疾病的人需要接受心理咨询

目前我国大多数高校都设置了心理咨询机构，帮助大学生们解决来自学习、生活、情感、人际等方面各种心理问题，由于大学生对心理学的不了解及对心理咨询存在的各种误解，导致很多大学生不愿意主动接受心理咨询。据调查发现，有些高校的心理咨询机构一年的咨询人数只有二三十人，学生遇到心理困惑更愿意找同学倾诉，只有部分学生在患病严重时才会接受心理治疗。

造成这种情况的一个重要原因是认识问题，如很多大学生认为，走进了心理咨询室，就意味着患有心理疾病甚至精神疾病，同学们会议论甚至嘲笑自己的。这种害怕被认为“有病”的观念导致相当一部分同学在遇到心理困惑时没有勇气前去咨询。

事实上，随时现代社会的飞速发展，环境变化和生活节奏的不断加快，人际交往和各个领域里的竞争日趋增强，人们所受到的压力越来越大，由此而引发诸如紧张、焦虑与疲劳等情绪，严重的甚至出现各种心理问题和心理障碍。任何人都会有心理问题，没有心理问题的人是不存在的，心理问题只有轻重缓急之分。

2. 心理咨询就是思想道德教育，是去“听道理”的

尽管心理咨询在我国发展已有多年，但是认为“心理咨询没多大作用，无非是去听大道理的”这种认识目前仍然普遍存在，即使在一些高文化素养的人身上也一样。

心理咨询与思想道德教育有着共同的目的和根本的区别，它们的共同之处在于培养人格完善的全面发展的人，但它们的内容、实施方法及其理论依据是有区别的。

第一，工作依据不同。思想道德教育工作者工作的依据是比较确定的政治观点和道德标准，常常使用它们来教育学生并以此来评价学生的所作所为，主要是通过强化途径来达到教育的目的；而心理咨询师的工作依据是以充分尊重、理解学生的人生观、价值观和人格特征为主，在咨询过程中，咨询师不把自己对生活的看法、真善美的标准等强加给学生。

第二，工作重心不同。思想道德教育重在强调个体的社会属性方面，强调社会的政治观念、世界观、价值观和道德规范等，倾向于社会本位的价值取向。而心理咨询则重在强调个体的自然属性，强调学生的内在需求和本能的发展，在此基础上帮助学生树立正确的人生取向，达到独立自主，自我实现，倾向于个人本位的价值取向。

第三，采用的方法不同。思想道德教育主要采用说服、环境陶冶、集体教育、实践锻炼等方法，具有公开性、群众性等特点。心理咨询则注重宣泄、自由联想、暗示、角色转换等方法，

具有保密性、个别性、教育者倾听等特点。

3. 心理咨询无所不能,心理咨询师是“救世主”

心理咨询在我国的发展还处于起步阶段,属于“新鲜事物”。在中国,不少人认为心理咨询好像带了一层神秘的面纱,因而导致很多人对心理咨询存在误解,认为心理咨询很神奇,只要进行一两次就能解决一切问题,使自己变得心情开朗,心理咨询师更是无所不能,可以解决自己无法解决的问题,而不用自己去努力。

事实上,心理咨询是一个连续的、艰难的改变过程。要取得好的咨询效果,使心理问题得到真正的解决,需要进行多次的咨询,据一些资深心理咨询师的经验,多数来访者的问题至少需要进行10~12次的咨询才能解决。改变的关键不在于咨询师本人,而是在于来访者个人的求变动机和决心,咨询师的作用是起到帮助和指引来访者,来访者本人的意愿和决心才会真正影响到咨询的效果。

(二)心理咨询的功能

心理咨询可以促使人们从一个不同的角度看待自己和社会,用新的方式去体验和表达他们的思想情感,并产生出全新的思维方式。对于大学生而言,心理咨询的功能包括以下四个方面:

1. 倾听心声

每个人都有被倾听的需要,希望通过诉说来释放自己的情绪。对于大学生而言,同龄人是最好的倾诉对象,其次是老师和家人,但是,总有一些事情或想法不方便或不适合向这些对象进行倾诉。而心理咨询师在这个时候恰好能称为很好的倾听对象,因为咨询师与你没有血缘和利益关系,能耐心倾听你的诉说,并运用心理学的专业知识帮你分析问题。倾诉既是缓解心理压力的一种需要,又是分析和解决问题的前提。

2. 判断问题的性质

心理问题有各种类型和性质,即使同样的问题,面对着不同的个体,也可能会采用不同的方法来解决。就大学生而言,有的问题与学习有关,如学习动机缺乏、学习疲劳、考试焦虑等;有的问题与自我概念有关,如自卑、自闭等;有的是人际交往过程中产生的,如交往困难、回避交往、社交恐惧等;还有的是在恋爱中产生的,如失恋等,这些心理问题都会引起情绪波动,需要分析原因,采用适当的方法帮助来访者及时调整,避免影响学习和工作。

3. 共同磋商对策

在咨询过程中,咨询师会与来访者共同分析问题,商讨解决问题的对策。作为“旁观者”的咨询师,更能以其专业的知识、冷静的头脑、开阔的思路、理性的思维帮助来访者分析问题的原因,提出合理化的建议供来访者参考。

4. 促进心理成长

心理咨询,尤其是高校心理咨询,其重要作用旨在帮助来访者解决在成长过程中产生的各种心理问题和情绪困扰,属于发展性咨询,而非精神疾病的治疗。来访者在咨询师的帮助和引导下,学会自己主动解决所面临的心理问题,从而学会正确地接纳自我,增强自信,处理好人际关系,促进个人心理素质的提高。

【心有千千结】

李某,女,20岁,大一学生。父母均为初中教师,家庭和睦。求助者无重大躯体疾病史。主诉:情绪低落,烦躁,睡眠不良,过度关注与室友关系,总怀疑室友讨厌她,害怕回到宿舍。个人陈述:入学以来有件事一直令她相当烦恼,那就是她所在的宿舍气氛相当沉闷。她说高中时候，她的室友们回到宿舍里经常说说笑笑，打打闹闹，很轻松。可现在宿舍的情形却经常是：室友们各忙各的事，很少有人说话，也没有笑声。每当她从教室回到宿舍，本想放松一下，可是遇到这种所有人都沉默的情形，她就感到特别难受和压抑。有时忍不住想与大家说笑一会，可室友们总是简单应付一下，又各自忙自己的事情了。于是她常忍不住猜测其他人不说话的原因，想来想去总是唯恐自己做错了什么，从而惹得她们对自己不满，因而个个都显出不高兴的样子。偶尔宿舍里的气氛也会轻松一会儿，四个人在一起聊天、说说笑笑，这时她的心情会稍稍放松一些。但是这种时候实在太少了，多数时间她都特别紧张，每天小心翼翼，生怕做错了什么，别人不讲话，她也就闷不作声。但这样的日子令她难以忍受，特别是最近一个月，情绪低落，经常感到烦躁，不想回宿舍。她总觉得自己哪儿做得不好，担心室友在背后议论自己，讨厌自己，和室友关系也变得很差，晚上睡不好，白天也没精神，自己也不知道为什么这样，很苦恼。于是前来咨询。

该案例综合评估可以诊断为一般心理问题。求助者心理问题是由于室友关系这一现实原因引起的；从严重程度标准看，该求助者的反应强度不甚强烈，反应也只局限在与室友接触中，没有影响逻辑思维等，无回避和泛化，没有对社会功能造成严重影响；从病程标准看，病程只有一个月。

资料来源：http://max.book118.com/html/2016/1009/57976362.shtm

三、心理咨询各流派理论及其技术介绍

心理咨询必须在相应的心理学原理的指导下进行，而从心理学科发展的历史来看，不同派别的研究者对心理学有着不同的解释，产生了若干流派的心理学理论，这些流派对心理咨询的理论和方法技术的理解和运用各有不同，下面将着重介绍几种主要的心理咨询理论及技术：

（一）精神分析的理论与技术

精神分析理论是奥地利著名精神病学家弗洛伊德于19世纪末至20世纪初创立的，其理论特点是着重对潜意识、人格、性驱力等深层次内容的研究。

1. 心理咨询的原理

精神分析学派认为，人的心理异常主要来源于潜意识中所压抑的本能欲望、不被社会道德所接纳的观念以及早年精神创伤的经验。心理咨询的目的就是要讲压抑在人的潜意识之中的这些本能欲望、观念和创伤经验诱发出来，并进行疏导，使其心理障碍得以消除。

2. 心理咨询的技术

（1）自由联想法。这种方法是让来访者安静躺在一张舒适的躺椅上，在全身心放松的状态下，咨询师诱导、鼓励来访者说出头脑当中出现的一切意象，不管是多么杂乱无章的、不清晰的、缺乏逻辑的内容，都尽量说出来，然后由咨询师对来访者所报告的内容加以分析和解释，从而发现与其心理障碍有关的因素，帮助来访者认识自己存在的问题，并寻求解决问题的方法。

自由联想法适用于各类神经质、心因性精神障碍等，但不适用于发病期的精神分裂症、躁郁症与偏执精神病的患者。

（2）梦的分析。人在睡眠状态下，防卫能力相对降低，一些被压抑的情感往往会在睡眠中通过梦境表现出来。精神分析学家们认为，通过对来访者某段时期所做的梦的内容进行记录和分析，了解该梦暗含的意义，才能找出来访者所面临问题的根源，帮助来访者消除其心理疾病。这与周公解梦存在一定的差别。

（3）移情分析。移情是指来访者在咨询中，把早期的创伤经验及其所带有的情绪逐渐暴

露出来,并转移到咨询师身上。通过对来访者移情的观察,可以具体观察来访者所受的创伤体验,并解释其心理问题的冲突所在。

(4)阻抗分析。阻抗是指来访者有意识或无意识地回避某些敏感话题,有意无意地使咨询重心偏移。弗洛伊德认为,来访者产生的阻抗是一种潜意识里的防御作用,以逃避自己不能忍受的压力。处理阻抗的方法是直接向来访者指出其阻抗行为,帮助来访者了解阻抗的原因,让其能正视阻抗行为。

(5)解释。解释是指咨询师向来访者解释其症状的心理意义,指出其隐藏在潜意识里的心理异常的原因,帮助来访者领悟和克服障碍,使其能以更有效的方式处理和面对现实中的问题。解释是逐步深入的,根据每次会谈的内容,用病人所说过的话做依据,用病人能理解的语言告诉他的心理症结的所在。因此,解释是一个缓慢且复杂的过程。

(二)行为主义的心理治疗理论与技术

行为主义心理学诞生于20世纪初,以人类的行为为研究对象,其主要理论包括巴甫洛夫的经典条件反射原理、斯金纳的操作性条件发射原理和班杜拉的社会学习理论。

1. 心理治疗的原理

行为主义的观点认为,人的心理问题在于其异常行为,这些行为是在过去的生活经历中,通过学习而形成和通过强化固定下来的不良习惯和异常反应。当某一行为出现后,其结果不再具有社会适应性时,这一行为将会减弱、消退,但某些行为则可能丧失了适应性后仍不消退,此时就需要咨询者的帮助加以改变。通过奖励或惩罚的强化方式,可以控制行为出现的次数或改变行为的方向。概括而已,行为主义的心理疗法就是以行为学习的理论为指导,来消除人们不良行为的一种方法。

2. 心理咨询与纠正的技术

(1)系统脱敏法。这种方法是行为治疗中第一个被规范化并沿用至今的一项基本技术,其具体操作方法是:让来访者明确自己的恐惧和焦虑等异常反应,并对引起此类异常反应的刺激情境从弱到强构建等级;然后让来访者想象最低等级的刺激情境,当感到焦虑紧张时,令其停止想象,并全身放松,待其平静后再重复上述过程,直到来访者想象时不再感到焦虑紧张为止,算一级脱敏;继续想象高一等级的刺激情境,直到对最高等级的刺激情境不再紧张焦虑为止。此种方法适用于恐惧症和以焦虑为主导症状的行为障碍,如强迫症、口吃等。

(2)冲击疗法。又称满灌疗法。其原理是让来访者一下子置身于能让其引起最大恐惧或焦虑的情境中,不采取任何缓解恐惧或焦虑的措施,意图达到“物极必反”的状态,让其恐惧或焦虑感自行消除。此种方法适用于一些过度的恐惧症状,如电梯恐惧、飞行恐惧以及对特定动物的恐惧性反应,也用于治疗与焦虑有关的障碍、创伤后应激障碍及广场恐惧症等。

(3)厌恶疗法。这种方法是在需要消除某种不良行为时,通过提供令人不愉快的刺激,使来访者产生厌恶的反应,经过多次的实施后,不良行为与不愉快刺激所产生的厌恶反应结合起来,从而使来访者戒除不良行为的一种行为治疗技术。常用的厌恶刺激包括电刺激、药物刺激、想想刺激等。此方法常用于消除强迫观念和行为、戒除烟酒等。

(4)模仿法。又称示范法,是行为治疗常用的方法之一。其原理主要来自班杜拉的社会学习理论,是指向来访者呈现某种行为榜样,让其观察榜样的行为及其行为所得到的后果,以引起其从事相似行为的方法。模仿法的操作步骤是:选择合适的治疗对象;设计示范行为;对正确的模仿行为给予强化。这种方法一般用于儿童行为的训练。

(三)人本主义的心理咨询理论与技术

人本主义心理学创立于20世纪中期,创始人为卡尔·罗杰斯,其心理咨询和治疗的方法称为“当事人中心疗法”，被誉为继精神分析和行为治疗后的第三大疗法。

1. 心理咨询的原理

当事人中心疗法的观点认为，人们是完全可以信赖的，他们有很大的潜能，可以理解并自己解决所遇到的问题，不需要咨询师的直接干预。心理咨询的目的是让来访者置身于与咨询师所建立的良好咨询关系中，通过咨询师给予的尊重、共情、无条件的积极关注等，让来访者自己处理所面对的问题，促进来访者的自我成长。

2. 心理咨询的技术

“当事人中心疗法”的重点在于良好咨询关系的建立，关系是整个咨询过程中最根本的东西。而建立关系所需要的技术主要是三个方面：

(1)促进设身处地的理解技术。即咨询师从来访者的角度去感知他们的世界，并把这种感知向来访者表达出来。主要方法包括关注、言语交流、非言语交流和沉默。

(2)坦诚交流的技术。包括并不固定角色、自发性、无防御反应、一致性、自我的交流等。

(3)表达无条件积极关注的技术。这一技术的含义是：从来访者的人性和发展潜能这一基础上对其表示尊重，把来访者作为一个独特的个体给予支持，并帮助其发展这种独特性。

(四)认知学派的心理咨询理论与技术

认知学派的心理咨询理论产生诞生于20世纪五六十年代，虽然诞生较晚，但很快就取得了引人瞩目的进展，其中比较常用的有艾利斯的理性情绪疗法和贝克的认知疗法。

1. 心理咨询的原理

认知学派的咨询理论都认为，人一切的心理活动都是认知的产物，人对某些事件产生情绪和行为，其原因不是事件的本身，而是人们对这些事件所持有的信念，也就是说认知方式是影响人的情绪和行为的根本原因。人之所以产生心理障碍，是由于自己的不合理认知所导致的。

艾利斯提出了解释心理障碍形成的ABC理论：诱发性事件(A)只能是引起情绪及行为反应(C)的间接原因，人们对诱发性事件所持的信念、看法、解释(B)才是引起(C)的直接原因。

贝克则提出了认知疗法中的几个重要概念：自动思维、认知图式和认知歪曲。自动思维，是贝克认知疗法的核心概念。它是指个体自发产生的、习惯化的、平时不能意识到的想法。贝克认为，人们不能意识到自动思维，但它却形成了他们歪曲的信念和认知，导致了不良的情绪和行为，因此辨别、评价和改变自动思维是咨询成功的关键。认知图式是指决定个体自动思维的深层信念，它由以往积累的经验和有组织的知识构成。贝克认为，认知图式是一种比较稳定的心理特征，它形成了人们对自己、他人和周围环境的假设，用于对信息过滤、区分、评估和编码，并指导个体对新信息的知觉，对旧信息的回忆以及判断与推理，进而支配并评估行为。认知歪曲，是指个体信息加工过程中的推理错误，贝克认为它决定了一个人的信念即认知图式。

心理咨询的目的，通过帮助来访者认识其认知成分中的不合理的、歪曲的部分，通过技术帮助来访者建立合理的认知图式，从而改善其情绪状态，最终导致其行为的改变。

2. 心理咨询的技术

(1)识别不合理的认知。认知心理咨询理论认为，要改善人的情绪和行为状态，首先要帮助来访者识别其思想观念中的不合理成分，也就是歪曲了的认知。

通过临床观察，艾利斯总结出人们日常生活中常见的11类不合理信念，包括：

①每个人都要绝对的获得周围环境尤其是生活中每一位重要人物的喜爱和赞许。

②个人是否有价值，完全在于他是否是个全能的人。

③世界上有些人很邪恶、很可憎，应该对他们做出严厉的谴责和惩罚。

④如果事情非己所愿，那将是一件可怕的事情。

⑤人对自身的痛苦和困扰无法改变，因为不愉快的事情总是由于外在环境因素所致，不是自己所能控制和支配的。

⑥面对困难和承担责任是非常不容易的，倒不如逃避困难和责任。

⑦人们要对危险和可怕的事情随时加以警惕，非常关心并不断注意其发生的可能性。

⑧人必须依赖他人，特别是那些比自己更强更有力量的人，才能生活得好些。

⑨一个人以往的经历和事件决定了他目前的行为，而且这种影响是无法改变的。

⑩一个人应该关心他人的问题，并为他人的问题悲伤、难过。

对人生中的每个问题，都应该有一个唯一正确的答案，若找不到答案就会痛苦一生。

贝克通过对来访者的临床研究，也概括出 8 种常见的认知歪曲形式：

两极化思维：即一件事要么是完全合我们意，要么是失败，这就是我们的全或无的两极性思维。如一个学生说"除非我考试得 A，否则就是失败"，这就是两极性思维。

选择性抽取：个体抽取一个事实或观念，以支持他的消极的思维方式。例如，一个打棒球的几次击球成功，一次不成功，他把注意都放在不成功的那一次上。他从事件中抽取了一个消极的例子，让自己陷入消极的情绪状态。

任意推断：不经过严密的逻辑思考，对事情发生的原因随意做出推论。如一个女生预期自己考试会失败，而实际上她准备得很好，这样的推测是没有任何依据的、不合理的。

灾难化：在这种认知歪曲中，个体把一个事件夸大使之变得很可怕。如一位职员的想法"我知道当我遇到部门主管的时候，我会说一些愚蠢的话，把工作丢掉。我知道我会说一些不合适的话，结果是她不会愿意让我晋升。" 这个想法把一个重要的会议变成了一个灾难。

以偏概全：就是以少数的消极事件得出一个规律。例如，一个大一学生总结说："因为我在第一次考英语时没有考好，所以说明我学不会英语。"这样的想法将会影响到未来的行为。

贴标签：在错误的基础上对自己贴的标签是对自己的消极观点的来源。如一个人有几次和熟人交往较笨拙，他总结说"我不合群，我是一个失败者" 这是以偏概全到了很高程度，影响到了对自己的观点。

夸大和缩小：个体会夸大自卑而缩小好的方面，他们得到一个支持自卑和抑郁感的结论。夸大的一个例子是，一个肌肉拉伤的运动员想："我今天不能做运动了，我的运动生涯到此结束了。"缩小的例子是，这个运动员说："尽管我今天练得很好，但是还不够好，没有达到我的标准。"不论是夸大还是缩小，运动员都感到抑郁。

过度自我化：个体常常会将一些不好的事情与自己联系起来，认为这些不好的事情都是自己造成的。如"我一出门旅行，总会下雨""我每次去购物中心，总是遇到塞车"。人不会引起下雨或塞车，这些事件是我们无法控制的。而且，如果仔细询问，会发现并不是每一次他出门都下雨，也不是每一次他购物都遇到同样程度的塞车。

(2)辩论技术。咨询师对来访者的不合理信念进行积极提问，引导来访者思考，使其对头脑中的不合理信念提出质疑、发生动摇，逐步接受合理的信念。从提问的形式看，可以分为质疑式和夸张式两种；质疑式是直截了当地向来访者的不合理信念发问；夸张式是治疗者针对来访者信念的不合理之处故意提出一些夸张的问题，使来访者感到自己的想法是不合理的、幼稚的、可笑的、不可取的，因此比较容易心服口服。

(3)纠正技术。采用角色扮演的方式，由来访者扮演其心理上强烈认同的不合理信念的角色,咨询师扮演理性、合理的角色,并对来访者提供理论指导。然后两人再交换角色,让来访者想象两种不同的认知方式下所产生情绪和行为方式的差异,接纳理性的信念,重新构建正确的认知结构。

(4)家庭作业技术。每一次咨询会谈结束后,咨询师给来访者布置一些家庭作业,帮助来访者在生活中也能体验其不合理信念的负面影响,练习用新的合理信念看待问题,强化新的认知结构在实际生活中的应用。家庭作业的内容一般包括:合理情绪治疗自我评价、与不合理信念进行辩论和合理的自我分析等。

除此之外,在咨询过程的不同阶段也要相应使用一些行为训练技术,如积极计划、行为预演、社会技巧训练、生理治疗、肯定性训练、放松训练等,以带来认知、感受和行为上的变化。

认知疗法是当前心理咨询中最常用的方法之一,对一般心理问题、抑郁症、各类神经症和某些行为障碍有很好的疗效。

(五)其他心理咨询理论及技术

除了这四种主要的心理咨询理论及技术外,目前在心理咨询与治疗领域被广泛应用的还有森田疗法、箱庭疗法、疏导心理疗法、内观疗法、家庭治疗、交互分析疗法、生物反馈疗法、音乐疗法、绘画疗法、中医心理疗法等多种。

任务二　大学生心理咨询的内容和类型

一、大学生心理咨询的内容

(一)大学生心理咨询的一般过程

1. 预约

心理咨询的预约制度,是国内外所有心理咨询与治疗机构通行的做法。凡是需要接受心理咨询的,原则上需要提前预约,这样做的原因主要有:①合理安排咨询时间。尤其对于来访者较多的咨询机构,预约成为能否顺利完成咨询过程的最首要一个环节。②咨询师对咨询问题有充分准备,以方便调动本机构知识资源,为咨询者制定最佳的咨询步骤和方案。

毕业之后,你会成为“蚁族”吗?

在高校心理咨询中,预约可通过以下的方式:

(1)现场预约。到心理咨询中心,填写心理咨询记录表,注明基本资料和需要咨询的问题,与值班的心理咨询老师直接预约咨询时间和地点。

(2)电话预约。目前很多高校设置了心理咨询的热线电话,需要咨询的同学可拨打热线电话进行预约。

(3)网络预约。通过心理咨询QQ、MSN或心理咨询中心网页的预约平台进行预约。

(4)通过心理委员进行预约。可向班级心理委员提出预约要求,由心理委员与值班老师进行咨询时间的安排。

预约成功后,来访者必须遵守预约时间,提前到达咨询地点,因故不能按时到达的必须要提前通知相关人员。

2. 建立良好的咨询关系

咨询师与来访者必须建立起真诚、信任、接纳的咨询关系,这是心理咨询的起点和基础。在初次会谈时,咨询师应就咨询的性质、限度、角色、目标以及特殊关系等向对方做出解释。

解释的内容包括时间的限制、会谈的次数、保密性、正常的期望等。对这些问题的说明，可以减少对方的困惑，消除因此而引发的焦虑，也使对方不至于对咨询产生不当或过高的期望。

良好咨询关系的建立可通过以下的几种方法得以实现：

(1)无条件的尊重。这是指咨询师对来访者要无条件地接纳、关注、爱护的态度，要尊重来访者的现状、价值观、权益和人格。尊重来访者，其意义在于可以给来访者创造一个安全、温暖的氛围，这样的氛围可以使其最大限度地释放自己，获得一种自我价值感。特别是对那些急需获得尊重、接纳、信任的来访者来说，尊重和接纳具有明显的助人效果，是咨询成功的基础。

(2)共情。又叫共感、同感、移情、同理心等。通俗说，共情就是能设身处地去体会当事人的内心感受，达到对当事人境况的心领神会。共情包含同情的成分，但又区别于同情，除了对对方感受的理解和体会，更有理解。通过共情，求助者会感到自己被理解和接纳，这样有助于建立良好的辅导关系，使咨询师了解来访者更多的情况。

(3)真诚。是指咨询师在咨询关系中真实地展现自己，表里一致，言行一致，诚恳忠实地对待来访者。受咨询师真诚的感染和暗示，来访者也会逐渐诚实地开放自己、袒露自己、表达自己的内心。恰当地表达真诚，不仅是一种技术，更是一种艺术，因为那是真诚的一种自然流露。

(4)积极关注。也称之为正向关注，积极关怀，是咨询师以积极态度对待来访者。对来访者言语和行为中积极面、光明面、优点、长处，予以有选择的、特别的关注，强调正面的优点，使来访者拥有正向的价值观。积极关注不仅有助于建立咨询关系，促进沟通，而且本身就有心理辅导的效果。积极的关注往往能帮助求助者全面地认识自己和周围环境，发现自己的长处、光明面和未来的希望，从而树立信心，增强战胜困难的勇气。

3. 初诊

包括搜集与分析来访者基本资料，进行对来访者的情况进行综合评估、诊断和鉴别诊断。这一步是在咨询师与来访者建立起良好的关系后才开始进行的，通过初诊，可让咨询师了解来访者的基本情况，明确来访者问题所在，判定来访者问题的性质，按照症状标准做出初步诊断，并与其他的一些症状作鉴别诊断，以进一步明确来访者的问题。

4. 确定咨询方案

咨询方案是心理咨询实施的完整计划，它是心理咨询进入实施阶段时必备的一步。咨询方案的制定，必须根据当前来访者心理问题的性质、采用的治疗方法、咨询的期限、咨询的步骤、次数、计划中要达到的目的等具体情况来制定。所以，每一次治疗的方案，都可能是不一样的。但不管具体治疗方案有怎样的区别，其一般原则和基本程序是一致的。

5. 实施咨询

咨询关系中的双方按照咨询方案完成预定咨询目标的过程。在实施过程中可针对不同问题的性质和问题的不同方面，采用不同的咨询方法，对来访者的积极方面给予真诚的鼓励和支持，增强来访者的自信，促进其积极行为的增长，使来访者从一个全新、全面的角度面对自己的问题，重新认识自己及周围的环境，从而提高认识能力，促进其人格的完善和问题的解决。

6. 追踪反馈

这一步操作起来有一定的难度，只要是为了了解整个咨询过程是否成功，咨询师必须对来访者进行追踪调查。追踪调查应在咨询基本结束后的数月至一年间进行。时间过短，调查结果的真实性难以保证；时间太长，也不能及时了解情况，发现问题，同时也增加了调查工作的难度。追踪调查可采用以下方式进行：书面反馈、面谈反馈和他人反馈。

（二）大学生心理咨询的范围

根据当代大学生的特点，大学生心理咨询的内容范围应该是广泛的，包括适应、人际交往、学习、恋爱、情感、自我、就业等方面的问题，少部分涉及神经官能症、人格与性心理障碍等内容。具体而言，下列情况需要寻求心理咨询的帮助：

（1）生活中遇有重大选择或重大事件时，犹豫不定或无法调整者。

（2）学习压力大、无力承担但又不能自行调节者。

（3）初涉世事，对新环境适应困难者。

（4）经受挫折后，精神一蹶不振者。

（5）过分自卑，经常感到心情压抑者。

（6）在社交方面自感有障碍的人（如怯懦、自我封闭等）。

（7）在经历了失恋、单相思情况之后，心灵创伤无法自愈者。

（8）寝室人际关系不和睦，渴望通过指导改善者。

（9）退学、休学、受到学校违纪处分者。

（10）患有某种身体疾病，对此产生心理压力者。

（11）经常厌食或暴食者。

（12）睡眠状态发生改变时的初期失眠者。

（13）轻度心理障碍者。

二、大学生心理咨询的类型

（一）根据咨询的性质和对象划分

（1）发展心理咨询。咨询对象为无明显的心理冲突，基本能适应环境的健康人。每个健康的人，在成长的各个阶段上，都有可能产生心理问题或心理困惑。如学业压力问题、职业发展问题、婚姻家庭问题等。咨询的目的是通过对来访者的引导，使其顺利度过人生的各个阶段，更好地认识自己，扬长避短，充分发挥潜能，提高来访者学习和生活的质量。

（2）健康心理咨询。咨询对象为在现实生活中有各种烦恼和压力，有明显的心理矛盾和冲突的人。因为受到各种刺激事件而引发紧张、恐惧、焦虑、抑郁等情绪问题或因受到挫折引起行为问题，都属于此类型的咨询。咨询的目的是给来访者提供帮助，排除其心理困扰，减轻其心理压力，提高其适应能力。

（3）障碍心理咨询。咨询对象为已经出现了某些心理疾病的症状，影响了正常的学习和生活的人，急切需要求助的人。如出现了焦虑症、强迫症和抑郁症等。咨询的目的是寻找对策，帮助来访者克服心理障碍，恢复心理健康状态。要注意的是，如果来访者的症状严重程度已经超出正常范围，则需要转介到专业的心理治疗机构，此时心理咨询只是辅助手段。

（二）根据咨询的规模划分

（1）个别咨询。个别咨询是由咨询师和来访者建立的一对一的咨询关系。可采用面谈、电话、信函、网络等形式进行。咨询着重解决来访者个人的心理问题，是心理咨询中最常用的一种形式。

（2）团体咨询。团体咨询是指将具有同类问题的来访者组成小组或较大的团体，通过团体内人际交互作用，促使个体在团体交往中观察、学习、体验，探讨自我、接纳自我，学习新的态度和行为模式，以促进个人的、发展良好的、生活适应的助人过程。团体咨询的人数不宜太多，否则会影响咨询效果，人数过多时可分成若干小组，一般一个小组 20 人以内比较适宜。

（三）根据咨询的方式划分

（1）门诊心理咨询。是指进行面对面的咨询。这类咨询的特点是能及时对来访者进行各类检查、诊断，及时发现问题，并做出妥善处理。

（2）电话心理咨询。是指咨询者通过电话给来访者提供劝慰、帮助的一种较方便、迅速的咨询形式。尤其是对于处在危急状态（如自杀）或不愿暴露自己的来访者，电话咨询是一种较好的形式。但也有不利之处，咨询师看不到来访者的神态，再加上通话时间有限，通过电话传递的信息也有限，因此要求咨询者反应敏捷，能给对方以信任感，能控制局面，否则，咨询很难有实效。

（3）网络心理咨询。网络心理咨询是咨询师通过互联网、语音视频信号来对求助者进行帮助的咨询形式。其优点是可以突破地域限制、建立轻松平等的咨询关系、可凭借软件程序对来访者的心理问题进行评估和测量、便于咨询记录的全程储存等，但也存在一定的缺点，例如不能直接见到当事人，容易造成难以判断问题真实与否、信息搜集不全面、咨询关系不稳定长久等问题。

电话心理咨询和网络心理咨询虽有其自身的优点，但咨询方式中，门诊心理咨询是心理咨询中最主要而且最有效的方法。

三、朋辈心理咨询

随着心理咨询与学校教育的结合程度的不断提高，各种有效的、新的心理咨询模式层出不穷，改变了以往学生仅为心理咨询的对象，只有少数专业的心理咨询师才能开展助人活动的状况，让全体学生成为心理咨询工作的主体与原动力成为一股强大的改革浪潮。

朋辈心理咨询就是一种实施方便、推广性强、见效快的学校心理咨询模式。朋辈心理咨询是指年龄相当者对周围需要心理帮助的同学和朋友给予心理开导、安慰和支持，提供一种具有心理咨询功能的帮助，它可以理解为非专业心理工作者为帮助者在从事一种类似于心理咨询的帮助活动。咨询的开展很大程度上有赖于学生本身的相互信赖程度，咨询员和来访者可以在咨询的起始阶段很快建立起互动关系，咨询员可以更好地深入来访者内心去体验他的情感、思维，咨询所能达到的效果非常明显。

1. 朋辈心理咨询员应该具备的条件

（1）应具有一定的心理咨询的专业知识。要求参加朋辈心理咨询员应具有一定的心理咨询的专业知识，否则，朋辈心理咨询员对来访者的辅导效果不一明显。由于朋辈心理咨询双方已具有较为可靠的信赖关系，沟通上较为容易，与专业性的咨询相结合，可以收到相辅相成、事半功倍的效果。

（2）要有牢固的友谊和信任关系。罗杰斯指出："咨询是一个过程，其间咨询员与当事人的关系能给予后者一种安全感，使其可以从容地开放自己，甚至可以正视自己过去曾否定的经验，然后把那些经验融合于已经转变了的自己，做出统合。"而朋辈心理咨询的最大优势就是，来访者与咨询员之间的友谊与信赖关系，自然性的鸿沟小、防御性低、共通性大、互动性高。

（3）以宽容、接纳的心态面对来访者。要求咨询员以宽容、真诚的心去面对以来访者身份出现的朋友、同辈，不应带任何个人感情色彩的排斥和看法。

（4）在咨询时学会理智的进行分析和判断。由于来访者的身份较为特殊，咨询员可能会难以把握其心态，在咨询过程中，要学会运用理智的头脑进行分析和判断。

2. 朋辈心理咨询的主要技术

（1）积极的倾听。所谓积极倾听，即指有明确的目的定向，不断获得信息作出判断、决定反馈，并且保持有持续的高度注意。朋辈心理咨询的谈话过程所需要的就是这种积极的倾听。直接表达积极倾听的方式可以分为两种：语言和非语言方式。语言方式包括提问、提出共同点、补充说明、简单重述对方谈话的内容、表明自己的见解、尝试性地以完全符合或相似的语言反映对方的陈述内容。非语言方式包括点头、目光接触、手势、身体前倾，伴随语气助词等。

(2)情感反映。它是指咨询员理解并反馈来访者所表达的情绪情感，是一种重要的参与技术。一般用言语或非语言的方式来表达。

(3)总结和探索。简短总结谈话要点，引导对方的注意力，保证谈话按一定方向进行，同时也有利于从更深层次、更新角度分析对方所处环境。

(4)自我表露。又称自我暴露，是指从对方需要出发，与其分享自己的个人情感、观念、态度、经历。这种技术在心理咨询中起着重要的作用：可以使来访者感到晤谈中双方地位的平等；可以使来访者感到咨询员的真诚、坦率，从而增强对咨询员的信任；可以增加来访者的自我开放程度。

(5)解释。指咨询员运用某种咨询理论或自身的经验，通过观察、描述、分析来访者心理问题的实质、原因和发展过程。运用解释时应注意要适度，解释方式要因人而异。咨询员解释的理论依据应尽量与来访者已有的理论取向吻合，这样有助于来访者对解释的理解和认同。

(6)对质。指咨询员对来访者的感觉、经验与行为深刻了解后所作出的反应。咨询员就来访者言行中的矛盾、歪曲及逃避的部分，通过询问技术，向其提出问题，协助来访者觉察自己的感觉、态度、信念和行为上不一致或欠协调的地方。对质技术强调适时、适度、适当的原则。

3. 朋辈心理咨询的原则

(1)严格遵循保密原则，不向第三者公开当事人的姓名，拒绝关于当事人情况的调查，尊重当事人的合理要求，这一点是重中之重，否则朋辈心理咨询将失去咨询的意义。

(2)具有强烈的义务意识，乐于为同学服务。

(3)在咨询过程中不得逾越辅导关系，运用法律和道德约束自己的行为。

(4)遇到困难情况或自己不能能力所不能及的要及时转介，转介要经过当事人的同意，说明转介的理由。

【心理故事汇】

生命的奇迹

尼克·胡哲1982年12月4日出生于澳大利亚墨尔本，一个塞尔维亚裔澳大利亚籍基督教布道家。他一生下来就没有双臂和双腿，只在左侧臀部以下的位置有一个带着两个脚趾头的小“脚”，他妹妹戏称为“小鸡腿”。这种罕见的现象医学上取名“海豹肢症”。

看到儿子这个样子，他的父亲吓了一大跳，甚至忍不住跑到医院产房外呕吐。他的母亲也无法接受这一残酷的事实，直到他4个月大才敢抱他。父母对这一病症发生在他身上感到无法理解，多年来到处咨询医生也始终得不到医学上的合理解释。但是，尼克的双亲并没有放弃对儿子的培养，而是希望他能像普通人一样生活和学习。

“父亲在我18个月大时就把我放到水里，”尼克说，“让我有勇气学习游泳。”尼克6岁时，父亲开始教他用两个脚指头打字。后来，父母把他送进当地一所普通小学就读。尼克行动得靠电动轮椅，还有护理人员负责照顾他。母亲还发明了一个特殊塑料装置，可以帮助他拿起笔。没有父母陪在身边，尼克难免受到同学欺凌。“8岁时，我非常消沉，”他回忆说，“我冲妈妈大喊，告诉她我想死。”10岁时的一天，他试图把自己溺死在浴缸里，但是没有成功。在这期间双亲一直鼓励他学会战胜困难，他也逐渐交到了朋友。直到13岁那年，尼克看到一篇刊登在报纸上的文章，介绍一名残疾人自强不息，给自己设定一系列伟大目标并成功的故事。他受到启发，决定把帮助他人作为人生目标。

随着尼克的成长，他学会了怎样应付自身的不足而且开始自己做越来越多的事情，他开始适应他的生存环境，找到方法完成其他人必须要用手足才可以完成的事情，像刷牙、洗头、使用电脑等日常活动，以及游泳、滑板、足球、冲浪、高尔夫球等体育运动和其他更多的事情。2005年尼克被授予“澳大利亚年度青年”的荣誉称号，这是一项很大的荣誉。他拥有“金融理财和地产”两个学士学位，是企业总监，是“没有四肢的生命”（Life Without Limbs）组织创办人、著名残疾人励志演讲家。

尼克·胡哲天生没有四肢，但他为人乐观幽默、坚毅不屈，勇于面对身体残障，创造了生命的奇迹。悟出生命的真谛：“人生最可悲的并非失去四肢，而是没有生存希望及目标！人们经常埋怨什么也做不来，但如果我们只记挂着想拥有或欠缺的东西，而不去珍惜所拥有的，那根本改变不了现实！真正改变命运的，并不是我们的机遇，而是我们的态度。”

资料来源：作者根据相关资料整理

任务三　大学生心理危机的表现及分类

一、心理危机的概念

日常生活中，我们经常听到“经济危机”“政治危机”这样的概念，对于“心理危机”很多人感到还很陌生。什么是心理危机呢？心理危机这一概念是美国心理学家卡普兰（G. Caplan）首次提出的。他认为，心理危机是当个体面临突然或重大生活事件（如亲人死亡、婚姻破裂或天灾人祸）时所出现的心理失衡状态。他认为，每个人都在努力保持一种内心的稳定状态，使自身与环境稳定协调，当重大问题和剧烈变化使个体感到问题难以解决，平衡就会打破，正常的生活受到干扰，内心的紧张不断积累，继而出现无所适从甚至思维和行为的紊乱，进入一种失衡状态，这就是心理危机的状态。案例中的张某，便是处于心理危机状态，内心的稳定状态被打破，出现情绪的失控以及行为的紊乱。

【心有千千结】

大学二年级学生张某，生命在一个相对稳定的家庭中。一天早上，母亲乘公交车上班，途中心脏病突发，被送到医院急诊室。当李某与父亲感到医院时，母亲已进入急救室，一直昏迷不醒，几个小时后离开了人世。李某当场晕倒，处于极度的悲伤之中。李某目前无法上课，不愿参加任何活动，不愿说话，觉得活着没意思，甚至产生了自杀的念头。

学校心理咨询中心及时制定了对张某的危机干预方案，在父亲、辅导员以及好友兼同学的帮助下，走出了心理危机状态。

资料来源：作者根据相关资料整理

二、心理危机的表现

一般来说，心理危机的发生会经历以下几个时期。第一，冲击期。在危机事件发生后不久或当时，感到震惊、恐慌、不知所措。第二，防御期。表现为想恢复心理上的平衡，控制焦虑和情绪紊乱,恢复受到损害的认知功能,但不知如何做。此时会出现否认、合理化等心理防御反应。第三,解决期。积极采取各种方法接受现实,寻求各种资源想方设法解决问题从而减轻焦虑,增加自信,恢复社会功能。第四,成长期。经历了危机后变得更成熟,获得应对危机的技巧。但也有人消极应对而出现种种心理不健康的行为。从危机的后果来说,会有四种不同结局。第一种是顺利度过危机,并学会了处理危机的方法策略,提高了心理健康水平;第二种是度过了危机但留下心理创伤,影响今后的社会适应;第三种是经不住强烈的刺激而自伤自毁;第四种是未能度过危机而出现严重心理障碍。

当个体面对危机时会产生一系列身心反应,一般危机反应会维持 6 ~ 8 周,危机反应主要表现在生理、情绪、认知和行为上。

1. 生理方面

肠胃不适,腹泻,食欲下降,头痛,疲乏,失眠,做噩梦,易惊吓,感觉呼吸困难或窒息,有哽塞感,肌肉紧张等。

2. 情绪方面

害怕,焦虑,恐惧,怀疑,不信任,沮丧,忧郁,悲伤,易怒,绝望,无助,麻木,否认,孤独,紧张,不安,愤怒,烦躁,自责,过分敏感或警觉,无法放松,持续担忧,担心家人安全,害怕死去等。

3. 认知方面

注意力不集中,缺乏自信,无法做出决定,健忘,效能降低,不能把思想从危机事件上转移等。

4. 行为方面

社交退缩、逃避与疏离,不敢出门,容易自责或怪罪他人,不易信任他人等。

三、大学生心理危机的分类

1. 根据危机爆发的时间、事件性质等划分

(1)发展性危机。发展性危机是个人在正常成长和发展过程中,对急剧的变化或转变所产生的异常反应,如升学危机、性心理危机等。这些危机是大学生生命中必要和重大的转折点,每一次发展性危机的成功解决都是大学生走向成熟和完善的阶梯。

(2)境遇性危机。境遇生危机是指突如其来、无法预料和难以控制的心理危机,如交通事故、人质事件、突然的绝症或死亡、被人强暴、自然灾害等。

(3)存在性危机。存在性危机是指一些人生中的重要事件出现问题,而导致的个人内心的冲突和焦虑,是伴随重要的人生目的、人生责任和未来发展等内部压力的冲突和焦虑的危机。

2. 根据危机影响大学生心理状态的各方面划分

(1)自我意识危机。大学生因不能全面认识和正确评价自己,导致自我意识缺乏稳定性,容易受外界的影响,自信心、自我同一性受到了影响,从而阻碍了心理其他方面的发展。

(2)社会适应危机。大学生由于对社会、他人和自我的认识与现实情况有所偏离,导致不能接纳现实,不能接纳他人,与周围的环境格格不入,导致消沉以及自我封闭。比如,大一新生刚入校园,因期望太高,或者某些方面不满意,导致适应问题,此外,在学业方面、恋爱方面、择业方面都可能遇到这方面的适应危机。案例中的刘某,便是遇到了适应性危机,刘某无法接纳现实,以回避、退缩的方式来应对适应危机。

(3)情绪危机。大学生的情绪不稳定,对人际关系、对于成功的追求过于急切和追求完美,情绪很容易被激发并难以控制,表现出敏感、不稳定、缺少弹性等特点。

(4)个性危机。大学生的心理年龄与生理年龄往往是不同步发展的,心理年龄往往落后

于生理年龄，表现出依赖性过强、明显的自我中心、退缩、固执、任性、敌视、虚荣等。这些个性缺陷影响大学生的生活，给大学生的心理健康带来障碍。

【心理百科】

自杀的常见误解

在日常生活中很多人对自杀存在误解，常见误解如下：

1."自杀事件一般都是无迹可寻的"或"表明想自杀的人通常不会自杀"

自杀者的亲人、朋友等一般对自杀者的自毁行为都会感到意外、诧异。其实大部分的自杀者都有明显或间接的求助信息。如与好友道别、将事情安排妥当。其实自杀者在做最后的决定前，很大程度上会表现出内心的痛苦及犹豫，若自杀者身边的人能及时察觉并加以援助，可能会减少悲剧的发生。

2."自杀未遂者并非真正想死"

事实上，部分自杀未遂者死亡愿望很强烈，只是自杀的方法不足以致死或抢救及时，这些人再次自杀的可能性最大。所以，当我们面对别人透露自杀意念时应以严肃及谨慎态度处理。

3."下决心自杀的人都是坚决想死的"

事实上许多自杀者在行动前常常是矛盾重重的，大部分的人是拿死亡下赌，看看有没有人来挽救他们，很少有人是在不让别人知道他们的想法的情况下自杀的。

4."情绪好转后自杀危机减少"

一些情绪极度抑郁并有自杀意念的病人，有时情绪会突然好转，可能令人误以为他们的自杀危机已减低，许多时候，病人就在众人放松防范时，突然自杀。但当他一旦选择了自杀，像已放下心头大石，情绪反而较为平静。

5."一件小事也足以令人寻死"

我们在新闻报道中经常看到一些人的自杀行为是因为轻微争执或挫败事件引致，其实自杀行为并不能以单一件事去理解，因为自杀者长期面对的挫折或被其他所困扰的问题经常被忽略。该次引发自杀行为的事件其实是一条导火线。若自杀者的根本问题未被察觉以致得不到妥善的处理，另一次简单的小事亦可能再次引发自杀的行为。

6."有自杀行为者不需要精神医学干预"

事实上自杀者即使不能被诊断为精神障碍，至少其心理状态是极不稳定的。因此，在处理自杀者躯体问题的同时，应进行相应的心理干预和适当的精神药物治疗。

7."自杀者都有精神病"

事实上并非如此，给自杀未遂者贴上"精神病"的标签，会使他们觉得受到了侮辱和歧视，往往成为他们再次自杀的原因。

8."不能与有自杀可能性的人谈自杀，否则会促发他死亡"

事实上跟可能自杀的人讨论自杀的问题，可以及时发现他的自杀企图，对其自杀的危险性进行正确的评估，使他体会到关爱、同情、支持和理解，因而不会促发他自杀。当然，谈话时要注意方式方法，在涉及有关自杀的方法、手段时要谨慎。

四、大学生心理危机产生的原因

当大学生不能用现有的应对方式来应对所面临的危机事件时就产生了心理危机，是应对危机失败而产生了心理危机状态。究竟是哪些因素影响了个体应对危机的结果呢？个体的人格特点、对事件的认知和解释、社会支持状况、以前的应对危机经历、个人的健康状况、干预危机的信息获得渠道和可信程度、个人适应能力、所处环境等都会影响大学生心理危机的产生。

1. 个体对事件的知觉

对某一事件的认知和主观感受在大学生决定应付行为的性质和程度中起着重要作用。认知方式限制了人们探索压力事件的信念，极大地影响了大学生对他人的知觉、人际关系以及对采取不同类型的心理治疗的反应。如果大学生对事件的知觉是客观的、合乎逻辑的，则问题解决的可能性会大大提高。

2. 社会支持系统

人的本质是社会化的，人是生活在一定的社会联系和关系中的。社会支持系统是大学生应对大量压力的重要的心理资源。这种资源的缺乏或丧失，面对压力的大学生将变得无比脆弱、失衡并进一步产生危机。大学生的社会支持系统包括家人、同学、老师、恋人等。

3. 应对机制

人们通过日常生活，学会了运用各种手段去应对焦虑和减少紧张，并逐步形成了应对压力的模式。那些被大学生运用的、有效的应对策略会成为大学生日常生活中解决压力的部分而被纳入他们的认知模式中，并逐渐形成了大学生解决压力的一套有效的应对机制。相反，如果没有恰当的、有效的应对机制，大学生的压力或紧张持续存在，危机便会随之产生。

4. 个体的人格特征

心理危机还受个体的人格特征的影响，容易陷入危机状态的个体在人格上具有特异性。如注意力明显缺乏，看问题只看表面看不到本质；社会倾向性过分内倾，这种人格特征使大学生遇到危机时往往瞻前顾后，总会联想不良后果；在情绪情感上具有不稳定性，自信心低，独立处理问题的能力极差；解决问题时缺乏勇气进行尝试，行为冲动缺乏理性，经常会有毫无效果的反应行为。

【心理故事汇】

想抛弃自己的女生

暑假快到了，宿舍里同学们忙着收拾自己的生活物品，毕竟有近两个月的时间要和学校小别。一个女生也不例外。只是，她的收拾显得有些绝望。同学们感到一丝异样，一个危机信号被及时读解并阻止。

这个女生没有父亲，与母亲应该相依为命。为什么是“应该”？因为事实上母女已似仇敌。独生女占据了丈夫全部的爱，耗费了丈夫太多的心血，使得他过于劳累而突发急病死亡。“女儿是杀手。”母亲坚持这样认为。

母亲已重病多年，家境一贫如洗。只有唯一的一个亲戚资助，女生才得以进行学业。从来没有朋友，也从来没有向任何人提过要求，女生孤独地生活着。

暑假将临，母亲来信：“我已病入膏肓，医生宣判了‘死刑’，你就当没有妈，没有家。”同时，那个资助她的亲戚也来信：“我刚刚确诊患了绝症，从今往后你自己照顾自己吧。”感觉没有了任何的社会归属，感觉被整个世界抛弃，女生也想抛弃自己。

谁不在春风拂面中陶醉？谁不为晴空万里而抒怀？但是，生活中不可能总是洒满阳光。

我们也许会陷入这样的境遇，在面对自己重要的生活目标时，使用常规的、自己所熟悉的应对方式屡屡失败，无法达成预期，感到无能为力。这样的混乱状态如果持续一段时间，就有可能产生害怕、震惊、悲伤，感到强烈的受挫。当人们真的相信自己无法克服这些障碍，也没有其他可以使用的资源，相信自己不能有意识地去主宰自己的生活，相信自己没有办法去暂时躲避，相信自己的存在不再有价值时，危机就可能发生了。

资料来源：http://www.zhlzw.com/lzsj/xll/89497.html

任务四　大学生心理危机的预防及干预

如何对大学生的心理危机实施有效干预，是摆在高校教育工作者面前的一个重要的实践课题。许多高校目前已经积极开展这方面的工作，积累了许多宝贵经验。我们认为，大学生心理危机的干预可以从以下几方面着手：

心理危机与预防

一、重点关注高危个体

首先要明确哪些大学生是心理危机的高危个体，根据我们多年的心理健康工作经验，认为以下人群属于重点关注高危个体：

(1)在心理健康测评中筛查出来的有心理障碍或心理疾病或自杀倾向的学生。

(2)遭遇突然打击和受到意外刺激后出现心理或行为异常的学生，如家庭发生重大变故，身体发现严重疾病，遭遇性危机，感情受挫，受辱，受惊吓，与他人发生严重人际冲突后出现心理或行为异常的学生。

(3)学习压力、就业压力特别大以及严重环境适应不良出现心理或行为异常的学生。

(4)因严重网络成瘾行为而影响其学习及社会功能的学生。

(5)性格内向、经济严重贫困且出现心理或行为异常的学生。

(6)有严重心理疾病(抑郁症、恐惧症、强迫症、癔症、焦虑症、精神分裂症、情感性精神病等)且出现心理或行为异常的学生。

(7)对近期发出下列警示信号的学生，应作为心理危机干预的重点对象及时进行危机评估与干预：①谈论过自杀并考虑过自杀方法，包括在信件、日记、图画或乱涂乱画的只言片语中流露死亡的念头者；②不明原因突然给同学、朋友或家人送礼物，请客，赔礼道歉，无端致以祝福，述说告别的话等行为明显改变者；③情绪突然明显异常者，如特别烦躁，高度焦虑，恐惧，易感情冲动，或情绪异常低落，或情绪突然从低落变为平静，或饮食、睡眠受到严重影响等。

对于这些高危个体我们要重点关注，各班心理联络员、班主任、辅导员以及心理咨询中心应做到信息畅通，做到及时沟通，为这些高危个体提供良好的社会支持环境，给予心理支持和帮助。

【心理百科】

危机干预主要应用技术

1. 支持技术

这类技术的应用目的在于尽可能地解决危机，使当事人的情绪状态恢复到危机前水平。由于危机开始阶段当事人的焦虑水平很高，可以采用暗示、保证、疏泄、环境改变、镇静药物等方法尽可能使其降低焦虑；如果有必要，可考虑短期的系统住院治疗。

2. 干预技术

又称解决问题技术，帮助当事人按照以下步骤进行思考和行动，常常能取得较好的效果：

(1) 明确存在的问题和困难。

(2) 提出各种可供选择的方案。

(3) 罗列并澄清各种方案的利弊与可行性。

(4) 选择最可取的方案。

(5) 确定方案实施的具体步骤。

(6) 执行方案。

(7) 检查方案的执行结果。

3. 危机干预的倾听技术

危机干预浓缩了一系列治疗技术和策略，这就要求危机干预工作者比日常心理咨询师或治疗师更加主动、积极和自信。准确和良好的倾听技术是危机干预人员必须具备的能力，实际上有时仅仅耐心倾听就可以有效地帮助求助者。为了做到很好地倾听，危机干预工作者必须要无条件地积极全神贯注于求助者。

有效倾听的重要因素有：

(1) 要在开始前就用自己的言语向对方真实地阐明自己将要做什么。

(2) 要让求助者知道，危机干预人员能够准确地领会其所描述的事实和情绪体验。

(3) 要帮助求助者进一步明确了解自己的情感、内心动机和决定。

(4) 要帮助求助者了解危机境遇的影响因素。

二、建立大学生心理危机干预的队伍和体系

大学生心理危机干预是一项复杂的系统工程。对从事这项工作的队伍而言，心理危机干预的主力是受过专门训练的心理咨询师，但教师、管理者、同学、家长、社会工作者也都是危机干预队伍中的重要成员。从危机干预的体系建构来讲，仅仅依靠学院的心理咨询中心常常难以做到有效干预，它需要学校不同部门、机构的相互配合，这些部门和机构包括学生处、校医院、保卫处、院系学生工作处、辅导员、学生会等。

目前，不少高校结合自身特点建立了危机干预的队伍和体系，危机干预应做好以下具体的措施以完善心理危机干预体系：

1. 建立心理危机干预知识培训制度

由学校心理健康教育中心组织分批对各院系分管学生工作的领导，辅导员，班主任，学生宿舍管理员，保卫人员，各班心理联络员，及各研究生会、学生会主要干部，社团负责人开展心理危机干预知识的培训。

2. 公布应急求助信息

通过开设课程、举办讲座、发放资料、网络专题咨询等指导学生掌握心理调节的方法，了解处于心理危机状态中的人有何表现，如何进行干预；公布心理求助热线电话、校医院急救电话、辅导员电话等。

3. 建立大学生心理与行为问题监测网络

监测网络采取“五级网络”模式，即宿舍－班级－系部－心理中心－学院，每一级网络都指定专人负责，定期向上级网络报告。

4. 建立并健全大学生心理档案

通过对新生进行心理健康测量，建立大学生心理档案，掌握容易产生心理问题的学生的

心理健康状况，特别关注有严重生理和心理疾病以及有自杀倾向的学生，以及在学习和生活中遇到突然打击和受到意外刺激的学生。对发现有问题的学生采取重点辅导、专人管理、及时矫治的措施。

5. 建立大学生心理与行为问题应急处理机制

全校性的因突发事件而产生的大学生心理与行为问题，由二级网络统一进行综合评估，做出初步判断，提出处理办法；院系性的因突发事件而产生的大学生心理问题，由三级网络统一进行综合评估，做出初步判断，提出处理办法，并将评估、判断和处理情况上报二级网络，二级网络在综合各院系情况的基础上，再将情况上报一级网络。

对自伤、自杀（或自杀倾向）者立即送医院救治或进行监护，并报告上级负责人。由当事人亲近的1～2人或指定专门人员进行心理救护，稳定和疏导情绪；帮助危机当事人建立社会支持系统；向危机当事人提供应对机制并与其共同制订缓解危机的行动步骤；注意危机后期的安全保护和心理康复工作，防止意外再次发生。

6. 建立大学生危机干预档案

三、四、五级网络要将大学生危机事件的处理情况详细记录，将书面材料交心理健康教育中心或心理咨询中心、学生处存档，以备必要时调用。

7. 建立和强化大学生心理辅导制度

提高心理辅导质量，丰富心理健康教育内容，营建良好的心理文化环境，使大学生学会用心理保健知识维护自我心理健康。

【心理百科】

自杀干预的原则

五要：①保持平静、沉稳，对当事人随之而来的暴风骤雨般的情绪要做好心理准备；②给当事人充分的机会倾诉，以便确定危机的类型、诱发事件及严重程度。③必要时询问客观问题，询问得当的话，可起镇静作用；④要直接面对事情，不急于涉及深层次及潜意识原因（这些留待以后）；⑤可向社区、医务、法律等机构寻求援助。

十不要：①不要对求助者指责或说教；②不要批评求助者或对他的选择、行为给予批评；③不要与求助者讨论自杀的是非对错；④不要被求助者的某些假意的话语所误导，如告诉你危机已经过去；⑤不要否认求助者的自杀意念；⑥不要操之过急，要保持冷静；⑦不要分析求助者的行为或对其过分解释；⑧不要让求助者保守自杀的秘密；⑨不要把自杀行为说成是浪漫的、光荣的、神秘的，以防止盲目效仿；⑩不要忘记跟进观察。

三、加强心理健康教育，提高学生心理素质与应对技能

危机通常是需要立即处理的紧急情形，个体的心理健康水平和心理素质直接影响对危机的克服与应对，因此，提高大学生的心理素质和心理健康水平，可视为危机干预的源头工作。

如何营造心理健康的环境，提高大学生对危机的应对技能呢？我们认为应从以下几个角度考虑：

1. 正确看待压力、挫折和危机

人的认知犹如"过滤镜"，它会使许多情境改变颜色。首先，压力、挫折和危机都是客观存在的。人的一生困难、挫折和危机是不可避免的，可以说是逢时俱来，这是客观存在的东西，不以人的意志为转移。面对客观存在的这些情境，我们应该承认它，怨天尤人是没有任何意义的。其次，压力、挫折和危机又是辩证的。它们对人既是刺激、威胁，然而也是挑战，

有人将其称之为“生命之盐”是有一定道理的。从积极的意义上看，适度的压力、挫折是维系正常心理功能的条件，有助于人们适应环境，提高能力，有助于认识自身的长处与短处。而危机能激发潜能的发挥乃至发挥之极致。危机的克服能使人在增长人生经历的同时提高自信心，使人生变得丰富而充实。

2. 建立并维护良好的社会支持系统

人是社会的人，人的发展离不开社会的支持。大学生应该努力争取拥有良好的人际关系，拥有家庭的亲情和朋友、邻居的友情，以及拓展的网络，包括同伴、同乡、同学、团体的接纳与被接纳。大学生应培养社会兴趣，在人际交往中学会与他人协调合作。我们的建议：一是学会从他人的角度看问题，既要对自己负责，也要对他人负责；二是对人不苛求，善于发现他人的优点，欣赏他人的成功；三是主动关怀并帮助他人，从中营造互助互利的氛围，体味人生的价值；四是当面临自身难于应付的困难、挫折时，应主动寻求、善于利用并乐于接受他人所提供的社会支持，包括工具性的和情感性的支持。

3. 大学生要营造积极的自我概念

积极的自我概念有助于培养自信，有利于维护自身的健康，对挫折有更强的耐受力。具有积极自我概念的人的主要特质：一是以“真实的我”的面目出现，有适度的自信，不矫揉造作；二是对自我有明晰的认知评估，并以肯定的态度接纳自己，既能接纳自己的长处，也能接纳自己的短处乃至缺陷。那么，怎样才能营造积极的自我概念呢？主要途径是从事实践活动并力争获得成功，成功可增强人的自我效能感、价值感，提高自信心，同时还是医治抑郁症、焦虑症的良药。

【心理故事汇】

人生没有你其实会不同

石英是一个性格开朗、活泼外向的大一女生。她善良，细心，与人交往大方自然，经常有同学找她倾诉自己的心情，她也很愿意分享别人的快乐，并总能给同学们提供点新鲜主意。人缘极佳，是大家对她的评价。

可是石英也有自己的难言之隐。父母对她的学习要求很高，期望很大。石英的学习基础比较薄弱，虽然很努力，但她在大学的成绩一直不能令人满意。大一上学期期末考试有三门功课不及格，大一下学期开始，她曾自觉地多次去教室自习，但是收效甚微。因为学习上不能达到父母的期望，倍感压力。

同学们还发现，石英表面上虽然嬉笑快乐，内心却孤独寂寞。石英虽然有着不错的人缘，但她从来不主动跟人讲自己的事，尤其是从来不讲自己不开心的事，也从来不向他人求助。碰到不开心的时候，她通常是自己憋在心里，不仅不向周围的同学诉说，也不接受同学们的帮助。

大一下学期，石英的情绪有些反常。有几次周末从家中返校后，一个人躲在寝室阳台的角落哭泣。石英不喜欢与别人谈论自己的心事，同学们看到后，也只是在心里干着急，不知道怎样才能接近她，才能帮助她。

五一长假之后的一天，石英又一次从家中返回寝室。晚上九十点钟，同学们陆续回到宿舍。石英换上了自己最喜欢的衣服和鞋子，来到其他寝室，看看这个，又去问问那个，与每一个同学都打招呼；即使是那些以前不熟的同学，都聊上一两句，没有拉下一个人。似乎有道别的感觉。10点半之后，石英回到自己寝室，室友都觉得她今夜的情绪很反常，因为她心情低落，不讲一句话，与在其他寝室时判若两人。有同学还发现，石英将自己手机上的短信和通话记录全部删除。11点多，室友陆续上床休息，寝室也熄了灯，只剩石英一人。石英一直以来都是寝室最晚一个睡觉的，因为习惯了，大家也没在意。

深夜，石英向其母亲发过短信，但母亲未复。凌晨，她将手机上短信及通话记录全部删除后，从寝室阳台上坠下身亡。石英在留给父母的遗书中这样写道："对不起爸爸妈妈""我已经很努力了，但还是不能达到你们的要求""我想到另一个世界去寻求另一种生活"。

石英的自杀给一家人带来沉重的打击。母亲因为极度哀痛，未能参加追悼会。此后，母亲一改往日外出打牌的习惯，从此闭门不出，偶尔外出便是去寺庙烧香拜佛。学校出于人道主义考虑，决定退回石英交纳的学费，但父亲很长时间不愿到学校来取走这笔钱。他说，自己不愿割断与学校的联系，总觉得自己的女儿还在学校，这笔钱拿走了，就意味着女儿与学校的关系终结了，而女儿就将真正的永远的没了。

每一个自杀的个案，留给幸存者的都是无限的痛。分析之下，可以看出许多自杀者认识上的误区：他们痛苦之中只想到自己的解脱，以为自己痛苦的存在对家人是一种折磨，自杀对大家是解脱。其实不然，自杀者是自私的，自己的解脱，给亲人留下的是更深的痛，更深的自责。对于父母亲人而言，没有他的人生，真的会有不同！

每一个个案，自杀前似乎都有穷途末路的感觉。实际上，穷途末路是人在失意时的感觉，是一种抑郁状态下的负性思维，看到什么都不如意，或者只看到生活消极的一面，只看到自杀是唯一的选择，不愿意或者没有动力去做其他的尝试，去坚持不同的尝试。

心理学家说，生命有如房子，它需要多个支点作支撑，而不能情系一念。这些支点，可能是事业，可能是友情，可能是亲情，也可能是爱好。但无论如何，人若想活下去，更若想活得成功幸福，就非得有些牢固的生命支点不可。而且，支点越多，你生命的根基就会越牢固。

资料来源：http://blog.sina.com.cn/s/blog_5e726c860100e2cf.html

【心理训练营】

活动一　盲人与"拐杖"

1. 活动目的

(1)帮助学生认识到自我和他人的关系，体会如何站在他人的角度思考问题；

(2)认识和领悟自主、求助和助人关系的重要性；

(3)体验与感悟信任与被信任的感觉。

2. 活动导入

有一个盲人住在一栋楼里，每天晚上他都会到楼下花园去散步。奇怪的是，不论是上楼还是下楼，他虽然只能顺着墙摸索，却一定要按亮楼道里的灯。一天，一个邻居忍不住好奇地问道："你的眼睛看不见，为何还要开灯呢？"盲人回答道："开灯能给别人上下楼带来方便，也会给我带来方便。"邻居疑惑道："开灯能给你带来什么方便呢？"盲人回答："开灯后，上下楼的人能够彼此看到，就不会把我撞倒了，这不就给了我方便吗？"邻居这才恍然大悟。

在我们生活的世界中，每个人的生活道路都不可能一帆风顺，总会遇到一些困难和挑战。对于这些逆境，有时只要得到别人的一点点帮助，我们就能获得巨大的心灵力量，从而战胜困境与厄运，迎来风雨后的彩虹。

3. 活动时间

30 ~ 40 分钟。

4. 活动道具

眼罩(每人一个);预先布置好的场地,形成有绳子、桌椅等物件组成的障碍地形。

5. 活动流程

(1)每个人都戴上眼罩扮演盲人,尝试独自一人走过布满障碍的道路,体验盲人的无助、担忧和恐惧的情绪。

(2)所有学生随机组合,每两人为一组,一个继续扮演盲人,另一个则扮演“拐杖”,帮助盲人,使其顺利走过充满障碍的道路。

(3)交换角色,并重复上一任务,每个学生都扮演盲人和“拐杖”,体会不同角色。

(4)学生们分享不同角色的感受和体会。思考这些问题:我们是如何看待他人的?是怎样开始信任他人的?是如何给予他人帮助的?得到信任和帮助时的感受是怎样的?

6. 注意事项

(1)障碍应该设计得较为复杂,可有“跨越”“下蹲”“上台阶”等多种障碍。

(2)在穿越障碍的过程中,盲人和助人者都不得用语言交流。

活动二　我的墓志铭

现在你坐在一架飞机上,飞机就要失事,死亡即将到来,一想到死亡,你是什么感受?

为了预防最危急的情况,现在乘务小组给大家分发纸笔,写下你的遗言,三分钟后会收取大家的遗言,统一密闭在特制的匣子里。

写下你的墓志铭,对你的一生盖棺论定。

(说明:这个游戏有助于我们正确看待生命和死亡,让我们思考自己的人生目标,感受生命的流逝和时间的紧迫感。)

【心理测试】

大学生心理求助态度问卷

指导语:下面题目是描述你对寻找心理帮助的态度,请认真阅读每个题目,根据你赞同或不赞同的程度,从每道题后面的认可程度中选择一个你认为最恰当的感受,并在相应的方框内打“√”。请勿多选、漏选。所有的答案没有对错之分,只要根据自己真实的感受和看法回答就可以了。

(1)我认为无论出现任何心理问题都应该自己解决。

A. 完全不赞同　B. 不太赞同　C. 难以确定　D. 基本赞同　E. 完全赞同

(2)如果我去找咨询师谈论私人问题,我担心一些个人隐私会泄露出去。

A. 完全不赞同　B. 不太赞同　C. 难以确定　D. 基本赞同　E. 完全赞同

(3)寻求专业帮助的人常被认为是脑子有毛病。

A. 完全不赞同　B. 不太赞同　C. 难以确定　D. 基本赞同　E. 完全赞同

(4)心理求助是一种积极的求助方式 * 。

A. 完全不赞同　B. 不太赞同　C. 难以确定　D. 基本赞同　E. 完全赞同

(5)心理问题会像其他问题一样随着时间推移而自动消失。

A. 完全不赞同　B. 不太赞同　C. 难以确定　D. 基本赞同　E. 完全赞同

(6)寻找咨询师的帮助表明我没有能力处理自身的问题。

A. 完全不赞同　B. 不太赞同　C. 难以确定　D. 基本赞同　E. 完全赞同

(7)只有心理问题比较严重而自己又无法解决的情况下，我会考虑求助于咨询师。

A. 完全不赞同　　B. 不太赞同　　C. 难以确定　　D. 基本赞同　　E. 完全赞同

(8)很难想象我的问题会严重到要去寻求心理帮助的地步。

A. 完全不赞同　　B. 不太赞同　　C. 难以确定　　D. 基本赞同　　E. 完全赞同

(9)遇到心理困扰去找咨询师求助是缺乏自信、懦弱的表现。

A. 完全不赞同　　B. 不太赞同　　C. 难以确定　　D. 基本赞同　　E. 完全赞同

(10)我认为寻求专业心理帮助可以缓解消极情绪，减轻心理负担*。

A. 完全不赞同　　B. 不太赞同　　C. 难以确定　　D. 基本赞同　　E. 完全赞同

(11)我宁愿忍受某些心理冲突，也不愿经受心理咨询的痛苦折磨。

A. 完全不赞同　　B. 不太赞同　　C. 难以确定　　D. 基本赞同　　E. 完全赞同

(12)有些事情跟家人和朋友不方便说，找咨询师倾诉一下是最好的办法*。

A. 完全不赞同　　B. 不太赞同　　C. 难以确定　　D. 基本赞同　　E. 完全赞同

(13)如果我曾经在咨询中心求助过，我不会认为这是不可告人的秘密。

A. 完全不赞同　　B. 不太赞同　　C. 难以确定　　D. 基本赞同　　E. 完全赞同

(14)心理咨询可以帮助人更全面地认识自己，增强自己的适应能力*。

A. 完全不赞同　　B. 不太赞同　　C. 难以确定　　D. 基本赞同　　E. 完全赞同

(15)我讨厌那些想了解我个人问题的人，无论他是否受过专业训练。

A. 完全不赞同　　B. 不太赞同　　C. 难以确定　　D. 基本赞同　　E. 完全赞同

(16)如果别人询问我有关心理健康的问题，我会推荐他去寻求专业心理帮助*。

A. 完全不赞同　　B. 不太赞同　　C. 难以确定　　D. 基本赞同　　E. 完全赞同

(17)寻求心理帮助会受到同学们议论和轻视，有损自尊心。

A. 完全不赞同　　B. 不太赞同　　C. 难以确定　　D. 基本赞同　　E. 完全赞同

(18)如果我确认患有心理障碍，我会主动寻求专业人员的帮助。

A. 完全不赞同　　B. 不太赞同　　C. 难以确定　　D. 基本赞同　　E. 完全赞同

(19)心理咨询可以帮助人更好地开发自己的潜能。

A. 完全不赞同　　B. 不太赞同　　C. 难以确定　　D. 基本赞同　　E. 完全赞同

(20)我身边一些人通过心理咨询与治疗获得了帮助。

A. 完全不赞同　　B. 不太赞同　　C. 难以确定　　D. 基本赞同　　E. 完全赞同

计分方式：

没有*号的题目，计分方式为“完全不赞同”记5分，“不太赞同”记4分，“难以确定”记3分，“基本赞同”记2分，“完全赞同”记1分；带有*号的题目，即第4、10、12、14、16题的计分方式则相反，“完全不赞同”记1分，“不太赞同”记2分，“难以确定”记3分，“基本赞同”记4分，“完全赞同”记5分。每个题目评定一个分值后，把20道题目的分值相加，得出一个总分，总分越高，则表示心理求助的态度越积极。

【叩响心门】

(1)心理咨询的含义是什么？具有哪些功能？

(2)大学生心理咨询有哪些类型？

(3)什么样的个性特征有助于应对心理危机？

(4)你怎么看待曾经遇到的挫折和危机？

【心理电影院】

片名:香水

简介:生之如味来,死之如味去,一切了无痕迹。这是一部让人看完后久久沉浸回味之中不能言表的电影。主人公让巴蒂斯特·格雷诺耶从出生就是个奇迹。鱼贩母亲把他降生在贩桌下一堆腥臭的鱼肠垃圾上,然后一脚把他蹬到各种腥臭杂乱的残留物堆里,这是18世纪巴黎最恶臭的地方。然而格雷诺耶发出的第一声哭喊救了自己的命也把母亲送上了绞刑架。一个出生于恶臭世界的男孩,却是个嗅觉天才,生命力极强的格雷诺耶能辨别世上几千种物质的味道。一天进城送皮货,突然格雷诺耶被一种特殊的味道吸引,那是来自一个年轻美丽姑娘的体味。那女孩醉人的气息令他神魂颠倒,令他享受醉迷,然而他却不能拥有,无意中他杀死了那个姑娘。

一个偏执的念头涌了出来,为什么他那般苦苦狂野地挣扎求生,他原本悲惨的生活现在有了意义、目标,有了更高的使命,他必须学会如何保藏气味,这样,他再也不会遗失这种超凡之美。于是,一个有着制造香水天赋、又恶名昭彰的杰出香水制作工诞生了。他所使用原料——女人的体味,只要是格雷诺耶选中的女子,他便不计一切代价将她杀害,将新鲜的尸体身上的香味提取,用来做成香水的材料,让这个香味永远只专属他一个人……

简评:一出生就被母亲抛弃的格雷诺耶,也许与母亲唯一的连接只有气味。现代精神分析——客体关系理论把这种对客体(母亲)身体的某一部分,如头发、气味的兴趣称为“过度客体”。母亲的形象是一种漂浮的气味,尽管出生时只是臭味。格雷诺耶陆续杀死了十多名女子,每一次犯罪时都反衬出他的纯真、绝对、惶恐、羞涩及那婴儿般对体味的迷恋到无所不能的幻想,体味的收藏表现了他与母亲这个客体关系的连接和拥有。

资料来源:http://www.docin.com/p-613792734.html

参考文献

[1] 杨琼敏,陈晓燕,吕英. 大学心理素质教程[M]. 长春:东北师范大学出版社,2011.

[2] 班志刚,黄竹,温英杰. 大学生心理健康教程[M]. 北京:中央编译出版社,2006.

[3] 陈国梁. 大学生心理健康 [M]. 广州:华南理工大学出版社,2009.

[4] 邱鸿钟. 大学生心理健康教育[M]. 广州:广东高等教育出版社,2004.

[5] 陈少华. 新编人格心理学[M]. 广州:暨南大学出版社,2004.

[6] 黄希庭. 心理学导论[M]. 北京:人民教育出版社,1991.

[7] 许国彬,黄秀娟. 大学生心理测查与行为指导[M]. 北京:科学出版社,2012.

[8] 张积家. 普通心理学[M]. 广州:广东高等教育出版社,2004.

[9] 郑雪. 人格心理学[M]. 广州:暨南大学出版社,2001.

[10] 张厚粲. 心理学[M]. 天津:南开大学出版社,2002.

[11] 许燕. 当代大学生核心人格结构的研究[J]. 心理学探新,2002,22(4).

[12] 陈琦.《教育心理学》[M]. 北京:高等教育出版社,2001.

[13] 黄希庭、郑涌,等.《当代中国大学生心理特点与教育》[M]. 上海:上海教育出版社 1999.

[14] 倪嘉波. 大学生人际交往心理问题的成因及对策[J]. 教育探索,2008(2) .

[15] 樊富珉. 团体心理咨询[M]. 北京:高等教育出版社,2005.

[16] 郑洪利. 大学生心理素质训练教程[M]. 上海:上海大学出版社,2008.

[17] 周家华,王金凤.《大学生心理健康教育》[M]. 北京:清华大学出版社,2004.

[18] 吴继霞.《大学生心理素质发展论》[M]. 苏州:苏州大学出版社,2001.

[19] 车文博.《学习心理》[M]. 长春:吉林教育出版社,1999.

[20] 欧居湖. 心理学与大学生[M]. 成都:四川出版集团天地出版社,2006.

[21] 章志光,赵玲著.《大学生心理健康教育》[M]. 北京:科学出版社,2003.

[22] 徐四华. 网络成瘾者的行为冲动性——来自爱荷华赌博任务的证据[J]. 心理学报. 2012,44(11).

[23] 陶国富、王祥兴. 大学生网络心理[M]. 上海:立信会计出版社,2004.

[24] 李贤瑜. 大学生心理健康教育[M]. 南昌:江西人民出版社,2006.

[25] 姚树桥. 医学心理学[M]. 5版. 北京:人民卫生出版社,2010.